管理研究方法丛书
Research Methods

管理研究量表手册

（第2版）

○ 主　编　李超平
○ 副主编　王　桢　胥　彦　毛凯贤

Handbook of Chinese Scales for Management Research

中国人民大学出版社
·北　京·

前　言 Preface

改革开放四十年来，国内管理学研究取得了长足的进步，其中最明显的变化趋势之一就是：实证研究得到了越来越多管理研究学者的接受与认可。国内重要学术期刊（包括《管理世界》《心理学报》等）刊载的实证研究文章比重逐年增大，并有不断上升之势。实证研究的重要一环就是收集数据，量表是管理研究学者收集数据过程中经常采用的工具之一。由于实证研究最早兴起于西方，因此绝大多数研究量表都是西方学者在西方文化情境下开发的。国内要使用这些量表，不是简单地将英文翻译成中文，而应该采用“翻译-回译”程序，并通过实际数据来检验量表的信度与效度。只有经过严格修订的量表才能在国内应用，这无疑加大了国内学者开展管理研究的难度，成为研究过程中的“拦路虎”。

可喜的是，经过十多年的努力，国内管理研究学者在研究的过程中修订了诸多量表，为今天开展管理研究奠定了坚实的基础。但国内学者修订的量表发表在国内各种学术期刊上，分布散、时间跨度大，搜寻起来也不是件容易的事。有时为了找到一份合适的量表，即使是经验丰富的学者也要花费大量的时间。对于很多刚刚入门的博士生与硕士生来说就更是如此，他们往往绞尽脑汁构建了研究模型，却找不到合适的量表，或面对众多良莠不齐的量表，又不知该如何抉择。为节约管理研究学者的时间，帮助大家在较短的时间内找到合适的量表，我们组织力量对 2005—2015 年国内主要管理研究学术期刊上公开发表的权威研究量表加以系统梳理，并于 2016 年出版了《管理研究量表手册》第 1 版。在此基础上，2019 年我们整理补充了 2016—2018 年公开发表的量表，汇集成《管理研究量表手册》第 2 版。

为了保证量表的权威性，在参考中国人民大学、清华大学、北京大学等高校管理学核心期刊的基础上，我们征求了国内众多管理研究学者的意见，最终确定将《管理世界》《心理学报》《南开管理评论》《管理评论》《中国软科学》《管理学报》《科研管理》《管理科学学报》《经济管理》《心理科学》作为量表来源期刊。对这些期刊发表的所有文章中的研究量表进行筛选，具体标准为：(1) 文章中必须有量表全部的题目，即必须在上述学术期刊上已经公开了全部题目的量表；(2) 文章对量表开发与修订过程有清晰的描述，且遵从了严谨的学术规范；(3) 报告了信度与效度。最后，本书所有作者对每个量表进行了讨论，删除了一些重复的、不够规范的量表，对少数量表的文字表述有细微修改，第 2 版最终共包括 322 个量表。

纵观这些量表，我们认为具有以下特点：(1) 科学性。本书收录的量表均来自国内权威组织行为学、人力资源管理学术期刊，其信度与效度经过严格的检验，保证了量表的科学性。(2) 前沿性。本书收录的量表以 2005—2018 年开发、修订的量表为主。收录的都是最新的反映组织行为学与人力资源管理前沿主题的量表。(3) 本土性。本书收录的所有量表均在国内开发或修订，且采用国内数据对其信度与效度进行过检验。(4) 完整性。本书收录的每个量表包括：简介、信度与效度、完整的量表、计分方法、量表出处与参考文献，信息完整，方便读者使用。

在量表收集与整理的过程中，我们也发现了一些问题，主要包括：(1) 部分量表存在重复修订的情况，国外部分学者开发的量表在国内被不同学者修订，虽然文字有所区别，但内容基本一致。这种重复修订一定程度上浪费了科研资源。(2) 部分量表的修订过程不够规范，没有采用标准的"翻译-回译"程序，修订后的量表文字不够贴切，也没有报告修订后的信度与效度指标。(3) 引用不太规范。不论是直接修订国外的量表，还是采用国内其他学者修订过的量表，都存在文章中引用不规范的情况，没有标明是哪位学者开发的，后续是哪位学者修订的。这是对开发者与修订者劳动成果的不尊重。(4) 部分开发或修订的量表由于各种原因没有在原文中公布量表的题目，无法收录到本书中。虽然国际上不少文章也没有公布量表题目，但是如果能公布量表题目，将方便其他学者使用这些量表，有利于推动国内实证研究的发展，这也是让更多人了解开发者或修订者成果的重要机会。

针对以上问题，我们有如下建议，供国内组织行为学与人力资源管理领域的同仁参考。(1) 大家在开展研究之前尽可能对国内文献进行全面的检索。为了保证检索的全面性，大家可以利用中国知网（www.cnki.net）的高级检索，在摘要、参考文献乃至全文中检索拟采用量表的英文信息（包括量表英文名称、量表原始文章标题等）。如果国内已经有学者修订过我们拟采用的量表，且修订过程比较严谨规范，建议直接采用国内学者已经修订的量表。(2) 如果打算修订国内尚无学者修订的量表，建议采用标准的"翻译-回译"程序，并报告修订后量表的信度与效度，以证明其可用性。(3) 量表修订完成后，建议大家秉承开放共享的精神，尽可能在论文中提供全部量表题目，为后续研究者的使用提供便利。如果实在不太方便在论文中提供量表全文，建议作者留下自己的电子邮箱等联系方式，以便后续研究者与开发者或修订者联系。(4) 采用他人开发或修订的量表，应该在论文中进行规范的引用，标明是谁开发的，谁修订过，以尊重他人的劳动成果。

基于现有状况的分析，为了进一步推动国内管理研究量表开发与修订工作的开展，在本书第1版推出时，我们有一个初步设想，希望邀请对国内开发与修订研究量表感兴趣的学者，共同搭建一个基于互联网的研究量表分享平台，为国内学者规范地使用研究量表提供便利和支持。经过多方努力，我们在2016年10月建立了OBHRM百科（www.obhrm.net）来共享研究量表。经过3年多的努力，OBHRM百科上已经共享了521个量表，其中英文量表325个，中文量表196个，并提供了可以直接使用的Word版量表。感兴趣的读者可以登录该网站查询使用，也可关注OBHRM百科的公众号，第一时间了解OBHRM百科更新上传的量表。

感谢本书所有量表的原作者与修订者，感谢你们能毫无保留地将自己开发或修订的量表公布在论文中，你们的努力与付出必将推动国内组织行为学与人力资源管理研究事业前行！感谢本书的三位副主编：中国人民大学劳动人事学院职业开发与管理系主任王桢副教授，中国人民大学公共管理学院博士生胥彦，香港科技大学管理学系博士生毛凯贤，你们的参与使本书得以面世。感谢中国人民大学公共管理学院组织与人力资源研究所的硕士研究生郑贸、郭雅楠、夏文心，中国人民大学公共管理学院的本科生牛思惠、卢倩倩，中国人民大学劳动人事学院的本科生阿依达娜·卡得尔汗、吴翊婷、孙峰、龚珊、吴畅，他们以不同方式在不同阶段为本书的编写做出了贡献。

感谢我的导师中国科学院研究生院管理学院前副院长时勘教授、中国人民大学公共管理学院前院长兼全国MPA教育指导委员会秘书长董克用教授、中国人民大学公共管理学院组织与人力资源研究所的所有同事：吴春波教授、方振邦教授、刘昕教授、刘颖教授、胡威副教授与包元杰博士，你们的帮助与支持让我终生难忘。感谢中国人民大学劳动人事学院杨伟国教授、孙健敏教授、周文霞教授、徐世勇教授；中国人民大学商学院章凯教授、刘军教授、仲理峰副教授；华中科技大学管理学院龙立荣教授；中山大学管理学院王永丽教授；江西财经大学工商管理学院杨杰教授；华南理工大学工商管理学院王雁飞教授；北京师范大学政府管理学院于海波教授；中央财经大学商学院于广涛教授；河南大学心理学系李永鑫教授；新乡医学院管理学院院长孟勇教授；苏州大学东吴商学院管理系李锐教授；浙江大学管理学院严进副教授；南京理工大学经济管理学院谢义忠副教授；浙江财经大学工商管理学院曾垂凯副教授！与你们的讨论与交流，让我经常能找着研究的灵感与前行的动力。最后，我还要感谢国家自然科学基金委，正是因为有了国家自然科学基金委的资助（项目批准号：71772171，71372159），本书的编写工作才更有保障，我们的研究工作才能更顺利地开展。感谢所有关心、帮助与支持过我的人。

虽然我们投入了大量的时间与精力，在编写的过程中也力求不出纰漏，但错误与不当之处在所难免。如果您发现有任何问题，或者对本书有任何建议与意见，欢迎随时与我联系，电子邮箱：lichaoping@ruc. edu. cn，谢谢您的厚爱与支持！

李超平

于中国人民大学求是楼

目 录 Contents

第 1 章　个体特征

第 2 章　工作特征

第 3 章　工作行为

第4章 态度与情感

第5章 绩 效

第6章 沟通、冲突与信任

第7章 团 队

第8章 领 导

第9章 就业与职业

第10章 组织特征

第11章 组织政治、公平与支持

第 12 章 人力资源管理

第 13 章 知识分享

第 14 章 组织学习

第 15 章 创新与创业

第 1 章 个体特征

马基雅维利主义人格 (Dahling et al., 2009)

(Machiavellianism Personality)

简介

马基雅维利主义最早来自 16 世纪政治学家尼科洛·马基雅维利（Niccolo Machiavelli）的代表作《君主论》。多数研究认为，马基雅维利主义属于负向人格特质，具有较高马基雅维利主义倾向的个体依赖操纵他人和不道德行为来实现自己的目标。Dahling，Whitaker 和 Levy（2009）提出马基雅维利主义是一个兼具明暗两面性的人格特质，并且归纳出马基雅维利主义人格的四个维度：（1）不道德操纵；（2）控制欲；（3）地位欲；（4）人际不信任。

高中华和赵晨（2014）将马基雅维利主义当作一个中性构念。从积极方面而言，马基雅维利主义者通常具有坚定的个人目标，灵活地采取各种措施为之不懈努力，同时不易受到外在环境和个人情感的干扰；从消极方面而言，马基雅维利主义者具有较强的功利主义思维，会为了实现个人目标而采取一切必要的手段，例如采取不道德的手段来欺骗、操纵他人。

Dahling 等（2009）开发了马基雅维利主义人格量表，该量表共 16 道题。高中华和赵晨（2014）翻译了该量表。调查对象是北京、河南等地旅游酒店行业的 5 家企业的员工，共获得 286 份有效数据。马基雅维利主义人格量表的内部一致性系数为 0.72。

量表

请您根据自己的实际感受和体会，对下面 16 项描述自己的实际情况的选项进行评价和判断，并在最符合的数字上划○。评价和判断的标准如下：1＝完全不同意，2＝不同意，3＝不好确定，4＝同意，5＝完全同意。

1	我觉得为了保持自己的竞争力撒点小谎也没什么。	1	2	3	4	5
2	我跟他人攀谈的原因就是想获取对我有利的信息。	1	2	3	4	5
3	如果对成功有帮助，我觉得采取适当的不道德行为是允许的。	1	2	3	4	5
4	如果他人的行为威胁到我实现自己的目标，我会采取阻止行为。	1	2	3	4	5
5	如果不会轻易被发现，我会撒点小谎。	1	2	3	4	5
6	我喜欢人际交往中的等级次序。	1	2	3	4	5

7	我很享受控制他人。	1	2	3	4	5
8	我很享受控制整个局面。	1	2	3	4	5
9	地位是人生成功的重要标志。	1	2	3	4	5
10	积累财富是我重要的人生目标。	1	2	3	4	5
11	我希望有一天能够飞黄腾达。	1	2	3	4	5
12	只有个人所得才能激励人们努力工作。	1	2	3	4	5
13	我不喜欢做出承诺，因为我并不完全信任他人。	1	2	3	4	5
14	为了得到晋升，团队成员之间也会相互中伤。	1	2	3	4	5
15	如果我在工作中表现出某些缺陷，会被他人加以利用。	1	2	3	4	5
16	别人会想方设法占我的便宜。	1	2	3	4	5

计分方法

马基雅维利主义人格量表包括四个维度，共16道题，可以计算每个维度所包括题目的总分或平均分。每个维度包括的题目如下：

1. 不道德操纵：共5道题，具体包括第1～第5题。
2. 控制欲：共3道题，具体包括第6～第8题。
3. 地位欲：共3道题，具体包括第9～第11题。
4. 人际不信任：共5道题，具体包括第12～第16题。

量表出处

高中华，赵晨．工作场所的组织政治会危害员工绩效吗？基于个人-组织契合理论的视角．心理学报，2014，46（8）：1124-1143.

参考文献

Dahling，J. J.，Whitaker，B. G.，Levy，P. E. The development and validation of a new Machiavellianism scale. Journal of Management，2009，35（2）：219-257.

合作与竞争人格倾向（谢晓非等，2006）

(Cooperative and Competitive Personality)

简介

Kelley 和 Stahelski（1970）提出，存在两种稳定的个体类型，可以被描述为合作者和竞争者。更确切地说，从合作到竞争维度存在稳定的个体差异。后来的研究则将这种稳定的个体差异称为"价值取向"或"社会价值取向"，并清晰地区分出四种类型的个体：竞争、个人主义、合作以及利他主义。社会心理学家 Argyle（1991）扩展了前人对合作的定义，将其修改为：在工作、闲暇或社会关系中，为追求共同的目标，享受共同活动带来的快乐，或只为了加深彼此关系，而以一种协调的方式一起行动。

谢晓非等（2006）编制开发中国背景下的合作与竞争人格倾向量表。他们通过深度访谈、借鉴前人有关合作-竞争量表中的部分题目以及翻译英文量表中的部分题目，一共获得 144 道题，经过删减之后，最后保留 51 道题形成初测量表，其中有关合作的 23 道，有关竞争的 28 道。经过初测，对合作分量表的 23 道题进行主成分分析，最后保留 13 道，累计方差解释率为 59.524%；对竞争分量表的 25 道题进行主成分分析，最后保留 10 道，累计方差解释率为 56.779%。

谢晓非，余媛媛，陈曦和陈晓萍（2006）对北京、四川、重庆三地大型企业的在职管理人员发放合作与竞争人格倾向正式问卷，共发放 340 份，回收 318 份。验证性因素分析证实了该量表的构想效度，内部一致性分析与相关分析的结果也表明该问卷具有较好的信度和效度。

信度与效度

谢晓非，余媛媛，陈曦和陈晓萍（2006）对量表的探索性因素分析结果表明，合作分量表 13 道题，信度为 0.85；竞争分量表 10 道题，信度为 0.71。对量表的验证性因素分析表明，GFI=0.89，IFI=0.191，CFI=0.91，NFI=0.84，RMSEA=0.06，各项指标良好，验证了量表的二维结构。合作分量表的各项拟合指标如下：$\chi^2/df=2.27$，GFI=0.93，IFI=0.95，CFI=0.95，NFI=0.91，RMSEA=0.066；竞争分量表的拟合指标如下：$\chi^2/df=1.186$，GFI=0.96，IFI=0.96，CFI= 0.196，NFI=0.191，RMSEA =0.054。从指标来看，两个分量表的三因子结构得到了验证。验证性因素分析的结果说明合作与竞争人格倾向量表具有较好的构想效度。

研究中的访谈、文献分析工作以及心理学专业教师和研究生对于问卷项目的审定保证了所编制问卷的内容效度，验证性因素分析为所编制问卷的结构效度提供了良好的证据。

量表

请您根据自己的实际感受和体会，对下面 23 项描述进行评价和判断，并在最符合的数字上划○。评价和判断的标准如下：1=完全不同意，2=很不同意，3=比较不同意，4=不同意，5=无所谓，6=同意，7=比较同意，8=很同意，9=完全同意。

1	在与同事一起工作的时候，我愿意多听取他人的意见，即使这些意见我并不赞同。	1	2	3	4	5	6	7	8	9
2	在与他人共同完成任务时，我能够整合他人的意见。	1	2	3	4	5	6	7	8	9
3	工作中，我通常会考虑双方的利益。	1	2	3	4	5	6	7	8	9
4	在处理事情时，我一般都能够考虑多方的意见。	1	2	3	4	5	6	7	8	9
5	在工作中，我通常能够站在他人的立场上考虑他人的利益。	1	2	3	4	5	6	7	8	9
6	我相信好的伙伴能使你战胜一切对手。	1	2	3	4	5	6	7	8	9
7	一个人要想取得好成绩，必然依靠他人的帮助。	1	2	3	4	5	6	7	8	9
8	任何工作的开展与完成都离不开他人的帮助与合作。	1	2	3	4	5	6	7	8	9
9	为了成功，一个人必须与他人合作。	1	2	3	4	5	6	7	8	9
10	与大家一起工作让我很愉快。	1	2	3	4	5	6	7	8	9
11	在工作中，我喜欢与他人协同工作。	1	2	3	4	5	6	7	8	9
12	我喜欢与他人一起工作，获得共同的成功。	1	2	3	4	5	6	7	8	9
13	我相信在工作中合作比竞争更有助于提高成绩。	1	2	3	4	5	6	7	8	9
14	当我的竞争者由于他们的成绩获得奖励时，我会嫉妒。	1	2	3	4	5	6	7	8	9
15	我不能容忍自己在争论中输掉。	1	2	3	4	5	6	7	8	9
16	当我在运动竞赛中失利时，我会非常伤心。	1	2	3	4	5	6	7	8	9
17	如果别人表现得比我好，会让我烦恼。	1	2	3	4	5	6	7	8	9
18	我喜欢竞争，因为它给我一个发现自身潜能的机会。	1	2	3	4	5	6	7	8	9
19	我喜欢与他人竞争所带来的挑战。	1	2	3	4	5	6	7	8	9
20	我喜欢竞争，因为它能够让我发挥最佳状态而非获得胜过别人的感觉。	1	2	3	4	5	6	7	8	9
21	只有比其他同事表现得更好，才能够证明我的价值。	1	2	3	4	5	6	7	8	9
22	有时我将考试视为一次证明我比其他人更聪明的机会。	1	2	3	4	5	6	7	8	9
23	即使在一个团队中为了共同的目标一起工作，我也希望能超过团队中的其他人。	1	2	3	4	5	6	7	8	9

计分方法

合作与竞争人格倾向量表共23道题，包括合作和竞争两个分量表，其中前13题属于合作分量表，后10题属于竞争分量表，可以计算两个分量表的总分或平均分。合作分量表包含包容性、互惠性、合群意愿三个维度，竞争分量表包含自我成长、过度竞争、超越他人三个维度，可以分别计算每个维度所包括题目的总分或平均分。

量表出处

谢晓非，余媛媛，陈曦，陈晓萍．合作与竞争人格倾向测量．心理学报，2006，38（1）：116-125.

参考文献

Kelley，H. H.，Stahelski，A. J. Social interaction basis of cooperators' and competitors' beliefs about others. Journal of Personality & Social Psychology，1970，16（1）：66-91.

Argyle. Cooperation. London：Routlege，1991.

情绪智力（Law et al.，2004）

（Emotional Intelligence）

简介

情绪智力被定义为准确地感知、评估和表达情绪的能力，察觉并产生感情以促进思考的能力，理解情绪和情绪知识的能力，调节情绪以促进情绪和智力发展的能力（Mayer，J. D.，Caruso，D. R.，& Salovey，2000）。Law，Wong 和 Song（2004）认为情绪智力是指个人评估、表达、调节和使用自己及他人情绪的能力，他们在总结前人工作的基础上，将情绪智力归为以下四个维度：评估和表达自己情绪的能力（SEA）、评估和识别他人情绪的能力（OEA）、调节自己情绪的能力（ROE）和使用情绪以促进绩效的能力（UOE）。

刘咏梅，卫旭华和陈晓红（2011）使用的情绪智力量表是基于 Law，Wong 和 Song（2004）在中国情境下开发的。员工根据自己工作时的实际情况，对自己的情绪智力进行评价。

刘咏梅，卫旭华和陈晓红（2011）在国内某调查网站发布问卷电子版，最终回收的有效问卷为 286 份。

信度与效度

286 份有效问卷的探索性因素分析结果表明，四个分量表包括自我情绪评估、情绪调节、情绪使用和他人情绪评估，信度分别为 0.735、0.865、0.720 和 0.837；总量表的内部一致性系数为 0.874。由此可见，该量表信度较好。题项的因子载荷均大于 0.50，变量都有效地聚集在最初假定的因子上，因此可以认为量表的结构效度很好。

量表

请您根据自己的实际感受和体会，用下面 16 项描述判断您的实际情况是否与所描述的相符，并在最同意的数字上划○。评价和判断的标准如下：1＝完全不同意，2＝不同意，3＝不好确定，4＝同意，5＝完全同意。

1	我对自己的情绪有很强的控制力。	1	2	3	4	5
2	我很能控制自己的情绪。	1	2	3	4	5
3	当我愤怒时，我通常能在很短的时间内冷静下来。	1	2	3	4	5
4	遇到困难时，我能控制自己的脾气。	1	2	3	4	5
5	我能很敏锐地洞悉别人的感受和情绪。	1	2	3	4	5
6	我观察别人情绪的能力很强。	1	2	3	4	5
7	我通常能从朋友的行为中猜到他们的情绪。	1	2	3	4	5
8	我很了解身边的人的情绪。	1	2	3	4	5
9	我经常鼓励自己要做到最好。	1	2	3	4	5

10	我是一个能鼓励自己的人。	1	2	3	4	5
11	我通常能为自己制定目标并尽量完成这些目标。	1	2	3	4	5
12	我经常告诉自己，我是一个有能力的人。	1	2	3	4	5
13	我很了解自己的情绪。	1	2	3	4	5
14	通常我能知道自己为什么会有某些感受。	1	2	3	4	5
15	我常常知道自己为什么觉得开心或不高兴。	1	2	3	4	5
16	我真的能明白自己的感受。	1	2	3	4	5

计分方法

情绪智力量表包括四个维度，共16道题，可以计算每个分量表所包括题目的总分或平均分。每个分量表包括的题目如下：

1. 情绪调节能力：这一维度涉及个人理解自己深层次情绪以及能够自然地表达情绪的能力，这一能力较强的人通常能够更好地感受到并承认自己的情绪。共4道题，具体包括第1～第4题。

2. 他人情绪评估能力：这一维度涉及个人对其周围人情绪感知和理解的能力，这一能力较强的人通常能够很好地感受到他人的情绪，并能够预测他人的情绪反应。共4道题，具体包括第5～第8题。

3. 情绪使用能力：这一维度涉及个人调节自己情绪的能力，这一能力较强的人通常能够在高兴或烦恼之后迅速恢复到正常的心理状态。共4道题，具体包括第9～第12题。

4. 自我情绪评估能力：这一维度涉及个人使用自己的情绪引导个人建设性的活动和个人绩效的能力，这一能力较强的人通常能够鼓励自己不断地做得更好。共4道题，具体包括第13～第16题。

量表出处

刘咏梅，卫旭华，陈晓红．情绪智力、冲突管理与感知凝聚力关系研究．科研管理，2011，32（2）：88-96.

参考文献

Mayer，J. D.，Caruso，D. R.，Salovey，P. Emotional intelligence meets traditional standards for intelligence. Intelligence，2000，27（4）：267-298.

Law，K. S.，Wong，C. S.，Song，L. Construct validity of emotional intelligence：Its potential utility of management studies. Journal of Applied Psychology，2004，89（3）：483-496.

当代中国人价值观（金盛华等，2009）

(Contemporary Chinese Values)

简介

价值观是人们关于事物重要性的观念，是依据客体对于主体的重要性对客体进行价值评判和选择的标准。

金盛华，郑建君和辛志勇（2009）参考国内外有关价值观结构及测量的有关文献，从中国人的衣食住行等实际生活结构与内容入手，结合目前关于中国人价值观的相关研究结果进行访谈提纲的编制。根据访谈提纲对全国 7 个地区的 303 位被试进行访谈、编码，最后剩下 72 道题，形成中国人价值观原始问卷。

金盛华，郑建君和辛志勇（2009）第一次预试选择了北京市和河北省 3 个市、区、县的大学生、高中生、工人、农民和专业技术人员等 5 类被试，共 247 人，共有 52 道题解释了 40.724%的变异。随后，就题目表述的准确性再次邀请有关专家和博士研究生进行评定，形成由 52 道题组成的第二次预试问卷。第二次预试再次面向北京市和河北省 3 个市、区、县共计 210 名被试发放问卷，共有 47 道题解释了 46.446%的变异，最终得到了由 47 道题构成的当代中国人价值观初始问卷。

金盛华，郑建君和辛志勇（2009）正式施测时在全国 12 个地区发放问卷 3 000 份，回收问卷 2 419 份，在剔除空白问卷和无效问卷后获得有效问卷 2 296 份。随后对问卷进行随机分半，一半问卷为 1 100 份，用于中国人价值观结构的探索性因素分析；另一半问卷 1 196 份，用于验证性因素分析。结果表明，由 32 道题构成的当代中国人价值观量表具有较好的信度与效度。

信度与效度

探索性因素分析结果表明，当代中国人价值观量表中八个因素的分布构成合理且每道题在其因素上的载荷较高，累计方差解释率达到 49.62%。

量表各维度的内部一致性系数分布在 0.74～0.86 之间，金钱权力、家庭本位、名望成就、人伦情感、品格自律、守法从众、才能务实和公共利益的内部一致性系数分别为 0.86、0.83、0.80、0.79、0.74、0.85、0.79 和 0.86；从题总相关系数来看，各维度内题目得分与维度总分之间也具有较强的相关性；此外，当剔除各维度内的某道题后，并未使该维度的内部一致性系数得以提升。因此，当代中国人价值观量表具有较好的信度。

验证性因素分析结果表明，八因素模型拟合相对理想，χ^2/df、GFI、AGFI、NFI、NNFI、IFI、CFI、RMSEA 值分别为：3.71（1 618.79/436）、0.91、0.90、0.88、0.90、0.91、0.91、0.051。各项拟合指数均达到或接近先前确定的标准，说明当代中国人价值观的八因素结构得到了数据的支持，具有良好的效度。

量表

请您根据自己的实际感受和体会，对下面32项描述进行评价和判断，并在最符合的数字上划○。评价和判断的标准如下：1=非常不同意，2=比较不同意，3=有点不同意，4=有点同意，5=比较同意，6=非常同意。

1	人活着就是为了挣更多的钱。	1	2	3	4	5	6
2	没有真诚友谊的人生是失败的。	1	2	3	4	5	6
3	选择工作最重要的因素是工资待遇。	1	2	3	4	5	6
4	做人就是要出人头地。	1	2	3	4	5	6
5	应该禁食野生动物。	1	2	3	4	5	6
6	金钱是最重要的衡量个人价值的标准。	1	2	3	4	5	6
7	有权就有一切。	1	2	3	4	5	6
8	社区的事也是自己的事。	1	2	3	4	5	6
9	为了国家的利益而付出个人的代价是值得的。	1	2	3	4	5	6
10	人活着最重要的目标就是养老育小。	1	2	3	4	5	6
11	其他方面再成功，家庭不幸福的人也是不幸的。	1	2	3	4	5	6
12	光宗耀祖对一个人的人生很重要。	1	2	3	4	5	6
13	靠知识技能成功的人应该受到尊重。	1	2	3	4	5	6
14	地位显赫的人令人羡慕。	1	2	3	4	5	6
15	身体健康才是最重要的。	1	2	3	4	5	6
16	帮助陌生人更能显示一个人的品行。	1	2	3	4	5	6
17	不尊重其他生命会导致人类消亡。	1	2	3	4	5	6
18	选择工作应主要看能否干出一番成绩。	1	2	3	4	5	6
19	家庭美满幸福应是学习、工作的唯一目标。	1	2	3	4	5	6
20	金钱使人们的生活变得更幸福。	1	2	3	4	5	6
21	人类无论什么民族都是平等的。	1	2	3	4	5	6
22	是非判断应依据国家的法规。	1	2	3	4	5	6
23	做事情要对得起自己的良心。	1	2	3	4	5	6
24	平淡比大起大落更好。	1	2	3	4	5	6
25	接受高等教育是人生成功的一半。	1	2	3	4	5	6
26	任何情况下都不应该做违法的事情。	1	2	3	4	5	6
27	做别人没有做过的事是冒险的。	1	2	3	4	5	6
28	好事、坏事的最重要判断标准应当是法律。	1	2	3	4	5	6
29	没有爱情的人生是不幸的。	1	2	3	4	5	6
30	多数人做的事情应当是可以做的。	1	2	3	4	5	6
31	任何时候都不应该做社会不能接受的事情。	1	2	3	4	5	6
32	有物质享乐，生命才有意义。	1	2	3	4	5	6

计分方法

当代中国人价值观量表包括八个维度，共32道题，可以计算每个维度所包括题目的总分或平均分。每个维度包括的题目如下：

1. 金钱权力：其内容主要涉及金钱、地位、物质、权力的心理、态度以及与此类表述相关的行为选择。共7道题，具体包括第1、3、6、7、14、20、32题。

2. 家庭本位：其内容涉及对家庭的倚重、工作学习的目标导向及生活态度。共3道题，具体包括第10、19、24题。

3. 品格自律：其内容涉及对社会与个体道德、行为认同基础之上的自身心理与行为的主体监控。共3道题，具体包括第23、26、31题。

4. 守法从众：其内容主要涉及有关制度、法律法规的遵从认同心理及社会普遍行为对个体的引导趋向。共4道题，具体包括第22、27、28、30题。

5. 才能务实：其内容主要涉及对教育和健康的渴望、对知识和人才的尊重等。共4道题，具体包括第13、15、16、25题。

6. 公共利益：其内容涉及对国家、社会、社区事宜的责任意识，对其他生命的尊重以及对生存环境的关注。共5道题，具体包括第5、8、9、17、21题。

7. 名望成就：其内容涉及个体对出人头地、事业成就和光宗耀祖等的意识倾向与心理态度。共3道题，具体包括第4、12、18题。

8. 人伦情感：其内容主要涉及个体对爱情、友谊及家庭幸福感等情感的认知评价与渴望。共3道题，具体包括第2、11、29题。

量表出处

金盛华，郑建君，辛志勇．当代中国人价值观的结构与特点．心理学报，2009，41（10）：1000-1014.

工作场所儒家传统价值观（王庆娟等，2012）

（Confucian Traditional Values at Workplace）

简介

儒家思想是关于和谐的哲学，强调“仁爱”和“融合”。儒家思想主要包括九个方面的道德价值观，分别是仁、义、礼、智、信、恕、忠、孝、悌。就工作场所而言，儒家传统价值观可能首先表现为个体非常重视与组织之间的现时关系和长远关系；组织及其代表（如领导）是权威，对组织以及领导的决策和行为应该尽量遵从和接受；儒家思想的利他倾向在工作场所主要表现为个体非常注意自己的行为对周围同事的影响，注意周围同事的需要并尽量去迎合这些需要；工作场所的面子原则意味着要顾虑自我、同事和领导的社会声誉，通过各种方式不断维护和提升这种社会声誉。与儒家传统价值观相关的测量工具主要有三种：中国文化联合会设计的中国人价值观调查、杨国枢等（1991）开发的个人传统性量表以及黄光国（1995）提出的中国人价值观转变量表。

王庆娟和张金成（2012）编制了中国文化背景下工作场所儒家传统价值观量表。在对儒家理论思想进行分析的基础上，王庆娟和张金成参考前人研究的测量工具，提炼和设计出量表的五个维度和33道题，经过5位专家的修订并且征求了企事业单位10位员工的意见，最终提炼设计的量表包括关系导向、遵从权威、接受权威、宽忍利他、面子五个维度，共23道题。

为了进一步验证构想效度，考察问卷的信度与效度，王庆娟和张金成（2012）在京津两地的企事业单位共采集有效样本558份，根据相关分析和验证性因素分析的结果，剔除了因子载荷较低的题目以及归属于一个以上因子的题目，最终形成15道题，并且根据验证性分析的结果将模型重新拟合为四个维度，分别为遵从权威、接受权威、宽忍利他、面子，经过实证检验，该量表具有良好的信度和效度。

信度与效度

王庆娟和张金成（2012）在京津两地的企事业单位共采集有效样本558份，探索性因素分析的结果表明，遵从权威维度的信度为0.746，宽忍利他维度的信度为0.777，接受权威维度的信度为0.722，面子维度的信度为0.646，所有的信度都在0.6以上，说明该量表具有良好的信度。

验证性因素分析的结果表明，除了“接受权威”的因子载荷在0.05水平上显著外，其他题项的因子载荷均在0.001水平上显著。拟合指数说明模型拟合效果比较理想，其中CFI、IFI均达到0.90以上，RMSEA为0.063，$\chi^2/df=2.123$，与原拟合模型相比，四维度的二阶模型的χ^2值比一阶模型有显著降低。

研究中的文献分析工作以及专家组对于问卷题目的审定保证了所编制问卷的内容效度，验证性因素分析为所编制问卷的结构效度提供了良好的证据。

量表

请您根据自己的实际感受和体会，对下面 15 项描述进行评价和判断，并在最符合的数字上划○。评价和判断的标准如下：1＝非常不同意，2＝中等不同意，3＝有点不同意，4＝有点同意，5＝中等同意，6＝非常同意。

1	领导好比一家之长，单位的大事应主要听从他的安排。	1	2	3	4	5	6
2	要避免发生错误，最好的办法之一是听从长辈的建议。	1	2	3	4	5	6
3	产生争执又不能解决时，应请资历最深的同事主持公道。	1	2	3	4	5	6
4	尊重、服从领导是美德。	1	2	3	4	5	6
5	对部门和单位的要求尽量有求必应。	1	2	3	4	5	6
6	即使别人有错，也应该尽量容忍原谅。	1	2	3	4	5	6
7	哪怕自己不便，也尽量不要给别人带来不便。	1	2	3	4	5	6
8	虽然不能给自己带来好处，但能帮助别人总是好的。	1	2	3	4	5	6
9	个人利益应该服从于部门和单位的利益。	1	2	3	4	5	6
10	就算单位有错，员工也应该服从。	1	2	3	4	5	6
11	工作报酬应首先考虑资历，个人能力还在其次。	1	2	3	4	5	6
12	员工只要遵守单位的规章制度即可，用不着费神去了解其中的道理。	1	2	3	4	5	6
13	错误单独谈，优点公开说。	1	2	3	4	5	6
14	只要面子上过得去，吃点小亏没什么。	1	2	3	4	5	6
15	即使和同事有利益冲突，也不能轻易撕破脸。	1	2	3	4	5	6

计分方法

工作场所儒家传统价值观量表包括四个维度，共 15 道题，可以计算每个维度所包括题目的总分或平均分。每个维度包括的题目如下：

1. 遵从权威：共 4 道题，具体包括第 1～第 4 题。
2. 宽忍利他：共 5 道题，具体包括第 5～第 9 题。
3. 接受权威：共 3 道题，具体包括第 10～第 12 题。
4. 面子：共 3 道题，具体包括第 13～第 15 题。

量表出处

王庆娟，张金成．工作场所的儒家传统价值观：理论、测量与效度检验．南开管理评论，2012，15（4）：66-79.

参考文献

Chinese Culture Connection. Chinese values and the search for culture-free dimensions of culture. Journal of Cross-Cultural Psychology，1987，18（2）：143-164.

杨国枢，余安邦，叶明华．中国人的个人传统性与现代性：概念与测量//杨国枢，黄光国．中国人的心理与行为．台北：桂冠图书公司，1991：241-306.

黄光国．儒家价值观的现代转化：理论分析与实证研究//乔健，潘乃谷．中国人的观念与行为——第四届现代化与中国文化国际研讨会论文集．天津：天津人民出版社，1995：174-200.

新生代工作价值观（侯烜方等，2014）

(Millennial Generation Work Values)

简介

价值观是一种选择目标或者指导行为（England，1967；Meglino，Ravlin，& Adkins，1989；Rokeach，1973），以及长期保持稳定的标准和准则（Kilmann，1981；Schwartz & Bilsky，1987），价值观随着文化、社会和个性的变化发展。

侯烜方，李燕萍和涂乙冬（2014）指出，探索中国背景下的新生代工作价值观的结构内涵及对工作绩效的影响具有非常重要的理论意义和实践价值。他们通过对新生代员工的开放式问卷调查，归纳整理了新生代员工的工作价值观特征。首先提取条目，其次合并同类项及精简，共获得 42 道题。再次，进行条目归类及命名。最终形成的 5 个类别命名为：功利导向、内在偏好、人际和谐、创新导向、长期发展。为进一步保证研究的内容效度，他们又邀请另一组人员进行反向确认性归类，两次条目归类的结果完全吻合，由此证明结果具有良好的内容效度。最终得到包括 5 个因子 26 道题的新生代工作价值观的初始量表。

调查样本来源于湖北、广东、上海、河南等地企业的 20 家分支机构或部门，共发放问卷 540 份，回收 529 份，其中有效问卷 502 份，有效问卷回收率为 95%。对初始量表进行结构探索，最终得到包括 20 道题的新生代工作价值观修订量表。

为了进一步验证量表的结构，侯烜方，李燕萍和涂乙冬（2014）在华中地区的 3 家合资和民营企业发放 250 份新生代员工自评问卷，回收 230 份，最终得到有效问卷 208 份。验证性因素分析的结果表明，新生代工作价值观修订量表具有较好的结构效度、区分效度与预测效度。

信度与效度

新生代工作价值观修订量表的信度为 0.95。功利导向、内在偏好、人际和谐、创新导向和长期发展等价值观的信度分别为 0.81、0.87、0.82、0.83、0.86，可见各个因子内部条目的信度较好。从条目与总体的相关性来看，所有条目与总分相关性均较高，表明新生代工作价值观修订量表具有较高的信度和稳定性。

通过验证性因素分析，检验了五因子的新生代工作价值观的结构效度。结果表明，二阶结构模型具有较高的拟合度（$\chi^2/df=2.00$，RMR＝0.03，GFI＝0.86，CFI＝0.95，TLI＝0.94，IFI＝0.95，RMSEA＝0.07），新生代工作价值观对 5 个因子有很大的影响（系数在 0.85～0.97 之间，显著性水平都小于 0.001）。因此，新生代工作价值观修订量表具有良好的结构效度。

区分效度检验的结果表明，二因子模型（$\chi^2/df=2.45$，RMR＝0.01，GFI＝0.96，CFI＝0.98，TLI＝0.97，IFI＝0.98，RMSEA＝0.08）比一因子模型（$\chi^2/df=3.37$，RMR＝0.02，GFI＝0.94，CFI＝0.97，TLI＝0.95，IFI＝0.97，RMSEA＝0.11）更

优。这表明新生代工作价值观和其他变量具有良好的区分效度。

量表

请您根据自己的实际感受和体会，用下面 20 项描述对自己进行评价和判断，并在最符合的数字上划○。评价和判断的标准如下：1＝很不重要，2＝不重要，3＝不好确定，4＝重要，5＝非常重要。

1	较好的薪酬福利。	1	2	3	4	5
2	不断增长的薪酬。	1	2	3	4	5
3	在工作中追求利益最大化。	1	2	3	4	5
4	努力付出会有等价回报。	1	2	3	4	5
5	工作符合自己的兴趣爱好。	1	2	3	4	5
6	工作是有价值和重要的。	1	2	3	4	5
7	工作有趣味性。	1	2	3	4	5
8	弹性工作时间。	1	2	3	4	5
9	融洽的工作氛围。	1	2	3	4	5
10	领导平易近人。	1	2	3	4	5
11	同事之间互相尊重。	1	2	3	4	5
12	团队有平等的人际关系。	1	2	3	4	5
13	创造性的工作理念。	1	2	3	4	5
14	富有挑战性的工作。	1	2	3	4	5
15	不是墨守成规的工作。	1	2	3	4	5
16	创新性的工作。	1	2	3	4	5
17	良好的发展空间。	1	2	3	4	5
18	不错的发展前景。	1	2	3	4	5
19	良好的职业发展规划。	1	2	3	4	5
20	良好的晋升机制。	1	2	3	4	5

计分方法

新生代工作价值观量表由五个维度构成，共 20 道题。每个维度包括的题目如下：

1. 功利导向：指新生代员工在工作中注重物质利益，渴望获得物质回报。共 4 道题，具体包括第 1～第 4 题。

2. 内在偏好：指新生代员工对工作本身的特征与内容的认知和偏好。共 4 道题，具体包括第 5～第 8 题。

3. 人际和谐：指新生代员工重视工作场所内和谐的人际关系，并希望维持一种融洽的工作氛围。共 4 道题，具体包括第 9～第 12 题。

4. 创新导向：指新生代员工追求生活多样性，喜欢新鲜感，讨厌墨守成规的工作，对新事物和新知识有较强的接受能力，具有典型的网络化特征，注重网络信息获取。共 4 道题，具体包括第 13～第 16 题。

5. 长期发展：指新生代员工看重行业、组织以及个人的发展前景，不断积累工作经验和社会资本，期望获得良好的晋升机会和职业发展空间。共 4 道题，具体包括第 17～

第20题。

量表出处

侯烜方，李燕萍，涂乙冬．新生代工作价值观结构、测量及对绩效影响．心理学报，2014，46（6）：823-840.

参考文献

England，G. W. Personal values systems of American managers. Academy of Management Journal，1967（10）：107-117.

Meglino，B. M.，Ravlin，E. C.，Adkins，C. L. A work values approach to corporate culture：a field test of the value congruence process and its relationship to individual outcomes. Journal of Applied Psychology，1989，74（3）：424-432.

Rokeach，M. The nature of human values. New York：Free Press，1973.

Kilmann，R. H. Toward a unique/useful concept of values for interpersonal behavior：a critical review of the literature on value. Psychological Reports，1981（48）：939-959.

Schwartz，S. H.，Bilsky，W. Toward a universal psychological structure of human values. Journal of Personality and Social Psychology，1987（53）：550-562.

中庸价值取向（杜旌等，2014）

(Zhongyong)

简介

中庸价值取向是我们在认知环境及处理自我与环境关系时的导向，它既包含了全局性和辩证性的认知，也包含了“和”的价值取向（杨中芳，2009）。中庸价值取向可以表述为基于全局的、辩证的认知环境，采用“执中”、适度而非偏激的方式，达到个体与环境的和谐。其中，以整体视角和全局观念认识外部环境是中庸价值取向的基础，“执中”、适度与“和”是中庸价值取向的最终目标（Yao，Yang，Dong，& Wang，2010）。

在组织行为和心理学研究领域，赵志裕（2000）及吴佳辉和林以正（2005）延续了中庸辩证思维的视角，并开发了中庸思维测量量表，为之后的中庸实证研究奠定了基础。

杜旌，冉曼曼和曹平（2014）采用了赵志裕（2000）及吴佳辉和林以正（2005）开发的测量量表，借鉴前人改进量表的经验（Gong，Huang，& Farh，2009），通过专家访谈（与企业中层管理者访谈），在上述量表中挑选了更符合工作情境的6道题来测量中庸价值取向（α=0.82）。他们向两家企业发放问卷435份，最终有效问卷数据来自49个团队的413名员工。

量表

请您根据自己的实际感受和体会，用下面6项描述对您日常工作或决策的情况进行评价和判断，并在最符合的数字上划○。评价和判断的标准如下：1=非常不同意，2=不同意，3=不好确定，4=同意，5=非常同意。

1	与同事相处，只做到合理是不够的，还要合情。	1	2	3	4	5
2	任何事情总有个限度，过了头和达不到都不好。	1	2	3	4	5
3	做决定时要为了整体的和谐来调整自己。	1	2	3	4	5
4	我会参考其他人的想法和做法，以便和大家基本一致。	1	2	3	4	5
5	我做事情会考虑各种可能的状况。	1	2	3	4	5
6	我会在不同意见中找折中方案或找个平衡点。	1	2	3	4	5

计分方法

中庸价值取向量表共6道题，可以计算总分或平均分。

量表出处

杜旌，冉曼曼，曹平．中庸价值取向对员工变革行为的情景依存作用．心理学报，2014，46（1）：113-124.

参考文献

Gong，Y. P.，Huang，J. C.，Farh，J. L. Employee learning orientation，transformational leadership，and employee creativity：the mediating role of employee creative self-efficacy. Academy of Management Journal，2009（52）：765-778.

Yao，X.，Yang，Q.，Dong，N. N.，Wang，L. Moderating effect of Zhong Yong on the relationship between creativity and innovation behaviour. Asian Journal of Social Psychology，2010（13）：53-57.

吴佳辉，林以正．中庸思维量表的编制．本土心理学研究，2005（24）：247-300.

杨中芳．传统文化与社会科学结合之实例：中庸的社会心理学研究．中国人民大学学报，2009（3）：53-60.

赵志裕．中庸的测量．香港社会科学学报，2000（18）：33-55.

中国人价值观（于广涛等，2016）

(Chinese Values Instrument)

简介

价值观是人们认为的对自己而言最重要的事物的总和，它既与反映人们如何看待自己以及自己所在群体的自我概念有关，又与人们处理事物与事物之间关系以及自己与事物之间关系的思维方式有关，还与自己所在群体历史上处理这些关系时所形成的文化传统有关。

中国人价值观是受中国文化传统影响下的中国人认为对自己而言最重要的事物的总和。

于广涛等（2016）以中国人价值观工具（CVI-I）包含的 10 个因子 46 个项目的结果为基础，结合原始问卷 79 个项目的项目分析和语义分析，对价值项目进行删减、补充、修改，形成新的包含 54 个项目的价值观问卷。采用李克特量表形式，对北京和河南两所高校的在职工商管理硕士和本科生进行纸笔调查。

信度与效度

于广涛等（2016）采用 SPSS 20.0 进行探索性因素分析，保留了 28 个项目，KMO 值为 0.84，Bartlett 球形检验在 0.001 水平上显著。采用主成分分析和最大方差旋转法抽取因子，以特征根大于 1 的原则并参照碎石图确定抽取因子的有效数目，获得 7 个因子，每个因子均包含 4 个项目的因子结构，累计方差解释率为 58.1%；各项目在相应因子上的载荷均在 0.45～0.83 之间，各因子的内部一致性 Cronbach's Alpha 在 0.64～0.77 之间。

基于探索性因素分析得到的 7 因子结果，于广涛等（2016）建构了 28 个项目的中国人价值观工具（CVI-Ⅱ），与调查公司（数字 100 市场调研公司，DATA100.com.cn）合作进行在线调查，共获得 2 955 份有效数据。Chi-square＝2 839.92，df＝329，GFI＝0.93，AGFI＝0.91，NFI＝0.91，IFI＝0.92，TLI＝0.91，CFI＝0.92，RMSEA＝0.05，量表的信效度度指数都达到了良好水平。

量表

请您根据自己的实际感受和体会，对下面 28 项描述进行评价和判断，并在最符合的数字上划○。评价和判断的标准如下：1＝完全不重要，2＝很不重要，3＝比较不重要，4＝不好确定，5＝比较重要，6＝很重要，7＝极其重要。

1	敢于冒险	1	2	3	4	5	6	7
2	喜欢挑战	1	2	3	4	5	6	7
3	刺激	1	2	3	4	5	6	7
4	好奇心	1	2	3	4	5	6	7

5	社会地位	1	2	3	4	5	6	7
6	荣誉	1	2	3	4	5	6	7
7	权力	1	2	3	4	5	6	7
8	成就	1	2	3	4	5	6	7
9	享受人生	1	2	3	4	5	6	7
10	舒适的生活和工作环境	1	2	3	4	5	6	7
11	美	1	2	3	4	5	6	7
12	愉悦	1	2	3	4	5	6	7
13	诚信	1	2	3	4	5	6	7
14	善良	1	2	3	4	5	6	7
15	乐于助人	1	2	3	4	5	6	7
16	责任心	1	2	3	4	5	6	7
17	国家富强	1	2	3	4	5	6	7
18	世界和平	1	2	3	4	5	6	7
19	生态平衡	1	2	3	4	5	6	7
20	社会秩序	1	2	3	4	5	6	7
21	家庭和睦	1	2	3	4	5	6	7
22	家人健康平安	1	2	3	4	5	6	7
23	孩子	1	2	3	4	5	6	7
24	爱情	1	2	3	4	5	6	7
25	平等	1	2	3	4	5	6	7
26	知恩图报	1	2	3	4	5	6	7
27	公正	1	2	3	4	5	6	7
28	自律	1	2	3	4	5	6	7

计分方法

中国人价值观量表包括七个维度，共 28 道题，可以计算每个维度所包括题目的总分或平均分。每个维度包括的题目如下：

1. 开拓创新：共 4 道题，具体包括第 1～第 4 题。
2. 显达有为：共 4 道题，具体包括第 5～第 8 题。
3. 身心愉悦：共 4 道题，具体包括第 9～第 12 题。
4. 仁爱有信：共 4 道题，具体包括第 13～第 16 题。
5. 社会和谐：共 4 道题，具体包括第 17～第 20 题。
6. 家庭美满：共 4 道题，具体包括第 21～第 24 题。
7. 公平公正：共 4 道题，具体包括第 25～第 28 题。

量表出处

于广涛，富萍萍，曲庆，刘军，孙聪．中国人的人生价值观：测量工具修订与理论建构．南开管理评论，2016，19（6）：70-80.

参考文献

于广涛，富萍萍，刘军，曲庆．阴阳调和：中国人的价值取向与价值观结构．南大商学评论，2007（15）：1-34.

工作伦理（王明辉等，2009）

(Work Ethic)

简介

王明辉，郭玲玲，赵国祥和凌文辁（2009）将工作伦理定义为个体所习得的一种信念系统或行为规范，它涉及个体对工作意义、职权行为和人际互动的价值判断或行为倾向。王明辉等在对 Hill 和 Petty（2005）及 Miller 和 Woehr（2002）等文献进行分析的基础上，通过访谈、开放式问卷调查、项目归类与汇总、初始问卷评定、预试、跨样本调查等建构和验证了我国企业员工工作伦理的结构模型。

预试对象为中国银行等 7 家企业的员工，预试共发放问卷 350 份，回收有效问卷 289 份。进行统计分析后确定了 38 道题作为正式调查问卷的题目。正式研究先后调查了三个样本：企业员工样本，涉及全国 8 个城市 21 家企业，发放问卷 1 600 份，回收有效问卷 955 份；大学生样本，主要来源于 6 所高校，均为大三和大四学生，发放问卷 600 份，回收有效问卷 508 份；军人样本，主要来源于两个军区，发放问卷 1 000 份，回收有效问卷 461 份。

对问卷进行探索性因素分析和验证性因素分析，结果表明五因素模型的各项指标均优于其他竞争模型，且达到了理想的水平，因此包含 5 个维度 20 道题的问卷具有良好的信度和效度。

信度与效度

问卷的信度检验结果表明，工作伦理各个维度的内部一致性系数均高于推荐值 0.70，而总问卷的内部一致性系数为 0.85。

对问卷进行探索性因素分析、验证性因素分析以及复核效化检验，结果表明因素结构清晰，验证性因素分析的结果与研究的理论构想相吻合，并且复核效化检验的结果表明因素结构具有跨样本的稳定性与有效性。其次，各项目与各自维度总分之间的相关系数在 0.73～0.82 之间，说明各分量表内部的同质性较好，这从另一个角度表明编制的工作伦理问卷具有较好的结构效度。

量表

请您根据自己的实际感受和体会，用下面 20 项描述对您的工作情况进行评价和判断，并在最符合的数字上划○。评价和判断的标准如下：1＝完全不同意，2＝不同意，3＝不好确定，4＝同意，5＝完全同意。

1	在工作时间办私人的事情。	1	2	3	4	5
2	利用工作便利满足个人利益。	1	2	3	4	5
3	可以将单位的物品拿回家使用。	1	2	3	4	5

4	在工作时间与同事聊天、拉家常。	1	2	3	4	5
5	工作使生活安定、有保障。	1	2	3	4	5
6	工作能学以致用、回报社会。	1	2	3	4	5
7	工作能够实现人生价值。	1	2	3	4	5
8	工作能够不断提高和完善自我。	1	2	3	4	5
9	为了工作愿意放弃必要的休假。	1	2	3	4	5
10	即使有时间休息，也要继续工作。	1	2	3	4	5
11	在休息时间仍然考虑工作上的事情。	1	2	3	4	5
12	当把时间都花在工作上时，心里很充实。	1	2	3	4	5
13	积极参加单位的培训学习，甚至自费进修。	1	2	3	4	5
14	利用业余时间学习与工作相关的知识。	1	2	3	4	5
15	对工作具有钻研精神，精益求精。	1	2	3	4	5
16	把工作中的困难视为一种挑战，勇敢面对。	1	2	3	4	5
17	与人相处时，讲究方式和把握分寸。	1	2	3	4	5
18	即使没有规定，也主动帮助新进员工。	1	2	3	4	5
19	乐于帮助同事解决各种问题。	1	2	3	4	5
20	团结其他同事共同完成部门任务。	1	2	3	4	5

计分方法

工作伦理量表包括五个维度，共20道题，可以计算每个维度所包括题目的总分或平均分。每个维度包括的题目如下：

1. 职业操守：主要内容包括利用工作便利满足个人利益和办私人的事情等。共4道题，具体包括第1～第4题，均需反向计分。

2. 工作意义：主要内容包括工作能够实现人生价值，使人生活安定、有保障等。共4道题，具体包括第5～第8题。

3. 勤奋奉献：主要内容包括当把时间都花在工作上时心里感到很充实，即使有时间休息也要继续工作等。共4道题，具体包括第9～第12题。

4. 积极进取：主要内容包括利用业余时间学习与工作相关的知识，积极参加单位的培训等。共4道题，具体包括第13～第16题。

5. 人际和谐：主要内容包括乐于帮助同事解决各种问题，团结其他同事共同完成所在部门的工作等。共4道题，具体包括第17～第20题。

量表出处

王明辉，郭玲玲，赵国祥，凌文辁．企业员工工作伦理的结构．心理学报，2009，41（9）：853-862.

参考文献

Hill，R. G.，Petty，G. C. A new look at selected employ-ability skills：a factor analysis of the occupational work ethic. Journal of Vocational Education Research，2005（20）：59-73.

Miller，M. J.，Woehr，D. J.，Hudspeth，N. The meaning and measurement of work ethic：construction and initial validation of a multidimensional inventory. Journal of Vocational Behavior，2002（60）：451-489.

创业者商业道德 (Wright et al.，2002)

(Entrepreneurial Business Ethics)

简介

道德标准被定义为个体对于行为准则本质和基础的信念，是指一个人对于一系列“什么是对的”的感知和判断，这会影响他处理组织事务的行为（Hegarty & Sim，1979）。田莉等（2015）关注的创业者商业道德是指个体道德准则在处理具体的创业活动中的应用。

田莉等（2015）翻译了 Wright 等（2002）的量表来度量创业者的商业道德标准，并进行了信度与效度检验。数据来自中国创业动态跟踪调查（Chinese Panel Study of Entrepreneurial Dynamics，CPSED）2010 年的调研，首轮调查在接触 69 900 户家庭的基础上，电话访问了 22 045 人，识别出新生创业者 974 名，其中 601 名参与了第一轮电话访谈。第二轮跟踪访谈追踪到 321 个有效样本，部分企业分化出了两种不同的创业进程，即有的创业者正积极投入到新企业组建的各项活动中，称为筹备组；有的创业者已经成功创建了符合新企业标准的企业，进入正式运营阶段，称为运营组。田莉等（2015）选择第二轮调查中筹备组和运营组的 204 个样本作为样本框，并剔除在主要研究变量上有缺失值的样本，共得到 140 个有效样本。运营组的创业者商业道德量表的信度为 0.648，筹备组的创业者商业道德量表的信度为 0.605。

量表

请您根据自己的实际感受和体会，对下面 5 项描述进行评价和判断，并在最符合的数字上划○。评价和判断的标准如下：1＝非常不同意，2＝不同意，3＝不好确定，4＝同意，5＝非常同意。

1	大部分创业者会想办法绕过政府规定。	1	2	3	4	5
2	在不违法的前提下，大部分创业者会为了利益而违反规定。	1	2	3	4	5
3	周围许多人为了自己的利益从事非法活动。	1	2	3	4	5
4	为了个人或企业利益而违反法律并没有错。	1	2	3	4	5
5	商业活动和伦理道德本来就是矛盾的事情。	1	2	3	4	5

计分方法

创业者商业道德量表共 5 道题，均需反向计分，可以计算总分或平均分，得分越高，代表创业者商业道德标准越高。

量表出处

田莉，张玉利，唐贵瑶，魏立群．遵从压力或理性驱动？新企业政治行为探析．管理科学学报，2015，18（3）：16-30.

参考文献

Hegarty，W. H.，Sims，H. P. Organizational philosophy，policies，and objectives related to unethical decision behavior：a laboratory experiment. Journal of Applied Psychology，1979，64 (3)：331-338.

Wright，P.，Szeto，W. F.，Cheng，L. T. W. Guanxi and professional conduct in china：a management development perspective. International Journal of Human Resource Management，2002，13 (1)：156-182.

个人/集体主义倾向 (Edwin et al.，2009)

(Individualism/Collectivism Orientation)

简介

于米（2011）翻译了 Edwin 等（2009）使用过的成熟量表对个人/集体主义倾向进行测量，施测对象为长春一汽集团下属 5 家分公司的一线员工。员工根据自己在实际工作中的情况来判断自己是个人主义倾向还是集体主义倾向。共发放问卷 400 份，回收问卷 357 份，回收率是 89.25%，有效问卷为 338 份，有效率为 94.7%。分析表明，个人主义倾向的信度为 0.89，集体主义倾向的信度为 0.91，因此该量表具有较高的信度。

量表

请您根据自己的实际感受和体会，用下面 15 项描述对您在工作中的情况进行评价和判断，并在最符合的数字上划○。评价和判断的标准如下：1＝非常不同意，2＝不同意，3＝不好确定，4＝同意，5＝非常同意。

1	我只做自己的事情，其他同事也是一样。	1	2	3	4	5
2	我为自己能完成他人实现不了的目标而自豪。	1	2	3	4	5
3	对我来说，表现得比别人好是很重要的。	1	2	3	4	5
4	我是独特的，在很多方面都与众不同。	1	2	3	4	5
5	我喜欢保护隐私。	1	2	3	4	5
6	我清楚自己的缺点和优点。	1	2	3	4	5
7	我常常直接明确地表明自己的观点。	1	2	3	4	5
8	想要了解我是谁，可以先从认识我的同事开始。	1	2	3	4	5
9	对我来说，与同事们共处是愉快的。	1	2	3	4	5
10	当其他同事有经济困难时，我会尽力帮助。	1	2	3	4	5
11	我尽量避免与其他同事意见不一致。	1	2	3	4	5
12	在做决策时，我会与其他同事商量。	1	2	3	4	5
13	我的行为取决于我与谁在一起或我在哪里，或二者皆有。	1	2	3	4	5
14	我尊重我接触的权威。	1	2	3	4	5
15	我宁愿集体完成一项技术任务，而不是单独完成。	1	2	3	4	5

计分方法

个人/集体主义倾向量表包括两个分量表，共 15 道题，可以计算每个分量表所包括题目的总分或平均分。每个分量表包括的题目如下：

1. 个人主义：共 7 道题，具体包括第 1～第 7 题。
2. 集体主义：共 8 道题，具体包括第 8～第 15 题。

量表出处

于米．个人/集体主义倾向与知识分享意愿之间的关系研究：知识活性的调节作用．南开管理评论，2011，14（6）：149-157.

参考文献

Edwin，A. J.，Van Hooft，Mireille De Jong. Predicting job seeking for temporary employment using the theory of planned behavior：the moderating role of individualism and collectivism. Journal of Occupational & Organizational Psychology，2009，82（2）：295-316.

个人/集体主义 (Triandis et al.，1998)

(Individualism and Collectivism)

简介

Triandis 和 Gelfand（1998）根据团队中个体如何看待自己，将个人主义和集体主义分为平面式和垂直式两个维度，平面式维度更重视人与人之间的平等，垂直式维度更看重人与人之间的差别，也更能容忍不平等。垂直式维度分数高表明强调等级观念，同时也接受社会的地位差异以及人与人之间的不平等状态；平面式维度分数高表明强调平等，认为每个人都应有平等的权利和地位。因此，可以分为垂直式个人主义、垂直式集体主义、平面式个人主义和平面式集体主义四种类型。

张晓东和朱敏（2012）根据 Triandis 和 Gelfand（1998）的研究成果，翻译了他们的量表，采用 12 道题对个体/集体主义进行衡量。以两个年级的 125 名 MBA 学生作为调查对象，最终得到有效问卷 108 份。

信度与效度

平面式集体主义的内部一致性系数是 0.82，垂直式集体主义的内部一致性系数是 0.84，平面式个人主义的内部一致性系数是 0.79，垂直式个人主义的内部一致性系数是 0.73。结果均在可接受的范围内，表明问卷编制真实可信。

对个人主义、集体主义量表进行二阶因子验证性分析，拟合指标分别为：$\chi^2=243.453$，GFI=0.836，CFI=0.719，RMR=0.032，RMSEA=0.041，PNFI=0.332，PGFI=0.511，均达到可接受的水平，表明该量表具有很好的结构效度。

量表

请您根据自己的实际感受和体会，对下面 12 项描述进行评价和判断，并在最符合的数字上划○。评价和判断的标准如下：1=非常不符合，2=不符合，3=比较不符合，4=不确定，5=比较符合，6=符合，7=非常符合。

1	如果同事得到奖励，我会感到高兴。	1	2	3	4	5	6	7
2	同事的幸福对我很重要。	1	2	3	4	5	6	7
3	对于我来说，快乐是在他人身上花些时间。	1	2	3	4	5	6	7
4	父母和子女尽可能住在一起。	1	2	3	4	5	6	7
5	我的责任就是照顾家人，即使不得不牺牲我想要的。	1	2	3	4	5	6	7
6	家庭成员应该团结在一起，为此做出一点牺牲也无关紧要。	1	2	3	4	5	6	7
7	我宁可靠自己也不依靠别人。	1	2	3	4	5	6	7
8	我做大多数事情只靠自己，几乎不依赖别人。	1	2	3	4	5	6	7
9	我大多数时间做“我自己的事”。	1	2	3	4	5	6	7
10	重要的是我工作比别人要出色。	1	2	3	4	5	6	7

11	胜利才是一切。	1	2	3	4	5	6	7
12	竞争是自然法则。	1	2	3	4	5	6	7

计分方法

个人/集体主义量表包括四个维度，共12道题，可以计算每个维度所包括题目的总分或平均分。每个维度包括的题目如下：

1. 平面式集体主义：共3道题，具体包括第1～第3题。
2. 垂直式集体主义：共3道题，具体包括第4～第6题。
3. 平面式个人主义：共3道题，具体包括第7～第9题。
4. 垂直式个人主义：共3道题，具体包括第10～第12题。

量表出处

张晓东，朱敏．激励、同事态度和个人文化对知识共享的影响．科研管理，2012，33（10）：97-105.

参考文献

Triandis，H. C.，Gelfand，M. J. Converging measurement of horizontal and vertical individualism and collectivism. Journal of Personality & Social Psychology，1998，74（1）：118-128.

领导者乐观心理（牛芳等，2011）

（Team Leaders' Optimism）

简介

乐观是个体的一种积极心态，反映了个体对未来正面事件的积极期望（Scheier et al.,1985）。乐观者正面地预测和评估未来环境和事件，在行动上积极主动，通常会为自己设定高的目标，并轻松地面对逆境和困难（Hooker et al.，1992；Gibbons et al.，2000）。

牛芳，张玉利和杨俊（2011）参考 Wally 等（1994）和 Simon 等（2000）的问卷，对领导者乐观心理进行测量，包括 3 道题。牛芳，张玉利和杨俊（2011）以天津市 9 个科技孵化器中的企业为对象，采用随机抽样的方法访问了 590 家企业，回收问卷 150 份，其中满足研究要求的问卷 145 份。对 3 道题进行探索性因素分析，得到 1 个因子即乐观。问卷的内部一致性系数为 0.76。

量表

请您根据自己的实际感受和体会，用下面 3 项描述对自己的心态进行评价和判断，并在最符合的数字上划○。评价和判断的标准如下：1＝非常不同意，2＝不同意，3＝比较不同意，4＝不确定，5＝比较同意，6＝同意，7＝非常同意。

1	我觉得明年的经济形势将有所改善。	1	2	3	4	5	6	7
2	我通常预期自己的生活水平和国家经济水平将不断提高。	1	2	3	4	5	6	7
3	明年我在各个方面都将有改善和提高。	1	2	3	4	5	6	7

计分方法

领导者乐观心理量表共 3 道题，可以计算总分或平均分。

量表出处

牛芳，张玉利，杨俊．创业团队异质性与新企业绩效：领导者乐观心理的调节作用．管理评论，2011，23（11）：110-119.

参考文献

Scheier，M. F.，Carver，C. S. Optimism，coping，and health：assessment and implications of generalized outcome expectancies. Health Psychology，1985，4（4）：219-47.

Hooker，K.，Monahan，D.，Shifren，K.，Hutchinson，C. Mental and physical health of spouse caregivers：the role of personality. Psychology & Aging，1992，7（3）：367-75.

Gibbons，F. X.，Blanton，H.，Gerrard，M.，Buunk，B.，Eggleston，T. Does social comparison make a difference? Optimism as a moderator of the relation between comparison level and academic performance. Personality & Social Psychology Bulletin，2000，26（5）：637-648.

Wally，S.，Baum，J. R. Personal and structural determinants of the pace of strategic decision making. Academy of Management Journal，1994，37（4）：932-956.

Simon，M.，Houghton，S. M.，Aquino，K. Cognitive biases，risk perception，and venture formation：how individuals decide to start companies. Journal of Business Venturing，2000，15（98）：113-134.

科研自我效能感（张永军等，2013）

（Research Self-efficacy）

简介

科研自我效能感是个体对成功完成科研任务所具有的胜任力的自我评价（Bandura，A.，1977；Zajacova，Lynch，& Espenshade，2005）。

张永军，廖建桥和赵君（2013）对科研自我效能感的测量采用经修订的周非（2009）和Zajacova等（2005）编制的问卷，共3道题。

张永军，廖建桥和赵君（2013）向武汉、北京、西安、上海、杭州、长沙、广州和南京等高等教育发达的城市发放纸质和电子问卷。其中纸质问卷回收129份，电子问卷回收126份，共回收问卷255份，剔除无效问卷22份，共得到有效问卷233份。

信度与效度

探索性因素分析的结果表明，累计方差解释率达到73.476%，因子载荷均大于0.5，各变量内部一致性较好。验证性因素分析的结果表明，量表因子载荷在0.5以上，所有参数值均达到显著性水平，具有很好的结构效度，科研自我效能感变量与其他变量有一定的区分效度。

量表

请您根据自己的实际感受和体会，用下面3项描述对您的实际情况进行评价和判断，并在最符合的数字上划○。评价和判断的标准如下：1=非常不同意，2=不同意，3=有点不同意，4=有点同意，5=同意，6=非常同意。

1	我自信能胜任科研工作。	1	2	3	4	5	6
2	我自信能处理科研过程中出现的困难。	1	2	3	4	5	6
3	对于做科研，我信心十足。	1	2	3	4	5	6

计分方法

科研自我效能感量表共3道题，可以计算总分或平均分。

量表出处

张永军，廖建桥，赵君．科研压力对博士生学术不端行为的影响研究．科研管理，2013，34（4）：99-107.

参考文献

Bandura，A. Self-efficacy：toward a unifying theory of behavioral change. Psychological Review，1977，

84 (2): 191-215.

Zajacova, A., Lynch, S. M., Espenshade, T. J. Self-efficacy, stress, and academic success in college. Research in Higher Education, 2005, 46 (6): 677-706.

周霏．团队支持感、科研自我效能感对高校科研团队创新绩效的作用研究．杭州：浙江工业大学，2009.

批判性思维（江静等，2014）

(Critical Thinking)

简介

关于批判性思维的概念，普遍比较认可的是由 Facione 组织的专家采用德尔菲法给出的定义：一种有目的的、自我调节的判断，它能导致解释、分析、评价和推论，以及对这种判断所基于的证据、概念、方法、标准和语境的说明。

江静和杨百寅（2014）对批判性思维的测量采用的是经翻译的 Facione 等（1995）的 10 道题的问卷，信度为 0.91。首先，选取两家软件公司 442 位员工进行批判性思维的预测试。对题目进行修正后，选取一家保险公司为研究对象进行正式测试。预测试中一共发放问卷 500 份，实际回收 456 份，剔除无效问卷 14 份，得到有效问卷 442 份。正式测试分两次进行，第一次发放了配对问卷 200 份，实际回收 189 份，其中有效配对问卷 176 份；第二次发放了配对问卷 50 份，实际回收 35 份，全部有效。正式测试共得到有效配对问卷 211 份。

江静和杨百寅（2014）对批判性思维问卷进行了探索性因素分析，删除了 5 道题，对保留的 5 道题做验证性因素分析，拟合指标中，χ^2/df 为 4.48，RMSEA 为 0.04，CFI 为 1，NFI 为 1，NNFI 为 0.98，IFI 为 1，模型拟合很好。

量表

请您根据自己的实际感受和体会，对下面 5 项描述进行评价和判断，并在最符合的数字上划○。评价和判断的标准如下：1＝非常不同意，2＝不同意，3＝不好确定，4＝同意，5＝非常同意。

1	认真考虑问题背景，并慎重做出判断。	1	2	3	4	5
2	根据问题，采取有针对性的策略。	1	2	3	4	5
3	寻求解决问题的可替代方案。	1	2	3	4	5
4	敢于挑战影响工作绩效的困难。	1	2	3	4	5
5	愿意采纳超出现有程序或规章制度的可能解决方案。	1	2	3	4	5

计分方法

批判性思维量表共 5 道题，可以计算总分或平均分。

量表出处

江静，杨百寅．善于质疑辨析就会有高创造力吗：中国情境下的领导-成员交换的弱化作用．南开管理评论，2014，17（2）：117-128.

参考文献

Facione，P. A.，Facione，N. C.，Giancarlo，C. A. F. Professional judgment and the disposition toward critical thinking. Journal of General Education，1995（44）.

心理资本（Fred Luthans et al.，2008）

（Psychological Capital）

简介

心理资本是个体在成长和发展过程中表现出来的一种积极心理状态，具体表现为：（1）在面对充满挑战性的工作时，有信心（自我效能）并能付出必要的努力来获得成功；（2）对现在与未来的成功有积极的归因（乐观）；（3）对目标锲而不舍，为取得成功在必要时能调整实现目标的途径（希望）；（4）当身处逆境和被问题困扰时，能够持之以恒，迅速恢复并成长（韧性）以取得成功。

Fred Luthans 等（2008）借鉴自我效能问卷（Parker，998）、希望问卷（Snyder，1996）、乐观问卷（Scheier & Carver，1985）和韧性问卷（Wagnild & Young，1993），并根据内容效度与表面效度，由一组专家从上述四个测量问卷中各选取 6 道题，并对其语言背景进行调整以适合工作场所，使其测量的是状态类个体特征，然后统一采用李克特 6 分等级量表。最终形成包括 24 道题的心理资本问卷。

量表

下面一些句子可能描述了你目前是如何看待自己的。请判断你同意或者不同意这些描述的程度，并在最符合的数字上划○。评价和判断的标准如下：1＝非常不同意，2＝不同意，3＝有点不同意，4＝有点同意，5＝同意，6＝非常同意。

1	我相信自己能分析长远的问题，并找到解决方案。	1	2	3	4	5	6
2	与管理层开会时，在陈述自己工作范围之内的事情方面我很自信。	1	2	3	4	5	6
3	我相信自己对公司战略的讨论有贡献。	1	2	3	4	5	6
4	在我的工作范围内，我相信自己能够帮助设定目标/目的。	1	2	3	4	5	6
5	我相信自己能够与公司外部的人（比如，供应商、客户）联系，并讨论问题。	1	2	3	4	5	6
6	我相信自己能够向一群同事陈述信息。	1	2	3	4	5	6
7	如果我发现自己在工作中陷入了困境，会想出很多办法来摆脱。	1	2	3	4	5	6
8	目前我在精神饱满地完成自己的工作。	1	2	3	4	5	6
9	任何问题都有很多解决方法。	1	2	3	4	5	6
10	眼前，我认为自己在工作上相当成功。	1	2	3	4	5	6
11	我能想出很多办法来实现我目前的工作目标。	1	2	3	4	5	6
12	我正在实现我为自己设定的工作目标。	1	2	3	4	5	6
13	在工作中遇到挫折时，我很难振作起来并继续前进。	1	2	3	4	5	6
14	在工作中，我无论如何都会去解决遇到的难题。	1	2	3	4	5	6
15	在工作中如果不得不去做，我也能独立应对。	1	2	3	4	5	6
16	我通常能对工作中的压力泰然处之。	1	2	3	4	5	6
17	因为以前经历过很多磨难，所以我现在能挺过工作上的困难时期。	1	2	3	4	5	6
18	在目前的工作中，我感觉自己能同时处理很多事情。	1	2	3	4	5	6

19	在工作中，当遇到不确定的事情时，我通常期盼最好的结果。	1	2	3	4	5	6
20	如果某件事情会出错，即使我明智地工作，它也会出错。	1	2	3	4	5	6
21	对自己的工作，我总是看到积极的一面。	1	2	3	4	5	6
22	对我的工作未来会发生什么，我持乐观态度。	1	2	3	4	5	6
23	在目前的工作中，事情从来没有像我希望的那样发展。	1	2	3	4	5	6
24	工作时，我总相信“黑暗的背后就是光明，不用悲观”。	1	2	3	4	5	6

计分方法

心理资本量表包括四个分量表，共 24 道题，可以计算每个分量表所包括题目的总分或平均分。每个分量表包括的题目如下：

1. 自我效能：共 6 道题，具体包括第 1～第 6 题。
2. 希望：共 6 道题，具体包括第 7～第 12 题。
3. 韧性：共 6 道题，具体包括第 13～第 18 题，第 13 题需反向计分。
4. 乐观：共 6 道题，第 19～第 24 题，其中第 20、第 23 题需反向计分。

量表出处

Fred Luthans，等．心理资本：打造人的竞争优势．北京：中国轻工业出版社，2008：221-222.

心理资本（柯江林等，2009）

(Psychological Capital)

简介

在组织管理领域，Luthans 等（2004）认为心理资本是指人的积极心理能力，并按照 POB 标准（可测量、可开发和可用来提高工作绩效），列举了自信/自我效能感、希望、乐观和韧性等四个维度。

柯江林，孙健敏和李永瑞（2009）的研究将本土心理资本定义为：中国组织情景下，个体在为人处世过程中所拥有的一种可测量、可开发和对工作绩效有促进作用的积极心态或心理能力。该研究以 POB 标准为基准，通过深度访谈等多种手段收集心理资本行为事件的陈述句并进行归类整理，形成初始量表。

被试均为在职人员，来自中国人民大学的三个 MBA 班以及上海师范大学的一个在职专科生班。共发放问卷 300 份，回收 182 份，回收率为 61%，其中有效问卷 160 份，有效率为 87.9%。删除项目难度值超过 0.90 和显著性水平没有达到 0.05 的题目，对余下题目进行探索性因素分析，得到收敛效度与区分效度良好的因素结构。事务型心理资本各维度信度在 0.70～0.84，总体为 0.81；人际型心理资本各维度信度在 0.71～0.83，总体为 0.84；本土心理资本总体为 0.86，表明本土心理资本量表信度良好。

为减少被试的疲劳与填答抗拒心理，柯江林，孙健敏和李永瑞（2009）按因素载荷值从高到低，从每个因素中选择 5 道题，形成包括 40 道题的短版量表。对短版事务型心理资本量表进行 EFA，得到四维因素结构模型，各因素载荷均在 0.60 及以上，测量项目跨因素载荷均小于 0.3，四个因素共解释了总方差的 54.68%。对人际型心理资本量表进行 EFA，得到四维因素结构模型，各因素载荷均在 0.60 及以上，且各测量项目跨因素载荷均小于 0.3，四个因素共解释了总方差的 65.40%。事务型心理资本、人际型心理资本、总体心理资本及其各子维度的信度值均高于 0.70。

量表

请您根据自己的实际感受和体会，对下面 40 项描述进行评价和判断，并在最符合的数字上划○。评价和判断的标准如下：1＝非常不同意，2＝不同意，3＝有点不同意，4＝有点同意，5＝同意，6＝非常同意。

1	我对自己的工作能力充满自信。	1	2	3	4	5	6
2	我相信自己能够胜任本职工作。	1	2	3	4	5	6
3	我相信自己有能力完成领导交办的任务。	1	2	3	4	5	6
4	我常常有一种自卑感，觉得自己的工作能力比较差。	1	2	3	4	5	6
5	我勇于提出自己的见解。	1	2	3	4	5	6
6	对于不确定的结果，我总是往好的方向想。	1	2	3	4	5	6
7	我常常感觉自己很倒霉。	1	2	3	4	5	6

8	我凡事都看得开，几乎每天都是开开心心的。	1	2	3	4	5	6
9	我感觉自己很放松，几乎没有沮丧的时候。	1	2	3	4	5	6
10	发生了不愉快的事，我很快就能把自己的情绪调整好。	1	2	3	4	5	6
11	我的朋友说我是一个有抱负的人。	1	2	3	4	5	6
12	我喜欢给自己不断设定更高的目标。	1	2	3	4	5	6
13	我希望承担有挑战性的任务。	1	2	3	4	5	6
14	我每天都在思考如何把工作做得更好。	1	2	3	4	5	6
15	我是一个雄心勃勃的人。	1	2	3	4	5	6
16	我是一个不到最后绝不放弃的人。	1	2	3	4	5	6
17	即使身处地狱，我也想着要把它变成天堂。	1	2	3	4	5	6
18	哪怕工作再苦再累，我相信自己都可以熬过去。	1	2	3	4	5	6
19	越是身处困境，我越是坚强。	1	2	3	4	5	6
20	我绝对是一个吃苦耐劳的人。	1	2	3	4	5	6
21	无论遇到什么风格的领导，我都能适应。	1	2	3	4	5	6
22	与自己性格反差很大的人，我也能合作得很好。	1	2	3	4	5	6
23	即使不赞成别人的价值观，我也能与他们和睦相处。	1	2	3	4	5	6
24	我几乎跟什么性格的人都能成为好朋友。	1	2	3	4	5	6
25	当别人说对自己不利的闲话时，我会一笑而过。	1	2	3	4	5	6
26	我像儿女对待家长一样尊敬单位的领导。	1	2	3	4	5	6
27	我几乎没有顶撞过领导。	1	2	3	4	5	6
28	对于年老的同事，我觉得要格外敬重。	1	2	3	4	5	6
29	即使领导的能力有限，我也绝不会轻视他。	1	2	3	4	5	6
30	我最欣赏的人就是彬彬有礼的君子。	1	2	3	4	5	6
31	我经常提醒自己“山外有山，人外有人”。	1	2	3	4	5	6
32	我认为同事也有胜过自己的地方。	1	2	3	4	5	6
33	我善于发现别人的优点。	1	2	3	4	5	6
34	遇到不懂的问题，我会虚心向同事求助。	1	2	3	4	5	6
35	没有十足把握，我不会承诺别人。	1	2	3	4	5	6
36	我觉得下属有义务为领导排忧解难。	1	2	3	4	5	6
37	我觉得人生的价值在于奉献。	1	2	3	4	5	6
38	我觉得帮助同事是义不容辞的。	1	2	3	4	5	6
39	我会时常想起以前帮助过自己的人。	1	2	3	4	5	6
40	我认为自己所取得的成就与别人的帮助是分不开的。	1	2	3	4	5	6

计分方法

心理资本量表包括两个维度，共 40 道题，可以计算每个维度所包括题目的总分或平均分。

1. 事务型心理资本包括四个子维度。

自信勇敢：认为自己具有很强的工作胜任力，勇于在不同场合和时机，以说话办事等各种方式表现自己的工作才能。共 5 道题，具体包括第 1～第 5 题，其中第 4 题需反向计分。

乐观希望：对不确定的、未发生的事情，会抱以乐观的态度，期待好结果出现，对于已发生的不利事情，认为是短暂的和有办法解决的，不轻易沮丧和绝望。共5道题，具体包括第6～第10题，其中第7题需反向计分。

奋发进取：有很高的个人抱负，追求高目标，喜欢挑战，渴望获得成功，并表现在改进做事方式与能力提升上。共5道题，具体包括第11～第15题。

坚韧顽强：遇到困难或危机时，沉着冷静，能够适应和忍耐不利条件，不轻易放弃，有恒心毅力，并极力想办法改变不利局面，实现既定目标。共5道题，具体包括第16～第20题。

2. 人际型心理资本包括四个子维度。

包容宽恕：对不同风格、性格与价值观的领导、同事能予以接纳，对他人的不足、过失能给予理解包涵，对他人给自己造成的伤害能给予宽恕。共5道题，具体包括第21～第25题。

尊敬礼让：对他人的年龄、位阶等社会属性给予尊敬，不刻意贬低他人才能，能照顾到别人的面子；重视礼节，能在工作中让他人获得某种优先权。共5道题，具体包括第26～第30题。

谦虚沉稳：能客观认识和坦白自己相对他人的不足之处，且学习他人的长处并加以运用，而不会觉得丢面子；为人稳重，不轻易承诺别人，一旦承诺就会守信，对拿不准的事情，会多听他人建议。共5道题，具体包括第31～第35题。

感恩奉献：能体察到他人对自己的帮助，会表示感谢，同时牢记于心并寻求机会予以回报；认为人生的价值在于奉献，愿意为领导、同事、新进员工等提供便利，能为单位利益着想。共5道题，具体包括第36～第40题。

量表出处

柯江林，孙健敏，李永瑞．心理资本：本土量表的开发及中西比较．心理学报，2009，41（9）：875-888.

参考文献

Luthans，F.，Luthans，K. W.，Luthans，B. C. Positive psychological capital：beyond human and social capital. Business Horizons，2004，47（1）：45-50.

知识员工心理资本（侯二秀等，2013）

(Knowledge Worker Psychological Capital)

简介

知识员工被认为是能给企业带来竞争优势的战略性资源。Drucker（1959）从信息论的角度将知识员工定义为：掌握运用符号和概念，利用知识或信息工作的人。侯二秀，陈树文和长青（2013）从知识创新的视角将知识员工定义为：能够用自己拥有的专业化知识和技能在工作中持续创新的个体。

Goldsmith等（1997）最早开始研究心理资本，认为心理资本是个体在早年生活中形成的相对稳定的心理倾向或特征，它与个体生产率和实际工资之间存在显著正相关关系。Luthans等（2007）认为心理资本既具有状态性，可以通过干预措施来开发，也具有特质性，相对比较稳定。心理资本的维度划分有二维观、三维观、四维观以及多维观。侯二秀，陈树文和长青（2013）将知识员工心理资本定义为：知识员工在处理工作任务、周边关系、知识学习和创新中的积极心态和心理能力。

侯二秀，陈树文和长青（2013）从知识员工的工作与心理特征出发，采用扎根方法开发了一份信度和效度较好的知识员工心理资本量表，识别出了企业知识员工心理资本的二阶四因素结构，包括任务型心理资本、关系型心理资本、学习型心理资本和创新型心理资本四个维度。侯二秀，陈树文和长青（2013）对北京、天津、大连、内蒙古四地多家企业的研发部门和职能管理部门的25名知识员工进行了深度访谈；同时，对大连理工大学的8名博士生、人力资源管理方向的2名博士后和内蒙古工业大学的22名MBA学生进行了面谈，向北京工业大学和内蒙古工业大学的MBA学生发放问卷进行了预测试，得到了包含49道题的初始问卷。

为了进一步验证构想效度，考察问卷的信度与效度，侯二秀，陈树文和长青（2013）选择北京、大连、山西、内蒙古等地在校MBA及EMBA学员所在的企业进行初试问卷的调研，随机选取10家高科技和新能源企业的技术研发岗位和中层以上管理岗位的员工作为样本，共发放问卷350份，回收问卷326份，其中有效问卷267份，有效率为81.9%。最终开发出包括46道题的知识员工心理资本量表，这些题目从四个维度对知识员工心理资本进行了测量。经过实证检验，该量表具有良好的信度和效度。

信度与效度

侯二秀，陈树文和长青（2013）对267份有效问卷的探索性因素分析结果表明，任务型心理资本、关系型心理资本、学习型心理资本和创新型心理资本的累计方差变异为73.588%。总问卷的信度为0.804 9，任务型心理资本的信度为0.836 2，关系型心理资本的信度为0.795 4，学习型心理资本的信度为0.853 1，创新型心理资本的信度为0.890 3。

验证性因素分析的结果表明，因子载荷与相关因子的相关系数均达到了显著性水平（$p<0.05$），拟合指数说明模型拟合基本上达到了要求，其中GFI、AGFI、NFI、CFI均达

到0.90以上，RMSEA为0.036，$\chi^2/df=2.03$。二阶四因素模型的各项拟合指数均达到或接近先定的标准，说明企业知识员工心理资本的二阶四因素结构得到了数据的支持。

研究中的访谈、初始开放式问卷调查、文献分析工作以及学科专家对问卷项目的修正和检验保证了量表的内容效度。效标效度分析表明，各心理资本维度与内在动机都有正相关关系，其中任务型心理资本最高，为0.414，学习型心理资本高于创新型心理资本和关系型心理资本。由此，知识员工心理资本与效标变量的相关关系得到验证，表明量表的效标关联效度较好。

量表

请您根据自己的实际感受和体会，对下面46项关于您实际情况的描述进行评价，并在最同意的数字上划○。评价和判断的标准如下：1=根本不符合，2=不符合，3=不好确定，4=符合，5=非常符合。

1	大部分的工作时间内，我感到很快乐。	1	2	3	4	5
2	我总能专注于自己的工作。	1	2	3	4	5
3	我对工作总能充满热情。	1	2	3	4	5
4	在工作中，我总能保持精力充沛。	1	2	3	4	5
5	对未来的工作，我总是期待有好事发生。	1	2	3	4	5
6	我不怕做新的和有难度的工作。	1	2	3	4	5
7	当工作出现变动时，我不会因为可能会失败而担心。	1	2	3	4	5
8	当工作中的不确定性增加时，我依然能平静地工作。	1	2	3	4	5
9	我能为了自己的职业目标而坚持不懈地努力。	1	2	3	4	5
10	我希望自己有独立承担工作责任的机会。	1	2	3	4	5
11	我非常了解自己的情绪状态。	1	2	3	4	5
12	我知道为什么我的情绪发生变化。	1	2	3	4	5
13	我能领会别人传递给我的非语言信息。	1	2	3	4	5
14	通过聆听人们说话的语调，我能说出他们的感觉是怎样的。	1	2	3	4	5
15	我通过想象自己承担的任务会有一个好的结果来激励自己。	1	2	3	4	5
16	我总是能为自己设定目标，并竭尽全力去实现。	1	2	3	4	5
17	当周围的人误解我时，我能调整心态积极面对。	1	2	3	4	5
18	当我体验积极情绪时，我知道如何使它持续。	1	2	3	4	5
19	我能控制自己的情绪以有效应对组织中的各种变化。	1	2	3	4	5
20	当别人把事情做好时，我能够赞美他们。	1	2	3	4	5
21	我会安排别人做他喜欢的事。	1	2	3	4	5
22	当我帮助那些处于低谷的人时，自我感觉很好。	1	2	3	4	5
23	没有团队成员的支持，我很难取得今天的工作成绩。	1	2	3	4	5
24	我感谢那些能够给我指出工作中问题的同事。	1	2	3	4	5
25	我会记住曾经给我提供帮助和支持的人。	1	2	3	4	5
26	我乐意与团队中的同事分享自己的工作成果。	1	2	3	4	5
27	我相信自己能够将所学到的知识转化为技能。	1	2	3	4	5
28	我相信自己能够掌握组织其他成员提供的知识。	1	2	3	4	5
29	当学习中遇到困难时，我能向别人请教。	1	2	3	4	5
30	为了更好地掌握工作知识，我愿意花费更多的精力。	1	2	3	4	5

31	为了适应变革，我会自发地学习以提高工作技能水平。	1	2	3	4	5
32	我愿意更频繁地收集那些组织成员提供的源于他们自身经验和专业的知识。	1	2	3	4	5
33	我清楚同事所具备的业务专长。	1	2	3	4	5
34	在工作中，我乐意与同事分享我接受教育、培训的收获和经验。	1	2	3	4	5
35	当组织中其他成员在工作中需要帮助时，我会告诉他们我所知道的解决办法。	1	2	3	4	5
36	我对自己创造性解决工作问题的能力有信心。	1	2	3	4	5
37	我能用全新的方法实现我在工作中为自己设定的大部分目标。	1	2	3	4	5
38	我乐意在工作中尝试新的方法和思路。	1	2	3	4	5
39	我能自觉地突破固有的思维局限，在工作中运用新方法。	1	2	3	4	5
40	我能根据工作情境主动调整、改变原有的工作方法。	1	2	3	4	5
41	我觉得在工作中把所有事情都搞定是不现实的。	1	2	3	4	5
42	我觉得在工作中做决策时信息不充足是很正常的。	1	2	3	4	5
43	我觉得管理者给下属布置任务时告诉其目标和结果就可以了。	1	2	3	4	5
44	我认为在工作中没有绝对的对与错。	1	2	3	4	5
45	我不会因工作问题悬而未决而焦虑。	1	2	3	4	5
46	当我感觉工作职责不清晰时，我不会感到紧张。	1	2	3	4	5

计分方法

知识员工心理资本量表包括四个维度，共 46 道题，可以计算每个维度所包括题目的总分或平均分。每个维度包括的题目如下：

1. 任务型心理资本：包括积极情感与坚韧性两个子维度。共 10 道题，具体包括第 1～第 10 题。

2. 关系型心理资本：包括情绪智力与感恩两个子维度。共 16 道题，具体包括第 11～第 26 题。

3. 学习型心理资本：包括学习效能感与知识共享意愿两个子维度。共 9 道题，具体包括第 27～第 35 题。

4. 创新型心理资本：包括创新自我效能感与模糊容忍度两个子维度。共 11 道题，具体包括第 36～第 46 题。

量表出处

侯二秀，陈树文，长青．企业知识员工心理资本维度构建与测量．管理评论，2013，25（2）：115-125.

参考文献

Drucker，P. F. The Landmarks of Tomorrow. New York：Harper & Row，1959.

Goldsmith，A. H.，Veum，J. R.，William，D. The impact of psychological and human capital on wages. Economic Inquiry，1997，35（4）：815-829.

Luthans，F.，Avolio，B. J.，Avey，J. B.，Norman，S. M. Positive psychological capital：measurement and relationship with performance and satisfaction. Personnel Psychology，2007，60（3）：541-572.

承诺倾向（张勉等，2007）

(Commitment Tendency)

简介

张勉和张德（2007）将承诺倾向定义为：雇员能够依附组织的可能性。他们在西安的15家IT企业进行了问卷调查，共获得有效样本742份。承诺倾向量表的内部一致性系数为0.78。

量表

请您根据自己的实际感受和体会，用下面3项描述对您所在单位的实际情况进行评价和判断，并在最符合的数字上划○。评价和判断的标准如下：1＝非常不同意，2＝比较不同意，3＝不确定，4＝比较同意，5＝非常同意。

1	我觉得老待在一个单位是不行的。	1	2	3	4	5
2	我倾向于通过不断换工作来丰富自己的求职资历或阅历。	1	2	3	4	5
3	老在一个单位待着会让我感到腻味。	1	2	3	4	5

计分方法

承诺倾向量表共3道题，可以计算总分或平均分，其中第2题需反向计分。

量表出处

张勉，张德．企业雇员离职意向的影响因素：对一些新变量的量化研究．管理评论，2007，19（4）：23-28.

社会认同（薛婷等，2013）

(Social Identity)

简介

社会认同理论由 Tajfel 和 Turner（1986）提出，社会认同是联结微观个体心理和宏观群体心理的重要心理机制。

薛婷，陈浩，乐国安和姚琦（2013）参照国外经典研究（Simon et al.，1998；Smith，Seger，& Mackie，2007）并结合中国的文化背景和初测结果，修改了社会认同问卷题目，用于不同层次社会认同（多元社会认同）的测量。运用该问卷进行实证研究的样本数据为：随机选取天津市某大学的本科生为研究被试，共发放问卷 240 份，回收有效问卷 216 份，问卷回收成功率 90%。分析结果显示，国家认同、学校认同和网络认同三个维度的内部一致性系数分别为 0.89、0.90 和 0.92，表明问卷信度良好。

量表

请您根据自己的实际感受和体会，对下面 9 项描述进行判断，并在最符合的数字上划○。评价和判断的标准如下：1＝非常不同意，2＝不同意，3＝中立，4＝同意，5＝非常同意。

1	中国人这个身份对我来说很重要。	1	2	3	4	5
2	我喜欢中国人这个身份。	1	2	3	4	5
3	我以身为一名中国人为荣。	1	2	3	4	5
4	作为某校的一员是我的一个重要身份。	1	2	3	4	5
5	我喜欢某校的学生这个身份。	1	2	3	4	5
6	我以身为某校的一员而自豪。	1	2	3	4	5
7	作为人人网的成员是我的一个重要身份。	1	2	3	4	5
8	我喜欢人人网成员这个身份。	1	2	3	4	5
9	我以身为人人网的成员而自豪。	1	2	3	4	5

说明："人人网"为量表编制者选定的认同对象，可根据研究需要修改。

计分方法

社会认同量表包括三个维度，共 9 道题，可以计算每个维度所包括题目的总分或平均分。每个维度包括的题目如下：

1. 国家认同：共 3 道题，具体包括第 1～第 3 题。
2. 学校认同：共 3 道题，具体包括第 4～第 6 题。
3. 网络认同：共 3 道题，具体包括第 7～第 9 题。

量表出处

薛婷，陈浩，乐国安，姚琦. 社会认同对集体行动的作用：群体情绪与效能路径. 心理学报，2013，

45 (8)：139-147.

参考文献

Tajfel，H.，Turner，J. C. The social identity theory of intergroup behavior. Chicago：Nelson Hall，1986.

Simon，B.，Loewy，M.，Stürmer，S.，Weber，U.，Freytag，P.，Habig，C.，et al. Collective identification and social movement participation. Journal of Personality & Social Psychology，1998，74 (3)：646-658.

Smith，E. R.，Seger，C. R.，Mackie，D. M. Can emotions be truly group level? Evidence regarding four conceptual criteria. Journal of Personality and Social Psychology，2007 (93)：431-446.

公共服务动机（包元杰等，2016）

（Public Service Motivation）

简介

公共服务动机的概念最早是由 Rainey（1982）提出的。之后，Perry 和 Wise（1990）进行了明确的界定，指出公共服务动机是“个体响应那些主要存在于公共部门的动机的倾向”。Kim 等（2013）指出自我牺牲应该是公共服务动机最基本的概念，代表了利他性的动机，而公共参与吸引、公共价值承诺和同情心分别代表了理性动机、规范动机和情感动机三个作用机制，这四个维度的内容是公共服务动机的核心内涵。Kim 等（2013）在 12 个国家样本的基础上开发了测量四个维度共 16 道题的公共服务动机量表。

包元杰和李超平（2016）根据 Perry 和 Wise（1990）以及 Kim 等（2013）对公共服务动机的定义，对 Kim 的量表进行了翻译和回译，并采用专家会议和被试访谈等方法进行测试。他们选取了原量表中每个维度在中国样本中载荷最大的 2 道题，组成了 8 道题版本的公共服务动机量表（PSM-8）。对 215 名在职人员和学生进行问卷调查的结果表明，该量表具有良好的信度和效度。

信度与效度

包元杰和李超平（2016）对学生、公务员等群体进行了纸质问卷调查和网络问卷调查，共回收有效问卷 395 份。结果表明，PSM-8 在在职样本、学生样本、合并样本中的内部一致性系数分别为 0.83、0.82、0.91。合并样本的验证性因素分析结果表明，χ^2/df、GFI、NFI、IFI、TLI、CFI、RMSEA 的值分别为 2.31（32.37/14）、0.98、0.97、0.98、0.96、0.98、0.058，且每个题目的载荷值都较高。

量表

以下 8 道题主要描述您对公共服务的看法，答案没有对错之分。请您仔细考虑下列各题描述的情况，并根据自己的感受，在最符合的数字上划○。评价和判断的标准如下：1＝非常不同意，2＝不同意，3＝不好确定，4＝同意，5＝非常同意。

1	有意义的公益活动对我很重要。	1	2	3	4	5
2	对我而言，为社会公益做贡献很重要。	1	2	3	4	5
3	我认为，公民机会均等很重要。	1	2	3	4	5
4	公务员的行为一定要符合伦理规则。	1	2	3	4	5
5	当看到他人遇到困难时，我会很难受。	1	2	3	4	5
6	当看到他人遭到不公正对待时，我会很气愤。	1	2	3	4	5
7	他人是否幸福很重要。	1	2	3	4	5
8	我认为应该将公民义务放在个人利益之上。	1	2	3	4	5

计分方法

公共服务动机量表包括四个分量表，共8道题，可以计算每个分量表所包括题目的总分或平均分从而得到各维度的信息，也可以将8道题取平均分，得到总体的公共服务动机水平。每个分量表包括的题目如下：

1. 公共参与吸引：指被评价者在公共服务和公共参与过程中具有的工具性的动机，如个体参与公共政策制定或者其他公共活动来为社会和所在的社区做出贡献。共2道题，具体包括第1、第2题。

2. 公共价值承诺：指被评价者所具有的以价值观为基础的动机，反映了个体因为内化诸如社会平等、考虑下一代的福利、负责任、讲道德等公共价值观所导致的动机。共2道题，具体包括第3、第4题。

3. 同情心：指被评价者具有的以情绪和态度为基础的动机，反映了被评价者由于身份认同从而对某些人或群体的利益产生情感承诺的现象。共2道题，具体包括第5、第6题。

4. 自我牺牲：这是公共服务动机最核心的内容，指被评价者将他人利益放在自身利益之前的利他性的、亲社会的动机。共2道题，具体包括第7、第8题。

量表出处

包元杰，李超平．公共服务动机的测量：理论结构与量表修订．中国人力资源开发，2016（10）．

参考文献

Perry，J. L.，Wise，L. R. The motivational bases of public service. Public Administration Review，1990：367-373.

Kim，S.，Vandenabeele，W.，Wright，B. E.，Andersen，L. B.，Cerase，F. P.，Christensen，R. K.，Desmarais，C.，Koumenta，M.，Leisink，P.，Liu，B. Investigating the structure and meaning of public service motivation across populations：developing an international instrument and addressing issues of measurement invariance. Journal of Public Administration Research and Theory，2013，23（1）：79-102.

公共服务动机（王亚华等，2018）

（Public Service Motivation）

简介

Perry 和 Wise（1990）将公共服务动机定义为个人受主要或完全基于公共制度与组织的动机所驱使的倾向。王亚华和舒全峰（2018）以乡村干部为研究对象，开发适用中国本土的问卷，因此，公共服务动机在该研究中的具体含义是指乡村干部主要或完全基于公共制度与组织的动机所驱使的倾向，即在现有制度框架内的乡村治理过程中，乡村干部提供公共服务的动机。

王亚华和舒全峰（2018）对英文 PSM（24）量表（Perry & Wise，1990；Perry，1996）进行了本土化处理，对部分乡村干部进行了预调研，同时征求了有关专家的意见，最后形成正式调查问卷。为避免出现动机调查中常见的“偏好伪装”问题，在开展调研时，并没有在问卷中出现“动机”或“意愿”等字眼，而是以调研公共服务情况为名，在一定程度上有效解决了“偏好伪装”问题以确保测量的准确性。该量表由四个维度构成，共包括 24 道题。

王亚华和舒全峰（2018）在考虑到样本代表性和典型性的基础上，选取中国东、中、西部各一个县，分别为东部地区的福建 SX 县（SX，2011 年人均 GDP 为 47 377 元）、中部地区的湖北 YX 县（YX，2011 年人均 GDP 为 34 197 元）和西部地区的广西 TD 县（TD，2011 年人均 GDP 为 25 326 元），然后对这三个县所有行政村的村支书、村主任开展问卷调查。王亚华和舒全峰（2018）共发放问卷 1 092 份，最终得到有效问卷 756 份，有效回收率为 69.23%。

信度与效度

结果表明：决策吸引力维度 Cronbach's Alpha=0.727，同情心维度 Cronbach's Alpha=0.874，公共利益承诺维度 Cronbach's Alpha=0.838，自我牺牲精神维度 Cronbach's Alpha=0.874，量表的信度指数达到了良好水平。

量表

请您根据自己的实际感受和体会，对下面 24 项描述进行评价和判断，并在最符合的数字上划○。评价和判断的标准如下：1=非常不同意，2=不同意，3=中立，4=同意，5=非常同意。

1	我对制定乡村发展规划很有兴趣。	1	2	3	4	5
2	我喜欢与别人讨论国家政策。	1	2	3	4	5
3	我崇拜优秀的政治家。	1	2	3	4	5
4	看到别人不幸，我心里就会难过。	1	2	3	4	5
5	乡村发展项目极其重要。	1	2	3	4	5

6	我常常发现人与人之间是相互依赖的。	1	2	3	4	5
7	我常常为弱势群体的困境感到难过。	1	2	3	4	5
8	我觉得爱国就应该努力造福他人。	1	2	3	4	5
9	自己不努力的人不值得同情。	1	2	3	4	5
10	值得我全力支持的公共项目太多了。	1	2	3	4	5
11	我经常为别人的福利考虑，哪怕不认识。	1	2	3	4	5
12	我对村里的公共事务很有兴趣。	1	2	3	4	5
13	为村里做事，我不计回报。	1	2	3	4	5
14	我把为村民服务看作自己的天职。	1	2	3	4	5
15	有意义的公共服务对我来说很重要。	1	2	3	4	5
16	有些公共规划对我不利，但如果对大家都有益，我也情愿。	1	2	3	4	5
17	多做善事远比挣钱重要。	1	2	3	4	5
18	我做的很多事，并不仅是为了我自己。	1	2	3	4	5
19	即使没有报酬，我也乐意为村民服务。	1	2	3	4	5
20	我认为对社会有用远比个人成就更有意义。	1	2	3	4	5
21	我认为人们应该多付出、少索取。	1	2	3	4	5
22	我愿竭尽全力为社会利益多做奉献。	1	2	3	4	5
23	舍己为人者很少，但我是其中之一。	1	2	3	4	5
24	我崇尚责任高于一切。	1	2	3	4	5

计分方法

公共服务动机量表包括四个维度，共24道题，可以计算每个维度所包括题目的总分或平均分。每个维度包括的题目如下：

1. 决策吸引力：共3道题，具体包括第1～第3题。
2. 同情心：共8道题，具体包括第4～第11题。
3. 公共利益承诺：共5道题，具体包括第12～第16题。
4. 自我牺牲精神：共8道题，具体包括第17～第24题。

量表出处

王亚华，舒全峰．中国乡村干部的公共服务动机：定量测度与影响因素．管理世界，2018（2）：93-102，187-188.

参考文献

Perry，J. L.，Wise，L. R. The motivational bases of public service. Public Administration Review，1990，50（3）：367-373.

Perry，J. L. Measuring public service motivation：an assessment of construct reliability and validity. Journal of Public Administration Research & Theory，1996，6（1）：5.

主动性人格（张振刚等，2016）

（Proactive Personality）

简介

主动性人格是指采取主动行为，不受外部环境限制，积极探寻新的途径以影响外部环境的一种稳定倾向。在组织中，主动性人格的个体较少受到环境的制约，会选择甚至创造环境来获得高的工作绩效，例如制定职业发展规划、不断学习晋升所需要的各种技能；而非主动性人格的个体更倾向于被动地对环境做出反应，甚至为环境所塑造。

张振刚等（2016）对主动性人格的测量参考的是 Bateman 和 Crant（1993）的量表，并做了修订。

张振刚等（2016）共发放问卷 312 份，回收 223 份，按照以下标准筛选废卷：（1）缺选题项超过 5 道题；（2）连续 5 个及以上题项选择相同；（3）同一家企业员工的问卷不超过 3 份。张振刚等（2016）最后得到有效问卷 199 份，问卷有效率为 89.2%。

信度与效度

信度检验结果 Cronbach's Alpha＝0.824，验证性因素分析结果显示，χ^2/df＝1.030，GFI＝0.949，CFI＝0.996，TLI＝0.995，NFI＝0.846，RMSEA＝0.012，量表的信效度指数都达到了良好水平。

量表

请您根据自己的实际感受和体会，对下面 17 项描述进行评价和判断，并在最符合的数字上划○。评价和判断的标准如下：1＝非常不同意，2＝不同意，3＝不确定，4＝同意，5＝非常同意。

1	看到别人处在困难中，我会尽我所能提供帮助。	1	2	3	4	5
2	我擅长将问题转化为机会。	1	2	3	4	5
3	我一直在寻找更好的行事方式。	1	2	3	4	5
4	遇到问题时，我会直面它。	1	2	3	4	5
5	我喜欢挑战现状。	1	2	3	4	5
6	如果我相信一个观点，没有什么障碍能够阻止我实现它。	1	2	3	4	5
7	如果我相信某件事，不管成败的可能性如何，我都会去做。	1	2	3	4	5
8	没有比看到我的想法变成现实更令人兴奋的事了。	1	2	3	4	5
9	我总是在寻找新的方法使自己的生活更好。	1	2	3	4	5
10	我享受面对和克服想法上的障碍所带来的乐趣。	1	2	3	4	5
11	我总希望我在群体中是特别的。	1	2	3	4	5
12	就算别人反对，我也会坚持自己的想法。	1	2	3	4	5
13	我能比其他人更早发现一个好的机会。	1	2	3	4	5
14	我总是倾向于让别人来开始一个新的项目/工作。	1	2	3	4	5

15	我擅长识别机会。	1	2	3	4	5
16	无论在哪里，我都是推动建设性变革的强大力量。	1	2	3	4	5
17	看到自己不喜欢的事物，我会去改变它。	1	2	3	4	5

计分方法

主动性人格量表共17道题，可以计算总分，其中第14题需反向计分。

量表出处

张振刚，余传鹏，李云健．主动性人格、知识分享与员工创新行为关系研究．管理评论，2016，28（4）：123-133.

参考文献

Bateman，T. S.，Crant，J. M. The proactive component of organizational behavior：a measure and correlates. Journal of Organizational Behavior，1993，14（2）：103-118.

心理安全（Liang et al.，2012）

(Psychological Safety)

简介

心理安全概念最早起源于 Schein 和 Bennis（1965）的组织变革研究。李召敏和赵曙明（2017）认为，心理安全是指员工在组织中展现自我时对自身安全水平的感知。

学者集中关注了员工心理安全带来的行为结果，对工作态度方面的挖掘则非常缺乏。已有研究表明，心理安全影响员工的内在动机和角色定位等，员工若感知到更多的心理安全，则参与企业管理的程度更高（凌斌，段锦云和朱月龙，2010）。

李召敏和赵曙明（2017）使用的是 Liang 和 Farh（2012）开发的心理安全量表，共包括 5 道题；采用现场和邮寄相结合的方式进行数据收集，共发放问卷 600 份，最终得到有效问卷 512 份。

信度与效度

对心理安全量表进行信度和效度检验，结果题项标准化因子载荷处于 0.710 2～0.916 8 之间，量表组合信度值 0.873 明显高于最小临界值 0.7，说明测量模型具有较高的内部一致性；平均提取方差 AVE＝0.706，说明有较好的收敛效度。量表的信效度指数都达到了良好水平。

量表

请您根据自己的实际感受和体会，对下面 5 项描述进行评价和判断，并在最符合的数字上划○。评价和判断的标准如下：1＝非常不同意，2＝比较不同意，3＝有点不同意，4＝不确定，5＝有点同意，6＝比较同意，7＝非常同意。

1	能够表达关于我工作的真实感受。	1	2	3	4	5	6	7
2	能在工作中自由地表达我的想法。	1	2	3	4	5	6	7
3	在工作中表达我的真实想法是受欢迎的。	1	2	3	4	5	6	7
4	在团队中，当我有不同意见时，没有人会批评我。	1	2	3	4	5	6	7
5	我担心在工作场所中表达我的真实想法会伤害到自己。	1	2	3	4	5	6	7

计分方法

心理安全量表共 5 道题，可以计算总分，其中第 5 题需反向计分。

量表出处

李召敏，赵曙明．劳资关系氛围五维度对员工心理安全和工作嵌入的影响——基于中国广东和山东两地民营企业的实证研究．管理评论，2017，29（4）：108-121.

参考文献

凌斌，段锦云，朱月龙．工作场所中的心理安全：概念构思、影响因素和结果．心理科学进展，2010，18（10）：1580-1589.

Liang，J.，Farh，C. I. C.，Farh，J. L. Psychological antecedents of promotive and prohibitive voice：a two-wave examination. Academy of Management Journal，2012，55（1）：71-92.

Schein，E. H.，Bennis，W. Personal and organizational change via group methods. New York：Wiley，1965.

员工加薪价值观（邵建平等，2017）

（Employee's Raises Values）

简介

加薪通过动态调整来改变薪酬静态状态的路径以打破员工的薪酬习惯心理，是薪酬产生激励力量的核心源泉。因此，大多数组织会定期或不定期对员工加薪来保持和提升薪酬激励的力量。

加薪在员工心目中已不仅仅是一个单纯的“加钱”形式问题，更是员工对加薪内在本质的价值认知问题（Jenkins，Mitra，Gupta，& Shaw，1998）。员工加薪价值观是指员工基于一定的感觉，对组织给员工加薪的价值对等程度所做出的判断和认知。这种对加薪价值的认知、理解、判断或抉择的标准是员工的自我标准。

邵建平等（2017）为获得员工加薪价值观内涵以及量表的初始题项，先根据研究主题初步拟定访谈提纲并对 5 名员工进行预访谈，访谈中同时采用关键事件举例以保证信息获取的完整性与扩展性。正式访谈小组由 1～2 名研究人员组成，每组访谈历时 20～40 分钟，访谈对象共 102 名，主要分布在制造业、金融业、房地产业、计算机行业等。访谈结束后，邵建平等（2017）对访谈内容进行了编码整理和归纳，将类似表述进行归类，剔除与话题无关的表述，最终剩余 41 个题项。初始量表形成后，通过由 2 名教授、2 名企业管理者、1 名企业员工组成的专家小组对“题项与主题的相关度”“题项表述的清晰度”“题项是否有重复”进行打分，删除了重复和表述模糊的题项，最终确定了含有 40 个题项的初始量表。

邵建平等（2017）在不同城市共发放问卷 280 份，最终得到有效问卷 253 份。进行探索性因素分析后，共得到五个维度的 18 个题项，解释总体变异的 71.182%，量表的整体信度为 0.830，信度较好。经过专家讨论，将五个维度分别命名为公平水平感知、能力价值彰显、尊严满足实现、加薪过程规范、景气预期匹配。

邵建平等（2017）重新选择样本，对该量表进行验证性因素分析，共发放问卷 300 份，回收 283 份，剔除填写不完整、理解明显不清晰、填写明显不认真的问卷，最终得到有效问卷 269 份。

信度与效度

分析结果表明：Cronbach's Alpha＝0.889，$\chi^2/df=1.964$，CFI＝0.943，TLI＝0.932，RMSEA＝0.060，SRMR＝0.051，量表的信效度指数都达到了良好水平。

量表

请您根据自己的实际感受和体会，对下面 18 项描述进行评价和判断，并在最符合的数字上划○。评价和判断的标准如下：1＝完全不能体现，2＝不能体现，3＝不好确定，4＝能体现，5＝完全能体现。

1	与同行比较加薪是否公平的重要性在加薪中的体现。	1	2	3	4	5
2	与同事比较加薪是否公平的重要性在加薪中的体现。	1	2	3	4	5
3	加薪水平的重要性在加薪中的体现。	1	2	3	4	5
4	加薪与技能水平相匹配的重要性在加薪中的体现。	1	2	3	4	5
5	加薪与工作表现相符的重要性在加薪中的体现。	1	2	3	4	5
6	加薪与职位等级相匹配的重要性在加薪中的体现。	1	2	3	4	5
7	加薪与工作绩效相符的重要性在加薪中的体现。	1	2	3	4	5
8	加薪使我在朋友圈有面子的重要性在加薪中的体现。	1	2	3	4	5
9	加薪使我获得社会地位的重要性在加薪中的体现。	1	2	3	4	5
10	加薪使我获得家庭地位的重要性在加薪中的体现。	1	2	3	4	5
11	加薪使我获得组织认可的重要性在加薪中的体现。	1	2	3	4	5
12	加薪发放及时性的重要性在加薪中的体现。	1	2	3	4	5
13	加薪核算及时性的重要性在加薪中的体现。	1	2	3	4	5
14	加薪方案执行规范性的重要性在加薪中的体现。	1	2	3	4	5
15	加薪周期稳定性的重要性在加薪中的体现。	1	2	3	4	5
16	加薪信息及时发布的重要性在加薪中的体现。	1	2	3	4	5
17	加薪水平与行业的景气程度相符的重要性在加薪中的体现。	1	2	3	4	5
18	加薪水平与公司效益相符的重要性在加薪中的体现。	1	2	3	4	5

计分方法

员工加薪价值观量表包括五个维度，共18道题，可以计算每个维度所包括题目的总分或平均分。每个维度包括的题目如下：

1. 公平水平感知：共3道题，具体包括第1～第3题。
2. 能力价值彰显：共4道题，具体包括第4～第7题。
3. 尊严满足实现：共4道题，具体包括第8～第11题。
4. 加薪过程规范：共5道题，具体包括第12～第16题。
5. 景气预期匹配：共2道题，具体包括第17、18题。

量表出处

邵建平，单文婷，司侠青．企业员工加薪价值观量表开发研究．管理学报，2017，14（9）：42-49.

参考文献

Jenkins，G. D.，Mitra，A.，Gupta，N.，Shaw，J. D. Are financial incentives related to performance? A meta-analytic review of empirical research. Journal of Applied Psychology，1998，83（5）：777-787.

个体现代性 (Farh et al., 1997)

(Individual Modernity)

简介

具有现代性的个体喜欢挑战现实，主动采取行动，具有独立自主、主动进取的心理特质和行为倾向。高现代性的个体通常具有更现代的想法，更愿意表达自己的想法，而低现代性的个体习惯于恪守传统，服从权威，等级观念较强。

邓志华（2018）通过两种方式收集数据，一是在企业人力资源管理部等相关部门的协助下，借助为企业提供培训或咨询的机会向调研企业发放纸质问卷并当场回收；二是向具有互惠合作关系的企业发放电子问卷，由企业相关部门按照问卷发放和回收流程组织管理者及其下属填写并回收。个体现代性的测量采用 Farh，Earley 和 Lin（1997）的量表。

邓志华（2018）共向 133 位部门管理者和 384 位员工发放问卷，回收管理者问卷 92 份、员工问卷 291 份，回收率分别为 69.17%和 75.78%，剔除无效问卷后，最终得到 81 位管理者和 267 位员工的有效配套数据，管理者与员工之比为 1∶3.30。

信度与效度

分析结果表明：Cronbach's Alpha＝0.75，验证性因素分析显示量表具有单维度结构，拟合指数符合统计要求（CFI＝0.91，NFI＝0.88，IFI＝0.92，NNFI＝0.90，RMSEA＝0.048），量表的信效度指数都达到了良好水平。

量表

请您根据自己的实际感受和体会，通过下面 5 项描述对您的选择进行评价和判断，并在最符合的数字上划○。评价和判断的标准如下：1＝完全不同意，2＝不同意，3＝比较不同意，4＝一般，5＝比较同意，6＝同意，7＝完全同意。

1	如果主要政府官员犯错，我作为人民的一分子，是可以公开评论的。	1	2	3	4	5	6	7
2	如果老师出错，我作为学生，可以与他/她进行理性的探讨。	1	2	3	4	5	6	7
3	为了从事前沿的研究或者获得更好的工作机会，我远离家庭也是可以的。	1	2	3	4	5	6	7
4	如果电视节目中有关性的情景是剧目的必要组成部分，那它们不应该被剪接或删除。	1	2	3	4	5	6	7
5	有改革诉求的人应当可以在公共场所演讲。	1	2	3	4	5	6	7

计分方法

个性现代化量表共 5 道题，可以计算总分。

量表出处

邓志华．个体现代性背景下谦卑型领导对跨界行为的影响．经济管理，2018，40（9）：123-137.

参考文献

Farh，J. L.，Earley，P. C.，Lin，S. C. Impetus for action：a cultural analysis of justice and organizational citizenship behavior in Chinese society. Administrative Science Quarterly，1997，42（3）：421-444.

工作动机（刘云等，2009）

（Work Motivation）

简介

工作动机包括情境型动机和特质型动机两种类型。情境型动机包括内在动机和外在动机两种导向。

内在动机由内在激励因素（由个人或工作本身所提供，例如个人兴趣、冒险倾向或工作具有挑战性等）激发而产生。外在动机受到外在激励因素（来自个人或工作以外，如金钱、职位或权力等）激发而产生（刘云和石金涛，2009）。

黄玮等（2017）选择北京、杭州、广州、成都和武汉 5 个城市的 10 家高新技术企业收集数据，涉及生物制药和软件研发两个行业。被调查企业要具有以下特征：(1) 成立 5 年以上；(2) 研发人员占企业全部人员一半以上；(3) 主营业务收入绝大部分来自新产品或新技术销售；(4) 企业有一套规范的研发管理制度。

黄玮等（2017）采用上下级配对调查法，上级问卷主要完成对下属员工绩效、非正式地位两个变量的评价，下属问卷主要完成个体人口统计学特征、正式地位、创造力、内外部动机、团队创新氛围、越轨创新行为、绩效等变量的评价。黄玮等（2017）共发放配套问卷 765 套，回收 579 套（员工 579 份，上级 114 份），回收率 75.7%。同时剔除绩效上下级报告偏差大、漏填、乱填的问卷 123 套，最终保留有效配对问卷 456 套（员工 456 份，上级 78 份）。

信度与效度

采用刘云等（2009）改编自 Amabile 等（1994）的量表，内部动机量表 Cronbach's Alpha＝0.90，累计方差解释率为 80.611%，外部动机量表 Cronbach's Alpha＝0.87，累计方差解释率为 69.383%，量表的信度指数达到了良好水平。

量表

请您根据自己的实际感受和体会，通过下面 8 项描述对您的工作状态进行评价和判断，并在最符合的数字上划○。评价和判断的标准如下：1＝非常不同意，2＝不同意，3＝有点不同意，4＝不确定，5＝有点同意，6＝同意，7＝非常同意。

1	我想要知道到底能把工作做得多好。	1	2	3	4	5	6	7
2	对我来说，工作最重要的是能乐在其中。	1	2	3	4	5	6	7
3	对我而言，有自我表现的渠道是重要的。	1	2	3	4	5	6	7
4	当我能为自己设定目标时，我会更加愉快。	1	2	3	4	5	6	7
5	我十分清楚自己的升迁目标。	1	2	3	4	5	6	7
6	能获得别人的肯定对我有强烈的激励作用。	1	2	3	4	5	6	7

7	我想让别人知道我到底能把工作做得多出色。	1	2	3	4	5	6	7
8	我非常清楚自己追求的收入目标。	1	2	3	4	5	6	7

计分方法

工作动机量表包括两个维度，共8道题，可以计算每个维度所包括题目的总分或平均分。每个维度包括的题目如下：

1. 内在动机：共4道题，具体包括第1～第4题。
2. 外在动机：共4道题，具体包括第5～第8题。

量表出处

黄玮，项国鹏，杜运周，刘洋．越轨创新与个体创新绩效的关系研究——地位和创造力的联合调节作用．南开管理评论，2017，20（1）：143-154.

参考文献

刘云，石金涛．组织创新气氛与激励偏好对员工创新行为的交互效应研究．管理世界，2009（10）：88-101.

Amabile，T. M.，Hill，K. G.，Hennessey，B. A.，Tighe，E. M. The work preference inventory：assessing intrinsic and extrinsic motivational orientations. Journal of Personality and Social Psychology，1994，66（5）：950-967.

第2章 工作特征

人岗匹配（翁清雄，2010）

(P-J Fit)

简介

人岗匹配的概念主要是由互动研究模式而来，有别于偏重个人因素或环境因素的研究（Lewin et al.，1951），是人们进行职业选择的一个重要标准。Edwards（1991）将人岗匹配定义为人的能力和工作岗位需要的匹配，或者人的要求与岗位特性的匹配。

人岗匹配问卷是翁清雄（2010）根据 Singh 和 Greenhaus（2004）提供的测量方法修订得到的，包括4道题。人岗匹配问卷的内部一致性系数为0.755。

翁清雄（2010）以浙江、湖北等地区的企业为研究对象，以便利取样的方式进行问卷调查。共发放问卷1 000份，回收845份。

量表

请您根据自己的实际感受和体会，用下面4项描述对您的实际情况进行评价和判断，并在最符合的数字上划○。评价和判断的标准如下：1＝非常不同意，2＝不同意，3＝不好确定，4＝同意，5＝非常同意。

1	我感觉自己和当前的工作非常匹配。	1	2	3	4	5
2	目前的工作要求与我所具备的经验、技能和知识相符。	1	2	3	4	5
3	单位提供给我的工作环境与我的要求相符。	1	2	3	4	5
4	我的性格和气质特征与我的工作相匹配。	1	2	3	4	5

计分方法

人岗匹配量表共4道题，可以计算总分或平均分。

量表出处

翁清雄．自我职业生涯管理对职业决策质量的作用机制．管理评论，2010，22（1）：82-93.

参考文献

Lewin，K.，Cartwright，D. Field theory in social science：selected theoretical papers. Harper，1951.

Singh，R.，Greenhaus，J. H. The relation between career decision-making strategies and person-job fit：a study of job changers. Journal of Vocational Behavior，2004，64（1）：198-221.

Edwards，J. R. Person-job fit：a conceptual integration，literature review and methodological critique. International Review of Industrial Organizational Psychology，1991（6）：283-357.

员工-组织匹配 (Cabel et al.，1996)

(Person-Organization Fit)

简介

员工-组织匹配是指组织价值观与个人价值观的一致性。黄莉等（2008）对员工-组织匹配的测量基于经翻译的 Cabel 和 Judge（1996）的问卷，该问卷共有 7 道题。员工-组织匹配问卷的内部一致性系数为 0.865。

黄莉等（2008）对来自不同企业、工作时间不足一年的新员工进行了问卷调查。共发放问卷 277 份，回收 219 份，回收率为 79%。

量表

请您根据自己的实际感受和体会，用下面 7 项描述对您的实际情况进行评价和判断，并在最符合的数字上划○。评价和判断的标准如下：1＝非常不同意，2＝不同意，3＝不好确定，4＝同意，5＝非常同意。

1	公司的价值观和我自己的价值观很相似。	1	2	3	4	5
2	我觉得我的人格特征和公司的形象特征很匹配。	1	2	3	4	5
3	公司能满足我的需求。	1	2	3	4	5
4	公司和我之间是一个好的搭配。	1	2	3	4	5
5	我的价值观和公司的以及公司其他现有员工的价值观都很匹配。	1	2	3	4	5
6	我的价值观和公司其他员工的价值观很相符。	1	2	3	4	5
7	我认为公司的价值观和“人格”很能反映出我自己的价值观与人格。	1	2	3	4	5

计分方法

员工-组织匹配量表共 7 道题，可以计算总分或平均分。

量表出处

黄莉，曹国年．机构式社会化策略与态度绩效：员工-组织匹配的中介作用．经济管理，2008，30（Z2）：93-100.

参考文献

Cable，D. M.，Judge，T. A. Person-organization fit，job choice decisions，and organizational entry. Organizational Behavior & Human Decision Processes，1996，67（3）：294-311.

工作-家庭支持（李永鑫等，2009）

(Work-Family Support)

简介

李永鑫和赵娜（2009）将工作-家庭支持定义为：员工在工作过程中从工作领域和家庭领域得到的有利于员工生活的各种支持。从工作和家庭两个方面得到的支持会使个体在这两个方面的生活水平得到提高，对冲突也会起到积极的缓解作用。

已有的研究在测量工作-家庭支持时，主要采用社会支持量表，如有学者针对工作领域支持和家庭领域支持分别编制了量表，初步把工作-家庭支持分为四个维度（King，Mattimore，King，& Adams，1995）。其中，工作领域的支持包括官方支持和非官方支持，家庭领域的支持包括情感支持和工具性支持。Marcinkuc，Whelan-Berry 和 Gordon（2007）在工作-家庭支持的相关研究中编制的社会支持量表也是从工作领域和家庭领域两个方面入手的，该量表包括两个维度，即基于工作的社会支持和基于个人的社会支持。

李永鑫和赵娜（2009）从整体的视角对个体在工作领域和家庭领域中获得的社会支持进行考察，编制适合中国文化背景的工作-家庭支持问卷。他们对 27 名员工进行深度访谈，并对 120 名员工进行开放式问卷调查，形成由 38 个项目共四类组成的初测问卷。他们对 9 家企业进行初测，268 份有效问卷的探索性因素分析表明，工作-家庭支持是一个四维结构，具体包括组织支持、领导支持、情感支持和工具性支持，共 30 个项目。

为了进一步验证构想效度，考察问卷的信度与效度，李永鑫和赵娜（2009）在 9 个城市的多家企业进行施测，有效问卷为 344 份，验证性因素分析证实了工作-家庭支持问卷的构想效度，内部一致性分析与相关分析的结果也表明该问卷具有较好的信度。

信度与效度

探索性因素分析的结果表明，组织支持、领导支持、情感支持和工具性支持的累计方差解释率为 55.09%。总问卷的信度为 0.82，组织支持的信度为 0.75，领导支持的信度为 0.78，情感支持的信度为 0.79，工具性支持的信度为 0.70。

验证性因素分析的结果表明，拟合指数说明模型拟合基本上达到了要求，其中 NFI、NNFI、CFI、IFI、RFI 均达到 0.90 以上，RMSEA 为 0.09，$\chi^2/df=3.97$。对模型进行检查后予以修订，修订后 NFI、NNFI、CFI、IFI、RFI 仍然均达到 0.90 以上，RMSEA 为 0.07，$\chi^2/df=3.47$。四因素模型的各项拟合指数均达到或接近先定的标准，说明工作-家庭支持的四因素结构得到了数据的支持。

研究中的访谈、开放式问卷调查、文献分析工作以及心理学专业教师和研究生对问卷项目的审定保证了所编制问卷的内容效度。验证性因素分析本身就为所编制问卷的结构效度提供了良好的证据。与此同时，统计分析表明，所编制问卷各因素与总分之间的相关性要强于因素之间的相关性，也为该问卷的结构效度提供了支持。

量表

请您根据自己的实际感受和体会，用下面30项描述对您的单位和家庭为您提供的支持进行评价和判断，并在最符合的数字上划○。评价和判断的标准如下：1＝非常不同意，2＝不同意，3＝不好确定，4＝同意，5＝非常同意。

1	组织对于我们的工作成绩总是能给予认可。	1	2	3	4	5
2	组织根据工作难易程度来评判工作业绩。	1	2	3	4	5
3	组织能让我们有灵活的时间以便应对工作和家庭事务。	1	2	3	4	5
4	当我工作遇到压力和阻力时，单位总给予鼓励和帮助。	1	2	3	4	5
5	单位能提供良好的用人环境，并能关心我们，经常与我们谈话。	1	2	3	4	5
6	单位能满足我们的物质文化需要，并能创造优美舒适的工作环境。	1	2	3	4	5
7	当因家庭问题而导致工作上的失误时，组织会视情况给予理解。	1	2	3	4	5
8	单位能为我们提供良好的福利待遇。	1	2	3	4	5
9	在我单位附近建有托儿所等。	1	2	3	4	5
10	单位和组织为我们提供关于照顾老人、教育孩子的信息。	1	2	3	4	5
11	当我因家庭或个人的事情影响到工作时，领导会理解我。	1	2	3	4	5
12	与领导谈及我的家庭生活时，我觉得很舒服。	1	2	3	4	5
13	领导平时很关心我。	1	2	3	4	5
14	我的工作成绩总是能得到领导的肯定和表扬。	1	2	3	4	5
15	当家里有事需要我时，领导会让我早点回家。	1	2	3	4	5
16	当我家里遇到困难时，领导会给予帮助。	1	2	3	4	5
17	当我工作上出现问题时，领导会视情况而定，并不是一味地批评。	1	2	3	4	5
18	领导会在适当的时候给我们假期，让我们与家人团聚一下。	1	2	3	4	5
19	领导会关注工作上的要求对我个人和家庭的影响。	1	2	3	4	5
20	单位会经常组织一些有益员工身心健康的活动，如晚会、运动会等。	1	2	3	4	5
21	对我工作上的问题，家人经常提供不同的意见和看法。	1	2	3	4	5
22	因工作而烦恼时，家人总是能理解我的心情。	1	2	3	4	5
23	当工作上出现困难时，家人总是和我一起分担。	1	2	3	4	5
24	当我工作很劳累时，家人总是鼓励我。	1	2	3	4	5
25	当工作上遇到问题时，我总是会跟家人说。	1	2	3	4	5
26	当工作上出现问题时，家人总是安慰我。	1	2	3	4	5
27	工作之余，家人总能给我一些个人的空间。	1	2	3	4	5
28	当我某段时间工作很忙时，家人总是多做些家务活。	1	2	3	4	5
29	我与家人谈及工作上的事情时很舒服。	1	2	3	4	5
30	家人对我所做的工作比较感兴趣。	1	2	3	4	5

计分方法

工作-家庭支持量表包括四个分量表，共30道题，可以计算每个分量表所包括题目的总分或平均分。每个分量表包括的题目如下：

1. 组织支持：主要是指单位提供的一些政策性支持，单位在制定自己的规章制度时，从员工的角度多加考虑。共10道题，具体包括第1～第10题。

2. 领导支持：主要是指单位提供的一些非政策性支持，单位领导给予员工精神上的支持等。共10道题，具体包括第11～第20题。

3. 情感支持：主要是指家庭成员给员工提供的精神、情感上的支持。共6道题，具体包括第21～第26题。

4. 工具性支持：主要是指家庭成员给员工提供的一些生活上的支持。共4道题，具体包括第27～第30题。

量表出处

李永鑫，赵娜．工作-家庭支持的结构与测量及其调节作用．心理学报，2009，41（9）：863-874.

参考文献

King，L. A.，Mattimore，L. K.，King，D. W.，Adams，G. A. Family support inventory for workers：a new measure of perceived social support from family members. Journal of Organizational Behavior，1995，16（3）：235-258.

工作-生活多角色责任感（李贵卿等，2010）

（Work-Life Multi-role Responsibility）

简介

企业管理者面对各个领域的责任，Lewis 和 Cooper（2005）通过访谈总结了管理者在工作-生活领域应该具有的责任感，包括自我、工作、家庭和社区四个方面。

由于东西方文化的差异，李贵卿，井润田和吴继红（2010）在借鉴 Lewis 和 Cooper（2005）、Ruderman 等（2002）所提出内容的基础上，开发了中国的工作-生活多角色责任感问卷。他们通过访谈、项目收集、焦点小组访谈、多次预试和科学检验，获得 191 道题；通过数据编码、专家测评题库项，得到 27 道题。

初次调查针对多所学校的 MBA 学生进行，355 份有效问卷的探索性因素分析抽取了 4 个因子，累计方差解释率达 61.081%，保留了 17 道题，并将工作-生活多角色责任感的 4 个因子命名为自我责任感、工作责任感、家庭责任感与社区责任感。

正式调查在 8 家企业中进行，这些企业既有国有控股企业、中外合资企业也有民营企业，554 份有效问卷的验证性因素分析证实了工作-生活多角色责任感的四维因子结构，并且表明工作-生活多角色责任感问卷有较好的建构效度和结构信度。

信度与效度

李贵卿，井润田和吴继红（2010）对多所大学的 MBA 班和高层管理人员培训班的学员进行了调查，共发放问卷 400 份，回收有效问卷 355 份。探索性因素分析的结果表明，自我责任感、工作责任感、家庭责任感与社区责任感的方差解释率为 23.308%、14.887%、12.445%、10.441%，累计方差解释率为 61.081%。自我责任感、工作责任感、家庭责任感与社区责任感的内部一致性系数分别为 0.853 6、0.772 0、0.698 9、0.654 5，4 个因子的内部一致性系数都在 0.65 以上，具有较好的内部一致系数。

李贵卿，井润田和吴继红（2010）在 8 家企业进行了问卷调查，共发放问卷 1 000 份，回收有效问卷 554 份。验证性因素分析的结果表明，四因素模型的 χ^2/df、GFI、NNFI、CFI、RMSEA 值分别为 4.267（358.48/84）、0.92、0.94、0.95、0.096，四因素模型的各项拟合指数均达到或接近先定的标准，说明工作-生活多角色责任感的四因素结构得到了数据的支持。自我责任感、工作责任感、家庭责任感与社区责任感的内部一致性分别为 0.772 0、0.853 6、0.698 9、0.654 5。可见，工作-生活多角色责任感具有稳定的四因素结构，有良好的信度和效度。

量表

请您根据自己的实际感受和体会，用下面 17 项描述对您的实际情况进行评价和判断，并在最符合的数字上划○。评价和判断的标准如下：1＝非常反对，2＝反对，3＝有点反对，4＝不确定，5＝有点赞成，6＝赞成，7＝非常赞成。

1	经常锻炼身体，保持身心健康。	1	2	3	4	5	6	7
2	提高自身修养，保持心灵自由、心态平衡。	1	2	3	4	5	6	7
3	尊重内心需求，对自己的行为负责。	1	2	3	4	5	6	7
4	花费时间和精力培育和建立密切的朋友关系。	1	2	3	4	5	6	7
5	管理和激励下属，采用的方式包括任务分配、业务指导、业绩评价等。	1	2	3	4	5	6	7
6	围绕工作与上司和同事良好沟通，彼此信任。	1	2	3	4	5	6	7
7	在工作中敢于承担重要责任，并获得较高的成就感。	1	2	3	4	5	6	7
8	完成自己职位规定的工作目标和任务，达到良好的绩效。	1	2	3	4	5	6	7
9	真正关心自己工作所在组织的未来发展。	1	2	3	4	5	6	7
10	针对组织的目标要求，做好长远的工作计划。	1	2	3	4	5	6	7
11	需要时请假照顾家中生病的孩子或老人。	1	2	3	4	5	6	7
12	愿意投入时间和精力抚育孩子，陪伴他们健康成长。	1	2	3	4	5	6	7
13	从事日常家务劳动，如做饭、洗衣、打扫房间和庭院等。	1	2	3	4	5	6	7
14	充满感恩之心，使家庭成员和睦相处，团结互助。	1	2	3	4	5	6	7
15	希望在一个社区、社团中拥有领导地位。	1	2	3	4	5	6	7
16	关心社区的建设和发展，注重集体荣誉感。	1	2	3	4	5	6	7
17	与社区成员和睦相处，互相帮助。	1	2	3	4	5	6	7

计分方法

工作-生活多角色责任感量表包括四个维度，共17道题，可以计算每个维度所包括题目的总分或平均分。每个维度包括的题目如下：

1. 自我责任感：共4道题，具体包括第1～第4题。
2. 工作责任感：共6道题，具体包括第5～第10题。
3. 家庭责任感：共4道题，具体包括第11～第14题。
4. 社区责任感：共3道题，具体包括第15～第17题。

量表出处

李贵卿，井润田，吴继红．工作-生活多角色责任感的测量及影响研究．中国工业经济，2010（4）：130-140.

参考文献

Lewis，S.，Cooper，C. L. Work-life integration：case studies in organizational change. Engineering Management，2005，15（2）：48-48.

Ruderman，M. N.，King，S. N. Benefits of multiple roles for managerial women. Academy of Management Journal，2002，45（2）：369-386.

工作-家庭干涉（高中华等，2014）

（Work-Family Interfering）

简介

在工作家庭边界理论中，工作与家庭被看作两个各自存在边界的相对独立的领域。工作干涉家庭意味着工作领域具有强边界而家庭领域具有弱边界，随着工作领域角色要求的增加，会对家庭领域的边界产生挤压。

高中华和赵晨（2014）对工作干涉家庭的测量采用根据 Gutek 等（1991）的量表改编的 5 题目单维度量表。高中华和赵晨（2014）对国内某大型制造企业集团位于北京、杭州、西安等地的 7 家分公司的员工进行了两次调查，最后获得实际可用的样本数据为 545 份。

高中华和赵晨（2014）对家庭干涉工作的测量采用根据 Gutek 等（1991）的量表改编的 5 题目单维度量表。在双向翻译中，题目“我的领导与同事不喜欢我上班时还经常花很多时间处理自己的私事”理解上存在歧义，因此被剔除。高中华和赵晨（2014）对国内某大型制造企业集团位于北京、杭州、西安等地的 7 家分公司的员工进行了两次调查，最后获得实际可用的样本数据为 545 份。

信度与效度

工作干涉家庭的信度为 0.75。高中华和赵晨（2014）采用验证性因素分析考察工作干涉家庭与其他 6 个变量之间的区分效度。七因子模型的 χ^2/df 为 2.73，RMSEA 和 SRMR 均为 0.06，CFI 和 NNFI 分别为 0.90 和 0.89。与另外几个模型相比，七因子模型对于数据的拟合最佳，说明工作干涉家庭与其他变量具有良好的区分效度。

家庭干涉工作的信度为 0.71。高中华和赵晨（2014）采用验证性因素分析考察家庭干涉工作与其他 6 个变量之间的区分效度。七因子模型的 χ^2/df 为 2.73，RMSEA 和 SRMR 均为 0.06，CFI 和 NNFI 分别为 0.90 和 0.89。与另外几个模型相比，七因子模型对于数据的拟合最佳，说明家庭干涉工作与其他变量具有良好的区分效度。

量表

请您根据自己的实际感受和体会，用下面 9 项描述对自己的实际情况进行评价和判断，并在最符合的数字上划○。评价和判断的标准如下：1＝非常不同意，2＝不同意，3＝不好确定，4＝同意，5＝非常同意。

1	工作太累，我下班后没有心思去做自己喜欢的事情。	1	2	3	4	5
2	有太多的工作要做，我只能放弃一些个人爱好。	1	2	3	4	5
3	我的家人/朋友不喜欢我在家时还经常花很多的时间在工作上。	1	2	3	4	5
4	工作占用了我本应与家人/朋友在一起的时间。	1	2	3	4	5
5	我在家里还经常考虑工作上的事。	1	2	3	4	5

6	由于在家里要做的事情太多，工作时我经常感觉非常累。	1	2	3	4	5
7	我的个人生活影响了我的工作。	1	2	3	4	5
8	我的个人生活占用了我本应该工作的时间。	1	2	3	4	5
9	工作的时候，我还经常考虑家里的事。	1	2	3	4	5

计分方法

工作-家庭干涉量表包括两个维度，共9道题，可以计算各维度的平均分或总分。每个分量表包括的题目如下：

1. 工作干涉家庭：共5道题，具体包括第1～第5题。
2. 家庭干涉工作：共4道题，具体包括第6～第9题。

量表出处

高中华，赵晨．工作家庭两不误为何这么难？基于工作家庭边界理论的探讨．心理学报，2014，46（4）：552-568.

参考文献

Gutek，B. A.，Searle，S.，Klepa，L. Rational versus gender role explanations for work-family conflict. Journal of Applied Psychology，1991，76（4）：560-568.

工作-家庭平衡（Major et al.，2008）

（Work-Family Balance）

简介

Frone（2003）提出了工作-家庭平衡的模型，认为工作家庭平衡是低冲突和高促进的结合。

工作-家庭平衡是指员工能多大程度上认识和正确看待家庭同工作间的关系，调和职业和家庭的矛盾，缓解由于工作家庭关系失衡而造成的压力。

林雪莹等（2016）的预测验和正式测验数据样本来源于全国各个地区十多家组织的员工、中学教师、医生等，样本涵盖了通信、房地产、教育、医疗和金融等多个行业，因此具有广泛的代表性。

林雪莹等（2016）在预测验阶段共发放调查问卷 300 份，回收有效问卷 280 份；在正式测验阶段发放问卷 1 000 份，回收有效问卷 862 份。

信度与效度

林雪莹等（2016）对工作-家庭平衡的测量采用 Major，Fletcher，Davis 和 Germano（2008）的量表，结果 Alpha 信度系数为 0.824，验证性因素分析结果 $\chi^2/df=3.16$，CFI=0.90，GFI=0.91，RMSEA=0.050，量表的信效度指数都达到了良好水平。

量表

请您根据自己的实际感受和体会，对下面 17 项描述进行评价和判断，并在最符合的数字上划○。评价和判断的标准如下：1=非常不同意，2=不同意，3=不确定，4=同意，5=非常同意。

1	工作过多地占用家庭的时间，导致一定的冲突感，这种冲突感让我想改变这种状态。	1	2	3	4	5
2	家庭过多地占用工作的时间，导致一定的冲突感，这种冲突感让我想改变这种状态。	1	2	3	4	5
3	工作让我感觉很累，导致家庭的事情做不了，我希望改变这种状态。	1	2	3	4	5
4	家庭任务让我感觉很累，导致工作的事情做不了，我希望改变这种状态。	1	2	3	4	5
5	我会有意识地调节工作和家庭的时间和精力分配。	1	2	3	4	5
6	家人对我处理工作和家庭关系的方式没有异议。	1	2	3	4	5
7	我觉得工作安排和家庭安排不存在矛盾。	1	2	3	4	5
8	我会把工作中产生的情绪（正面和负面）带回家里。	1	2	3	4	5
9	我在家里产生的情绪（正面和负面）会影响到工作。	1	2	3	4	5
10	我会与家人讨论工作上的事情。	1	2	3	4	5
11	家人对我工作的支持、理解和帮助有助于我更顺利地开展工作。	1	2	3	4	5
12	我觉得工作顺利有助于家庭和睦。	1	2	3	4	5

13	如果家庭经济出现困难，我会花更多时间和精力工作，以获得更多的报酬。	1	2	3	4	5
14	上司对我的理解和支持有助于我处理家庭关系。	1	2	3	4	5
15	工作中获得的社会地位和资源能弥补我在家庭中的投入不足。	1	2	3	4	5
16	工作中获得的报酬能弥补我在家庭中的投入不足。	1	2	3	4	5
17	我觉得工作方面的需求都得到满足。	1	2	3	4	5

计分方法

工作-家庭平衡量表包括五个维度，共 17 道题，可以计算每个维度所包括题目的总分或平均分。每个维度包括的题目如下：

1. 调节：共 5 道题，具体包括第 1～第 5 题。
2. 抵御：共 2 道题，具体包括第 6～第 7 题。
3. 转化：共 3 道题，具体包括第 8～第 10 题。
4. 反馈：共 4 道题，具体包括第 11～第 14 题。
5. 补偿：共 3 道题，具体包括第 15～第 17 题。

量表出处

林雪莹，王永丽，郝雨洁，李慧晶．领导-成员交换对工作-家庭平衡的影响机制研究：工作弹性能力的中介作用及工作弹性意愿的调节作用．管理评论，2016，28（2）：138-148.

参考文献

Frone，M. R. Work family balance//Quick，J. C.，Tetrick，L. E. Eds. Handbook of occupational health psychology. Washington DC：American Psychological Association，2003.

Major，D. A.，Fletcher，T. D.，Davis，D. D.，Germano，L. M. The influence of work-family culture and workplace relationships on work interference with family：multilevel model. Journal of Organizational Behavior，2008，29（7）：881-897.

心理授权（Spreitzer，1995）

（Psychological Empowerment）

简介

心理授权是指授权的个体体验的综合体，这个综合体是四种认知的格式塔：工作意义、自我效能、自主性和工作影响。

李超平等（2006）在国内修订了 Spreitzer（1995）的心理授权量表（Psychological Empowerment Scale，PES）。整个量表包括四部分：工作意义、自我效能、自主性和工作影响，每个部分 3 道题，整个问卷共 12 道题，采用李克特 5 分等级量表进行评价。先由 4 名专家独立将问卷翻译成中文，再通过讨论确定中文稿。然后，请 10 名来自不同企业、不同文化程度的员工实际填写问卷，在问卷填写完之后对他们进行访谈，并根据访谈结果对部分文字表述进行修改，形成了心理授权中文版初稿。之后，邀请两名精通英语的专家通过讨论将中文的问卷回译成英文，并根据回译的问卷对中文版初稿进行适当调整，确定了最后的中文问卷。

由于授权量表是第一次在国内使用，因此先在 3 家企业对授权量表进行了预试。预试发放问卷 450 份，回收 408 份，其中有效问卷 395 份。李超平等（2006）在正式调查时共调查了 20 家企业，发放问卷约 1 100 份，实际回收 987 份。当所有问卷回收之后，进行废卷的处理工作，将空白过多、反应倾向过于明显的问卷剔除，最后得到有效问卷 942 份。

信度与效度

对授权量表进行预试后，395 份有效问卷的探索性因素分析结果表明，授权量表是一个四维的结构，累计方差解释率达到 73.78%，各个项目均载荷在相应的因子上且具有较大的载荷，表明授权量表在中国具有较好的构想效度。工作意义、自我效能、自主性和工作影响四个维度的内部一致性系数分别为 0.82、0.72、0.83、0.86。

为了验证问卷的构想效度，李超平等（2006）运用正式调查所获得的数据对心理授权问卷的因素结构进行验证，并且比较了一因素模型，即所有项目测的是同一个维度；四因素模型则测的是工作意义、自我效能、自主性和工作影响四个不同的维度。心理授权量表的四因素模型分析的结果是 $\chi^2/df=1.89$（90.54/48），GFI=0.98，NFI=0.95，IFI=0.98，TLI=0.97，CFI=0.98，RMSEA=0.04。在正式调查中，工作意义、自我效能、自主性和工作影响四个维度的内部一致性系数分别为 0.76、0.71、0.76、0.74。

量表

请您根据自己的实际感受和态度，对下面 12 项描述进行评价和判断，并在最符合的数字上划○。评价和判断的标准如下：1=非常不同意，2=不同意，3=不好确定，4=同意，5=非常同意。

1	我所做的工作对我来说非常有意义。	1	2	3	4	5
2	工作上所做的事对我来说非常有意义。	1	2	3	4	5
3	我的工作对我来说非常重要。	1	2	3	4	5
4	我自己可以决定如何着手来做我的工作。	1	2	3	4	5
5	在如何完成工作上，我有很大的独立性。	1	2	3	4	5
6	在决定如何完成我的工作上，我有很大的自主权。	1	2	3	4	5
7	我掌握了完成工作所需要的各项技能。	1	2	3	4	5
8	我自信有做好工作上的各项事情的能力。	1	2	3	4	5
9	我对自己完成工作的能力非常有信心。	1	2	3	4	5
10	我对发生在本部门的事情的影响很大。	1	2	3	4	5
11	我对发生在本部门的事情起着很大的控制作用。	1	2	3	4	5
12	我对发生在本部门的事情有重大的影响。	1	2	3	4	5

计分方法

心理授权量表包括四个分量表，共12道题，可以计算每个分量表所包括题目的总分或平均分。每个分量表包括的题目如下：

1. 工作意义：指个体根据自己的价值体系和标准，对工作目标和目的价值的认知。共3道题，具体包括第1～第3题。

2. 自主性：指个体对工作活动的控制能力。共3道题，具体包括第4～第6题。

3. 自我效能：指个体对自身完成工作的能力的认知。共3道题，具体包括第7～第9题。

4. 工作影响：指个体能够在多大程度上影响所在组织的战略、行政、管理和运营等方面的结果。共3道题，具体包括第10～第12题。

量表出处

李超平，李晓轩，时勘，陈雪峰．授权的测量及其与员工工作态度的关系．心理学报，2006，38（1）：99-106.

参考文献

Spreitzer，G. M. Psychological empowerment in the workplace：dimensions，measurement，and validation. Academy of Management Journal，1995，38（5）：1442-1465.

心理契约（刘小禹等，2008）

（Psychological Contract）

简介

心理契约是 20 世纪 60 年代由 Argyris 提出、Levinson 加以界定的一个概念，用来描述员工和企业双方不成文的、内隐的契约或相互期望，具体体现为双方对相互责任义务的主观约定（Robinson，1996）。

刘小禹，刘军和于广涛（2008）考虑到中国文化背景下员工的心理契约内容可能会与西方员工有所不同，因此选择在综合西方成熟量表的基础上二次开发心理契约测量工具。在开发过程中，刘小禹，刘军和于广涛（2008）首先对 30 名即将毕业的大学生和周末班 MBA 学生进行了访谈，要求他们列出自己所认同的员工对于雇主/组织的义务，然后分析访谈材料和学生书面列出的条目，编制成单独的题目，并加入由 Robinson（1994）开发的关于员工义务感的题目，请 4 位企业经理和咨询师协助对每一道题进行语义分析，考察项目的逻辑性和内容效度，合并或删除不适合的题目，最终确定了 19 道有关员工义务感的题目，以测量心理契约的两个维度：交易型契约和关系型契约。其中一个维度被命名为“绩优”，另一个维度被命名为“忠诚”。“绩优”强调与员工工作结果相关的个人承诺，与员工心理契约中交易型成分联系更紧密，以之代表交易型的员工义务感；而“忠诚”与员工心理契约中关系型成分联系更紧密，以之代表关系型的员工义务感。

样本数据的情况为：第一次调查向 1 500 名已找到正式工作、即将毕业的大学生发放问卷，共收到 854 名大学生的反馈，反馈率为 57%。第二次调查是在一年之后根据大学生提供的工作单位地址向以上 854 人寄出问卷。一个月后收到问卷 219 份，剔除不配对和不完整的问卷后得到有效问卷 189 份。

信度与效度

信度分析表明，绩优与忠诚的内部一致性系数分别为 0.72 和 0.81（一年后，重测的信度分别为 0.70 和 0.73）。189 份有效问卷的探索性因素分析结果表明，绩优与忠诚的累计方差解释率分别为 29.01%和 28.01%。

依据探索性因素分析的结果对 854 份数据进行验证性因素分析，各项拟合度指标如下：$\chi^2/df=7.14$（135.65/19），$p<0.05$，GFI＝0.92，TLI＝0.89，RMSEA＝0.089，说明该量表的结构效度基本可接受。

量表

请您根据自己的实际感受和体会，对下面 8 项关于员工义务的描述进行评价和判断，并在最符合的数字上划○。评价和判断的标准如下：1＝非常不同意，2＝不同意，3＝不好确定，4＝同意，5＝非常同意。

1	与同事合作。	1	2	3	4	5	
2	帮助同事。	1	2	3	4	5	
3	在工作时起良好的示范作用。	1	2	3	4	5	
4	工作表现优于岗位要求。	1	2	3	4	5	
5	对公司忠诚。	1	2	3	4	5	
6	对上司忠心。	1	2	3	4	5	
7	辞职时会提早通知公司。	1	2	3	4	5	
8	不会支持公司的竞争对手。	1	2	3	4	5	

计分方法

心理契约量表包括两个维度，共 8 道题，可以计算每个维度所包括题目的总分或平均分。每个维度包括的题目如下：

1. 绩优：共 4 道题，具体包括第 1～第 4 题。
2. 忠诚：共 4 道题，具体包括第 5～第 8 题。

量表出处

刘小禹，刘军，于广涛．初始信念、组织诱引对员工心理契约变化的影响．心理学报，2008，40（1）：64-73.

参考文献

Robinson，S. L. Trust and breach of the psychological contract. Administrative Science Quarterly，1996（41）：574-599.

Robinson，S. L.，Rousseau，D. M. Changing obligations and the psychological contract：a longitudinal study. Academy of Management Journal，1994，37（1）：137-152.

心理契约（张爱武等，2006）

（Psychological Contract）

简介

心理契约是指雇员个人以雇佣关系为背景，以许诺、信任和知觉为基础而形成的关于个人与组织之间责任的各种信念。

张爱武和李锡元（2006）以 Thompson 等（2003）所开发的问卷为基础，参考陈加州，凌文辁和方俐洛（2003）编制的中国企业员工心理契约量表以及朱晓妹和王重鸣（2005）编制的中国知识员工心理契约量表，重新设计了心理契约问卷。

问卷主要针对研发人员和技术人员发放。调查时发放问卷 160 份，回收有效问卷 122 份。探索性因素分析得到三个特征值大于 1 的因子，累计方差解释率为 69%。三个因子根据主要内容分别命名为生涯和发展、业绩报酬、工作与生活平衡，三个维度的内部一致性系数分别为 0.83、0.75、0.55。

量表

请您根据自己的实际感受和体会，用下面 9 项描述对您所在公司的情况进行评价和判断，并在最符合的数字上划〇。评价和判断的标准如下：1＝非常不同意，2＝不同意，3＝不好确定，4＝同意，5＝非常同意。

1	帮助员工提升在未来就业市场上的竞争力。	1	2	3	4	5
2	给员工提供在公司内部晋升的机会。	1	2	3	4	5
3	为有创意的员工提供实现创意的机会与条件。	1	2	3	4	5
4	培训员工的技能以增加员工在公司的价值。	1	2	3	4	5
5	根据员工的当前业绩付给报酬。	1	2	3	4	5
6	根据员工的自身价值和当前贡献付给报酬。	1	2	3	4	5
7	根据员工的个人业绩加薪调资。	1	2	3	4	5
8	帮助员工解决工作与家庭之间的冲突与矛盾。	1	2	3	4	5
9	帮助员工合理安排工作与休闲。	1	2	3	4	5

计分方法

心理契约量表包括三个维度，共 9 道题，可以计算每个维度所包括题目的总分或平均分。每个维度包括的题目如下：

1. 生涯和发展：共 4 道题，具体包括第 1～第 4 题。
2. 业绩报酬：共 3 道题，具体包括第 5～第 7 题。
3. 工作与生活平衡：共 2 道题，具体包括第 8、第 9 题。

量表出处

张爱武，李锡元．组织-员工雇佣关系与知识共享．经济管理，2006，28（8）：61-68.

参考文献

Thompson，J. A.，Bunderson，J. S. Violations of principle：ideological currency in the psychological contract. Academy of Management Review，2003，28（4）：571-586.

陈加州，凌文辁，方俐洛．企业员工心理契约的结构维度．心理学报，2003，35（3）：404-410.

朱晓妹，王重鸣．中国背景下知识型员工的心理契约结构研究．科学学研究，2005，23（1）：118-122.

心理所有权 (Dyne et al.，2004)

(Psychological Ownership)

简介

心理所有权是这样一种心理状态，即个体感觉到目标物（物质的或非物质的）或目标物的一部分好像是他的东西（Pierce，2001）。Pierce 等（1991）认为，正式所有权并不直接或者独立地对拥有该所有权的员工产生态度、动机和行为上的影响，而是由正式所有权形成心理所有权，再间接地通过心理所有权，对员工的工作态度、动机、行为及工作绩效产生作用。

吕福新和顾姗姗（2007）使用的心理所有权问卷采用了经翻译的 Dyne 和 Pierce（2004）的心理所有权测量题目，有 7 道题。心理所有权问卷的内部一致性系数为 0.823。

吕福新和顾姗姗（2007）选择杭州、宁波、绍兴、嘉兴、湖州、金华和温州的 39 家民营企业作为调研对象，共发放问卷 223 份，回收 196 份，其中有效问卷 159 份。

量表

请您根据自己的实际感受和体会，用下面 7 项描述对您对所在组织的看法进行评价和判断，并在最符合的数字上划○。评价和判断的标准如下：1＝非常不同意，2＝不同意，3＝不好确定，4＝同意，5＝非常同意。

1	这是我的组织。	1	2	3	4	5
2	我感觉这个组织是我们大家的公司。	1	2	3	4	5
3	我在这个组织感觉到较高程度的个人所有感。	1	2	3	4	5
4	我感觉这是我的公司。	1	2	3	4	5
5	这是我们的公司。	1	2	3	4	5
6	大多数为这个组织工作的人感觉他们拥有这家公司。	1	2	3	4	5
7	我很难把这个组织看成是我所有的。	5	4	3	2	1

计分方法

心理所有权量表共 7 道题，可以计算总分或平均分，其中第 7 题需反向计分。

量表出处

吕福新，顾姗姗．心理所有权与组织公民行为的相关性分析——基于本土企业的视角和浙江企业的实证．管理世界，2007（5）：94-103.

参考文献

Pierce，J. L.，Morgan，S. Employee ownership：a conceptual model of process and effects. Academy of

Management Review，1991，16（1）：121-144.

Pierce，J. L.，Kostova，T.，Dirks，K. T. Toward a theory of psychological ownership in organizations. Academy of Management Review，2001，26（2）：298-310.

Dyne，L. V.，Pierce，J. L. Psychological ownership and feelings of possession：three field studies predicting employee attitudes and organizational citizenship behavior. Journal of Organizational Behavior，2004，25（4）：439-459.

心理安全感（何轩，2010）

（Psychological Safety）

简介

心理安全感的概念由 Kahn（1990）提出，是指一种主观感受，可以使得个体自由表现真实的自我，而不必担心这种真实会影响到个人的地位、自我形象或者职业生涯。何轩（2010）认为，心理安全感是一个积极的组织心理特征，是组织成员对在组织内采取一定的有益于组织的行为是否安全这一特定组织氛围的认知。

何轩（2010）使用的心理安全感问卷基于 Edmondson（1999）的研究，采用翻译-回译程序获得。同时，考虑到研究情境和样本的改变，何轩（2010）首先对问卷进行了试测，探索性因素分析剔除了载荷过低的题目，最终在 5 道题目中保留了 3 道，形成了正式问卷。然后正式施测，得到有效问卷 158 份。

信度与效度

信度分析表明，心理安全感问卷的内部一致性系数为 0.615。探索性因素分析的结果表明，3 道题的因子载荷分别是 0.804、0.721、0.701。

何轩（2010）对心理安全感问卷进行了判别效度的分析，检验判别效度的最常用方法是考察是否所有因素的 AVE（平均抽取方差）值均大于因素间相关系数的平方值。经检验，问卷中的各因素均符合要求。

量表

请您根据自己的实际感受和体会，对下面 3 项描述进行评价和判断，并在最符合的数字上划○。评价和判断的标准如下：1＝非常不同意，2＝不同意，3＝有点不同意，4＝有点同意，5＝同意，6＝非常不同意。

1	与团队成员一起工作，我的一些特别技能得以发挥作用。	1	2	3	4	5	6
2	我很难得到团队中其他成员的帮助。	1	2	3	4	5	6
3	如果我在目前的组织中犯一个错误，通常会影响我的工作。	1	2	3	4	5	6

计分方法

心理安全感量表共 3 道题，可以计算总分或平均分，其中第 2、第 3 题需反向计分。

量表出处

何轩．为何员工知而不言——员工沉默行为的本土化实证研究．南开管理评论，2010，13（3）：45-52.

参考文献

Kahn，W. A. Psychological conditions of personal engagement and disengagement at work. Academy of Management Journal，1990，33（4）：692-724.

Edmondson，A. Psychological safety and learning behavior in work teams. Administrative Science Quarterly，1999，44（2）：350-383.

企业员工对直接上级信任（马华维等，2012）

(Trust of Employees to their Direct Leader)

简介

Rousseau 等（1998）认为“信任是一种心理状态，它基于对对方行为意图的积极期望而愿意接受由此带来的风险”，Mayer 等（1995）认为信任是“信任方基于对对方将表现出对自己重要的行为的预期，愿意接受由此带来的风险”。员工对上级的信任是其中一种，上级信任的本质为员工基于对上级重要行为的积极预期而接受可能被上级利用的风险的意愿。

马华维和姚琦（2012）借鉴 Zand（1972）的双维信任模型和 Gillespie（2003）的行为信任问卷，开发出符合我国企业情境的上级信任问卷。

初始问卷采取开放式问卷的形式，以 35 名 MBA 学生和 16 名企业员工为调查对象，得到不重复的题目 32 道。2 名管理心理学专业的博士生依据“依赖”和“表露”维度的定义，对所得题目进行归类，最终得到包含 11 道题的初始问卷。其中，依赖维度 6 道题，表露维度 5 道题。在一系列信度和效度分析后，最终得到的上级信任问卷包含两个维度 6 道题。分析结果表明，该问卷具有较好的心理测量学特征，可以作为测量企业员工对直接上级信任情况的工具。

信度与效度

企业员工对直接上级信任问卷共包括两个维度，其中，依赖维度的方差解释率约为 60%，表露维度的方差解释率约为 15%。验证性因素分析的结果表明，包含依赖和表露的二因子结构（M1）拟合结果显著优于单因子结构（M2），说明问卷具有较好的结构效度。对全体数据进行信度分析，依赖和表露两个维度的内部一致性系数分别为 0.84、0.80，说明该问卷的信度可以接受。

量表

请您根据自己的实际感受和体会，针对您和您上级的情况对下面 6 项描述进行评价和判断，并在最符合的数字上划○。评价和判断的标准如下：1=非常不同意，2=不同意，3=有点不同意，4=不好确定，5=有点同意，6=同意，7=非常同意。

1	当我遇到困难时，我愿意依赖其支持和帮助。	1	2	3	4	5	6	7
2	我愿意将我在工作中犯的错误告诉他/她。	1	2	3	4	5	6	7
3	当我在重要问题上举棋不定时，我愿意依赖其意见。	1	2	3	4	5	6	7
4	我愿意信赖其做出的工作决策。	1	2	3	4	5	6	7
5	我愿意向其指出当前工作中的问题，即使对我不利。	1	2	3	4	5	6	7
6	我愿意向其如实反馈自己在工作中的困扰，即使对我不利。	1	2	3	4	5	6	7

计分方法

企业员工对直接上级信任量表包括两个维度，共6道题，可以计算每个维度所包括题目的总分或平均分。每个维度包括的题目如下：

1. 依赖：共4道题，具体包括第1～第4题。
2. 表露：共2道题，具体包括第5、第6题。

量表出处

马华维，姚琦．企业中的上级信任：作为一种行动意愿．心理学报，2012，44（6）：1677-1686.

参考文献

Rousseau, D. M., Burt, R. S., Sitkin, S. B., Camerer, C. Not so different after all: a cross-discipline view of trust. Academy of Management Review, 1998 (23): 393-404.

Mayer, R. C., Davis, J. H., Schoorman, F. D. An integration model of organizational trust. Academy of Management Review, 1995 (20): 709-734.

Zand, D. E. Trust and managerial problem solving. Administrative Science Quarterly, 1972 (17): 229-239.

Gillespie, N. Measuring trust in work relationships: the behavioral trust inventory. Paper presented at the annual meeting of the Academy of Management, Seattle, WA, 2003.

组织自尊（舒睿等，2015）

(Organization-based Self-esteem)

简介

舒睿和梁建（2015）认为，组织自尊是个体在多大程度上对其工作中的能力、重要性以及对企业的贡献持有积极的评价，具有较高组织自尊的员工通常对独立负责和处理工作中的各项事务充满自信。

舒睿和梁建（2015）对组织自尊的测量采用了 Pierce 等（1989）开发的量表，原量表包含 10 道题。鉴于有两道题在相应因子上的载荷过低或者在其他因子上存在较高的交叉载荷，故剔除，剩余 8 道题。组织自尊量表的信度为 0.87。

研究的样本来自一家快速增长的民营企业，共发放员工问卷 314 份，直属主管问卷 114 份。通过两阶段的问卷收集工作，总计回收问卷 239 份。剔除信息不能匹配和缺失项大于 20%的问卷后，最终获得有效问卷 206 份。

量表

请您根据自己的实际感受和体会，对下面 8 项关于您自身实际情况的描述进行评价和判断，并在最符合的数字上划○。评价和判断的标准如下：1＝非常不同意，2＝比较不同意，3＝不确定，4＝比较同意，5＝非常同意。

1	我在单位里很有地位。	1	2	3	4	5
2	单位很重视我。	1	2	3	4	5
3	单位对我很信任。	1	2	3	4	5
4	在单位里，我是有用的人。	1	2	3	4	5
5	在单位里，我是有价值的人。	1	2	3	4	5
6	在单位里，我是有效率的人。	1	2	3	4	5
7	在单位里，我是重要的人。	1	2	3	4	5
8	我与同事很合拍。	1	2	3	4	5

计分方法

组织自尊量表共 8 道题，可以计算总分或平均分。

量表出处

舒睿，梁建．基于自我概念的伦理领导与员工工作结果研究．管理学报，2015，12（7）：1012-1020.

参考文献

Pierce，J. L.，Dunham，R. B. Organization-based self-esteem：construct definition，measurement，and validation. Academy of Management Journal，1989，32（3）：622-648.

内部人地位认知（刘智强等，2015）

（Perceived Insider Status）

简介

内部人地位认知是组织成员认为自己属于组织内部人的程度。

刘智强，邓传军，廖建桥和龙立荣（2015）采用 Stamper 和 Masterson（2002）的 6 道题的问卷，其中 1 道题因因子载荷过低予以剔除，保留 5 道题。内部人地位认知问卷由员工自我报告，内部一致性系数为 0.857。

研究数据取自武汉、杭州、广州和北京等地的近 60 家企业。共发放问卷 330 份，剔除填写潦草、关键题项无应答、甄别题项填写矛盾、连续多个项目填写极其有规律的问卷，保留有效问卷 256 份。

量表

请您根据自己的实际感受和体会，对下面 5 项描述进行评价和判断，并在最符合的数字上划○。评价和判断的标准如下：1＝非常不同意，2＝不同意，3＝不好确定，4＝同意，5＝非常同意。

1	我觉得我是公司的一部分。	1	2	3	4	5
2	公司让我相信我是属于它的。	1	2	3	4	5
3	公司让我感觉像局外人。	1	2	3	4	5
4	我并不觉得自己属于这家公司。	1	2	3	4	5
5	公司经常让我产生被遗弃的感觉。	1	2	3	4	5

计分方法

内部人地位认知量表共 5 道题，可以计算总分或平均分，其中第 3～第 5 题需反向计分。

量表出处

刘智强，邓传军，廖建桥，龙立荣．组织支持、地位认知与员工创新：雇佣多样性视角．管理科学学报，2015，18（10）：80-94.

参考文献

Stamper，C. L.，Masterson，S. S. Insider or outsider? How employee perceptions of insider status affect their work behavior. Journal of Organizational Behavior，2002，23（8）：875-894.

员工企业地位感知（单红梅等，2015）

(Employee's Status Perception in the Organization)

简介

员工的组织地位感知是员工基于组织支持感、组织影响力而做出的对自身在组织中地位的认知。单红梅等（2015）以劳资问题为着眼点，将员工企业地位感知定义为员工对所在企业中的员工自主权和组织支持感的主观认知。

单红梅等（2015）对员工企业地位感知的测量主要是参照 Tangirala et al.（2008）的研究成果，采用 Eisenberger 等（1997）开发的组织地位感知量表。从该问卷中选取 4 道因子载荷最高的题目，组成员工企业地位感知水平测量问卷。单红梅等（2015）将问卷翻译成中文，对问卷的信效度加以验证，删除了所有不符合中国情境的题目。

单红梅等（2015）所调查的企业均为江苏地区工会建设情况较好的非国有制企业，选取既是企业员工也是工会成员的群体作为被调查对象，共发放问卷 530 份，回收有效问卷 433 份。

信度与效度

信度分析表明，员工企业地位感知问卷的信度系数为 0.872，其中工作自主权的信度系数为 0.668，企业支持感的信度系数为 0.714。验证性因素分析表明，员工企业地位感知与其他变量具有良好的区分效度。

量表

请您根据自己的实际感受和体会，对下面 4 项描述进行评价和判断，并在最符合的数字上划○。评价和判断的标准如下：1＝非常不同意，2＝比较不同意，3＝不确定，4＝比较同意，5＝非常同意。

1	在企业，我在工作中有决策权。	1	2	3	4	5
2	企业对我十分尊重。	1	2	3	4	5
3	企业在进行重要决策时会征询我的意见和建议。	1	2	3	4	5
4	如果我提出想离开企业，企业领导会挽留我。	1	2	3	4	5

计分方法

员工企业地位感知量表包括两个维度，共 4 道题，可以计算每个维度所包括题目的总分或平均分。每个维度包括的题目如下：

1. 工作自主权：共 2 道题，具体包括第 1、第 2 题。
2. 企业支持感：共 2 道题，具体包括第 3、第 4 题。

量表出处

单红梅，胡恩华，鲍静静，张毛龙．非国有企业员工组织地位感知水平对离职倾向的影响研究．管理学报，2015，12（8）：1144-1153.

参考文献

Tangirala，S.，Ramanujam，R. Employee silence on critical work issues：the cross level effects of procedural justice climate. Personnel Psychology，2008，61（1）：37-68.

Eisenberger，R.，Cummings，J.，Armeli，S.，Lynch，P. Perceived organizational support，discretionary treatment，and job satisfaction. Journal of Applied Psychology，1997，82（5）：812-820.

非正式地位（黄玮等，2017）

（Informal Role）

简介

地位是指个体在组织中拥有的等级或相对社会职位。

非正式地位是个体在组织其他成员心目中的身份和形象赋予的。高非正式地位的个体具有信息和资源获取优势，更容易获得组织其他成员的支持和认可。

黄玮等（2017）选择北京、杭州、广州、成都和武汉5个城市的10家高新技术企业收集数据，涉及生物制药和软件研发两个行业。被调查企业要具有以下特征：(1) 成立5年以上；(2) 研发人员占企业全部人员一半以上；(3) 主营业务收入绝大部分来自新产品或新技术销售；(4) 企业有一套规范的研发管理制度。

黄玮等（2017）采用上下级配对调查法，上级问卷主要完成对下属员工绩效、非正式地位两个变量的评价，下属问卷主要完成个体人口统计学特征、正式地位、创造力、内外部动机、团队创新氛围、越轨创新行为、绩效等变量的评价。

黄玮等（2017）共发放配套问卷765套，回收579套（员工579份，上级114份），回收率75.7%。同时剔除绩效上下级报告偏差大、漏填、乱填的问卷123套，最终保留有效配对问卷456套（员工456份，上级78份）。采用Ibarra（1993）、Spreitzer（1995）和刘智强等（2015）的量表，结果Cronbach's Alpha=0.85，累计方差解释率为63.237%，量表的信度指数达到了良好水平。

量表

请您根据自己的实际感受和体会，对下面5项描述进行评价和判断，并在最符合的数字上划○。评价和判断的标准如下：1=非常不同意，2=不同意，3=有点不同意，4=不确定，5=有点同意，6=同意，7=非常同意。

1	当我想影响一项决策时，我可以发表意见。	1	2	3	4	5	6	7
2	对于团队内发生的事情，我有很大的控制权。	1	2	3	4	5	6	7
3	我对团队内所发生的事情影响很大。	1	2	3	4	5	6	7
4	工作中常有领导向我征求意见。	1	2	3	4	5	6	7
5	组织对我十分尊重。	1	2	3	4	5	6	7

计分方法

非正式地位量表共5道题，可以计算总分。

量表出处

黄玮，项国鹏，杜运周，刘洋．越轨创新与个体创新绩效的关系研究——地位和创造力的联合调节作用．南开管理评论，2017，20（1）：143-154.

参考文献

刘智强，李超，廖建桥，龙立荣．组织中地位、地位赋予方式与员工创造性产出——来自国有企事业单位的实证研究．管理世界，2015（3）：86-101.

Ibarra，H. Network centrality，power and innovation involvement：determinants of technical and administrative roles. Academy of Management Journal，1993，36（3）：471-503.

Spreitzer，G. M. Psychological empowerment in the workplace：dimensions' measurement and validation. Academy of Management Journal，1995，38（5）：1442-1465.

第3章

工作行为

责任行为（Farh et al.，1991）

（Conscientiousness）

简介

舒睿和梁建（2015）对责任行为的测量采用经翻译的 Farh 等（1991）开发的量表，共4道题。责任行为问卷的信度为0.71。

研究样本来自一家快速成长的民营企业，调查中共发放员工问卷314份，直属主管问卷114份。通过两阶段的问卷收集工作，总计回收问卷239份。剔除信息不能匹配和缺失项大于20%的问卷后，最终获得有效问卷206份。

量表

请您根据自己的实际感受和体会，对下面4项描述进行评价和判断，并在最符合的数字上划○。评价和判断的标准如下：1＝非常不同意，2＝比较不同意，3＝不确定，4＝比较同意，5＝非常同意。

1	在干好干坏一个样的情况下，我都认真负责地工作。	1	2	3	4	5
2	即使无额外报酬，我也乐意加班工作。	1	2	3	4	5
3	当工作有需要时，我主动加班加点，把工作做好。	1	2	3	4	5
4	我经常提前上班，着手处理业务。	1	2	3	4	5

计分方法

责任行为量表共4道题，可以计算总分或平均分。

量表出处

舒睿，梁建．基于自我概念的伦理领导与员工工作结果研究．管理学报，2015，12（7）：1012-1020.

参考文献

Farh，J. L.，Dobbins，G. H.，Cheng，B. S. Cultural relativity in action：a comparison of self-ratings made by Chinese and U. S. workers. Personnel Psychology，1991，44（1）：129-147.

前瞻行为（Fuller et al.，2012）

（Proactive Behavior）

简介

前瞻行为是指个体自发采取的旨在改变自己或环境的工作行为，它们是未来导向和变革导向的，能够对个体自己或环境产生积极的影响（Bateman & Crant，1993；Parker，Williams，& Turner，2006）。

李锐和田晓明（2014）的研究采用经翻译的Fuller，Marler和Hester（2012）所使用的员工前瞻行为量表，共有6道题。量表的内部一致性系数为0.91。

共发放问卷450份，收到反馈的问卷253份，其中有效问卷231份。

量表

请您根据自己的实际感受和体会，用下面6项描述对您的下属进行评价和判断，并在最符合的数字上划○。评价和判断的标准如下：1＝从不，2＝偶尔，3＝有时，4＝经常，5＝总是，6＝非常频繁。

1	该下属改变其工作方式以提高有效性。	1	2	3	4	5	6
2	该下属改进了单位或部门的工作程序。	1	2	3	4	5	6
3	该下属为单位提出新的、更有效的工作方法。	1	2	3	4	5	6
4	该下属纠正单位的错误程序或做法。	1	2	3	4	5	6
5	该下属改变那些对绩效无益或阻碍绩效的组织规则及政策。	1	2	3	4	5	6
6	该下属采用新的技术或方法来改进效率。	1	2	3	4	5	6

计分方法

前瞻行为量表共6道题，可以计算总分或平均分。

量表出处

李锐，田晓明．主管威权领导与下属前瞻行为：一个被中介的调节模型构建与检验．心理学报，2014，46（11）：1719-1733.

参考文献

Bateman，T. S.，Crant，J. M. The proactive component of organizational behavior：a measure and correlates. Journal of Organizational Behavior，1993（14）：103-118.

Parker，S. K.，Williams，H. M.，Turner，N. Modeling the antecedents of proactive behavior at work. Journal of Applied Psychology，2006（91）：636-652.

Fuller，J. B.，Marler，L. E.，Hester，K. Bridge building within the province of proactivity. Journal of Organizational Behavior，2012（33）：1053-1070.

工作投入 (Schaufeli et al.，2002)

(Work Engagement)

简介

虽然学界对于工作投入的概念的界定有不同见解，但一般认为工作投入是工作能力（比如充满活力、能量）和工作意愿（比如卷入、奉献）的结合。Schaufeli 等学者把工作投入定义为个体持续、积极的情感激活状态，其特征为活力、奉献和专注。

王桢，陈乐妮和李旭培（2015）采用经翻译的 Schaufeli 等（2002）的工作投入问卷，共 17 道题，包括活力、奉献、专注三个维度。被调查者来自某政府基层单位，主要从事法律服务和管理工作，与民众有较多的直接接触。最终共获得有效问卷 211 份。工作投入问卷的信度为 0.95。

量表

请您根据自己的真实感受，对下面 17 项描述进行评价和判断，并在最符合的数字上画○。评价和判断的标准如下：1＝非常不同意，2＝不同意，3＝不好确定，4＝同意，5＝非常同意。

1	在工作中，我感到自己迸发出能量。	1	2	3	4	5
2	我觉得我所从事的工作目的明确，且很有意义。	1	2	3	4	5
3	当我工作时，时间总是过得飞快。	1	2	3	4	5
4	工作时，我感到自己强大而且充满活力。	1	2	3	4	5
5	我对工作充满热情。	1	2	3	4	5
6	工作时我会忘记周围的一切。	1	2	3	4	5
7	工作激发了我的灵感。	1	2	3	4	5
8	早上一起床，我就想要去工作。	1	2	3	4	5
9	忙碌工作时，我会感到快乐。	1	2	3	4	5
10	我为自己所从事的工作感到自豪。	1	2	3	4	5
11	我沉浸于自己的工作当中。	1	2	3	4	5
12	我可以一次连续工作很长时间。	1	2	3	4	5
13	对我来说，我的工作具有挑战性。	1	2	3	4	5
14	我在工作时会达到忘我的境界。	1	2	3	4	5
15	工作时，即使感到精神疲劳，我也能很快地恢复。	1	2	3	4	5
16	我觉得自己离不开这份工作。	1	2	3	4	5
17	即使工作进展不顺利，我也总能锲而不舍。	1	2	3	4	5

计分方法

工作投入量表包括三个维度，共 17 道题，可以计算每个维度所包括题目的总分或平均分。每个维度包括的题目如下：

1. 活力：共6道题，具体包括第1、4、8、12、15、17题。
2. 奉献：共5道题，具体包括第2、5、7、10、13题。
3. 专注：共6道题，具体包括第3、6、9、11、14、16题。

量表出处

王桢，陈乐妮，李旭培．变革型领导与工作投入：基于情感视角的调节中介模型．管理评论，2015，27（9）：120-129，212.

参考文献

Schaufeli，W. B.，Salanova，M.，González-Romá，V.，Bakker，A. B. The measurement of engagement and burnout：a two sample confirmatory factor analytic approach. Journal of Happiness Studies，2002，3（1）：71-92.

建言效能感（段锦云等，2012）

（Voice Behavior Efficacy）

简介

段锦云和魏秋江（2012）将建言效能感初步定义为：一种习得的、能胜任建言角色（如把握建言机会、控制建言后果等）并感知建言能取得积极反馈（如领导者会关注或采纳个人的建议）的信念。

段锦云和魏秋江（2012）基于此确定访谈的题目，结合自我效能感（Bandura，1986）和建言行为（Van Dyne & Le Pine，1998）的量表，由两位参与该研究的组织行为学研究生开发了19道建言效能感的初始题目，在讨论、请教多位专家之后，合并意义接近或重叠的项目，形成了14道题目。在访谈所得题目的基础上编制初始问卷，然后把问卷随机发放给被调查者（企业普通员工），在初步分析的基础上筛选并保留项目，接着将被调查者随机分成两个无偏子样本，分别以这两部分数据做探索性和验证性因素分析，最终建立建言效能感的结构和测量问卷。

研究样本来自长三角地区的企业员工，以国有和民营企业为主。共发放问卷420份，回收395份（回收率为94.05%），其中有效问卷376份（有效率为95.19%）。通过对建言效能感初始题目以及376个样本进行因素分析研究，在删除了部分题目后，结果表明剩余的7道题的建言效能感结构效度和效标效度良好，内部一致性系数为0.88，符合心理测量学要求。

信度与效度

376份有效问卷的探索性因素分析结果表明，单维因子的累计方差解释率为60.23%，量表的内部一致性系数为0.89。188份有效问卷的验证性因素分析结果表明，所得单维因子结构拟合指标良好（$\chi^2/df=2.31$，$p<0.01$，GFI=0.98，CFI=0.99，TLI=0.98，RMSEA=0.06），表明所得因子结构合理。

量表

请您根据自己的实际感受和体会，对下面7项描述进行评价和判断，并在最符合的数字上划○。评价和判断的标准如下：1=非常不同意，2=不同意，3=不好确定，4=同意，5=非常同意。

1	管理者会听取我提出的建议。	1	2	3	4	5
2	我能抓住各种机会向管理者提意见。	1	2	3	4	5
3	我能发现各种适当机会，向组织表达自己的想法。	1	2	3	4	5
4	我能给自己创造各种向同事展示我的观点的条件。	1	2	3	4	5
5	我的看法能引起上司的关注。	1	2	3	4	5

6	无论哪种场合，我都能就组织中的事务表达自己的合理建议。	1	2	3	4	5
7	向组织提意见遇到突发事件时，我能有效控制该事件对我的影响。	1	2	3	4	5

计分方法

建言效能感量表共 7 道题，可以计算总分或平均分。

量表出处

段锦云，魏秋江．建言效能感结构及其在员工建言行为发生中的作用．心理学报，2012，44（7）：972-985.

参考文献

Bandura，A. Social foundations of thought and action：a social cognitive theory. Englewood Cliffs，NJ：Prentice Hall，1986.

Van Dyne，L.，Le Pine，J. A. Helping and voice extra-role behaviors：evidence of construct and predictive validity. Academy of Management Journal，1998，41（1）：108-119.

建言行为（段锦云等，2011）

(Voice Behavior)

简介

建言行为是指以改善环境为目的，以变化为导向，富有建设性的言语行为，它可能会挑战“现状”或使上级“难堪”（段锦云和钟建安，2005）。

段锦云和凌斌（2011）根据对目标群体的半结构化访谈结果，参照西方学者编写的建言行为问卷，对每道题进行反复讨论，最后确定18道题，得到建言行为的初始问卷。

段锦云和凌斌（2011）面向长三角地区的企业发放初始问卷360份，回收342份（回收率为95%），其中有效问卷318份（有效率为92.98%）。运用总数据（n=318）做描述性统计分析，分析结果表明，删除6道题之后问卷内部一致性系数会提高，因此予以删除。余下13道题的问卷的内部一致性系数为0.82。

为了检验问卷的构思效度，把数据随机对半分成两部分，数据A（n=159）用以对建言行为的结构进行探索性因素分析；数据B（n=159）用以做验证性因素分析。159份有效问卷的探索性因素分析结果表明，删除2道题之后再做因素分析，能萃取出2个因子，大多数题目的共同度高于0.40，累计方差解释率为47.07%。问卷最终有11道题，分为顾全大局式建言和自我冒进式建言两个维度。159份有效问卷的验证性因素分析结果表明，建言行为的二阶结构模型各项拟合指标均达到要求，拟合较好。

信度与效度

建言行为问卷的内部一致性系数为0.80，从不同维度来看，顾全大局式建言的内部一致性系数为0.76，自我冒进式建言的内部一致性系数为0.73。二阶结构模型的各项拟合指标均达到要求（χ^2/df=1.86，TLI=0.90，IFI=0.92，CFI=0.92，RMSEA=0.07）。总体来看，建言行为问卷具有较好的信度与效度。

量表

请您根据自己的实际感受和体会，用下面11项描述对您的实际情况进行评价和判断，并在最符合的数字上划○。评价和判断的标准如下：1=非常不同意，2=不同意，3=不好确定，4=同意，5=非常同意。

1	总是选择适当的场所和时间向同事或主管表达建议。	1	2	3	4	5
2	总是先对问题进行充分的分析，找出原因，再表达自己的观点。	1	2	3	4	5
3	总是以委婉的方式给主管或同事提建议。	1	2	3	4	5
4	为了提高大家的生产效率而提出优化工作流程的方案。	1	2	3	4	5
5	常常为了促进整个公司的发展而提出新的建议方案。	1	2	3	4	5
6	没有把握时，从不轻易表达观点。	1	2	3	4	5
7	为达到建议的效果，不惜与主管发生争执。	1	2	3	4	5

8	积极发表观点，总是想让自己在工作中胜出。	1	2	3	4	5
9	敢于公开指出那些影响公司发展的不合理制度和政策。	1	2	3	4	5
10	即便影响到与同事之间的关系，也会直接指出同事工作中的问题。	1	2	3	4	5
11	采取各种方式来向主管提建议，以证明自己是正确的。	1	2	3	4	5

计分方法

建言行为量表包括两个维度，共11道题，可以计算每个维度所包括题目的总分或平均分。每个维度包括的题目如下：

1. 顾全大局式建言：主要表现为在建言时能充分考虑各方利益，委婉地表达建议，提供充分的理由建言以及必要时能顾及上司的感受而做出退让等。此类建言更多地以“系列分析”的思维方式进行，它较为安全，同时也反映了员工个体在与整体情境的同一和谐性上的追求。共6道题，具体包括第1～第6题。

2. 自我冒进式建言：体现了建言时主要从自身或本部门的角度看待问题，当面直接地提出建议，不会过多分析问题和考虑他人的感受，不易妥协。此类建言反映了人的“便捷启发”的思维特征，它带有风险性，也体现了员工个体在突出和拔高自我上的追求。共5道题，具体包括第7～第11题。

量表出处

段锦云，凌斌．中国背景下员工建言行为结构及中庸思维对其的影响．心理学报，2011，43（10）：1185-1197.

参考文献

段锦云，钟建安．组织中的进谏行为．心理科学，2005，28（1）：69-71.

员工沉默行为 (Tangirala et al.，2008)

(Employee Silence)

简介

员工沉默行为是指员工原本已具有或形成了对其单位有益的建议、意见及观点，或者发现单位中存在或潜在的一些问题，却由于种种原因而选择保留自己的真实想法或信息。李锐，凌文辁和柳士顺（2012）所使用的沉默行为量表发展自 Tangirala 和 Ramanujam（2008）研究中的员工沉默量表，共 5 道题。探索性因素分析的结果表明，该量表是一个单维的结构，累计方差解释率为 61.9%，各题目均有较大的因子载荷。该量表的内部一致性系数为 0.84。

以 320 名来自广东省各地区电信企业的全职员工为调查对象，最终回收完整、有效的数据 216 份，有效回收率为 67.5%。

量表

请您根据自己的实际感受和体会，对下面 5 项描述进行评价和判断，并在最符合的数字上划○。评价和判断的标准如下：1＝从不，2＝偶尔，3＝有时，4＝经常，5＝总是，6＝非常频繁。

1	当我对工作产生忧虑时，我选择保持沉默。	1	2	3	4	5	6
2	尽管我有可以改善单位工作的想法或建议，但我并没有提出来。	1	2	3	4	5	6
3	当我拥有的信息有助于防止单位里的问题发生时，我保持沉默。	1	2	3	4	5	6
4	对于我所注意到的单位中潜在的问题，我没有告诉其他人。	1	2	3	4	5	6
5	面对单位里影响工作效率的现象，我选择沉默而未发表意见。	1	2	3	4	5	6

计分方法

员工沉默行为量表共 5 道题，可以计算总分或平均分。

量表出处

李锐，凌文辁，柳士顺．组织心理所有权的前因与后果：基于“人-境互动”的视角．心理学报，2012，44（9）：1202-1216.

参考文献

Tangirala，S.，Ramanujam，R. Employee silence on critical work issues：the cross-level effects of procedural justice climate. Personnel Psychology，2008（61）：37-68.

员工沉默（郑晓涛等，2008）

（Employee Silence）

简介

员工沉默的定义可以总结为：员工本可以基于自己的经验和知识提出想法、建议和观点，从而改善所在部门或组织的某些方面的工作，却由于种种原因而选择保留观点，或者提炼和过滤自己的观点。

郑晓涛，柯江林，石金涛和郑兴山（2008）针对中国背景下员工沉默的构思，编制开发了员工沉默问卷。该研究以中国企业员工为研究对象，对10家企业的12名经理人员和37名员工进行访谈，并对这10家企业的员工进行开放式问卷调查，经过删减之后得到81道题，而后进一步删减和处理，最终形成三个维度共22道题的初始员工沉默调查问卷。研究者对12家企业进行初测，根据184份有效问卷的探索性因素分析结果，最后形成三因素模型，共12道题。

为了进一步验证构想效度，考察问卷的信度与效度，郑晓涛，柯江林，石金涛和郑兴山（2008）对12家企业的员工施测，928份有效问卷的探索性因素分析结果表明，员工沉默为三维结构，将三个因素命名为：默许沉默、防御沉默和漠视沉默。验证性因素分析证实了员工沉默问卷的构想效度，内部一致性分析与相关分析的结果也表明该问卷具有较好的信度和效度。

信度与效度

郑晓涛，柯江林，石金涛和郑兴山（2008）对12家企业的员工进行了调查，共发放问卷1 120份，回收有效问卷928份。探索性因素分析的结果表明，默许沉默、防御沉默和漠视沉默以及总体量表的内部一致性系数分别为0.81、0.77、0.84和0.89，同时该问卷项目的因素符合量均大于0.60，累计方差解释率为66.17%，问卷的结构效度较好。

验证性因素分析的结果表明，因子载荷与相关因子的相关系数均达到了显著性水平（$p<0.05$），拟合指数说明模型拟合基本上达到了要求，其中NNFI、CFI、AGFI均达到0.90以上，RMSEA为0.08，$\chi^2/df=3.86$。三因素模型的各项拟合指数均达到或接近先定的标准，说明员工沉默的三因素结构得到了数据的支持。

另外，何轩（2010）采用郑晓涛，柯江林，石金涛和郑兴山（2008）开发的问卷进行了试测，探索性因素分析保留了12道题，158份有效问卷的探索性因素分析结果表明，三个维度的累计方差解释率为61.292%，默许沉默、漠视沉默、防御沉默的内部一致性系数分别为0.734、0.790、0.760。

量表

请您根据自己的实际感受和体会，用下面12项描述对您在组织中的情况进行评价和判断，并在最符合的数字上划○。评价和判断的标准如下：1＝非常不同意，2＝不同意，3＝不好确定，4＝同意，5＝非常同意。

1	领导已经基本决定的事，我的意见不会起太大作用。	1	2	3	4	5
2	我的建议不会影响现状。	1	2	3	4	5
3	领导采纳我的建议的可能性很小。	1	2	3	4	5
4	领导不会更改一些决定，我说出自己的想法没有很大的意义。	1	2	3	4	5
5	担心影响同事间的人际关系，对于他人工作中的欠缺和疏忽选择沉默。	1	2	3	4	5
6	还是收敛一下，不要提出我的看法，以免成为众矢之的。	1	2	3	4	5
7	没有必要得罪领导和同事。	1	2	3	4	5
8	我和大家的关系都不错，碍于面子，还是不要提意见。	1	2	3	4	5
9	别人的事情和我没关系，没必要讲。	1	2	3	4	5
10	我对企业的事情不关心，无所谓。	1	2	3	4	5
11	采用中庸之道，不多说也就没有太多责任。	1	2	3	4	5
12	我和企业感情不深，没必要说。	1	2	3	4	5

计分方法

员工沉默量表包括三个维度，共12道题，可以计算每个维度所包括题目的总分或平均分。每个维度包括的题目如下：

1. 默许沉默：主要描述员工无力改变现状的消极顺从。共4道题，具体包括第1～第4题。

2. 防御沉默：主要描述员工为避免人际隔阂和他人攻击的自我保护。共4道题，具体包括第5～第8题。

3. 漠视沉默：主要描述员工对现有工作或组织依恋和认同不够而消极保留观点。共4道题，具体包括第9～第12题。

量表出处

郑晓涛，柯江林，石金涛，郑兴山．中国背景下员工沉默的测量以及信任对其的影响．心理学报，2008，40（2）：219-227.

参考文献

何轩．为何员工知而不言——员工沉默行为的本土化实证研究．南开管理评论，2010，13（3）：45-52.

亲社会性规则违背（李锐等，2015）

（Pro-social Rule Breaking）

简介

根据 Morrison（2006）的界定，亲社会性规则违背是指员工出于提升组织或组织利益相关者福祉的意图而有意地违背组织正式的政策、规章或禁令的行为。

李锐，田晓明和柳士顺（2015）对亲社会性规则违背的测量采用 Dahling 等（2012）所开发的量表。该量表包含“改进效率”、“帮助同事”和“改善顾客服务”三个分量表，由于第三个分量表并不具备跨岗位的普适性（例如组织内财务或生产部门的员工通常不会直接面对顾客），因此只使用了前两个分量表（时间区间限定为“过去 12 个月”）。

调查对象（均为企业的全职人员并且目前有一名直接上司）来自苏南地区的 10 余家企业。共发放问卷 240 份，最终回收有效问卷 187 份。

信度与效度

亲社会性规则违背总量表的内部一致性系数为 0.95，改进效率和帮助同事的内部一致性系数分别为 0.94 和 0.92。验证性因素分析的结果显示，所有研究变量的五因素模型的各项拟合度较佳，χ^2/df、CFI、TLI、RMSEA 分别为 1.75、0.90、0.89、0.06，且所有项目载荷的 t 检验结果均达到显著性水平（$p<0.01$），说明在同一因素下的测量题目能反映出相同的构念，亲社会性规则违背与其他变量具有较好的区分效度。

量表

请您根据自己的实际感受和体会，对下面 8 项描述进行评价和判断，并在最符合的数字上划○。评价和判断的标准如下：1＝非常不同意，2＝不同意，3＝不好确定，4＝同意，5＝非常同意。

1	为了更有效地做好自己的工作，我违背了组织的规则或政策。	1	2	3	4	5
2	为了给公司节省时间和开支，我违背了组织的政策。	1	2	3	4	5
3	为了减少繁文缛节和更有效地工作，我忽略了组织的规则。	1	2	3	4	5
4	当组织规则妨碍了我工作职责的履行时，我会违背它们。	1	2	3	4	5
5	为了帮助同事履行其职责，我违背了组织的规则。	1	2	3	4	5
6	当另一个员工需要我的帮助时，为了帮助他，我违背了组织的政策。	1	2	3	4	5
7	我违背组织的规则来协助其他员工完成他们的工作。	1	2	3	4	5
8	我为了给其他员工提供帮助，不得不忽略组织的政策。	1	2	3	4	5

计分方法

亲社会性规则违背量表包括两个分量表，共 8 道题，可以计算每个分量表所包括题目的总分或平均分。每个分量表包括的题目如下：

1. 改进效率：共4道题，具体包括第1～第4题。
2. 帮助同事：共4道题，具体包括第5～第8题。

量表出处

李锐，田晓明，柳士顺．仁慈领导会增加员工的亲社会性规则违背吗？．心理学报，2015，47（5）：637-652.

参考文献

Morrison，E. W. Doing the job well：an investigation of pro-social rule breaking. Journal of Management，2006（32）：5-28.

Dahling，J. J.，Chau，L. S.，Mayer，M. D.，Gregory，B. J. Breaking rules for the right reasons? An investigation of pro-social rule breaking. Journal of Organizational Behavior，2012（33）：21-42.

同事消极约束（杜旌等，2014）

(Team Colleague Negative Pressure)

简介

约束效应是团队环境对员工行为的影响之一，指员工迫于环境压力而不得不实施某项行为的状态（谢荷峰和马庆国，2007）。同事消极约束作用是指变革实施中的负向影响，即周围同事对企业变革观望、不参与甚至反对的行为。

根据 Zhang 和 Wei（2009）的研究，杜旌，冉曼曼和曹平（2014）构建了一个3道题的问卷来量度个体感知到的同事消极约束。员工所报告的同事消极约束被聚合到团队层面，作为团队的同事消极约束。他们向两家企业发放问卷435份，最终有效问卷数据来自49个团队的413名员工。为检测该变量作为团队层面变量的有效性，杜旌，冉曼曼和曹平（2014）对该变量进行了以下检验：组织层面信度（$\alpha=0.81$）、组内一致性（$rwg=0.93$）和组内相关系数（$ICC(1)=0.24$ 和 $ICC(2)=0.72$），检测表明同事消极约束满足团队层面变量要求。

量表

请您根据自己的实际感受和体会，用下面3项描述对您在变革中感受到的情况进行评价和判断，并在最符合的数字上划○。评价和判断的标准如下：1=非常不同意，2=不同意，3=不好确定，4=同意，5=非常同意。

1	在公司大多数变革中，积极参与变革会引起同事们的反感。	1	2	3	4	5
2	在公司大多数变革中，认真投入会让同事们觉得我另有目的。	1	2	3	4	5
3	在公司大多数变革中，工作太认真会增加其他同事的压力。	1	2	3	4	5

计分方法

同事消极约束量表共3道题，可以计算总分或平均分。

量表出处

杜旌，冉曼曼，曹平．中庸价值取向对员工变革行为的情景依存作用．心理学报，2014，46（1）：113-124.

参考文献

Zhang, Z. X., Wei, X. Conflict avoiding: its malfunctioning, mechanism, and solution. Paper presented at Annual Meeting of Academy of Management, Chicago, US, 2009.

谢荷峰，马庆国．组织氛围对员工非正式知识分享的影响．科学学研究，2007，25（2）：306-311.

生产偏差（Spector et al.，2002）

（Production Deviance）

简介

反生产行为是指对所在组织及其成员利益具有潜在破坏性的自发行为。在四类反生产行为中，指向组织的、性质较轻微的类别被称为生产偏差，包括违反工作规范、仅达到最低的工作品质及工作数量的行为，如旷工、工作怠惰等，这类行为不指向具体的人，情节也不十分严重，故在组织中拥有更大的生存空间且普遍存在（Robinson & Bennett，1995）。

Spector 和 Fox（2002）曾编制由 45 道题构成的反生产行为问卷项目库，其中 21 道为组织行为偏差测量题目，剔除破坏财物、偷窃等财产偏差题目 7 道，剩余 14 道属生产偏差题目。郭晓薇（2011）采用往复翻译技术将这 14 道题译成中文，用以测量生产偏差并探索其结构。

郭晓薇（2011）分别从华北、华东地区的三个城市选取被试，他们来自快速消费品、建筑、机械、电子、服务等多个行业。共发放问卷 496 份，回收有效问卷 362 份。

信度与效度

郭晓薇（2011）通过对 181 份有效问卷的探索性因素分析，得到了生产偏差包括的三个维度，即工作破坏、消极怠工和退缩行为。这三个维度的内部一致性系数分别为 0.88、0.68 和 0.77。181 份有效问卷的验证性因素分析结果表明，模型拟合指数 $\chi^2/df=1.72$（127.06/74），TLI=0.99，CFI=0.99，RMSEA=0.063，各项拟合指标都达到了较为理想的水平。因此，生产偏差问卷具有较好的信度与效度。

量表

请您根据自己的实际感受和体会，用下面 14 项描述对您工作的实际情况进行评价和判断，并在最符合的数字上划○。评价和判断的标准如下：1=非常不符合，2=比较不符合，3=不好确定，4=比较符合，5=非常符合。

1	故意以不正确的方式做事。	1	2	3	4	5
2	故意不听从指令。	1	2	3	4	5
3	不报告发现的问题，任由事态变糟。	1	2	3	4	5
4	故意在约见或开会时迟到。	1	2	3	4	5
5	拒绝接受分派的任务。	1	2	3	4	5
6	在工作需要完成时故意拖延。	1	2	3	4	5
7	告诉别人你工作的地方很糟糕。	1	2	3	4	5
8	抱怨工作中并不重要的事情。	1	2	3	4	5
9	工作时间做白日梦。	1	2	3	4	5

10	工作时即便没做什么，也装作很忙碌。	1	2	3	4	5
11	谎称生病待在家里不上班。	1	2	3	4	5
12	未经允许上班迟到。	1	2	3	4	5
13	比规定提早下班。	1	2	3	4	5
14	擅自延长工间休息时间。	1	2	3	4	5

计分方法

生产偏差量表包括三个维度，共14道题，可以计算每个维度所包括题目的总分或平均分。每个维度包括的题目如下：

1. 工作破坏：指不按有效的方式来完成工作，故意把工作干砸。共6道题，具体包括第1～第6题。

2. 消极怠工：指由于士气低落而抱怨和怠工。共4道题，具体包括第7～第10题。

3. 退缩行为：指各种对工作时间产生影响、使得工作时间低于组织要求的行为，如缺勤、迟到、延长工间休息时间等。共4道题，具体包括第11～第14题。

量表出处

郭晓薇．儒家价值观与生产偏差：工作满意度的中介效应．经济管理，2011，33（5）：103-109.

参考文献

Robinson，S. L.，Bennett，R. J. A typology of deviant workplace behaviors：a multidimensional scaling study. Academy of Management Journal，1995，38（2）：555-572.

Spector，P. E.，Fox，S. An emotion-centered model of voluntary work behavior. Human Resource Management Review，2002，12（2）：269-292.

分析定向（Tan et al.，1994）

（Analysis Orientation）

简介

分析定向是指决策者在发现和解决问题时深入探索问题的本源，全面搜索和分析多方面信息，尽量估计可能的结果及开发多种替代方案的程度。分析定向是衡量人们在决策过程中分析和解决问题的全面程度的一个变量（Venkatraman，1989），描述的是个体在决策过程中搜索和解释信息时的一种认知取向。

张文慧，张志学和刘雪峰（2005）对分析定向的测量采用经翻译的 Tan 等（1994）的量表，该量表包括 3 道题，信度为 0.61。样本为 148 名管理学院的大学生。

量表

请您根据自己的实际感受和体会，用下面 3 项描述对您的实际情况进行评价和判断，并在最符合的数字上划○。评价和判断的标准如下：1＝完全不同意，2＝不同意，3＝有点不同意，4＝无所谓，5＝有点同意，6＝同意，7＝完全同意。

1	在做决策时，我重视计划方面的技巧和全面的信息。	1	2	3	4	5	6	7
2	在分析环境时，我全面评估所有可能的结果并得到替代方案。	1	2	3	4	5	6	7
3	我寻找那些看起来有希望实现的机会。	1	2	3	4	5	6	7

计分方法

分析定向量表共 3 道题，可以计算总分或平均分。

量表出处

张文慧，张志学，刘雪峰．决策者的认知特征对决策过程及企业战略选择的影响．心理学报，2005，37（3）：373-381.

参考文献

Venkatraman，N. Strategic orientation of business enterprises：the construct，dimensionality，and measurement. Management Science，1989，35（8）：942-962.

Tan，J. J.，Litsschert，R. J. Environment-strategy relationship and its performance implications：an empirical study of Chinese electronics industry. Strategic Management Journal，1994，15（1）：1-20.

决策质量（王国锋等，2007）

(Decision Quality)

简介

Amason（1996）认为高层管理团队所做决策的质量影响组织的绩效。因此，要提高组织绩效，自然会关注高层管理团队的决策质量。王国锋，李懋和井润田（2007）用3道题来度量领导班子（团队）的决策质量，累计方差解释率为76.62%。决策质量问卷的内部一致性系数为0.845。

量表

请您根据自己的实际感受和体会，对下面3个问题进行评价和判断，并在最符合的数字上划○。评价和判断的标准如下：1=很差，2=差，3=不好确定，4=好，5=非常好。

1	您对决策总的质量的看法是怎样的?	1	2	3	4	5
2	相对于决策的原始意图来说，决策质量怎样?	1	2	3	4	5
3	从组织绩效来看，决策质量怎样?	1	2	3	4	5

计分方法

决策质量量表共3道题，可以计算总分或平均分。

量表出处

王国锋，李懋，井润田．高管团队冲突、凝聚力与决策质量的实证研究．南开管理评论，2007，10（5）：89-93.

参考文献

Weill，P.，Vitale，M. R. Place to space：migrating to e-business models. Journal of Global Information Technology Management，2001（4）：70-71.

Amason，A. C. Distinguishing the effects of functional and dysfunctional conflict on strategic decision making：resolving a paradox for top management teams. Academy of Management Journal，1996，39（1）：123-148.

决策质量（陈悦明等，2012）

(Decision Quality)

简介

陈悦明，葛玉辉和宋志强（2012）借鉴古家军和胡蓓（2008）的研究成果，用战略决策量表的子量表来测量决策质量，两个维度分别为环境适应和过程质量，共 6 道题。其中，反映环境适应维度的有 2 道题，反映过程质量维度的有 4 道题。

陈悦明，葛玉辉和宋志强（2012）以上海、江苏、浙江、广东、湖南、四川、陕西、河北、黑龙江 9 个地区的 121 家民营企业作为调查对象，共发放调查问卷 734 份，回收 490 份，问卷回收率为 66.8%。其中，无效问卷超过 1/3 的 5 家企业的所有问卷都被剔除，一共剔除 61 份，最终采用的问卷为 429 份。

信度与效度

决策质量问卷在前期试测得到的内部一致性系数为 0.81，在实际测量中该系数为 0.78，均具有较高的信度。验证性因素分析发现各题目的因子载荷值均大于 0.7，AVE 值也均大于 0.5，说明决策质量问卷具有良好的内敛效度。

量表

请您根据自己的实际感受和体会，对下面 6 项描述进行评价和判断，并在最符合的数字上划○。评价和判断的标准如下：1＝非常不同意，2＝不同意，3＝不好确定，4＝同意，5＝非常同意。

1	战略决策方案适应当前的竞争性环境。	1	2	3	4	5
2	战略决策反映了当前的财务状况。	1	2	3	4	5
3	战略决策信息的收集过程非常到位。	1	2	3	4	5
4	在制定战略决策时对大量决策方案进行了评价和比较。	1	2	3	4	5
5	战略决策全面考虑了所执行方案的优缺点。	1	2	3	4	5
6	对战略决策的执行与修正措施都做了全面部署。	1	2	3	4	5

计分方法

决策质量量表包括两个维度，共 6 道题，可以计算每个维度所包括题目的总分或平均分。每个维度包括的题目如下：

1. 环境适应：共 2 道题，具体包括第 1、第 2 题。
2. 过程质量：共 4 道题，具体包括第 3～第 6 题。

量表出处

陈悦明，葛玉辉，宋志强．高层管理团队断层与企业战略决策的关系研究．管理学报，2012，9（11）：1634-1642.

参考文献

古家军，胡蓓．企业高层管理团队特征异质性对战略决策的影响——基于中国民营企业的实证研究．管理工程学报，2008，22（3）：30-35.

道德推脱（陈默等，2017）

（Oral Disengagement）

简介

社会认知理论认为人们从事不道德行为的一个原因是一些认知机制减弱了道德规范对自身行为的约束（Bandura，1991）。大多数人都有关于道德行为的自我标准，当自我调节机制正常运行时，人们会因违反道德标准而产生负罪感，不道德行为就会被阻止。但是如果自我监控机制遭到破坏，自我道德规范对人的约束随之减弱，就会导致不道德行为的出现。

道德推脱是指通过一系列认知机制降低自身的道德自制能力，随后合理化解释自己将进行的不道德行为（Detert，Treviño，& Sweitzer，2008；Moore，Detert，Treviño，Baker，& Mayer，2012）。

陈默和梁建（2017）对来自一家连锁超市 35 家门店的 300 名负责不同类别商品的一线员工进行调查。在第一次调查中，员工回答了高绩效要求、道德推脱、道德认同和感知的市场竞争等方面的问题。一个月后，员工回答了亲组织不道德行为方面的问题。在剔除了不合格的问卷后，最终成功匹配两个时间点的问卷数量为 225 份，问卷回收率为 75%。

陈默和梁建（2017）修订了 Chen，Chen 和 Sheldon（2016）的量表用来测量道德推脱，结果 Cronbach's Alpha=0.89，量表的信度指数达到了良好水平。

量表

请您根据自己的实际感受和体会，对下面 3 项行为描述进行评价和判断，并在最符合的数字上划○。评价和判断的标准如下：1=完全不同意，2=不同意，3=不好确定，4=同意，5=完全同意。

1	为了保护公司的利益，不坚守彻底的真实也是可以的。	1	2	3	4	5
2	为了保护公司的利益，美化事实也是可以的。	1	2	3	4	5
3	为了保护公司的利益，向公众隐瞒对本公司不利的信息也是可以的。	1	2	3	4	5

计分方法

道德推脱量表共 3 道题，可以计算总分。

量表出处

陈默，梁建．高绩效要求与亲组织不道德行为：基于社会认知理论的视角．心理学报，2017，49（1）：94-105.

参考文献

Bandura，A. Social cognitive theory of self-regulation. Organizational Behavior and Human Decision Processes，1991，50：248-287.

Chen，M.，Chen，C. C.，Sheldon，O. J. Relaxing moral reasoning to win：how organizational identification relates to unethical pro-organizational behavior. Journal of Applied Psychology，2016，101：1082-1096.

Detert，J. R.，Treviño，L. K.，Sweitzer，V. L. Moral disengagement in ethical decision making：a study of antecedents and outcomes. Journal of Applied Psychology，2008，93：374-391.

Moore，C.，Detert，J. R.，Treviño，L. K.，Baker，V. L.，Mayer，D. M. Why employees do bad things：moral disengagement and unethical organizational behavior. Personnel Psychology，2012，65：1-48.

工作场所偏离行为（黄蝶君等，2018）

（Workplace Deviance Behavior）

简介

工作场所偏离行为是指员工在工作场所有意实施的违反组织规范的行为，这类行为对组织或者其他成员造成损害。

公务员工作场所偏离行为是指公务员在执行公务的过程中，针对工作实施的对象做出的违背党和政府制定的纪律规范的行为，是违法犯罪和正常职务行为之间的违反组织规范的行为。公务员工作场所偏离的概念体现了以下内涵：第一，是一种不正确的职务行为，发生在公务员履行职务的过程中，或者与履行职务有关；第二，该行为具有主观意图（故意），不包括无意识的偏离行为；第三，违反了党和政府制定的纪律规范（包括单位内部的规章制度）。

黄蝶君等（2018）选取广东省典型乡镇的基层公务员群体为研究对象，首先，在广东省的四个区域（珠三角、粤东、粤西、粤北山区）抽取典型县市；其次，每个调查县市再抽取5～8个乡镇开展问卷调查（方便抽样）；最后，在调查的乡镇行政机关内部随机选择5～10名领导（每个领导随机选择1～3个下属），进行配对调查。

黄蝶君等（2018）共发放问卷500份，回收461份，其中有效问卷393份。参考Bennett和Robinson（2000）的量表，根据基层公务员的岗位特征，将偏离行为划分为四个维度：第一，组织导向偏离，该类偏离行为针对组织（单位）。第二，工作导向偏离，该类偏离行为针对工作。第三，人际导向偏离，该类偏离行为针对其他同事。第四，权力导向偏离，该类偏离行为针对办事人员。量表四个维度的Cronbach's Alpha分别为0.955、0.959、0.973、0.950，量表的信度指数达到了良好水平。

量表

请您根据自己的实际感受和体会，对下面29项描述进行评价和判断，并在最符合的数字上划○。评价和判断的标准如下：1＝从来没有，2＝有时有，3＝不确定，4＝经常有，5＝总是。

1	说领导和同事的闲话，传播小道消息。	1	2	3	4	5
2	在他人面前取笑同事。	1	2	3	4	5
3	拒绝和同事沟通。	1	2	3	4	5
4	有意对同事说一些不礼貌的话。	1	2	3	4	5
5	对一起工作的同事态度不友好。	1	2	3	4	5
6	与同事产生矛盾后，故意干扰破坏同事工作。	1	2	3	4	5
7	有意说或者做一些伤害同事的事情。	1	2	3	4	5
8	可以按时完成的工作却有意拖延。	1	2	3	4	5
9	自己不想做的工作推给别人做。	1	2	3	4	5
10	编造一些理由逃避工作。	1	2	3	4	5

11	工作没有责任心，得过且过。	1	2	3	4	5
12	投入到工作上的精力比应有的少。	1	2	3	4	5
13	为逃避工作而延长休息时间或装病。	1	2	3	4	5
14	有意上班迟到或者早退。	1	2	3	4	5
15	工作时间处理私事。	1	2	3	4	5
16	会有意寻找并利用单位制度上的漏洞。	1	2	3	4	5
17	会有意破坏单位的工作秩序和规定。	1	2	3	4	5
18	为了个人的利益，有意损害单位利益。	1	2	3	4	5
19	会故意不听从上级的指挥和意见。	1	2	3	4	5
20	有意进行一些会损坏资产/设备的操作。	1	2	3	4	5
21	故意乱扔垃圾、乱堆乱放，做破坏和谐的事。	1	2	3	4	5
22	有意浪费单位的财物。	1	2	3	4	5
23	办事的时候，会给自己和亲戚朋友一些好处。	1	2	3	4	5
24	有时候制定政策或办事会偏向亲戚朋友一些。	1	2	3	4	5
25	给打过招呼的人办事会快一些。	1	2	3	4	5
26	有时会接受办事人的小礼物。	1	2	3	4	5
27	有时会接受办事人的请客吃饭。	1	2	3	4	5
28	有时办事会有意拖延。	1	2	3	4	5
29	为了完成自己的事情，会私下请人帮忙。	1	2	3	4	5

计分方法

基层公务员工作场所偏离行为量表包括四个维度，共29道题，可以计算每个维度所包括题目的总分或平均分。每个维度包括的题目如下：

1. 人际导向偏离：共7道题，具体包括第1～第7题。
2. 工作导向偏离：共8道题，具体包括第8～第15题。
3. 组织导向偏离：共7道题，具体包括第16～第22题。
4. 权力导向偏离：共7道题，具体包括第23～第29题。

量表出处

黄蝶君，马秋卓，李桦，等．辱虐管理、心理契约违背及工作场所偏离行为：基于基层公务员职位特征的分析．管理评论，2018，30（7）：185-192.

参考文献

Bennett，R. J.，Robinson，S. L. The development of a measure of workplace deviance. Journal of Applied Psychology，2000，85（3）：349-360.

报复行为 (Aquino et al.，2001)

(Retaliation Behavior)

简介

报复行为往往是由愤怒情绪激发的，是指受到侵害后，为惩罚侵害者，使侵害者遭受损害的破坏性的防御行为，这种行为能够使报复者得到快感。

在正式实验开展前，王汉瑛等（2018）为确保被试能正确理解问卷场景和题项，通过网络随机选取了 36 名被试进行了预实验，根据预实验的结果对模棱两可或者有歧义的表述进行了修正。在正式实验中，实验操作人员在“十一”节假日期间在长春市重庆路、桂林路、红旗街三大商圈随机拦截了 324 名消费者，并承诺实验完成后向每位参与者赠送一份精美礼物。

王汉瑛等（2018）首先将被试随机分配到 4 个实验组，每个小组中有 81 名被试；其次，主试向被试发放 A 企业的背景资料、CSR（积极企业社会责任）声誉资料和 CSR 声誉问卷，要求被试仔细阅读并填答；再次，主试向被试发放转基因 PHC（与转基因产品相关的新型产品伤害危机）的资料、企业贪婪资料和企业贪婪问卷，要求被试仔细阅读并填答；然后，主试向被试发放报复行为的问卷并要求填答；最后，主试向被试发放义愤情绪和人口统计学的问卷并要求填答。

王汉瑛等（2018）共调查了 324 名消费者，剔除填答不完整和明显错误的问卷后，获得有效问卷 302 份。报复行为的测量采用的是 Aquino，Tripp 和 Bies（2001）的量表，Cronbach's Alpha=0.796，量表的信度指数达到了良好水平。

量表

请您根据自己的实际感受和体会，对下面 3 项描述进行评价和判断，并在最符合的数字上划○。评价和判断的标准如下：1=非常不同意，2=不同意，3=有点不同意，4=不确定，5=有点同意，6=同意，7=非常同意。

1	我会做一些事情让 A 企业得到应有惩罚。	1	2	3	4	5	6	7
2	我会试图使 A 企业发生坏事。	1	2	3	4	5	6	7
3	我会做一些事情让 A 企业付出代价。	1	2	3	4	5	6	7

计分方法

报复行为量表共 3 道题，可以计算总分或平均分。

量表出处

王汉瑛，田虹，邢红卫．企业会为名所累吗？——基于转基因产品伤害危机中消费者报复行为的研究．管理评论，2018，30（12）：237-246.

参考文献

Aquino, K., Tripp, T. M., Bies, R. J. How employees respond to personal offense: the effects of blame attribution, victim status, and offender status on revenge and reconciliation in the workplace. Journal of Applied Psychology, 2001, 86 (1): 52-59.

亲组织的非伦理行为（吴明证等，2016）

（Unethical Pro-organization Behavior）

简介

亲组织的非伦理行为（UPB）是指员工为了促进组织的有效运作而实施的违背社会价值观、法律或者伦理标准的行为，比如向客户夸大产品优点、隐瞒产品不足等。

亲组织的非伦理行为具有三个典型特点：其一，必须是员工出于让组织获利的目的而从事的，不包括类似于不知情或一时疏忽的无意识行为；其二，行为的结果必须有利于组织；其三，不包括员工从事该行为的意图仅仅是为了自我利益，而与组织或者组织成员利益无关的情形。

吴明证等（2016）对亲组织的非伦理行为的测量，参考的是 Umphress，Bingham 和 Marie（2010）以及 Matherne 和 Litchfield（2012）开发的 UPB 量表，并根据中国的实际情况做了适当调整，由 11 道题构成。

吴明证等（2016）在杭州某百货企业共发放问卷 302 份，最终得到有效问卷 289 份。

信度与效度

对数据进行探索性因素分析，结果表明该问卷为单维度结构，共解释 58%的变异，进行验证性因素分析，结果 $\chi^2/df=6.43$，信度分析结果 Cronbach's Alpha=0.93，表明量表的信效度指数都达到了良好水平。

量表

请您根据自己的实际感受和体会，对下面 11 项描述进行评价和判断，并在最符合的数字上划○。评价和判断的标准如下：1＝非常不同意，2＝比较不同意，3＝有点不同意，4＝有点同意，5＝比较同意，6＝非常同意。

1	如果对我所在的企业有利的话，我愿意歪曲事实来维护企业形象。	1	2	3	4	5	6
2	如果对我所在的企业有利的话，我愿意向客户夸大企业的产品和服务。	1	2	3	4	5	6
3	如果对我所在的企业有利的话，我愿意向客户隐瞒关于企业的负面信息。	1	2	3	4	5	6
4	如果对我所在的企业有利的话，我愿意推荐一个不称职的员工给别的企业，让他成为其他企业的问题。	1	2	3	4	5	6
5	如果对我所在的企业有利的话，我愿意在意外多收费的情况下向客户隐瞒退款信息。	1	2	3	4	5	6
6	如果对我所在的企业有利的话，我愿意向公众隐瞒对企业有害的信息。	1	2	3	4	5	6
7	如果对我所在的企业有利的话，我愿意伪造证据来保护企业。	1	2	3	4	5	6
8	如果对我所在的企业有利的话，我愿意提供错误信息来保护或提高它的地位。	1	2	3	4	5	6

9	如果对我所在的企业有利的话，我愿意通过不配合调查工作来保护企业。	1	2	3	4	5	6
10	如果对我所在的企业有利的话，我愿意隐瞒企业的违反道德或法律的行为。	1	2	3	4	5	6
11	如果对我所在的企业有利的话，我愿意为了企业利益而忽略其他相关方的利益。	1	2	3	4	5	6

计分方法

亲组织的非伦理行为量表共 11 道题，可以计算总分或平均分。

量表出处

吴明证，沈斌，孙晓玲．组织承诺和亲组织非伦理行为关系：道德认同的调节作用．心理科学，2016，39（2）：392-398.

参考文献

Umphress，E. E.，Bingham，J. B.，Marie，S. M. Unethical behavior in the name of the company：the moderating effect of organizational identification. Journal of Applied Psychology，2010，95（4）：769-780.

Matherne III，C. F.，Litchfield，S. R. Investigating the relationship between affective commitment and unethical pro-organizational behaviors：the role of moral identity. Journal of Leadership，Accountability and Ethics，2012，9（5）：35-46.

不道德亲组织行为（孙春玲等，2018）

(Unethical Pro-organization Behavior)

简介

不道德亲组织行为（UPB）是指组织成员为了维护组织当前利益、促进组织有效运作而做出可能会暂时让组织获利但违背伦理道德标准的行为，这种行为的隐蔽性和无法预见性以及不可持续性最终会对组织造成不可控的巨大损失。

孙春玲等（2018）采用现场纸质填写和电子版相结合的方式，对建筑业工程项目团队的成员进行数据收集，共发放问卷235份，最终得到有效问卷192套。使用的是Umphress（2010）开发的UPB量表并根据中国的实际情况做了适当调整，由6道题构成，结果Cronbach's Alpha=0.904，量表的信度达到了良好水平。

量表

请您根据自己的实际感受和体会，对下面6种可能发生的情况进行评价和判断，并在最符合的数字上划○。评价和判断的标准如下：1=非常不赞同，2=不赞同，3=不好确定，4=赞同，5=非常赞同。

1	如果有必要（如：发包人过度自我防御，在合同中设定过多的免责条款时），为了项目团队的利益，我会隐瞒没有完全履行合同内容的情况（如：对材料的采购以次充好）。	1	2	3	4	5
2	如果有必要，我会向项目各参与方隐瞒有损承包商企业形象的信息。	1	2	3	4	5
3	出于项目团队利益考虑，我会隐瞒工程的质量问题。	1	2	3	4	5
4	出于项目团队利益考虑，我会选择与设计单位合谋，利用设计变更超额索赔。	1	2	3	4	5
5	出于项目团队利益考虑，我会选择与监理单位合谋，利用工期延误超额索赔。	1	2	3	4	5
6	隐瞒工程项目团队违反道德或法律的行为。	1	2	3	4	5

计分方法

不道德亲组织行为量表共6道题，可以计算总分或平均分。

量表出处

孙春玲，姬玉，许芝卫．心理授权对工程项目团队不道德亲组织行为的影响研究——基于组织惯例的调节作用．中国软科学，2018（4）：155-164.

参考文献

Umphress, E. E., Bingham, J. B., Marie, S. M. Unethical behavior in the name of the company: the moderating effect of organizational identification. Journal of Applied Psychology, 2010, 95 (4): 769-780.

员工跨界行为 (Marrone et al.，2007)

（Employee's Boundary Spanning Behavior）

简介

随着市场竞争日益激烈，企业越来越需要跨越组织边界，与各利益相关方，包括顾客、供应商、合作伙伴甚至竞争对手，建立更紧密的联系或合作，以更好地实现企业目标，获得竞争优势。

组织之间的边界越来越模糊，给组织和员工提出了更多的挑战，员工的跨界行为在企业实践中越来越普遍。员工跨界行为是指承担跨界角色的主体为完成组织任务与外界建立关系并不断互动的行为，包括使节行为、任务协调行为和侦测行为三个维度。

邓志华（2018）通过两种方式收集数据，一是在企业人力资源管理部等相关部门的协助下，借助为企业提供培训或咨询的机会向调研企业发放纸质问卷并当场回收；二是向具有互惠合作关系的企业发放电子问卷，由企业相关部门按照问卷发放和回收流程组织管理者及其下属填写并回收。

邓志华（2018）共向133位部门管理者和384位员工发放问卷，收回管理者问卷92份和员工291份，回收率分别为69.17%和75.78%，剔除无效问卷后，最终得到81位部门管理者和267位员工的有效配套数据，管理者员工之比为1∶3.30。

信度与效度

采用Marrone，Tesluk和Carson（2007）的量表，结果显示Cronbach's Alpha＝0.79，CFI＝0.92，NFI＝0.88，IFI＝0.90，NNFI＝0.93，RMSEA＝0.052，量表的信效度指数都达到了良好水平。

量表

请您根据自己的实际感受和体会，对下面6项描述进行评价和判断，并在最符合的数字上划○。评价和判断的标准如下：1＝非常不同意，2＝不同意，3＝比较不同意，4＝一般，5＝比较同意，6＝同意，7＝非常同意。

1	我的下属会说服外部人员（如供应商、客户等）支持组织的决定。	1	2	3	4	5	6	7
2	在执行任务的过程中，我的下属与外部相关机构保持密切联络。	1	2	3	4	5	6	7
3	我的下属阻止外部人员对组织提出过多的需要。	1	2	3	4	5	6	7
4	我的下属向组织之外的个人寻求与项目有关的专业知识和意见。	1	2	3	4	5	6	7
5	我的下属主动向上级寻求支持和建议。	1	2	3	4	5	6	7
6	为了项目顺利进行，我的下属密切关注组织的内外部环境。	2	3	4	4	5	6	7

计分方法

员工跨界行为量表共6道题，可以计算总分或平均分。

量表出处

邓志华．个体现代性背景下谦卑型领导对跨界行为的影响．经济管理，2018，40 (9)：123-137.

参考文献

Marrone，J. A.，Tesluk，P. E.，Carson，J. B. A multi-level investigation of antecedents and consequences of team member boundary spanning behavior. Academy of Management Journal，2007，50 (6)：1423-1439.

关系偏离行为（郭文臣等，2017）

(Guanxi Deviate Behavior)

简介

关系偏离行为是指组织成员利用关系为自身或组织谋利，但是违反了组织规范、政策、制度甚至国家法律的行为。偏离行为具有四个特点：行为主体是组织内部成员；行为是员工自主决定、故意采取的；行为违反了组织正式的规范、政策、制度或程序；行为对组织及其员工是有害的（Robinson，1998）。

郭文臣等（2017）在对关系行为、偏离行为进行研究的基础上提出并界定了关系偏离行为的概念，站在组织的视角，将关系行为界定为组织内或组织外的关系利用行为。

郭文臣等（2017）在资料分析过程中采用持续比较分析法，将30位访谈对象的访谈记录以及725篇相关文献作为初始资料库，逐字逐句整理，提炼概念，对比归类，依次确定范畴、主范畴和核心范畴，持续地比较研究，不断完善理论；对理论进行饱和度检验，归纳总结出与关系偏离行为相关的52个概念。据此收集与关系偏离行为3个维度相契合的成熟量表作为量表题项参照，初步制定了45个题项的关系偏离行为量表。随后，邀请4位人力资源管理领域的专家对问卷的科学性进行审查，另邀3位人力资源管理领域的专家和2名人力资源管理专业在读研究生对以上题项的归类结果进行审查，最终形成了包含40个题项的关系偏离行为初始量表。

郭文臣等（2017）按照“收集初始资料→关系偏离行为相关变量的量表收集→确定初始题项→编制初始量表→预测试→正式测试”的流程开发关系偏离行为量表。

预测试共发放问卷120份，回收104份，回收率为86.67%，最终获得一个三因子模型，3个因子分别命名为关系贿赂行为（9个题项）、非常关联交易行为（6个题项）和关系同盟行为（8个题项），累计方差解释率达到71.63%。正式测试共发放问卷240份，回收212份，剔除9份未完整填答的问卷，有效问卷为203份。

信度与效度

信度检验结果Cronbach's Alpha＝0.944，验证性因素分析结果$\chi^2/df=2.47$，NFI＝0.97，NNFI＝0.98，CFI＝0.98，IFI＝0.98，RMSEA＝0.085，SRMR＝0.039，量表的信效度指数都达到了良好水平。

量表

请您根据自己的实际感受和体会，对下面23项描述进行评价和判断，并在最符合的数字上划○。评价和判断的标准如下：1＝从未出现，2＝偶尔出现，3＝不好确定，4＝经常出现，5＝总是出现。

1	利用公款请权力部门领导、亲朋好友洗桑拿、卡拉 OK、旅游或赌博等。	1	2	3	4	5
2	以各种名义向权力部门领导、亲朋好友送钱、送礼以达到个人目的。	1	2	3	4	5
3	请权力部门领导、亲朋好友吃饭或有偿请其参加组织主办的各类活动。	1	2	3	4	5
4	在特殊的节日里会向权力部门领导、亲朋好友送礼金或贵重礼品。	1	2	3	4	5
5	为了自己关系亲近之人的私利而牺牲组织和团体利益。	1	2	3	4	5
6	帮熟人办事而收受以各种名义赠送的礼金或贵重礼品。	1	2	3	4	5
7	接受权力部门领导、亲朋好友等提出的违反组织规范的请求。	1	2	3	4	5
8	利用职务之便收受回扣或接受别人给予的不正当折扣。	1	2	3	4	5
9	家人收受他人赠送的礼金或贵重礼品。	1	2	3	4	5
10	向决策制定者打招呼，进而影响决策结果。	1	2	3	4	5
11	原本无法达成的交易等因权力交换关系存在而获得特权。	1	2	3	4	5
12	在业务中使用官僚特权以牺牲他人利益使一些团体获利。	1	2	3	4	5
13	领导授意或暗示影响决策结果。	1	2	3	4	5
14	投标单位之间或投标单位与招标单位相互串通骗取中标。	1	2	3	4	5
15	通过拉关系、桌下交易，得到了组织想要的稀缺资源、经营权证等。	1	2	3	4	5
16	一些员工通过各种关系调到有权势的部门工作。	1	2	3	4	5
17	升职时，领导优先考虑的是关系远近，而不是客观能力。	1	2	3	4	5
18	得宠的人而不是有才能的人能够在组织中获得成功。	1	2	3	4	5
19	占主导地位的团体获得了更多的权力和利益。	1	2	3	4	5
20	某些员工是通过关系被招进来的。	1	2	3	4	5
21	某些员工是通过关系得到提升的。	1	2	3	4	5
22	任务分配通常是基于关系而定。	1	2	3	4	5
23	奖金、薪水通常是基于关系而定。	1	2	3	4	5

计分方法

关系偏离行为量表包括三个维度，共 23 道题，可以计算每个维度所包括题目的总分或平均分。每个维度包括的题目如下：

1. 关系贿赂行为：共 9 道题，具体包括第 1～第 9 题。
2. 非常关联交易行为：共 6 道题，具体包括第 10～第 15 题。
3. 关系同盟行为：共 8 道题，具体包括第 16～第 23 题。

量表出处

郭文臣，孙韶声，代容．关系偏离行为的概念、结构与测量研究．管理学报，2017，14（11）：58-65.

参考文献

Robinson，S. L.，Greenberg，J. Employees behaving badly：dimensions，determinants and dilemmas in the study of workplace deviance. Journal of Organizational Behavior（1986—1998），1998：1-30.

积极挑战行为（宋继文等，2017）

(Constructive Challenging Behavior)

简介

员工的积极挑战行为是指员工为了实现组织的目标或争取团队的利益，在不影响公司整体形象和领导公信力的前提下，以对上级领导勇敢地表达不同意见或采取不同行为的挑战方式，迫使领导最大限度地改变原先的想法和行为。

宋继文等（2017）在深度访谈的基础上，基于531份大样本数据以及来自北京某房地产服务企业的192份领导-下属配对样本展开两项研究，对组织中员工积极挑战行为的内涵、测量及其前因、结果变量和影响机制的边界条件进行了探索。

宋继文等（2017）参考了Hinkin（1998）建议的量表开发的标准程序，首先基于扎根理论方法，设计了一份针对中国企业员工积极挑战行为的访谈提纲，选择了一家典型企业，随机抽取员工20人，进行了开放式访谈。在访谈过程中对访谈内容进行录音和记录，并整理成文字，运用归纳方法提取出涉及员工积极挑战行为内涵的内容。由两名管理专业研究生对访谈内容进行初步的编码、标识、提炼与合并，最终整理出一份由11个题项构成的初始量表。然后，由两名管理专业的教师和博士研究生进行独立的二阶编码，各自完成对上述11个题项的分类，并单独进行归纳与命名。之后，对于归类不一致的内容，经讨论后达成共识的继续归类，否则予以删除。最后，将达成一致意见的二阶编码量表提交给相关领域的专家审阅修正，最终形成了由6个题项组成的积极挑战行为量表。

信度与效度

宋继文等（2017）共收集531份有效数据，平均变异萃取量AVE值大于0.5，组合信度CR均大于0.7，验证性因素分析的结果为$\chi^2/df=3.58$，NFI=0.92，TFI=0.94，CLI=0.94，RMSEA=0.07，积极挑战行为与其他相关构念有良好的区分效度。量表的信效度指数都达到了良好水平。

量表

请您根据自己的实际感受和体会，对下面5项描述进行评价和判断，并在最符合的数字上划○。评价和判断的标准如下：1=非常不同意，2=比较不同意，3=不同意，4=不确定，5=同意，6=比较同意，7=非常同意。

1	出于公司或团队考虑，我指出了领导做法中可能存在的风险与不妥之处。	1	2	3	4	5	6	7
2	出于公司或团队考虑，我尽力说服领导采取自己提出的更有效的办法。	1	2	3	4	5	6	7
3	出于公司或团队考虑，我对领导不恰当的言行提出过建议。	1	2	3	4	5	6	7

4	我主动提前做了领导没有布置但有益于团队或公司的工作。	1	2	3	4	5	6	7
5	我曾当面直接向领导提出过不同意见与建议。	1	2	3	4	5	6	7

计分方法

积极挑战行为量表共5道题，可以计算总分或平均分。

量表出处

宋继文，郭一蓉，徐大海，罗文豪，王悦．追随力视角下积极挑战行为的概念与作用机制研究．管理学报，2017，14（10）：1445-1455.

参考文献

Hinkin，T. R. A brief tutorial on the development of measures for use in survey questionnaires. Organizational Research Methods，1998，1（1）：104-121.

第 4 章 态度与情感

工作满意度 (Hackman et al., 1980)

(Job Satisfaction)

简介

舒睿和梁建（2015）对工作满意度的测量采用经翻译的 Hackman 等（1980）的问卷，共 3 道题，信度为 0.80。

研究的样本来自一家快速成长的民营企业。共发放员工问卷 314 份，直属主管问卷 114 份。通过两阶段的问卷收集工作，总计回收问卷 239 份。剔除信息不能匹配和缺失项大于 20%的问卷，最终获得有效问卷 206 份。

量表

请您根据自己的实际感受和体会，用下面 3 项描述对自己的实际情况进行评价和判断，并在最符合的数字上划○。评价和判断的标准如下：1＝非常不同意，2＝比较不同意，3＝不确定，4＝比较同意，5＝非常同意。

1	总体而言，我对自己的工作感到满意。	1	2	3	4	5
2	我大体满意从这份工作中得到的成就感。	1	2	3	4	5
3	对于在这个岗位从事的工作，我大体感到满意。	1	2	3	4	5

计分方法

工作满意度量表共 3 道题，可以计算总分或平均分。

量表出处

舒睿，梁建．基于自我概念的伦理领导与员工工作结果研究．管理学报，2015，12 (7)：1012-1020.

参考文献

Hackman, J. R., Oldham, G. R. Work redesign. Reading Addison-Wesley, 1980.

工作满意度（涂红伟等，2011）

(Job Satisfaction)

简介

涂红伟，严鸣和周星（2011）对工作满意度的测量采用“密歇根组织评价问卷”（Seashore et al.，1982）中的3道题。研究实验前后该问卷的内部一致性系数分别为0.91和0.92。

涂红伟，严鸣和周星（2011）排除了深圳某IT公司总部的研发部门中近3个月内绩效水平波动较大（骤增或骤降）的5名员工以及后勤部门中的2名员工，然后在剩下的428个样本中，从研发部门和后勤部门各随机抽取140名员工作为研究对象。

量表

请您根据自己的实际感受和体会，对下面3项描述进行评价和判断，并在最符合的数字上划○。评价和判断的标准如下：1=非常不同意，2=不同意，3=不好确定，4=同意，5=非常同意。

1	总的来说，我喜欢在X公司工作。	1	2	3	4	5
2	总的来说，我不喜欢我的工作。	1	2	3	4	5
3	总而言之，我对我的工作感到满意。	1	2	3	4	5

计分方法

工作满意度量表共3道题，可以计算总分或平均分，其中第2题需反向计分。

量表出处

涂红伟，严鸣，周星．工作设计对知识型员工和体力工作者的差异化影响：一个现场准实验研究．心理学报，2011，43（7）：810-820.

参考文献

Seashore，S. E.，Lawler，E. E.，Mirvis，P.，Cammann，C. Observing and measuring organizational change：a guide to field practice. New York：Wiley，1982.

工作满意度（Cammann et al.，1983）

(Job Satisfaction)

简介

张田和罗家德（2015）翻译了 Cammann 等（1983）开发的量表，来对工作满意度进行测量。问卷共 5 道题，包括两个维度：环境满意和薪资满意。问卷的信度为 0.76。

张田和罗家德（2015）在一家台资高科技企业的制造总部进行问卷调查，调研对象为互动频率较高、不常出差、在同一个办公区域的工程技术人员与管理人员。共向 19 个部门发放问卷 414 份，在剔除无效及有遗漏值的问卷后，最终有效问卷来自 18 个部门，共 390 份。

量表

请您根据自己的实际感受和体会，用下面 5 项描述对您目前的工作进行评价和判断，并在最符合的数字上划○。评价和判断的标准如下：1＝非常不同意，2＝比较不同意，3＝不确定，4＝比较同意，5＝非常同意。

1	我对目前的工作环境中其他人对我的尊重感到满意。	1	2	3	4	5
2	我对目前的工作环境中其他人对我的态度感到满意。	1	2	3	4	5
3	我对目前的工作环境中其他人和我之间的人际交往感到满意。	1	2	3	4	5
4	我对目前所获的各项福利感到满意。	1	2	3	4	5
5	我对目前的薪资感到满意。	1	2	3	4	5

计分方法

工作满意度量表包括两个维度，共 5 道题，可以计算每个维度所包括题目的总分或平均分。每个维度包括的题目如下：

1. 环境满意：共 3 道题，具体包括第 1～第 3 题。
2. 薪资满意：共 2 道题，具体包括第 4、第 5 题。

量表出处

张田，罗家德．圈子中的组织公民行为．管理学报，2015，12（10）：1442-1449.

参考文献

Cammann，C.，Fichman，M.，Jenkins，D.，Klesh，J. The Michigan organizational assessment questionnaire. Assessing Organizational Change A Guide to Methods Measures & Practices，1983.

工作满意度 (Jude et al.，1998)

(Job Satisfaction)

简介

郭晓薇（2011）对工作满意度的测量采用Jude等（1998）的量表，采用往复翻译技术进行题目翻译。工作满意度问卷的内部一致性系数为0.88。

郭晓薇（2011）分别从华北、华东地区的三个城市选取被试，他们来自快速消费品、建筑、机械、电子、服务等多个行业。共发放问卷496份，回收有效问卷362份。

量表

请您根据自己的实际感受和体会，用下面5项描述对您的工作进行评价和判断，并在最符合的数字上划○。评价和判断的标准如下：1=非常不同意，2=不同意，3=不好确定，4=同意，5=非常同意。

1	大部分时间，我对自己的工作是有热情的。	1	2	3	4	5
2	我对目前的工作相当满意。	1	2	3	4	5
3	在工作中我能找到真正的乐趣。	1	2	3	4	5
4	我每天上班都感觉熬不到头。	1	2	3	4	5
5	我觉得我的工作不让人愉快。	1	2	3	4	5

计分方法

工作满意度量表共5道题，可以计算总分或平均分，其中第4、第5题需反向计分。

量表出处

郭晓薇．儒家价值观与生产偏差：工作满意度的中介效应．经济管理，2011，33（5）：103-109.

参考文献

Judge，T. A.，Locke，E. A.，Durham，C. C.，Kluger，A. N. Dispositional effects on job and life satisfaction. Journal of Applied Psychology，1998，83（1）：17-34.

工作满意度（张晓宁等，2010）

(Job Satisfaction)

简介

张晓宁和顾颖（2010）对工作满意度的测量参考了明尼苏达工作满意度的短版量表并加以修订，共有18道题。

张晓宁和顾颖（2010）以西安市高新科技型企业为调研对象，向以开发经营技术产品和信息技术集成为主业的企业发放问卷，接受问卷调查者共61人，回收问卷58份，其中有效问卷54份。

量表

请您根据自己的实际感受和体会，用下面18项描述对您的工作进行评价和判断，并在最符合的数字上划○。评价和判断的标准如下：1＝非常不同意，2＝不同意，3＝不好确定，4＝同意，5＝非常同意。

1	有机会以自己的方式来处理事情。	1	2	3	4	5
2	因我的工作而有受尊重的感觉。	1	2	3	4	5
3	对目前公司执行政策的方式感到满意。	1	2	3	4	5
4	对上级做决策的方式感到满意。	1	2	3	4	5
5	良好的工作表现会得到上级的赞许。	1	2	3	4	5
6	良好的工作表现会得到同事的赞许。	1	2	3	4	5
7	能从工作中获得成就感。	1	2	3	4	5
8	上级对待我的态度让我感到满意。	1	2	3	4	5
9	目前公司的工作环境让我感到满意。	1	2	3	4	5
10	我与公司同事彼此相处融洽。	1	2	3	4	5
11	我在工作中能够充分发挥出自己的能力。	1	2	3	4	5
12	我的工作让我感觉对未来有保障。	1	2	3	4	5
13	目前的工作给予我晋升的机会。	1	2	3	4	5
14	公司会为我提供培训的机会。	1	2	3	4	5
15	我对目前工作的薪酬感到满意。	1	2	3	4	5
16	我的工作让我有发挥自身能力的机会。	1	2	3	4	5
17	在工作中，我能运用专业知识和判断能力。	1	2	3	4	5
18	在工作中，我有为别人服务的机会。	1	2	3	4	5

计分方法

工作满意度量表包括三个维度，共18道题，可以计算每个维度所包括题目的总分或平均分。每个维度包括的题目如下：

1. 组织内部情境因素：与工作本身和领导行为相关。共10道题，具体包括第1～第

10题。

2. 结果性因素：基本概括了员工对工作回报的满意度。共5道题，具体包括第11～第15题。

3. 个人因素：基本代表了员工对工作成就感的满意度。共3道题，具体包括第16～第18题。

量表出处

张晓宁，顾颖．知识型员工的工作满意度与组织承诺关系研究——以西安高新区科技型企业为例．经济管理，2010，32（1）：77-85.

员工满意度（Tsui et al.，1992）

（Job Satisfaction）

简介

李超平等（2006）翻译了 Tsui 等（1992）编制的总体员工满意度量表，共 6 道题。942 份调查问卷的探索性因素分析结果表明，员工满意度问卷是一个单维的结构，累计方差解释率达到 44.53%，各个项目均有较大的因子载荷。员工满意度问卷的内部一致性系数是 0.75。

量表

请您根据自己的实际感受和体会，对下面 6 项描述进行评价和判断，并在最符合的数字上划○。评价和判断的标准如下：1＝非常不同意，2＝比较不同意，3＝不确定，4＝比较同意，5＝非常同意。

1	我对单位内的提升机会非常满意。	1	2	3	4	5
2	我对单位里的同事非常满意。	1	2	3	4	5
3	我对自己的直接上级非常满意。	1	2	3	4	5
4	我对自己所从事的工作本身非常满意。	1	2	3	4	5
5	我对自己从单位得到的报酬非常满意。	1	2	3	4	5
6	总体来说，我对自己目前的工作非常满意。	1	2	3	4	5

计分方法

员工满意度量表共 6 道题，可以计算总分或平均分。

量表出处

李超平，李晓轩，时勘，陈雪峰．授权的测量及其与员工工作态度的关系．心理学报，2006，38（1）：99-106.

参考文献

Tsui，A. S.，Iii，C. A. O. Being different：relational demography and organizational attachment. Administrative Science Quarterly，1992，37（4）：549-579.

员工满意（姚唐等，2008）

(Employee Satisfaction)

简介

Vroom（1964）认为员工满意是指一个人对于目前工作角色的正面取向。Price（1972）将工作满意界定为成员对其在工作体系中的角色所具有的感情性取向。Dunn 和 Stephens（1972）认为员工满意应视为工作者对整个工作情境反应的一种感受，且此感受来自个人希望从工作中获得的与实际所体验的两者间的差距。

姚唐，黄文波和范秀成（2008）的员工满意量表主要来自 Smith，Kendall 和 Lorne（1969）编制的 MSQ 量表，此外还参考了卢嘉和时勘（2001）等设计的满意度问卷。员工满意问卷的内部一致性系数为 0.88。

姚唐，黄文波和范秀成（2008）在北京、天津、上海、深圳、广州等 5 个城市的饭店随机抽取员工作为受访对象。调研分两次进行，共发放问卷 460 份，回收 406 份，回收率为 88.26%，其中有效问卷 323 份。

量表

请您根据自己的实际感受和体会，用下面 3 项描述对您的实际情况进行评价和判断，并在最符合的数字上划○。评价和判断的标准如下：1=非常不同意，2=不同意，3=有点不同意，4=不好确定，5=有点同意，6=同意，7=非常同意。

1	我对目前工作的这家企业总体上还是满意的。	1	2	3	4	5	6	7
2	与我来这家企业工作前的预想相比，我对这家企业的各方面情况还是满意的。	1	2	3	4	5	6	7
3	与我理想中的状态相比，我对这家企业的各方面情况还是满意的。	1	2	3	4	5	6	7

计分方法

员工满意量表共 3 道题，可以计算总分或平均分。

量表出处

姚唐，黄文波，范秀成．基于组织承诺机制的服务业员工忠诚度研究．管理世界，2008（5）：102-114.

参考文献

Vroom，V. H. Work and motivation. Industrial Organization Theory & Practice，1964（2）：2-33.

Price，J. L. Handbook of organizational measurement. International Journal of Manpower，1997，18（4/5/6）：254，305-558.

Dunn，J. D.，Stephens，E. C. Management of personnel：manpower management and organization behavior，New York：McGraw-Hill Book Co.，1972.

Smith，Kendall，Lorne，M. The measurement of satisfaction in work and retirement. Rand McNally，1969.

卢嘉，时勘．如何调查员工满意度．中国人力资源开发，2000（6）：32-33.

职业满意度（刘帮成等，2009）

(Career Satisfaction)

简介

刘帮成和杨文圣（2009）运用 Greenhaus 等（1990）开发的量表中与职业满意度相关的 3 道题来对职业满意度进行测量。职业满意度问卷的内部一致性系数为 0.91。

刘帮成和杨文圣（2009）利用给华东地区某重点高校的公共管理硕士学员上人力资源和组织管理课程的机会进行问卷调查，最终回收问卷 174 份。

量表

请您根据自己的实际感受和体会，对下面 3 项描述进行评价和判断，并在最符合的数字上划○。评价和判断的标准如下：1＝非常不同意，2＝不同意，3＝有些不同意，4＝不太确定，5＝有些同意，6＝同意，7＝非常同意。

1	我对当前自己在职业上的成就感到满意。	1	2	3	4	5	6	7
2	我对自己职业上的成就很满意。	1	2	3	4	5	6	7
3	我对实现自己职业目标的过程很满意。	1	2	3	4	5	6	7

计分方法

职业满意度量表共 3 道题，可以计算总分或平均分。

量表出处

刘帮成，杨文圣．情绪智力构思效度及作用机制研究．管理评论，2009，21（1）：47-52.

参考文献

Greenhaus，J. H.，Parasuraman，S.，Wormley，W. M. Effects of race on organizational experiences. Academy of Management Journal，1990，33（1）：64-86.

合作满意（Rusbult et al.，1998）

（Cooperation Satisfaction）

简介

满意是成员对绩效的评估与预期差异的反应。

刘刚和王岚（2014）采用经翻译的 Rusbult 等（1998）的量表来测量合作满意。采用问卷调查方式收集数据，样本是上海汽车企业，调查范围是企业研发合作的负责人。共发放问卷 260 份，回收 214 份，其中有效问卷 198 份。

信度和效度

合作满意量表的内部一致性系数为 0.933，超过 0.75，具有较高的信度。由于量表来自文献，因而有较好的内容效度，通过验证性因素分析验证结构效度，结果是各指标的标准化因子载荷都超过 0.55（标准为 0.5），指标聚敛效度满足要求。

量表

请您根据自己的实际感受和体会，用下面 6 项描述对您所处的合作关系的满意程度进行评价和判断，并在最符合的数字上划○。评价和判断的标准如下：1＝非常不同意，2＝不同意，3＝不好确定，4＝同意，5＝非常同意。

1	我们认为目前这种合作关系相当好。	1	2	3	4	5
2	相较于其他企业，与该企业合作是比较好的。	1	2	3	4	5
3	与该合作企业的接触过程是很愉悦的。	1	2	3	4	5
4	合作关系帮助我们很好地解决了问题。	1	2	3	4	5
5	合作关系有助于我们快速地实现目标。	1	2	3	4	5
6	这种合作关系与我们的预期一样。	1	2	3	4	5

计分方法

合作满意量表共 6 道题，可以计算总分或平均分。

量表出处

刘刚，王岚．公平感知、关系质量与研发合作关系价值研究．科研管理，2014，35（8）：25-33.

参考文献

Rusbult，C. E.，Martz，J. M.，Agnew，C. R. The investment model scale：measuring commitment level，satisfaction level，quality of alternatives，and investment size. Personal Relationships，1998，5（4）：357-387.

工作惬意感 (Bakker，2008)

(Work-related Flow)

简介

惬意感又称心流体验、沉浸体验、流畅体验、流畅感或陶醉感，是人们完全沉浸在一项活动中并尽情享受其乐趣时的一种意识状态。Bakker 将惬意感引入工作情境。他推断，既然当情境的挑战性与人们应对挑战的技能达到平衡时最可能产生惬意感，那么类推到工作情境中，当员工的工作需求与其专业技能相匹配时，他们将体验到工作惬意感。工作惬意感是个体在工作中产生的一种高峰体验，具有专注、愉悦和内在动机三个特征。

Bakker (2008) 编制了工作惬意感量表 (Work-related Flow Inventory，WOLF)，其心理测量学指标都通过了严格的检验。曾垂凯 (2013) 引进该量表，修订其中文版。通过问卷翻译与回译，确定译稿，由专家讨论修改，确保问卷内容效度，最后进行问卷施测。

问卷施测分预试和正式研究两次进行。问卷内容确定之后，先在 4 家企业进行预试，共发放问卷 300 份，回收有效问卷 272 份。正式研究在 12 家企业进行，共发放问卷 800 份，回收有效问卷 678 份。

272 份问卷的探索性因素分析表明，工作惬意感是一个三因素的结构，包括专注、愉悦与内在动机。为了进一步验证构想效度并考察问卷的信度与效度，曾垂凯 (2013) 对 678 份有效问卷进行验证性因素分析，证实了工作惬意感问卷的构想效度，内部一致性分析与效标关联效度检验的结果也表明，中文版的工作惬意感问卷具有较好的信度与效度。

信度与效度

曾垂凯 (2013) 对 4 家企业的员工进行了调查，272 份有效问卷的探索性因素分析的结果表明，专注、愉悦与内在动机的方差解释率为 22.03%、27.56%、20.09%，累计方差解释率为 69.68%。专注、愉悦与内在动机的内部一致性系数分别为 0.85、0.92、0.80，总问卷的内部一致性系数为 0.90。

曾垂凯 (2013) 在 12 家企业进行了问卷调查，678 份有效问卷的验证性因素分析的结果表明，三因素模型的 χ^2/df、TLI、CFI、RMSEA 值分别为 2.28 (116.19/51)、0.98、0.99、0.07，三因素模型的各项拟合指数均达到了先定的标准，说明 WOLF 的三因素结构得到了数据的支持。

另外，WOLF 总问卷及其各维度的重测信度都在 0.85 以上。从问卷的组合信度来看，专注、愉悦与内在动机的 AVE 值在 0.56 以上，组合信度在 0.83 以上；总问卷的 AVE 值为 0.58，组合信度为 0.80，均高于相应的临界值。这些结果一致表明，中文版 WOLF 具有较高的信度。对不同被试的工作惬意感的差异检验结果支持了问卷的实证效度。当以工作满意度为参照效标时，WOLF及其三个子维度与效标的相关关系都达到显著性水平，说明其效标效度通过了检验。

量表

请您根据自己的实际感受和体会，用下面12项描述对您的实际情况进行评价和判断，并在最符合的数字上划○。评价和判断的标准如下：1=非常不同意，2=不同意，3=有点不同意，4=不确定，5=有点同意，6=同意，7=非常同意。

1	工作时，我从不开小差。	1	2	3	4	5	6	7
2	工作让我着迷。	1	2	3	4	5	6	7
3	工作时，我忘记了周围的一切。	1	2	3	4	5	6	7
4	工作时，我完全沉浸在其中。	1	2	3	4	5	6	7
5	工作给我带来愉悦。	1	2	3	4	5	6	7
6	工作时，我感到很快乐。	1	2	3	4	5	6	7
7	我带着一种享受的心情去工作。	1	2	3	4	5	6	7
8	工作时，我感到心情舒畅。	1	2	3	4	5	6	7
9	我的工作动力来自工作本身，而不是为了报酬。	1	2	3	4	5	6	7
10	当我着手干某项工作时，我是在为自己做。	1	2	3	4	5	6	7
11	我发现自己在业余时间还想着工作的事情。	1	2	3	4	5	6	7
12	即使报酬少一些，我也会做这份工作。	1	2	3	4	5	6	7

计分方法

工作惬意感量表包括三个分量表，共12道题，可以计算每个分量表所包括题目的总分或平均分。每个分量表包括的题目如下：

1. 专注：指全神贯注的状态，在此状态中，员工完全沉浸在自己的工作中，他们感到时间过得很快，忘记了周围的一切。共4道题，具体包括第1～第4题。

2. 愉悦：指员工享受工作并感到快乐，这种愉悦或快乐是员工对惬意感进行认知和情感评价的结果，他们对自己的工作生活质量做出一种积极的判断。共4道题，具体包括第5～第8题。

3. 内在动机：指从事工作中的某项活动，其目的是体验活动本身的乐趣和满足，它激发员工对工作的持久兴趣，受到工作任务内在因素激励的员工对工作爱不释手，为之着迷。共4道题，具体包括第9～第12题。

量表出处

曾垂凯．工作惬意感问卷的信度与效度．中国临床心理学杂志，2013，21（1）：35-38.

参考文献

Bakker，A. B. The work-related flow inventory：construction and initial validation of the wolf. Journal of Vocational Behavior，2008，72（3）：400-414.

组织承诺 (Allen et al., 1990)

(Organizational Commitment)

简介

组织承诺是人力资源管理研究中重要的员工态度变量，可定义为对组织目标和价值的接受、付出努力来代表组织的意愿、留在组织中的渴望。Allen 和 Meyer（1990）将组织承诺划分为情感承诺、持续承诺和规范承诺三个维度，受到广泛认可。

乔坤，栾晓琳和王晓云（2009）参照 Allen 和 Meyer（1990，1991）的研究成果，翻译他们的量表，对组织承诺进行测量。以中国民营中小企业的员工为研究对象，共发放问卷 400 份，回收 308 份，回收率为 77%，其中有效问卷 277 份。

信度与效度

组织承诺问卷中，持续承诺维度、规范承诺维度、情感承诺维度的内部一致性系数分别为 0.78、0.74 和 0.80。三个维度的方差解释率分别为 28.97%、17.49% 和 7.88%，累计方差解释率为 54.33%。验证性因素分析表明组织承诺与其他变量有一定的区分效度。

量表

请您根据自己的实际感受和体会，对下面 15 项描述进行评价和判断，并在最符合的数字上划○。评价和判断的标准如下：1＝非常不同意，2＝不同意，3＝不好确定，4＝同意，5＝非常同意。

1	目前的状况稍有改变就会使我离开这家企业。	1	2	3	4	5
2	即使无限期地在这家企业工作也不会有太多收获。	1	2	3	4	5
3	如果工作相似，我也愿意到另外一家企业工作。	1	2	3	4	5
4	不得不在这家企业工作是我的不幸。	1	2	3	4	5
5	我经常难以苟同企业里有关员工的重要政策。	1	2	3	4	5
6	我很少感觉到对这家企业的忠诚。	1	2	3	4	5
7	为了继续留在这家企业，我愿意接受任何工作。	1	2	3	4	5
8	我告诉我的朋友这家企业是工作的好地方。	1	2	3	4	5
9	对我而言，在这家企业工作比在所有其他企业都好。	1	2	3	4	5
10	这家企业能够真正激发我工作的能力。	1	2	3	4	5
11	我发现自己的价值观和企业的价值观很相似。	1	2	3	4	5
12	我非常关心企业发生的一切。	1	2	3	4	5
13	我愿意付出加倍的努力帮助这家企业成功。	1	2	3	4	5
14	我很高兴能到这家企业工作。	1	2	3	4	5
15	我很自豪地告诉别人我在这家企业工作。	1	2	3	4	5

计分方法

组织承诺量表包括三个维度，共15道题，可以计算每个维度所包括题目的总分或平均分。每个维度包括的题目如下：

1. 持续承诺：共6道题，具体包括第1～第6题，均需反向计分。
2. 规范承诺：共5道题，具体包括第7～第11题。
3. 情感承诺：共4道题，具体包括第12～第15题。

量表出处

乔坤，栾晓琳，王晓云．高绩效HRM实践与组织承诺：关于民营中小企业员工的研究．管理评论，2009，21（5）：77-85.

参考文献

Allen，N. J.，Meyer，J. P. The measurement and antecedents of affective，continuance and normative commitment to the organization. Journal of Occupational Psychology，1990，63（1）：1-18.

Meyer，J. P.，Allen，N. J. A three-component model conceptualization of organizational commitment. Human Resource Management Review，1991，1（91）：61-89.

组织承诺 (Allen et al., 1990)

(Organizational Commitment)

简介

张晓宁和顾颖（2010）使用的组织承诺问卷基于经翻译的 Allen 和 Meyer（1990）设计的组织承诺量表，该量表包括情感承诺、持续承诺和规范承诺三个维度。

张晓宁和顾颖（2010）以西安市高新区科技型企业为调查对象，向以开发经营技术产品和信息技术集成为主业的企业发放问卷，接受问卷调查者共 61 人，回收问卷 58 份，其中有效问卷 54 份。

信度与效度

组织承诺问卷中，情感承诺维度、规范承诺维度、持续承诺维度的内部一致性系数分别为 0.881、0.847 和 0.764。三个维度的方差解释率分别为 21.612%、17.457%和 17.223%，累计方差解释率为 56.302%。验证性因素分析的结果表明组织承诺与其他变量有一定的区分效度。

量表

请您根据自己的实际感受和体会，对下面 16 项描述进行评价和判断，并在最符合的数字上划○。评价和判断的标准如下：1＝非常不同意，2＝不同意，3＝不好确定，4＝同意，5＝非常同意。

1	作为公司的一分子，我会全身心地投入工作。	1	2	3	4	5
2	为了公司的成功，我愿意付出额外的努力。	1	2	3	4	5
3	如果我的工作能对公司有所贡献，我会感到高兴。	1	2	3	4	5
4	我会继续留在公司为它效力。	1	2	3	4	5
5	我留在公司并为它努力工作，主要是因为对公司具有深厚的感情。	1	2	3	4	5
6	我觉得应该对公司保持忠诚，并尽自己的义务。	1	2	3	4	5
7	我常对朋友表示，我目前所在的公司是个理想的工作单位。	1	2	3	4	5
8	我会自豪地告诉别人，我是这家公司的一员。	1	2	3	4	5
9	我发现自己的价值观和公司的价值观非常类似。	1	2	3	4	5
10	目前的公司对我的个人成就与职业生涯发展来说非常重要。	1	2	3	4	5
11	我之所以没有离开这家公司，是因为对它付出得太多。	1	2	3	4	5
12	我之所以没有离开这家公司，是因为很难再找到待遇这么好的公司。	1	2	3	4	5
13	如果离开这家公司，会给我的家庭带来许多损失。	1	2	3	4	5
14	如果离开这家公司，我会失去辛苦建立起来的人际关系。	1	2	3	4	5
15	如果离开这家公司，我积累的工作经验和工作技能就会浪费。	1	2	3	4	5
16	我觉得可供选择的机会比较少，因而没有考虑离开目前的公司。	1	2	3	4	5

计分方法

组织承诺量表包括三个维度，共16道题，可以计算每个维度所包括题目的总分或平均分。每个维度包括的题目如下：

1. 情感承诺：表示个人认同和参与一个特定组织的强度，对组织目标及价值的信念与接受，为组织努力的意愿及留在公司的意愿，反映了员工对组织的情感依赖。共6道题，具体包括第1～第6题。

2. 规范承诺：指个人与组织价值的一致或对组织的责任态度，反映了员工对组织的义务感和责任感。共4道题，具体包括第7～第10题。

3. 持续承诺：指个人认识到一旦离开组织将失去现有价值的附属利益，出于对自己利益的考虑而继续留在组织中，表现出较强的交易性。共6道题，具体包括第11～第16题。

量表出处

张晓宁，顾颖．知识型员工的工作满意度与组织承诺关系研究——以西安高新区科技型企业为例．经济管理，2010，32（1）：77-85.

参考文献

Allen，N. J.，Meyer，J. P. The measurement and antecedents of affective，continuance and normative commitment to the organization. Journal of Occupational Psychology，1990，63（1）：1-18.

组织承诺（Cook et al.，1980）

（Organizational Commitment）

简介

组织承诺是指员工对自己所在组织的认同与投入，愿意承担作为组织成员所涉及的各项责任和义务（Kuhnert & Palmer，1991）。

张弘，赵曙明和方洪波（2009）翻译了Cook和Wall（1980）编制的组织承诺问卷来测量员工的组织承诺，包括9道题。组织承诺问卷的内部一致性系数为0.87。

张弘，赵曙明和方洪波（2009）以生产制造型企业员工为调查对象，共发放调查问卷200份，回收有效问卷137份。

量表

请您根据自己的实际感受和体会，对下面9项描述进行评价和判断，并在最符合的数字上划○。评价和判断的标准如下：1＝非常不同意，2＝不同意，3＝不好确定，4＝同意，5＝非常同意。

1	我很自豪地告诉人们自己为之工作的是怎样一个企业。	1	2	3	4	5
2	我不会推荐自己的朋友到我所在的企业工作。	1	2	3	4	5
3	我感到自己是这个企业的一部分。	1	2	3	4	5
4	即使这个企业的经济状况不是很好，我也不愿意换另一份工作。	1	2	3	4	5
5	我有时会因为一些利益而有离开企业的想法。	1	2	3	4	5
6	即使为另一个企业工作能够获得更高的工资，我也没有考虑过换工作。	1	2	3	4	5
7	得知自己的工作可以为企业的效益带来贡献，我会很高兴。	1	2	3	4	5
8	我希望不仅是为自己而努力工作，同时也是为了企业。	1	2	3	4	5
9	我不愿意仅仅为了帮企业的忙而卖力工作。	1	2	3	4	5

计分方法

组织承诺量表共9道题，可以计算总分或平均分，其中第2、5、9题需反向计分。

量表出处

张弘，赵曙明，方洪波．雇佣保障、组织承诺与程序公平感知．经济管理，2009，31（10）：100-105.

参考文献

Kuhnert，K. W.，Palmer，D. R. Job security，health，and the intrinsic and extrinsic characteristics of work. Group & Organization Management，1991，16（2）：178-192.

Cook，J.，Wall，T. New work attitude measures of trust，organizational commitment and personal need non-fulfillment. Journal of Occupational & Organizational Psychology，1980，53（1）：39-52.

组织承诺（陈永霞等，2006）

(Organizational Commitment)

简介

组织承诺是指个人对特定组织的认同和参与的相对程度。根据这一定义，组织承诺有三个基本的组成部分：对组织目标和价值的信念和接受（认同）、愿意为组织的利益付出相当的甚至是额外的努力（参与）、对继续留在此组织的强烈愿望（忠诚）（Yousef，2000）。

陈永霞，贾良定，李超平，宋继文和张君君（2006）使用的组织承诺量表基于 Meyer 和 Allen（1997）及 Chen 和 Francesco（2003）的研究成果，主要选用其中测量员工对组织的认同、参与和忠诚的 8 道题。组织承诺问卷的内部一致性系数为 0.92。

陈永霞，贾良定，李超平，宋继文和张君君（2006）邀请全国 11 所高校工商管理专业的教师帮助发放和回收问卷，共回收有效问卷 1 128 份，按照一定的标准筛选之后满足条件的样本数为 972 个。

量表

请您根据自己的实际感受和体会，对下面 8 项描述进行评价和判断，并在最符合的数字上划○。评价和判断的标准如下：1＝非常不同意，2＝不同意，3＝有点不同意，4＝有点同意，5＝同意，6＝非常同意。

1	我喜欢和外人谈论我们公司。	1	2	3	4	5	6
2	我确实觉得公司的问题好像就是我自己的问题。	1	2	3	4	5	6
3	我想自己不会很容易地像喜爱这家公司一样喜爱另一家公司。	1	2	3	4	5	6
4	在公司里，我觉得自己是"大家庭里的一分子"。	1	2	3	4	5	6
5	我觉得在感情上属于这个公司。	1	2	3	4	5	6
6	我有很强的"属于该公司的人"的感觉。	1	2	3	4	5	6
7	我很乐意以后一直在这个公司工作。	1	2	3	4	5	6
8	这个公司对于我个人来说意义非同一般。	1	2	3	4	5	6

计分方法

组织承诺量表共 8 道题，可以计算总分或平均分。

量表出处

陈永霞，贾良定，李超平，宋继文，张君君．变革型领导、心理授权与员工的组织承诺：中国情景下的实证研究．管理世界，2006（1）：96-105.

参考文献

Chen，Z. X.，Francesco，A. M. The relationship between the three components of commitment and employee performance in China. Journal of Vocational Behavior，2003，62（2）：490-510.

Meyer，J. P.，Allen，N. J. Commitment in the workplace：theory，research，and application. Sage Publications，1997.

Yousef，D. A. Organizational commitment：a mediator of the relationships of leadership behavior with job satisfaction and performance in a non-western country. Journal of Managerial Psychology，2000，15（1）：6-24.

情感承诺（吕福新等，2007）

(Affective Commitment)

简介

情感承诺指组织成员被卷入组织、参与组织社会交往的程度，对组织的认同和投入度。

吕福新和顾姗姗（2007）使用的情感承诺量表参考了 Meyer 和 Allen（1993）编制、阳志平等（2004）翻译的情感承诺量表。根据研究需要，对原有题目进行了修正和增删。情感承诺问卷的内部一致性系数为 0.836。

吕福新和顾姗姗（2007）选择杭州、宁波、绍兴、嘉兴、湖州、金华和温州的 39 家民营企业，共发放问卷 223 份，回收 196 份，其中有效问卷 159 份。

量表

请您根据自己的实际感受和体会，对下面 6 项描述进行评价和判断，并在最符合的数字上划○。评价和判断的标准如下：1＝非常不同意，2＝不同意，3＝不好确定，4＝同意，5＝非常同意。

1	我将公司的难题视为自己的难题。	1	2	3	4	5
2	我没有感到和公司有情感上的依恋关系。	5	4	3	2	1
3	这个公司对我而言有着很多的个人意义。	1	2	3	4	5
4	如果可以重新选择，我仍会选择这家公司。	1	2	3	4	5
5	我向我的朋友称赞这是一家很好的公司。	1	2	3	4	5
6	我喜欢这家公司。	1	2	3	4	5

计分方法

情感承诺量表共 6 道题，可以计算总分或平均分，其中第 2 题需反向计分。

量表出处

吕福新，顾姗姗．心理所有权与组织公民行为的相关性分析——基于本土企业的视角和浙江企业的实证．管理世界，2007（5）：94-103.

参考文献

Meyer，J. P.，Allen，N. J. Commitment to organizations and occupations：extension and test of a three-component conceptualization. Journal of Applied Psychology，1993，78（4）：538-551.

组织承诺（姚唐等，2008）

（Organizational Commitment）

简介

情感承诺表示个人认同和参与一个特定组织的强度，对组织目标及价值的信念与接受，为组织努力的意愿及留在公司的意愿。规范承诺是指个人与组织价值的一致或对组织的责任态度。持续承诺是指个人认知到一旦离开组织将失去现有价值的附属利益，因而继续留在组织中。

姚唐，黄文波和范秀成（2008）的组织承诺量表主要来自 Meyer 和 Allen（1993）及 Ko，Price 和 Mueller（1997）开发的组织承诺量表。情感承诺问卷的内部一致性系数为 0.85，规范承诺问卷和持续承诺问卷的内部一致性系数均为 0.80。

姚唐，黄文波和范秀成（2008）在北京、天津、上海、深圳、广州等 5 个城市的饭店随机抽取员工作为受访对象。调研分两次进行，共发放问卷 460 份，回收问卷 406 份，回收率为 88.26%，其中有效问卷 323 份，有效率为 79.56%。

量表

请您根据自己的实际感受和体会，用下面 11 项描述对您的实际情况进行评价和判断，并在最符合的数字上划○。评价和判断的标准如下：1=非常不同意，2=不同意，3=有点不同意，4=不好确定，5=有点同意，6=同意，7=非常同意。

1	我很高兴能够在这家企业工作。	1	2	3	4	5	6	7
2	我感觉到自己就是这家企业的一部分，即我体会到了归属感。	1	2	3	4	5	6	7
3	我认为在这家企业工作有归属感。	1	2	3	4	5	6	7
4	我对这家企业有着深厚的感情。	1	2	3	4	5	6	7
5	我认为对企业忠诚是非常重要的，并感觉有责任留在这里。	1	2	3	4	5	6	7
6	我认为从这家企业跳槽是一件不道德的事。	1	2	3	4	5	6	7
7	我所受的教育是要对一个企业保持忠诚。	1	2	3	4	5	6	7
8	如果其他地方为我提供了一个报酬略高的工作机会，我认为离开目前这家企业也是不太合适的。	1	2	3	4	5	6	7
9	我留在这家企业的一个重要原因是，如果我选择离开就会失去很多东西（例如未来的收入、升职的机会）。	1	2	3	4	5	6	7
10	我认为现在由于种种原因很难离开这家企业，即使我很想离开。	1	2	3	4	5	6	7
11	我认为现在我很希望也必须留在这家企业。	1	2	3	4	5	6	7

计分方法

组织承诺量表包括三个维度，共 11 道题，可以计算每个维度所包括题目的总分或平均分。每个维度包括的题目如下：

1. 情感承诺：共4道题，具体包括第1～第4题。
2. 规范承诺：共4道题，具体包括第5～第8题。
3. 持续承诺：共3道题，具体包括第9～第11题。

量表出处

姚唐，黄文波，范秀成．基于组织承诺机制的服务业员工忠诚度研究．管理世界，2008（5）：102-114.

参考文献

Meyer J. P.，Allen，N. J. Commitment to organizations and occupations：extension and test of a three-component conceptualization，Journal of Applied Psychology，1993，78(4)：538-551.

Ko，J. W.，Price，J. L.，Mueller，C. W. Assessment of Meyer and Allen's three-component model of organizational commitment in South Korea. Journal of Applied Psychology，1997（6）：961-973.

双组织承诺 (Angle et al.，1986)

(Dual Commitment)

简介

Purcell（1954）首次提出双组织承诺的概念：既是企业员工又是工会成员的个体能够同时效忠于企业和工会这两个组织。随后 Stagner（2006）发现，人们会把与工作相关的情况作为一个整体来感知，这时人们无法将企业角色和工会角色截然分开，就会产生双组织承诺。

单红梅等（2015）认为员工的双组织承诺就是员工同时承诺于企业和工会的态度和行为。单红梅等（2015）对双组织承诺的测量参考了 Angle 等（1986）开发的量表。双组织承诺问卷的信度为 0.738，包括两个维度：员工认知与共同承诺，其信度分别是 0.704 和 0.724。

单红梅等（2015）所调查的企业均为江苏地区工会建设情况较好的非国有制企业，选取既是企业员工也是工会成员的群体作为调查对象。共发放问卷 530 份，回收有效问卷 433 份。

量表

请您根据自己的实际感受和体会，对下面 6 项描述进行评价和判断，并在最符合的数字上划○。评价和判断的标准如下：1＝非常不同意，2＝比较不同意，3＝不确定，4＝比较同意，5＝非常同意。

1	企业并没有阻碍工会职能的发挥。	1	2	3	4	5
2	工会能有效帮助员工协调与企业间的关系。	1	2	3	4	5
3	工会成员不愿意帮助企业提高绩效。	1	2	3	4	5
4	同时忠诚于企业和工会是件容易的事情。	1	2	3	4	5
5	企业妨碍员工与工会领导进行交流和沟通。	1	2	3	4	5
6	对企业和工会做出承诺有利于员工个人的发展。	1	2	3	4	5

计分方法

双组织承诺量表包括两个维度，共 6 道题，可以计算每个维度所包括题目的总分或平均分。每个维度包括的题目如下：

1. 员工认知：共 3 道题，具体包括第 1～第 3 题。
2. 共同承诺：共 3 道题，具体包括第 4～第 6 题。

量表出处

单红梅，胡恩华，鲍静静，张毛龙．非国有企业员工组织地位感知水平对离职倾向的影响研究．管理学报，2015，12（8）：1144-1153.

参考文献

Purcell，T. V. Dual allegiance to company and union—packinghouse workers. A Swift-UPWA study in a crisis situation，1949-1952. Personnel Psychology，1954，7（1）：48-58.

Stagner，R. Dual allegiance as a problem in modern society. Personnel Psychology，2006，7（1）：41-47.

Angle，H. L.，Perry，J. L. Dual commitment and labor-management relationship climates. Academy of Management Journal，1986，29（1）：31-50.

组织认同 (Cheney et al.，1987)

(Organizational Identification)

简介

魏钧（2009）将组织认同定义为“个体把自己和组织视为一体的自我认定（社会学角度），它是个体认知并内化组织价值观的结果（认知角度），表现为个体对于组织在归属感、自豪感和忠诚度等方面流露出的情感归依（情感角度）”。

组织认同由三个维度构成：成员感、忠诚度、相似性，目前组织认同的测量中以 Cheney 等（1987）开发的组织认同测量问卷（Organizational Identification Questionnaire，OIQ）应用最广，包括 12 道题。

魏钧（2009）翻译了这一问卷，在北京、广州、江苏、西安四地进行问卷调查，选择知识密集型专业技术职位，调查对象包括产品开发人员、技术支持人员、项目主管等，共回收有效问卷 480 份。

探索性因素分析的结果显示，因素载荷从 0.535 到 0.829，累计方差解释率为 59.410%，信度与效度均达到理想水平。

信度与效度

组织认同问卷的内部一致性系数为 0.937 1。验证性因素分析的结果显示，假设模型拟合指数较为理想：$\chi^2/df=4.675$，RMSEA＝0.088，SRMR＝0.051，GFI＝0.86，AGFI＝0.82，NFI＝0.90，NNFI＝0.91，CFI＝0.92，IFI＝0.92，PNFI＝0.77，PGFI＝0.67，说明组织认同问卷具有较好的结构效度。

量表

请您根据自己的实际感受和体会，对下面 12 项描述进行评价和判断，并在最符合的数字上划○。评价和判断的标准如下：1＝非常不同意，2＝不同意，3＝不好确定，4＝同意，5＝非常同意。

1	作为公司的一名员工，我感到很自豪。	1	2	3	4	5
2	我向朋友赞扬自己所在的公司是值得效力且很卓越的一家公司。	1	2	3	4	5
3	我非常在意公司的命运。	1	2	3	4	5
4	作为工作的地方，公司给我一种温暖的感觉。	1	2	3	4	5
5	我很愿意在公司度过我职业生涯的剩余时间。	1	2	3	4	5
6	在公司工作的经历，能够成为一个人有成就的例证。	1	2	3	4	5
7	我可以把公司形容为一个“大家庭”，大部分成员都有一种归属感。	1	2	3	4	5
8	我很高兴选择为本公司而不是其他公司工作。	1	2	3	4	5
9	我觉得公司很关心我。	1	2	3	4	5
10	公司在社会上的形象能够很好地代表我。	1	2	3	4	5

11	我发现自己很容易认同这家公司。	1	2	3	4	5
12	我发现自己的价值观和公司的价值观很相似。	1	2	3	4	5

计分方法

组织认同量表包括三个维度，共12道题，可以计算每个维度所包括题目的总分或平均分。每个维度包括的题目如下：

1. 成员感：共3道题，具体包括第1～第3题。
2. 忠诚度：共6道题，具体包括第4～第9题。
3. 相似性：共3道题，具体包括第10～第12题。

量表出处

魏钧．主观幸福感对知识型员工组织认同的影响．科研管理，2009，30（2）：171-178.

参考文献

Cheney，G.，Tompkins，P. K. Coming to terms with organizational identification and commitment. Central States Speech Journal，1987，38（1）：1-15.

组织认同 (Smidts et al., 2001)

(Organizational Identification)

简介

组织认同是社会认同理论在组织情境中运用的体现，可以用来揭示员工个人与所在组织之间的心理联系及作用机制。

高中华和赵晨（2014）采用经翻译的 Smidts 等（2001）的组织认同问卷来评价员工对组织的认同程度，包括 5 道题。组织认同问卷的内部一致性系数为 0.84，验证性因素分析的结果表明组织认同与其他变量有一定的区分效度。调查对象为北京、河南等地旅游酒店行业的 5 家企业的员工，共获得 286 份有效数据。

量表

请您根据自己的实际感受和体会，对下面 5 项描述进行评价和判断，并在最符合的数字上划○。评价和判断的标准如下：1＝完全不同意，2＝不同意，3＝不好确定，4＝同意，5＝完全同意。

1	我与我们单位之间命运相连。	1	2	3	4	5
2	我对我们单位存在强烈的归属感。	1	2	3	4	5
3	在这家单位工作我很自豪。	1	2	3	4	5
4	我充分认可这家单位。	1	2	3	4	5
5	我很荣幸能够成为单位的一员。	1	2	3	4	5

计分方法

组织认同量表共 5 道题，可以计算总分或平均分。

量表出处

高中华，赵晨．工作场所的组织政治会危害员工绩效吗？基于个人-组织契合理论的视角．心理学报，2014，46（8）：1124-1143.

参考文献

Smidts, A., Pruyn, A. T. H., Van Riel, C. B. M. The impact of employee communication and perceived external prestige on organizational identification. Academy of Management Journal, 2001, 44 (5): 1051-1062.

离职倾向（Mobley et al.，1979）

（Turnover Intention）

简介

Mobley等（1979）认为，离职倾向是工作不满意、离职念头、寻找其他工作倾向与找到其他工作可能性的总和表现。

翁清雄和席酉民（2010）的离职倾向量表参考了经翻译的Mobley等（1979）的离职倾向量表，包括4道题。离职倾向量表的内部一致性系数为0.755。翁清雄和席酉民（2010）选取9个城市的10～25家企业进行问卷调查，共发放问卷1 200份，回收1 109份，其中有效问卷961份。

量表

请您根据自己的实际感受和体会，用下面4项描述对自己进行评价和判断，并在最符合的数字上划〇。评价和判断的标准如下：1＝非常不符合，2＝不太符合，3＝不确定，4＝比较符合，5非常符合。

1	我基本上没有想过离开目前这个单位。	1	2	3	4	5
2	我计划在这个单位有长期的职业发展。	1	2	3	4	5
3	对目前的工作我时常觉得厌烦，想换个新的单位。	1	2	3	4	5
4	在未来半年内，我很可能会离开目前这个单位。	1	2	3	4	5

计分方法

离职倾向量表共4道题，可以计算总分或平均分，其中第1、第2题需反向计分。

量表出处

翁清雄，席酉民．职业成长与离职倾向：职业承诺与感知机会的调节作用．南开管理评论，2010，13（2）：119-131.

参考文献

Mobley，W. H.，Griffeth，R. W.，Hand，H. H.，Meglino，B. M. Review and conceptual analysis of the employee turnover process. Psychological Bulletin，1979，86（3）：493-522.

离职倾向（郭彦良，1990）

(Turnover Intention)

简介

黄莉等（2008）对离职倾向的测度使用了郭彦良（1990）设计的量表。离职倾向量表的内部一致性系数为0.844。

黄莉等（2008）对来自不同企业、工作时间不足一年的新员工进行了问卷调查，共发放问卷277份，回收219份，回收率为79%。

量表

请您根据自己的实际感受和体会，对下面4项描述进行评价和判断，并在最符合的数字上划○。评价和判断的标准如下：1=非常不同意，2=不同意，3=不好确定，4=同意，5=非常同意。

1	我还没有认真地考虑要辞去目前的工作。	1	2	3	4	5
2	我还没有真正详细地计划辞去目前这份工作。	1	2	3	4	5
3	我从来就没有想要去寻找其他工作。	1	2	3	4	5
4	在未来的一年内，我绝对不愿意辞去目前这份工作。	1	2	3	4	5

计分方法

离职倾向量表共4道题，均需反向计分，可以计算总分或平均分。

量表出处

黄莉，曹国年．机构式社会化策略与态度绩效：员工-组织匹配的中介作用．经济管理，2008，30（Z2）：93-100.

参考文献

郭彦良．高科技研究人员离职倾向研究．桃园：中原大学企业管理研究所，1990.

离职意向（梁开广，1999）

(Turnover Intention)

简介

李超平，李晓轩，时勘和陈雪峰（2006）采用了梁开广（1999）的离职意向量表，该量表有3道题，内部一致性系数为0.82。探索性因素分析的结果表明，离职意向是一个单维的结构，累计方差解释率达到72.01%，各个项目均有较大的因子载荷。

李超平，李晓轩，时勘和陈雪峰（2006）在正式调查时总共调查了20家企业，发放问卷约1 100份，实际回收987份。当所有问卷回收之后，进行废卷的处理工作，将空白过多、反应倾向过于明显的问卷剔除，最后得到有效问卷942份。

量表

请您根据自己的实际感受和体会，用下面3项描述对您的真实情况进行评价和判断，并在最符合的数字上划○。评价和判断的标准如下：1＝非常不同意，2＝不同意，3＝不好确定，4＝同意，5＝非常同意。

1	我经常想离开这个单位。	1	2	3	4	5
2	明年我很有可能找一份新的工作。	1	2	3	4	5
3	最近，我经常想换一下工作。	1	2	3	4	5

计分方法

离职意向量表共3道题，可以计算总分或平均分。

量表出处

李超平，李晓轩，时勘，陈雪峰．授权的测量及其与员工工作态度的关系．心理学报，2006，38（1）：99-106.

参考文献

Liang，K. G. Fairness in Chinese organizations. Old Dominion University，1999.

企业员工离职倾向（单红梅等，2015）

(Employee's Turnover Intention in the Organization)

简介

Porter等（1973）指出，离职是员工在工作中遭遇了不满意而采取的退缩行为。单红梅等（2015）认为，企业员工离职倾向是指员工经历了工作不满意后产生的离开企业的态度和想法。

单红梅等（2015）对企业员工离职倾向的测量参照Cammann等（1983）的研究成果，对问卷的信度和效度加以验证，删除了所有不符合中国情境的题目。

单红梅等（2015）所调查的企业均为江苏地区的非国有制企业，共发放问卷530份，回收有效问卷433份。

信度与效度

信度分析表明，企业员工离职倾向量表的信度为0.794，其中离职意向的信度为0.638，现实阻碍的信度为0.693。验证性因素分析的结果表明，企业员工离职倾向与其他变量具有良好的区分效度。

量表

请您根据自己的实际感受和体会，用下面4项描述对自己进行评价和判断，并在最符合的数字上划○。评价和判断的标准如下：1＝非常不同意，2＝比较不同意，3＝不确定，4＝比较同意，5＝非常同意。

1	打算明年到其他企业找一份工作。	1	2	3	4	5
2	最近一年尚无辞职的想法。	1	2	3	4	5
3	在其他企业找到一份相似的工作是很困难的。	1	2	3	4	5
4	虽然想离开该企业，但并没有离开。	1	2	3	4	5

计分方法

企业员工离职倾向量表包括两个维度，共4道题，可以计算每个维度所包括题目的总分或平均分。每个维度包括的题目如下：

1. 离职意向：共2道题，具体包括第1、第2题，其中第2题需反向计分。
2. 现实阻碍：共2道题，具体包括第3、第4题。

量表出处

单红梅，胡恩华，鲍静静，张毛龙．非国有企业员工组织地位感知水平对离职倾向的影响研究．管理学报，2015，12（8）：1144-1153.

参考文献

Porter，L. W.，Steers，R. M. Organizational，work，personal factors in employee turnover and absenteeism. Psychological Bulletin，1973，80（2）：151-176.

Cammann，C.，Fishman，M.，Klesh，J. R. Assessing the attitudes and perceptions of organizational members. Seashore Assessing Organizational Change，1983：71-83.

员工忠诚（姚唐等，2008）

(Employee Loyalty)

简介

姚唐，黄文波和范秀成（2008）的员工忠诚量表借鉴了部分研究顾客忠诚的学者提出的量表（Pritchard，Havitz，& Howard，1999；Ganesh，Arnold，& Reynolds，2000；Butcher，Sparks，& O'Callaghan，2001；McMullan & Gilmore，2002；罗海成，2006），统计结果证明该量表有较好的信度和效度。员工态度忠诚问卷的内部一致性系数为 0.84，员工行为忠诚问卷的内部一致性系数为 0.82。

姚唐，黄文波和范秀成（2008）在北京、天津、上海、深圳、广州等 5 个城市的饭店随机抽取员工作为受访对象。调研分两次进行，共发放问卷 460 份，回收问卷 406 份，回收率为 88.26%，其中有效问卷 323 份，有效率为 79.56%。

量表

请您根据自己的实际感受和体会，用下面 7 项描述对您的个人情况进行评价和判断，并在最符合的数字上划○。评价和判断的标准如下：1=非常不同意，2=不同意，3=有点不同意，4=不好确定，5=有点同意，6=同意，7=非常同意。

1	在这家企业工作是我的最佳选择。	1	2	3	4	5	6	7
2	即使别人推荐我到其他企业工作，我也不会离开这家企业。	1	2	3	4	5	6	7
3	只要目前工作的这家企业能维持现有的总体待遇水平，我就不会换工作单位。	1	2	3	4	5	6	7
4	即使这里的薪金略低于其他企业，我也会选择留在这里工作。	1	2	3	4	5	6	7
5	如果没有重大的原因，我不会离开现在工作的这家企业。	1	2	3	4	5	6	7
6	如果有可能，我愿意将亲朋好友介绍到这家企业来工作。	1	2	3	4	5	6	7
7	如果有业余时间从事第二职业，我宁愿选择为这家企业加班来获得自己认为满意的回报。	1	2	3	4	5	6	7

计分方法

员工忠诚量表包括两个维度，共 7 道题，可以计算各维度的平均分或总分。每个分量表包括的题目如下：

1. 员工态度忠诚：共 4 道题，具体包括第 1～第 4 题。
2. 员工行为忠诚：共 3 道题，具体包括第 5～第 7 题。

量表出处

姚唐，黄文波，范秀成．基于组织承诺机制的服务业员工忠诚度研究．管理世界，2008（5）：102-114.

参考文献

Butcher，K.，Sparks，B.，O'Callaghan，F. Evaluative and relational influences on service loyalty. International Journal of Service Industry Management，2001，12（4）：310-327.

Ganesh，J.，Arnold，M. J.，Reynolds，K. E. Understanding the customer base of service providers：an examination of the differences between switchers and stayers. Journal of Marketing，2000，64（3）：65-87.

Mcmullan，R.，Gilmore，A. The conceptual development of customer loyalty measurement：a proposed scale. Journal of Targeting Measurement & Analysis for Marketing，2002，11（3）：230-243.

Pritchard，M. P.，Havitz，M. E.，Howard，D. R. Analyzing the commitment-loyalty link in service contexts. Journal of the Academy of Marketing Science，1999，27（3）：333-348.

罗海成．顾客忠诚的心理契约机制实证研究．管理评论，2006，18（1）：57-62.

积极情感/消极情感（邱林等，2008）

（Positive Affect and Negative Affect）

简介

目前情感幸福感的测量工具中，使用较多的是 Watson 等（1988）编制的积极情感消极情感量表（Positive Affect and Negative Affect Scale，PANAS）。邱林，郑雪和王雁飞（2008）对 PANAS 进行修订，拟使之成为适合国内使用、具有良好信效度的情感幸福感测量工具。

除了 PANAS 原始量表包含的积极情感和消极情感的描述词各 10 个之外，邱林，郑雪和王雁飞（2008）还选取 Battett 和 Russell（1999）等的情感环丛模型中描述积极情感和消极情感体验且与 PANAS 不重复的题目，并把“感激”（一种重要的积极情感体验）纳入积极情感体验描述词，共获得积极情感体验描述词和消极情感体验描述词 33 个。在删除了部分有争议的词后，最终获得 27 个情感体验描述词（其中积极情感体验描述词 13 个，消极情感体验描述词 14 个），构成了 PANAS 修订版的最初版本。

试测样本为 247 名大学本科生，回收有效问卷 218 份。进行项目筛选后，获得符合条件的积极情感和消极情感体验描述词各 9 个，探索性因素分析的结果显示两个因子解释了总变异的 51.64%。正式调查选取了广东省 4 所高校的 324 名大学生，共回收有效问卷 290 份。在距第一次测量两周之后，189 名被试（男生 72 人，女生 117 人）参加了 PANAS 的重测，每位被试还被要求提供两份 PANAS 的同伴评价。结果表明该量表具有良好的信度和效度。

信度与效度

在积极情感分量表上，两次自评（PA1 和 PA2）和同伴评价（PA3）的内部一致性系数都达到 0.85 以上；在消极情感分量表上，两次自评（NA1 和 NA2）的内部一致性系数达到 0.84 以上，同伴评价（NA3）的内部一致性系数也达到 0.77。此外，两次自评的积极情感和消极情感之间的相关系数分别为 0.757 和 0.459，表明量表具有良好的重测信度。

邱林，郑雪和王雁飞（2008）用固定方差法构建了积极情感和消极情感为两个不相关因子的结构方程模型。结果表明，数据与模型拟合良好：$\chi^2/df=2.24$，NNFI＝0.93，CFI＝0.94，RMSEA＝0.06。另外，通过构建指定积极情感和消极情感两个因子相关的竞争模型发现，各项拟合指数都没有达到可接受的标准，且 PA 和 NA 两个潜变量之间的相关系数仅为 0.12。因此，积极情感和消极情感是相互独立的两个因子，也说明该量表的结构效度较好。

量表

请您根据自己的实际感受和体会，用下面 18 项描述对您的个人情绪进行评价和判断，并在最符合的数字上划○。评价和判断的标准如下：1＝几乎没有，2＝比较少，3＝中等程度，4＝比较多，5＝非常多。

1	活跃的	1	2	3	4	5
2	充满热情的	1	2	3	4	5
3	快乐的	1	2	3	4	5
4	兴高采烈的	1	2	3	4	5
5	兴奋的	1	2	3	4	5
6	自豪的	1	2	3	4	5
7	欣喜的	1	2	3	4	5
8	精力充沛的	1	2	3	4	5
9	感激的	1	2	3	4	5
10	羞愧的	1	2	3	4	5
11	难过的	1	2	3	4	5
12	害怕的	1	2	3	4	5
13	紧张的	1	2	3	4	5
14	惊恐的	1	2	3	4	5
15	内疚的	1	2	3	4	5
16	易怒的	1	2	3	4	5
17	战战兢兢的	1	2	3	4	5
18	恼怒的	1	2	3	4	5

计分方法

积极情感消极情感量表包括两个分量表，共18道题，可以计算每个分量表所包括题目的总分或平均分。每个分量表包括的题目如下：

1. 积极情感：共9道题，具体包括第1～第9题。
2. 消极情感：共9道题，具体包括第10～第18题。

量表出处

邱林，郑雪，王雁飞．积极情感消极情感量表（PANAS）的修订．应用心理学，2008，14（3）：249-254.

参考文献

Watson，D.，Clark，L. A.，Tellegen，A. Development and validation of brief measures of positive and negative affect：the PANAS scales. Journal of Personality & Social Psychology，1988，54（6）：1063-1070.

Barrett，L. F.，Russell，J. A. The structure of current affect. Current Directions in Psychological Science，1999，8（1）：10-14.

正性情感（王桢等，2015）

(Positive Affect)

简介

王桢，陈乐妮和李旭培（2015）对正性情感的测量采用了 Watson，Clark 和 Tellegen（1988）编制的正性情感和负性情感量表（PANAS）中代表正性情感的 10 道题。正性情感量表的信度为 0.94。

选取的被调查者来自某政府基层单位，主要从事法律服务和管理工作，和民众有较多的直接接触，最终共获得有效问卷 211 份。

量表

下面是一系列您在工作中可能产生的情绪。请根据您在过去一个月内的感受来标明每种情绪在工作中出现的频率，并在最符合的数字上划○。评价和判断的标准如下：1=从不，2=极少，3=偶尔，4=有时，5=经常，6=频繁，7=总是。

1	热情的	1	2	3	4	5	6	7
2	感兴趣的	1	2	3	4	5	6	7
3	坚决的	1	2	3	4	5	6	7
4	兴奋的	1	2	3	4	5	6	7
5	有灵感的	1	2	3	4	5	6	7
6	警觉的	1	2	3	4	5	6	7
7	积极活跃的	1	2	3	4	5	6	7
8	强烈的	1	2	3	4	5	6	7
9	自豪的	1	2	3	4	5	6	7
10	专心的	1	2	3	4	5	6	7

计分方法

正性情感量表共 10 道题，可以计算总分或平均分。

量表出处

王桢，陈乐妮，李旭培．变革型领导与工作投入：基于情感视角的调节中介模型．管理评论，2015，27（9）：120-129，212.

参考文献

Watson，D.，Clark，L. A.，Tellegen，A. Development and validation of brief measures of positive and negative affect：the PANAS scales. Journal of Personality & Social Psychology，1988，54（6）：1063-1070.

积极情绪（汤超颖等，2011）

(Positive Affect)

简介

Watson等（1988）认为积极情绪指的是个体感到热情、活跃、警觉的程度，积极情绪意味着个体处于一种高度能量激活、全神贯注、愉快、投入等状态。

汤超颖，艾树和龚增良（2011）采用了Watson等（1988）编制的PANAS情绪量表。PANAS原始量表有10道题测量积极情绪，另有10道题测量消极情绪。汤超颖，艾树和龚增良（2011）根据试测结果选择5个因子载荷值最高的题目作为积极情绪的测量题目，积极情绪量表的内部一致性系数为0.885。

参与研究的被试主要来自中国科学院下属35家研究单位中从事基础研究或者技术开发应用的57个团队。共发放问卷621份，回收570份，回收率为91.8%，其中有效问卷538份，有效率为94.4%。

量表

请您根据自己的实际感受和体会，用下面5项描述对自己的情绪进行评价和判断，并在最符合的数字上划○。评价和判断的标准如下：1＝非常不同意，2＝不同意，3＝不好确定，4＝同意，5＝非常同意。

1	开心	1	2	3	4	5
2	充满热情	1	2	3	4	5
3	积极活跃	1	2	3	4	5
4	自豪	1	2	3	4	5
5	富有灵感	1	2	3	4	5

计分方法

积极情绪量表共5道题，可以计算总分或平均分。

量表出处

汤超颖，艾树，龚增良．积极情绪的社会功能及其对团队创造力的影响：隐性知识共享的中介作用．南开管理评论，2011，14（4）：129-137.

参考文献

Watson，D.，Clark，L. A.，Tellegen，A. Development and validation of brief measures of positive and negative affect：the PANAS scales. Journal of Personality & Social Psychology，1988，54（6）：1063-1070.

情绪表现（胡君辰等，2012）

（Emotional Expression）

简介

胡君辰和杨林锋（2012）把情绪表现定义为员工在受到外在环境刺激时，由中枢神经和认知控制，采用不同表现机制表现出不同类型的情绪状态的外显的复合行为，主要包括面部表情、体态姿势、声音语调等。

结合“消费者行为学”课程的学习，胡君辰和杨林锋（2012）让学生完成一篇观察日记，让他们在接受服务时观察服务人员的情绪表现和自己的心理感受，然后用日记方式记录下来上交。通过阅读来筛选、分类，共得到7个类型。接下来，结合提取意义单元对每个维度编制题目，原则是题目越多越好。问卷编制完成后，让5位博士生试做一遍，修改或删除了一些表述不清楚的题目，最后确定每个维度4道题，共28道题。

胡君辰和杨林锋（2012）在服务行业面向消费者共发放问卷约800份，回收726份，剔除废卷后得到有效问卷564份。通过探索性因素分析和验证性因素分析，得到由23道题组成的情绪表现问卷，分析结果表明，该问卷的信度与效度均良好。

信度与效度

探索性因素分析显示6个因子的累计解释率为77.47%。信度分析表明，各因子的内部一致性系数，真诚因子为0.895，轻视因子为0.955，冷漠因子为0.931，持久因子为0.896，假装因子为0.894，自然因子为0.795。因此，该问卷具有良好的信度。

验证性因素分析主要采用基于PLS算法的聚合效度和区分效度来验证，聚合效度通过题目的高因子载荷来证明，最后得到所有题目的PLS因子载荷都在0.628以上。区分效度采用AVE值来验证，结果表明，每个因子的AVE平方根都在0.711以上，大于每个因子之间的相关系数，也大于0.5。聚合效度和区分效度的分析结果表明，该问卷的结构效度良好。

量表

请您根据自己的实际感受和体会，对下面23项关于服务人员情绪的描述进行评价和判断，并在最符合的数字上划○。评价和判断的标准如下：1＝非常不同意，2＝不同意，3＝不好确定，4＝同意，5＝非常同意。

1	她（他）的笑假假的。	1	2	3	4	5
2	一看就知道她（他）的笑是装出来的。	1	2	3	4	5
3	她（他）的微笑好像是演给我看的。	1	2	3	4	5
4	她（他）的微笑是形式化的。	1	2	3	4	5
5	她（他）的微笑很饱满。	1	2	3	4	5
6	她（他）的微笑很有感染力。	1	2	3	4	5

7	她（他）的笑容很真诚。	1	2	3	4	5
8	可以看出她（他）的微笑是发自内心的。	1	2	3	4	5
9	她（他）老是一副冷冰冰的样子。	1	2	3	4	5
10	她（他）的面部毫无表情。	1	2	3	4	5
11	她（他）的表情很冷淡。	1	2	3	4	5
12	她（他）的表情毫无生气。	1	2	3	4	5
13	她（他）一直对我微笑。	1	2	3	4	5
14	一进门她（他）就一直对我很热忱。	1	2	3	4	5
15	从进门她（他）就一直热情地接待我。	1	2	3	4	5
16	她（他）一直很热情，直到我离开（店）。	1	2	3	4	5
17	她（他）保持平静的表情。	1	2	3	4	5
18	她（他）的面部表情很平和。	1	2	3	4	5
19	她（他）的表情很自然。	1	2	3	4	5
20	她（他）好像在嘲笑我。	1	2	3	4	5
21	她（他）好像看不起我。	1	2	3	4	5
22	她（他）好像在讥讽我。	1	2	3	4	5
23	她（他）好像不欢迎我。	1	2	3	4	5

计分方法

情绪表现量表包括六个维度，共23道题，可以计算每个维度所包括题目的总分或平均分。每个维度包括的题目如下：

1. 假装：共4道题，具体包括第1～第4题。
2. 真诚：共4道题，具体包括第5～第8题。
3. 冷漠：共4道题，具体包括第9～第12题。
4. 持久：共4道题，具体包括第13～第16题。
5. 自然：共3道题，具体包括第17～第19题。
6. 轻视：共4道题，具体包括第20～第23题。

量表出处

胡君辰，杨林锋．员工情绪表现结构维度及对感知服务质量影响初探．管理评论，2012，24（1）：116-126.

工作压力（王红丽等，2016）

(Job Stress)

简介

工作压力指当员工因工作负担过重、变换生产岗位、工作责任过大或改变等产生的压力，对员工的工作态度、工作行为和生活均有很大的影响。

大多数研究人员认为压力是一个与不愉快相关的情绪体验，包括恐惧、焦虑、愤怒、烦恼和抑郁等，给员工带来不舒服的感觉。不同员工面对同一份工作，感知到的工作压力可能不同。

王红丽和张筌钧（2016）通过电子邮件和走访方式进行了三个阶段的数据收集，对工作压力在第一和第二阶段进行调查，最终采用了第二阶段数据，回收了423份有效问卷。

信度与效度

王红丽和张筌钧（2016）对工作压力的测量，采用Motowidlo，Packard和Manning（1986）开发的3个题项的测量量表，信度分析结果Cronbach's Alpha=0.853，平均提取方差值AVE=0.601，建构信度CR=0.818，量表的信效度指数都达到了良好水平。

量表

请您根据自己的实际感受和体会，对下面3项描述进行评价和判断，并在最符合的数字上划○。评价和判断的标准如下：1=强烈反对，2=反对，3=不好确定，4=同意，5=强烈同意。

1	我的工作极具压力。	1	2	3	4	5
2	工作中很少没有压力的事情。	1	2	3	4	5
3	对于我的职业，我感到压力巨大。	1	2	3	4	5

计分方法

工作压力量表共3道题，可以计算总分或平均分。

量表出处

王红丽，张筌钧．被信任的代价：员工感知上级信任、角色负荷、工作压力与情绪耗竭的影响关系研究．管理世界，2016（8）：110-125.

参考文献

Motowidlo，S. J.，Packard，J. S.，Manning，M. R. Occupational stress：its causes and consequences for job performance. Journal of Applied Psychology，1986，71（4）：618-629.

角色负荷（王红丽等，2016）

(Role Overload)

简介

角色负荷是一种角色压力，反映的是员工角色的时间约束，即当员工受限于资源（时间和精力等），或者角色本身难以兼容时，员工难以很好地表现各种角色，出现负面效应，从而造成不利于员工身心健康的负担。角色负荷是指员工感觉他们自身承担太多超越自身可利用时间和能力的责任和期望的状态时，所产生的角色冲突感（Rizzo，House，& Lirtzman，1970）。

王红丽和张筌钧（2016）通过电子邮件和走访方式进行了三个阶段的数据收集，对角色负荷在第一和第二阶段进行调查，最终采用了第二阶段数据，回收了423份有效问卷，回收率为79.6%。

王红丽和张筌钧（2016）对角色负荷的测量，参考Schaubroeck，Cotton和Jennings（1989）以及Beehr，Walsh和Taber（1976）的研究，共形成3个测量题项。

信度与效度

信度分析结果Cronbach's Alpha=0.864，平均提取方差值AVE=0.621，建构信度CR=0.831，量表的信效度指数都达到了良好水平。

量表

请您根据自己的实际感受和体会，对下面3项描述进行评价和判断，并在最符合的数字上划○。评价和判断的标准如下：1=强烈反对，2=反对，3=不好确定，4=同意，5=强烈同意。

1	工作中需要我做的事情太多了。	1	2	3	4	5
2	上级期待我完成的事情太多了。	1	2	3	4	5
3	我的工作对于我一个人来说太多了。	1	2	3	4	5

计分方法

角色负荷量表共3道题，可以计算总分或平均分。

量表出处

王红丽，张筌钧．被信任的代价：员工感知上级信任、角色负荷、工作压力与情绪耗竭的影响关系研究．管理世界，2016（8）：110-125.

参考文献

Beehr, T. A., Walsh, J. T., Taber, T. D. Relationship of stress to individually and organizationally valued states: higher order needs as a moderator. Journal of Applied Psychology, 1976, 61 (1): 41-47.

Rizzo, J. R., House, R. J., Lirtzman, S. I. Role conflict and ambiguity in complex organizations. Administrative Science Quarterly, 1970, 15 (2): 150-163.

Schaubroeck, J., Cotton, J. L., Jennings, K. R. Antecedents and consequences of role stress: a covariance structure analysis. Journal of Organizational Behavior, 1989, 10 (1): 35-58.

工作嵌入（Crossley，2007）

(Job Embeddedness)

简介

李召敏和赵曙明（2017）认为工作嵌入是指以员工个体为对象，聚焦其与组织的依附（包括匹配、联系和牺牲三种关系），并界定员工在组织中的嵌入程度，用于描述员工为什么留在当前组织中的一系列因素，具有非情感性等特点。

李召敏和赵曙明（2017）采用现场和邮寄相结合的方式进行数据收集，共发放问卷600份，最终得到有效问卷512份。

李召敏和赵曙明（2017）对工作嵌入的测量，使用的是Crossley等（2007）开发的工作嵌入量表，包括7道题，结果Cronbach's Alpha=0.862，量表的信度指数达到了良好水平。

量表

请您根据自己的实际感受和体会，对下面7项描述进行评价和判断，并在最符合的数字上划○。评价和判断的标准如下：1=非常不同意，2=比较不同意，3=有点不同意，4=不确定，5=有点同意，6=比较同意，7=非常同意。

1	我对这家公司很依赖。	1	2	3	4	5	6	7
2	离开这家公司对我来说是件艰难的事。	1	2	3	4	5	6	7
3	这个公司对我吸引力很大，我不愿离开。	1	2	3	4	5	6	7
4	我感觉我与公司有联系。	1	2	3	4	5	6	7
5	我不能随便离开我目前的公司。	1	2	3	4	5	6	7
6	对我来说，离开公司很容易。	1	2	3	4	5	6	7
7	我和公司紧密联系在一起。	1	2	3	4	5	6	7

计分方法

工作嵌入量表共7道题，可以计算总分或平均分。

量表出处

李召敏，赵曙明．劳资关系氛围五维度对员工心理安全和工作嵌入的影响——基于中国广东和山东两地民营企业的实证研究．管理评论，2017，29（4）：108-121.

参考文献

Crossley，C. D.，Bennett，R. J.，Jex，S. M.，Burnfield，J. L. Development of a global measure of job embeddedness and integration into a traditional model of voluntary turnover. Journal of Applied Psychology，2007，92（4）：1031-1042.

离职情绪传染（叶仁荪等，2016）

（Turnover Sentiment）

简介

Ni，Ye，Ke和Wu（2015）发现有相当多的群体离职个案并非因为工作本身的问题，而是因为与企业管理理念、文化的冲突和对领导的不信任。组织文化是组织共有的价值观、信念和规范，这种价值观、信念和规范会影响工作团队的行为。

叶仁荪等（2016）认为，中国是集体主义和不确定性规避导向的社会，群体成员间倾向于交流彼此（对工作、对生活）的想法并借此降低群体的不确定性。集体主义文化导向下，人们对负面事件和情绪的交流更积极，而员工间负面情绪的交流会使员工产生对组织的负面认知、不满等负面结果，即离职的员工会表达或被了解离职的原因，从而感染同事或团队，造成不利影响。

叶仁荪等（2016）自行开发离职情绪传染量表。首先，在回顾相关研究的基础上，由叶仁荪编写3个测量题项。然后，在一所大学MBA课堂上讲解研究思路，从150名学员中征集到10条针对离职情绪传染的建议。接着，请两名管理学领域资深教授对这13个测量题项进行归纳调整，剔除与情绪传染关系不大的题项，最终形成3个题项。通过本研究的后续调研，发现其中3个题项能够较好地聚集为一个因子，解释方差率达68%。

叶仁荪等（2016）共发放335份问卷，回收265份有效问卷，其中第一次调研回收有效问卷150份，第二次调研回收有效问卷115份。

信度与效度

结果显示Cronbach's Alpha大于0.7，CFI、TLI、GFI都在0.90以上，RMSEA小于0.08，量表的信效度指数都达到了良好水平。

量表

请您根据自己的实际感受和体会，对下面3项描述进行评价和判断，并在最符合的数字上划○。评价和判断的标准如下：1＝非常不同意，2＝不同意，3＝一般，4＝同意，5＝非常同意。

1	如果我辞职了，我会把我的想法告诉原来的同事。	1	2	3	4	5
2	如果我现在的同事辞职了，我会主动了解他（她）辞职的念头。	1	2	3	4	5
3	如果我现在的同事辞职了，我会受他（她）辞职影响。	1	2	3	4	5

计分方法

离职情绪传染量表共3道题，可以计算总分或平均分。

量表出处

叶仁荪，倪昌红，廖列法．领导信任、群体心理安全感与群体离职——基于群体互动视角的分析．经济管理，2016，38（5）：87-97.

参考文献

Ni，C.，Ye，R.，Ke，M.，Wu，Y. The characteristics，motivations and organizational outcomes of collective turnover in China：an analysis of 65 collective turnover events. Frontiers of Business Research in China，2015，9（1）：1-29.

目标接纳（唐春勇等，2018）

(Goal Acceptance)

简介

在组织中，目标接纳表示员工对于组织或领导设置的目标的接受、内化和其努力实现的意愿（Oldham，1975）。

唐春勇等（2018）认为，当领导有包容性行为时，其下属会有更多的机会参与到自身与组织的目标制定过程中（直接参与），或者领导在制定目标时会更多地倾听和关注员工的诉求（间接参与），从而使最终制定的目标更符合员工的期望。

唐春勇等（2018）在成都、江苏等地区的合作企业中进行预调研，回收45份企业问卷，借以完善量表的修订工作。实际调查时，对成都、重庆、天津、深圳等不同地区的企业进行调研和数据收集。问卷主要通过邮寄的方式发放，全部由企业员工填写。最终回收问卷的企业数量为108家，其中回收的问卷总数为967份；剔除数据缺失和无效的问卷，最终得到有效问卷716份。

信度与效度

目标接纳量表的信度分析结果为Cronbach's Alpha＝0.925，验证性因素分析各项拟合指标达到较好水平，NNFI＝0.98，IFI＝0.98，RMSEA＝0.064，量表的信效度指数都达到了良好水平。

量表

请您根据自己的实际感受和体会，对下面4项描述进行评价和判断，并在最符合的数字上划○。评价和判断的标准如下：1＝非常不同意，2＝比较不同意，3＝不同意，4＝不确定，5＝同意，6＝比较同意，7＝非常同意。

1	我感觉在完成绩效或任务目标方面，我有很高程度的个人投入。	1	2	3	4	5	6	7
2	我致力于达到我的绩效或任务目标。	1	2	3	4	5	6	7
3	我对于我的工作任务与目标非常明确。	1	2	3	4	5	6	7
4	如果我达到了绩效目标，我会有很强的成就感。	1	2	3	4	5	6	7

计分方法

目标接纳量表共4道题，可以计算总分或平均分。

量表出处

唐春勇，马茂华，赵宜萱．基于目标接纳中介作用的包容性领导对员工幸福感的影响研究．管理学报，2018（2）：201-205.

参考文献

Oldham，G. R. The impact of supervisory characteristics on goal acceptance. The Academy of Management Journal，1975，18（3）：461-475.

第5章 绩 效

工作绩效（韩翼，2006）

（Work Performance）

简介

工作绩效结构代表了与工作或组织目标相关的行为或结果的集合。韩翼，廖建桥和龙立荣（2007）将其主要分为任务绩效、关系绩效、学习绩效、创新绩效四个维度来研究。

韩翼（2006）对任务绩效和关系绩效问卷的编制主要参考 Williams 和 Anderson（1991）的角色绩效和组织公民行为量表、Borman 和 Motowidlo（1997）的任务绩效和关系绩效量表以及 Befort 和 Hattrup（2003）的任务绩效和关系绩效量表。任务绩效共 10 道题，关系绩效共 14 道题。学习绩效是根据 London 和 Mone 以及 Hesketh 和 Neal 的学习绩效定义而自我开发的量表。通过小样本测试检验，去掉原来样本中载荷不高的项目，到最终测试时，共有 7 道题。创新绩效参考 Janssen 和 Van Yperen（2004）的量表，结合 Katz 和 Kahn（1966）关于角色理论的基础，提出了创新绩效的三维度内容，共 8 道题。

通过修订—施测—结果解析—再修订，一共进行 4 次，得出的正式问卷由任务绩效、关系绩效、学习绩效和创新绩效四个维度组成。任务绩效 10 道题，关系绩效 14 道题，学习绩效 7 道题，创新绩效 8 道题，共 39 道题。

问卷经过修改后在全国 32 家单位发放，范围主要集中在湖北、浙江、深圳、北京、上海、青岛、天津、郑州、辽宁等地。

信度与效度

工作绩效问卷的总体信度为 0.844，总体再测信度为 0.816，表明该问卷具有较好的内在一致性，达到基本理想的要求。效度检验表明工作绩效由 4 个因素组成，其累计方差解释率达到 61.6%，结构效度良好。

量表

请您根据自己的实际感受和体会，就下面 39 项描述对您的员工进行评价和判断，并在最符合的数字上划○。评价和判断的标准如下：1＝非常不同意，2＝不同意，3＝

不好确定，4＝同意，5＝非常同意。

1	即使上级管理人员不在场，也按照指令做事。	1	2	3	4	5
2	在团队中，经常协助上级做事。	1	2	3	4	5
3	维护上级的决策。	1	2	3	4	5
4	支持并鼓励同一级别的同事。	1	2	3	4	5
5	不将工作责任推诿到其他部门同事的身上。	1	2	3	4	5
6	自愿做许多有利于公司的工作。	1	2	3	4	5
7	遵守公司正确的规章制度。	1	2	3	4	5
8	为公司的管理决策提供好的建议。	1	2	3	4	5
9	注意个人形象，举止有礼，有修养。	1	2	3	4	5
10	密切关注工作中的重要细节。	1	2	3	4	5
11	自愿承担不属于自己的职责。	1	2	3	4	5
12	主动解决工作中的问题。	1	2	3	4	5
13	培养个人自律性和自控精神。	1	2	3	4	5
14	要求安排具有挑战性的工作任务。	1	2	3	4	5
15	足以胜任所安排的工作任务。	1	2	3	4	5
16	履行工作说明书中的职责。	1	2	3	4	5
17	按照自己期望的方式完成工作任务。	1	2	3	4	5
18	按照正式绩效考核的要求完成工作任务。	1	2	3	4	5
19	做一些能够直接影响他（她）绩效考核的工作。	1	2	3	4	5
20	忽视一些必须做的事情。	1	2	3	4	5
21	不能履行必要的工作职责。	1	2	3	4	5
22	口头交流技能很强。	1	2	3	4	5
23	具有很强的与工作相关的专业技能。	1	2	3	4	5
24	具有丰富的与工作相关的专业知识。	1	2	3	4	5
25	为了改善现有状况提出新想法。	1	2	3	4	5
26	主动支持创新性的思想。	1	2	3	4	5
27	通过学习，寻找新的工作方法、技能或工具。	1	2	3	4	5
28	因为创新性主意而获得上级表扬。	1	2	3	4	5
29	把创新性想法转化成实际应用。	1	2	3	4	5
30	通过学习，提出一些独创性的解决问题的方案。	1	2	3	4	5
31	用系统的方法介绍创新性的思想。	1	2	3	4	5
32	使企业的重要组织成员关注创新性思维。	1	2	3	4	5
33	重视通过学习积累经验，提高工作效率。	1	2	3	4	5
34	使企业的重要组织成员重视学习。	1	2	3	4	5
35	通过学习掌握了专业技能。	1	2	3	4	5
36	通过学习增加了专业知识。	1	2	3	4	5
37	通过学习能够更好地履行他（或她）现有的岗位职责。	1	2	3	4	5
38	运用学到的知识去解决工作中遇到的问题。	1	2	3	4	5
39	认为学习对提高工作绩效没有帮助。	1	2	3	4	5

计分方法

工作绩效量表包括四个维度，共39道题，可以计算每个维度所包括题目的总分或

平均分。每个维度包括的题目如下：

1. 任务绩效：雇员按照工作说明书中所规定的任务、职责，通过核心技术为组织目标做出贡献的结果或行为。共10道题，具体包括第15～第24题，其中第20题和第21题需反向计分。

2. 关系绩效：通过对工作所处的社会、组织以及心理背景的支持间接地为组织目标做出贡献的行为和过程。共14道题，具体包括第1～第14题。

3. 学习绩效：表明个体通过系统地解决问题、过去的经验、向他人学习以及在组织内传递知识的过程，获取有益的信息，改变自我认知，提高学习技能和其他相关能力为组织目标做出贡献的行为过程。共7道题，具体包括第33～第39题。

4. 创新绩效：指雇员在知识不断共享和转移的过程中，为了获得自身的竞争优势，保持自己的核心竞争力，获取持续成长动力，不断转移知识重心（创新）的行为过程。共8道题，具体包括第25～32题。

量表出处

韩翼．雇员工作绩效结构模型构建与实证研究．武汉：华中科技大学，2006.

参考文献

Borman，W. C. Expanding the criterion domain to include elements of contextual performance. Schmitt，N. & Borman，W. C. Personnel Selection in Organi zations，1993.

Katz，D.，Kahn，R. L. The social psychology of organizations. Administrative Science Quarterly，1966 (4)：398.

Williams，L. J.，Anderson，S. E. Job satisfaction and organizational commitment as predictors of organizational citizenship and in-role behaviors. Journal of Management，1991，17 (3)：601-617.

Borman，W.，Motowidlo，S. Task performance and contextual performance：the meaning for personnel selection research. Human Performance，1997，10 (2)：99-109.

Janssen，O.，Yperen，N. W. V. Employees' goal orientations，the quality of leader-member exchange，and the outcomes of job performance and job satisfaction. Academy of Management Journal，2004，47 (47)：368-384.

Befort，N.，Hattrup，K. Valuing task and contextual performance：experience，job roles，and ratings of importance of job behavior. Journal of Applied Human Resource Management Research，2003，8 (1)：17-32.

Iigen，D. R.，Pulakos，E. D. 变革的绩效评估——员工安置、激励与发展．北京：中国轻工业出版社，2004：207-217.

韩翼，廖建桥，龙立荣．雇员工作绩效结构模型构建与实证研究．管理科学学报，2007，10 (5)：62-77.

任务绩效（Farh et al.，1991）

（Task Performance）

简介

舒睿和梁建（2015）翻译了 Farh 等（1999）开发的问卷，对任务绩效进行测量。问卷共 3 道题，要求主管从三个方面对自己的直接下属进行评价，即工作的质量、工作的效率和工作目标的完成量。

研究的样本来自一家快速成长的民营企业，共发放员工问卷 314 份，直属主管问卷 114 份。通过两阶段的问卷收集工作，总计回收问卷 239 份。剔除信息不能匹配和缺失项大于 20%的问卷，最终获得有效问卷 206 份。信度分析表明，任务绩效问卷的信度为 0.79。验证性因素分析的结果表明，任务绩效与其他变量具有良好的区分效度。

量表

请您根据自己的实际感受和体会，对下面 3 项关于您下属工作绩效的描述进行评价和判断，并在最符合的数字上划○。评价和判断的标准如下：1＝非常不同意，2＝不同意，3＝不好确定，4＝同意，5＝非常同意。

1	在主要工作职责上工作质量高、品质完美、错误少、正确率高。	1	2	3	4	5
2	在主要工作职责上工作效率高、执行工作快、工作量大。	1	2	3	4	5
3	在主要工作职责上目标达成率高。	1	2	3	4	5

计分方法

任务绩效量表共 3 道题，可以计算总分或平均分。

量表出处

舒睿，梁建．基于自我概念的伦理领导与员工工作结果研究．管理学报，2015，12（7）：1012-1020.

参考文献

Farh，J. L.，Dobbins，G. H.，Cheng，B. S. Cultural relativity in action：a comparison of self-ratings made by Chinese and U. S. workers. Personnel Psychology，1991，44（1）：129-147.

任务绩效 (Van Dyne et al. , 1998)

(Task Performance)

简介

涂红伟，严鸣和周星（2011）翻译了 Van Dyne 和 LePine（1998）开发的问卷，对任务绩效进行测量。涂红伟，严鸣和周星（2011）排除了深圳某 IT 公司总部的研发部门中近 3 个月内绩效水平波动较大（骤增或骤降）的 5 名员工以及后勤部门中的 2 名员工，然后在剩下的 428 个样本中，从研发部门和后勤部门各随机抽取 140 名员工作为研究对象。实验前后任务绩效问卷的内部一致性系数分别为 0.91 和 0.90。

量表

请您根据自己的实际感受和体会，用下面 4 项描述对您下属员工的实际情况进行评价和判断，并在最符合的数字上划○。评价和判断的标准如下：1=非常不同意，2=不同意，3=不好确定，4=同意，5=非常同意。

1	该员工能履行工作说明中规定的责任。	1	2	3	4	5
2	该员工能按照预期的水平完成工作。	1	2	3	4	5
3	该员工的表现符合绩效规定。	1	2	3	4	5
4	该员工能充分地履行所有职责。	1	2	3	4	5

计分方法

任务绩效量表共 4 道题，可以计算总分或平均分。

量表出处

涂红伟，严鸣，周星．工作设计对知识型员工和体力工作者的差异化影响：一个现场准实验研究．心理学报，2011，43（7）：810-820.

参考文献

Van Dyne，L.，LePine，J. A. Helping and voice extra-role behaviors：evidence of construct and predictive validity. Academy of Management Journal，1998（41）：108-119.

任务绩效 (Gong et al., 2009)

(Task Performance)

简介

任务绩效是领导者和追随者之间社会交换的一种货币形式和相互履行义务的手段。

许彦妮，顾琴轩和蒋琬（2014）翻译了 Gong 等（2009）开发的上级评价的员工绩效问卷，来对任务绩效进行测量，由上级将该下属与其他下属的表现相比较来评价员工绩效的基本水平，问卷共4道题。任务绩效问卷的信度为0.939。

许彦妮，顾琴轩和蒋琬（2014）对上海某高校多个 MBA 班级的学生及其直系上司进行了调研，样本对象来自我国东南部地区的多个公司。共发放问卷220套，回收220套，剔除无效问卷后获得有效匹配问卷208套，问卷有效率为94.6%。

量表

请您根据自己的实际感受和体会，用下面4项描述对您的下属进行评价和判断，并在最符合的数字上划○。评价和判断的标准如下：1=非常不同意，2=不同意，3=不好确定，4=同意，5=非常同意。

1	工作量高于平均水平。	1	2	3	4	5
2	工作质量高于平均水平。	1	2	3	4	5
3	工作效率高于平均水平。	1	2	3	4	5
4	工作质量高于其岗位规定的标准。	1	2	3	4	5

计分方法

任务绩效量表共4道题，可以计算总分或平均分。

量表出处

许彦妮，顾琴轩，蒋琬．德行领导对员工创造力和工作绩效的影响：基于 LMX 理论的实证研究．管理评论，2014，26（2）：139-147.

参考文献

Gong，Y.，Huang，J. C.，Farh，J. L. Employee learning orientation，transformational leadership，and employee creativity：the mediating role of employee creative self-efficacy. Academy of Management Journal，2009，52（4）：765-778.

任务绩效（Lam et al.，2002）

（Task Performance）

简介

任务绩效是指与工作产出直接相关，能够直接对其工作结果进行评价的这部分绩效指标。

任务绩效与具体职务的工作内容密切相关，也与个体的能力、完成任务的熟练程度和工作知识密切相关。

崔明明等（2018）对两家制造业企业、一家电信运营企业以及一家信息技术服务企业进行了调查，这些企业的员工的工作方式以团队或班组为主，能够确保主管对员工任务绩效的正确评价，降低随机因素对研究结果的影响。

崔明明等（2018）共收回配对问卷 412 份，剔除含有缺失值的配对问卷，剩余配对问卷 381 份。共有 62 位主管和 381 位下属员工所填答的问卷用于实证分析，团队的平均规模为 7 人。

采用 Lam，Chen 和 Schaubroeck（2002）的量表测量任务绩效，结果显示 Cronbach's Alpha＝0.882，平均提取方差值 AVE＝0.714，量表的信效度指数都达到了较好的水平。

量表

请您根据自己的实际感受和体会，使用下面 3 项描述对您的员工进行评价和判断，并在最符合的数字上划○。评价和判断的标准如下：1＝完全不同意，2＝不同意，3＝比较不同意，4＝一般，5＝比较同意，6＝同意，7＝非常同意。

1	该员工非常有能力。	1	2	3	4	5	6	7
2	该员工能够非常有效地完成任务。	1	2	3	4	5	6	7
3	该员工很好地履行了工作义务。	1	2	3	4	5	6	7

计分方法

任务绩效量表共 3 道题，可以计算总分或平均分。

量表出处

崔明明，苏屹，李丹．跨界行为对员工任务绩效的影响——基于价值观的多元调节作用．经济管理，2018，40（8）：74-90.

参考文献

Lam，S. S.，Chen，X-P.，Schaubroeck，J. Participative decision making and employee performance in different cultures：the moderating effects of allocentrism/idiocentrism and efficacy. Academy of Management Journal，2002，45（5）：905-914.

组织公民行为（吕福新等，2007）

（Organizational Citizenship Behavior）

简介

组织公民行为充当了组织运行的“润滑剂”，减少组织各个“部件”运行时的相互摩擦，从而可以促进整个组织效率的提高（Podsakoff et al.，1997）。

吕福新和顾姗姗（2007）使用的组织公民行为问卷由30道题组成，分成个人、群体、组织和社会四个层面。他们借鉴了Farh等（2002）的研究成果。原问卷有33道题，使用时参考了郭晓薇（2004）的翻译稿，将原量表中含义可以被其他题目取代的3道题删去。组织公民行为问卷的内部一致性系数为0.895。

吕福新和顾姗姗（2007）选择杭州、宁波、绍兴、嘉兴、湖州、金华和温州的39家民营企业，共发放问卷223份，回收196份，其中有效问卷159份。

量表

请您根据自己的实际感受和体会，用下面30项描述对您的工作状况进行评价和判断，并在最符合的数字上划○。评价和判断的标准如下：1＝非常不同意，2＝不同意，3＝不好确定，4＝同意，5＝非常同意。

1	在干好干坏一个样的情况下，我都认真负责地工作。	1	2	3	4	5
2	即使没有额外报酬，我也乐意加班工作。	1	2	3	4	5
3	当工作有需要时，我会主动加班加点，把工作做好。	1	2	3	4	5
4	我经常提早上班，并着手处理业务。	1	2	3	4	5
5	我积极参加各类培训学习，甚至在下班后自费进修。	1	2	3	4	5
6	我利用业余时间学习，提高工作能力。	1	2	3	4	5
7	我努力充实自己以提高工作品质。	1	2	3	4	5
8	保持个人工作环境的整齐清洁。	1	2	3	4	5
9	当同事工作负荷过重时，我自愿提供协助。	1	2	3	4	5
10	帮助新进的同事适应工作环境。	1	2	3	4	5
11	乐于帮助同事解决工作上的问题。	1	2	3	4	5
12	帮助同事解决生活中的实际困难。	1	2	3	4	5
13	主动探望生病的同事，并在需要时为他们捐款。	1	2	3	4	5
14	当同事的家庭有困难时，我会主动去安慰和资助。	1	2	3	4	5
15	我会协助解决同事之间的误会和纠纷，以维护人际和谐。	1	2	3	4	5
16	维护团结，不在背后议论别人。	1	2	3	4	5
17	与同事建立融洽而良好的关系。	1	2	3	4	5
18	为维护人际和谐，我不计较与同事之间的过节。	1	2	3	4	5
19	主动提出改进工作的建议。	1	2	3	4	5
20	主动提出对企业发展有利的合理化建议。	1	2	3	4	5
21	积极参加公司组织的各类竞赛，如娱乐竞赛及球赛等。	1	2	3	4	5

22	积极参加公司组织的各类活动，如各类会议、聚餐。	1	2	3	4	5
23	自觉参加公司组织的义务活动。	1	2	3	4	5
24	节约使用企业资源，如水、电、办公用品。	1	2	3	4	5
25	爱惜维护单位的办公设备。	1	2	3	4	5
26	主动向外界介绍或宣传企业的优点。	1	2	3	4	5
27	义务宣传和介绍企业产品。	1	2	3	4	5
28	热心资助社会上各种公益募捐活动。	1	2	3	4	5
29	主动支持社会上各种扶贫帮困活动。	1	2	3	4	5
30	积极参加各种社会公益活动，如献血及植树。	1	2	3	4	5

计分方法

组织公民行为量表包括四个维度，共30道题，可以计算每个维度所包括题目的总分或平均分。每个维度包括的题目如下：

1. 个人层面组织公民行为：共8道题，具体包括第1～第8题。
2. 群体层面组织公民行为：共10道题，具体包括第9～第18题。
3. 组织层面组织公民行为：共7道题，具体包括第19～第25题。
4. 社会层面组织公民行为：共5道题，具体包括第26～第30题。

量表出处

吕福新，顾姗姗．心理所有权与组织公民行为的相关性分析——基于本土企业的视角和浙江企业的实证．管理世界，2007（5）：94-103.

参考文献

Farh，J. L.，Zhong，C. B.，Organ，D. W. An Inductive Analysis of the Construct Domain of Organizational Citizenship Behavior. Springer US，2002.

Podsakoff，P. M.，Ahearne，M.，Mackenzie，S. B. Organizational citizenship behavior and the quantity and quality of work group performance. Journal of Applied Psychology，1997，82（2）：262-270.

郭晓薇．企业员工组织公民行为影响因素的研究．上海：华东师范大学，2004.

组织公民行为 (Farh et al.，2007)

(Organizational Citizenship Behavior)

简介

Smith 等（1983）将自发性且不受正式报酬制度控制的工作行为称为组织公民行为，它超越了组织所要求的标准，并未包含在正式的工作说明书中，且这种行为确实对组织运作有正面帮助。

张田和罗家德（2015）翻译了 Farh 等（2007）的组织公民行为量表，来对组织公民行为进行测量。问卷共包括 9 道题，分为两个维度：一般顺从和积极主动。该问卷的信度为 0.87。验证性因素分析的结果表明，组织公民行为与其他变量具有良好的区分效度。

张田和罗家德（2015）在一家台资高科技企业的制造总部进行问卷调查，调研对象为互动频率较高、不常出差、在同一个办公区域的工程技术人员与管理人员。共计向 19 个部门发放问卷 414 份，在剔除无效及有遗漏值的问卷后，最终得到来自 18 个部门的有效问卷 390 份。

量表

请您根据自己的实际感受和体会，用下面 9 项描述对自己进行评价和判断，并在最符合的数字上划○。评价和判断的标准如下：1＝非常不同意，2＝比较不同意，3＝不确定，4＝比较同意，5＝非常同意。

1	我不会在公司内以职权获取个人利益。	1	2	3	4	5
2	我不会在公司内拉帮结派以增加个人影响力。	1	2	3	4	5
3	即使无人注意或无据可考，我也会随时遵守公司规定。	1	2	3	4	5
4	我不会利用上班时间处理私人事务，如买股票、逛街、购物、上美容院等。	1	2	3	4	5
5	我工作认真，并且很少出差错。	1	2	3	4	5
6	我会努力维护公司形象，并积极参与有关活动。	1	2	3	4	5
7	我会主动对外介绍或宣传公司优点，或澄清他人对公司的误解。	1	2	3	4	5
8	我会以积极的态度参与公司内相关会议。	1	2	3	4	5
9	我会主动与同事沟通协调。	1	2	3	4	5

计分方法

组织公民行为量表包括两个维度，共 9 道题，可以计算每个维度所包括题目的总分或平均分。每个维度包括的题目如下：

1. 一般顺从：共 5 道题，具体包括第 1～第 5 题。
2. 积极主动：共 4 道题，具体包括第 6～第 9 题。

量表出处

张田，罗家德．圈子中的组织公民行为．管理学报，2015，12（10）：1442-1449.

参考文献

Smith，C. A.，Organ，D. W.，Near，J. P. Organizational citizenship behavior：its nature and antecedents. Journal of Applied Psychology，1983，68（4）：653-663.

Farh，Jiing-Lih Larry，Podsakoff，P. M.，Organ，D. W. Accounting for organizational citizenship behavior：leader fairness and task scope versus satisfaction. Journal of Management，2007，16（4）：705-721.

适应性绩效（陶祁等，2006）

(Adaptive Performance)

简介

适应性绩效是指广泛意义上的适应性行为，即当工作要求发生变化时，在一个任务中的学习能够有效迁移到另一个任务中的行为上。陶祁和王重鸣（2006）认为，适应性绩效模型既存在跨组织一致性，又存在特殊性，但其应用与个性理论的应用一样，可以用相同的个性量表测量具有不同个性的人。

陶祁和王重鸣（2006）编制的适应性绩效量表的理论构思来自 Pulakos 等（2000）的研究成果。他们提出适应性绩效有八个维度，即处理紧急事件或危机情境、处理工作压力、创造性解决问题、处理不确定性及不可预测性工作情境、学习工作任务及技术和程序、人际适应性、文化适应性、身体适应性。在八维适应性绩效理论及其相应维度描述的基础上，陶祁和王重鸣（2006）针对管理情境编制了 45 道测量题目，并把它们编进管理培训评估问卷，以探讨适应性绩效模型在此情境中的构思。

问卷调查分为两个阶段：第一阶段为试测和验证阶段，抽取的样本主要是重庆和上海两地的企业在职人员，发放问卷 180 份，回收 150 份，其中有效问卷 110 份。陶祁和王重鸣（2006）对试测的 110 个有效样本的数据进行内部一致性分析、探索性因素分析后，针对管理培训情境修正测量题目，最终得到一个包含 25 道题的适应性绩效问卷。四个因素分别为压力和应急处理、人际和文化适应、岗位持续学习和创新解决问题。

第二阶段为正式调查阶段，共发放问卷 400 份，回收 280 份，其中有效问卷 224 份。验证性因素分析证实了适应性绩效问卷的构想效度，内部一致性分析和相关分析的结果也说明问卷具有较好的信度与效度。

信度与效度

陶祁和王重鸣（2006）随机抽取了总体样本（334 个）的 60%（200 个样本），对问卷进行探索性因素分析，抽取了四个因素，累计方差解释率为 68.98%。压力和应急处理、人际和文化适应、岗位持续学习和创新解决问题四个因素具有较高的内部一致性系数，分别为 0.91、0.94、0.92 和 0.85。

陶祁和王重鸣（2006）对剩下的 134 个样本进行了四因素结构的验证性因素分析。结果显示，拟合参数统计是：$\chi^2/df=1.82$，NFI＝0.82，NNFI＝0.89，CFI＝0.90，IFI＝0.90，GFI＝0.76，AGFI＝0.71，RMSEA＝0.08。从数据结果来看，具有较好的拟合度。

量表

请您根据自己的实际感受和体会，对下面 25 项描述进行评价和判断，并在最符合的数字上划○。评价和判断的标准如下：1＝非常不同意，2＝不同意，3＝不好确定，4＝同意，5＝非常同意。

1	通常提出几种备择方案解决工作中的应急问题。	1	2	3	4	5
2	处理紧急问题时通常思维清晰并且主次分明。	1	2	3	4	5
3	能够客观地处理紧急问题。	1	2	3	4	5
4	分步骤采取相应的措施解决紧急问题。	1	2	3	4	5
5	工作压力过大时保持冷静。	1	2	3	4	5
6	处理紧急问题时能控制情绪。	1	2	3	4	5
7	工作安排过于紧张时能够保持冷静。	1	2	3	4	5
8	用创新的方法解决复杂的问题。	1	2	3	4	5
9	通过逆向思维想出解决问题的新方法。	1	2	3	4	5
10	从表面上无关的信息中找到新的解决方法。	1	2	3	4	5
11	找到别人没有发现的问题解决方法。	1	2	3	4	5
12	有浓厚的兴趣学习与工作相关的新技术、新方法。	1	2	3	4	5
13	将学到的新技术应用到工作中。	1	2	3	4	5
14	采取必要方法使得知识和技能跟上潮流。	1	2	3	4	5
15	学习新知识或新技能的速度很快。	1	2	3	4	5
16	很快适应没有接触过的工作程序或工作内容。	1	2	3	4	5
17	采取行动弥补工作缺陷。	1	2	3	4	5
18	与不同个性的人一起很好地工作。	1	2	3	4	5
19	在必要时调整自己的行为。	1	2	3	4	5
20	主动了解其他部门的工作氛围、需要。	1	2	3	4	5
21	理解公司的组织氛围、发展方向和价值观。	1	2	3	4	5
22	融入其他不同的价值观、风俗和文化。	1	2	3	4	5
23	修正自己的行为以适应其他文化、风俗习惯。	1	2	3	4	5
24	容易理解在其他文化下行为的含义并作出调整。	1	2	3	4	5
25	与拥有不同文化背景的人维持良好关系。	1	2	3	4	5

计分方法

适应性绩效量表包括四个维度，共 25 道题，可以计算每个维度所包括题目的总分或平均分。每个维度包括的题目如下：

1. 人际和文化适应：共 8 道题，具体包括第 18～第 25 题。
2. 压力和应急处理：共 7 道题，具体包括第 1～第 7 题。
3. 岗位持续学习：共 6 道题，具体包括第 12～第 17 题。
4. 创新解决问题：共 4 道题，具体包括第 8～第 11 题。

量表出处

陶祁，王重鸣．管理培训背景下适应性绩效的结构分析．心理科学，2006，29（3）：614-617.

参考文献

Pulakos，E. D.，Arad，S.，Donovan，M. A.，Plamondon，K. E. Adaptability in the workplace：development of a taxonomy of adaptive performance. Journal of Applied Psychology，2000，85（4）：612-624.

组织绩效（林义屏，2001）

（Organizational Performance）

简介

谢洪明，刘常勇和陈春辉（2006）使用的组织绩效问卷参考了林义屏（2001）的研究成果，根据 Steers（1975）的建议采用多重而非单一因素（变量）的自评方式，并将12个衡量绩效的问题依据其性质分成短期绩效与长期绩效两个因素。组织绩效问卷的内部一致性系数为0.90。

谢洪明，刘常勇和陈春辉（2006）根据珠三角地区的企业黄页电话号码簿随机抽取欲调查的样本企业，然后通过电话与该企业的高层联络，确认可以接受调查后，即派人上门进行调查，或者将问卷邮寄过去。共发放问卷600份，回收156份。其中，填答不全的无效问卷5份，有效问卷151份。

量表

请您根据自己的实际感受和体会，用下面12项描述对您所在单位的实际情况进行评价和判断，并在最符合的数字上划○。评价和判断的标准如下：1＝非常低，2＝低，3＝比较低，4＝比较高，5＝高，6＝非常高。

1	同主要竞争者相比，公司对销售增长率的满意度。	1	2	3	4	5	6
2	同主要竞争者相比，公司对市场占有率的满意度。	1	2	3	4	5	6
3	同主要竞争者相比，公司对净利润率的满意度。	1	2	3	4	5	6
4	同主要竞争者相比，公司对销售利润率的满意度。	1	2	3	4	5	6
5	同主要竞争者相比，公司对经营过程中的现金流量的满意度。	1	2	3	4	5	6
6	同主要竞争者相比，公司对投资报酬率的满意度。	1	2	3	4	5	6
7	同主要竞争者相比，公司对新产品的开发绩效的满意度。	1	2	3	4	5	6
8	同主要竞争者相比，公司对市场的拓展绩效的满意度。	1	2	3	4	5	6
9	同主要竞争者相比，公司对设计制造过程的创新能力的满意度。	1	2	3	4	5	6
10	同主要竞争者相比，公司对自身的运营成本的满意度。	1	2	3	4	5	6
11	同主要竞争者相比，公司对员工的职业生涯发展前景的满意度。	1	2	3	4	5	6
12	同主要竞争者相比，公司对自身的公众与社会形象的满意度。	1	2	3	4	5	6

计分方法

组织绩效量表共12道题，可以计算总分或平均分。

量表出处

谢洪明，刘常勇，陈春辉．市场导向与组织绩效的关系：组织学习与创新的影响——珠三角地区企业的实证研究．管理世界，2006（2）：80-94.

参考文献

Steers, R. M. Problems in the measurement of organizational effectiveness. Administrative Science Quarterly, 1975, 20 (4).

林义屏. 市场导向、组织学习、组织创新与组织绩效间关系之研究——以科学园区信息电子产业为例. 高雄：台湾中山大学，2001.

基于平衡计分卡的组织绩效（陈国权，2009）

（Balanced Scoredcard-based Organizational Performance）

简介

陈国权（2009）根据 Kaplan 和 Norton（1992）提出的平衡计分卡理论，开发了基于平衡计分卡的组织绩效测量量表，包括四个维度：财务绩效、运作绩效、客户绩效、员工绩效。根据 Dess 和 Robinson（1984）的观点，在一定的情况下可以采用主观方法对组织绩效进行测量。测量系统的具体指标包括投资收益、利润、产品或服务质量、成本、响应顾客需求速度、顾客满意度、员工技能和发展、员工满意度、员工忠诚度等。

陈国权（2009）选取在清华大学经济管理学院学习高级管理课程的 5 个班的学员，他们大多为各企业的高级管理人员。在课程学习期间发放问卷，学员在课堂上填写。根据班级人数共发放问卷 350 份，回收 248 份，最后用于分析的有效问卷 223 份。

量表

请您根据自己的实际感受和体会，对下面 12 项关于您所在企业的描述进行评价和判断，并在最符合的数字上划○。评价和判断的标准如下：1＝非常不同意，2＝不同意，3＝比较不同意，4＝无所谓，5＝比较同意，6＝同意，7＝非常同意。

1	企业在盈利能力上具有竞争优势。	1	2	3	4	5	6	7
2	企业在投资回报率上具有竞争优势。	1	2	3	4	5	6	7
3	企业在净资产收益率上具有竞争优势。	1	2	3	4	5	6	7
4	企业在产品或服务质量上具有竞争优势。	1	2	3	4	5	6	7
5	企业在产品或服务成本上具有竞争优势。	1	2	3	4	5	6	7
6	企业在运作效率上具有竞争优势。	1	2	3	4	5	6	7
7	企业在响应顾客需要上具有竞争优势。	1	2	3	4	5	6	7
8	企业在顾客满意度上具有竞争优势。	1	2	3	4	5	6	7
9	企业在顾客忠诚度上具有竞争优势。	1	2	3	4	5	6	7
10	企业在员工知识和技能水平上具有竞争优势。	1	2	3	4	5	6	7
11	企业在员工满意度上具有竞争优势。	1	2	3	4	5	6	7
12	企业在员工忠诚度上具有竞争优势。	1	2	3	4	5	6	7

计分方法

基于平衡计分卡的组织绩效量表包括四个维度，共 12 道题，可以计算每个维度所包括题目的总分或平均分。每个维度包括的题目如下：

1. 财务绩效：共 3 道题，具体包括第 1～第 3 题。
2. 运作绩效：共 3 道题，具体包括第 4～第 6 题。
3. 客户绩效：共 3 道题，具体包括第 7～第 9 题。

4. 员工绩效：共3道题，具体包括第10～第12题。

量表出处

陈国权．组织学习和学习型组织：概念、能力模型、测量及对绩效的影响．管理评论，2009，21（1）：107-116.

参考文献

Kaplan, R. S., Norton, D. P. The balanced scorecard-measures that drive performance. Harvard Business Review, 1992, 70 (1): 187-204.

Dess, G. G., Robinson, R. B. Measuring organizational performance in the absence of objective measures: the case of the privately held firm and conglomerate business unit. Strategic Management Journal, 1984, 5 (3): 265-273.

知识相关的组织绩效（顾琴轩等，2009）

(Knowledge-related Organizational Performance)

简介

顾琴轩，傅一士和贺爱民（2009）认为，组织的成功在很大程度上依赖于组织探索新知识以及应用现有知识的能力。知识共享过程既促使对新知识的探索，也促使对现有知识的拓展和应用。他们基于已有的相关研究，采用问卷调查的方法编制知识相关的组织绩效问卷。

问卷发放的对象是企业人力资源经理或主管，涉及的行业包括制造业、服务业和高新技术行业等，涉及的地点包括北京、上海、浙江、江苏、广东、深圳等。通过现场、电子邮件和传真形式发放问卷350份。其中，现场发放问卷50份，对象是在大学攻读在职MBA、来自不同企业的人力资源经理或主管，回收问卷50份，其中有效问卷48份。另外，通过电子邮件和传真向300家企业发放问卷300份，回收问卷167份，剔除无效问卷，有效问卷155份。总共收到有效问卷203份，代表203家企业。

顾琴轩，傅一士和贺爱民（2009）进行因子分析，发现有4个因子的特征值都大于1，方差解释率为63.724%，其中第一个因子的方差解释率为22.075%。最后，由知识探索性绩效与知识拓展性绩效两个维度共6道题构成了知识相关的组织绩效问卷，其信度为0.794。

量表

请您根据自己的实际感受和体会，用下面6项描述对您所在单位业绩的实际情况进行评价和判断，并在最符合的数字上划○。评价和判断的标准如下：1=很差，2=差，3=一般，4=好，5=很好。

1	优化决策过程。	1	2	3	4	5
2	提高创新性。	1	2	3	4	5
3	提高产品或服务的质量。	1	2	3	4	5
4	增加收益。	1	2	3	4	5
5	扩大业务领域。	1	2	3	4	5
6	降低成本。	1	2	3	4	5

计分方法

知识相关的组织绩效量表包括两个维度，共6道题，可以计算每个维度所包括题目的总分或平均分。每个维度包括的题目如下：

1. 知识探索性绩效：强调反映与不断探索新知识有关的组织绩效。共3道题，具体包括第1～第3题。

2. 知识拓展性绩效：强调反映与不断应用现有知识有关的组织绩效。共3道题，具体包括第4～第6题。

量表出处

顾琴轩，傅一士，贺爱民．知识共享与组织绩效：知识驱动的人力资源管理实践作用研究．南开管理评论，2009，12（2）：59-66.

新企业绩效（牛芳等，2011）

(New Corporation Performance)

简介

牛芳，张玉利和杨俊（2011）利用3道题来衡量新企业绩效，创业者对自己企业在市场占有率、销售收入增长率和净利润三个方面的表现打分。对问卷进行探索性因素分析，得到一个特征值大于1的因子即新企业绩效。新企业绩效问卷的内部一致性系数为0.828。

量表

请您根据自己的实际感受和体会，用下面3项描述对您所在的企业进行评价和判断，并在最符合的数字上划○。评价和判断的标准如下：1=非常不满意，2=不满意，3=比较不满意，4=不确定，5=比较满意，6=满意，7=非常满意。

1	市场占有率	1	2	3	4	5	6	7
2	销售收入增长率	1	2	3	4	5	6	7
3	净利润	1	2	3	4	5	6	7

计分方法

新企业绩效量表共3道题，可以计算总分或平均分。

量表出处

牛芳，张玉利，杨俊．创业团队异质性与新企业绩效：领导者乐观心理的调节作用．管理评论，2011，23（11）：110-119.

创新绩效 (Zhang et al., 2010)

(Innovation Performance)

简介

于晓宇和蔡莉(2013)借鉴 Zhang 和 Li(2010)在中国情境下对高科技创业企业研究时使用的5道题的问卷,通过请被试评估其企业在五个方面与主要竞争对手相比的成功程度,来度量创业企业的创新绩效。该问卷关注创新的质量和速度两个方面,被多次用于中国高科技企业的相关研究,具有较好的外部效度。创新绩效问卷的信度为0.896,累计方差解释率为70.67%。

于晓宇和蔡莉(2013)采取典型调查和等距抽样相结合的方式收集样本。首先选择上海张江高新技术产业开发区作为抽样区域,其次从2 000家高科技企业数据库中按照等距抽样原则选择500家作为调研企业,通过现场访谈的方式回收问卷223份,其中有效问卷177份。

量表

请您根据自己的实际感受和体会,用下面5项描述对您所在企业的实际情况进行评价和判断,并在最符合的数字上划○。评价和判断的标准如下:1=非常不同意,2=不同意,3=不好确定,4=同意,5=非常同意。

1	持续推出新产品。	1	2	3	4	5
2	率先引入新产品。	1	2	3	4	5
3	迅速发布新产品。	1	2	3	4	5
4	开发出高质量的新产品。	1	2	3	4	5
5	使用新产品来渗透市场。	1	2	3	4	5

计分方法

创新绩效量表包括两个维度,共5道题,可以计算每个维度所包括题目的总分或平均分。每个维度包括的题目如下:

1. 速度:共3道题,具体包括第1～第3题。
2. 质量:共2道题,具体包括第4、第5题。

量表出处

于晓宇,蔡莉.失败学习行为、战略决策与创业企业创新绩效.管理科学学报,2013,16(12):37-56.

参考文献

Zhang, Y., Li, H. Innovation search of new ventures in a technology cluster: the role of ties with service intermediaries. Strategic Management Journal, 2010, 31 (1): 88-109.

创新绩效（韩翼等，2007）

(Innovation Performance)

简介

创新绩效指的是员工或团队在创新上取得的成效或效果。张振刚，付斯洋和余传鹏（2018）提出：从创新活动过程的角度看，创新绩效是指由员工能够控制的且与创新有关的一组行为；从创新活动结果的角度看，是指员工在特定时间内新颖的、有用的产出；从创新活动过程与结果相结合的角度看，包括整个创新过程与最终的创新成果。

黄玮等（2017）选择北京、杭州、广州、成都和武汉5个城市的10家高新技术企业收集数据，涉及生物制药和软件研发两个行业。被调查企业要具有以下特征：（1）成立5年以上；（2）研发人员占企业全部人员一半以上；（3）主营业务收入绝大部分来自新产品或新技术销售；（4）企业有一套规范的研发管理制度。

黄玮等（2017）采用上下级配对调查法，上级问卷主要完成对下属员工绩效、非正式地位两个变量的评价，下属问卷主要完成个体人口统计学特征、正式地位、创造力、内外部动机、团队创新氛围、越轨创新行为、绩效等变量的评价。

黄玮等（2017）共发放配套问卷765套，回收579套（员工579份，上级114份），回收率75.7%。同时剔除绩效上下级报告偏差大、漏填、乱填的问卷123套，最终保留有效配对问卷456套（员工456份，上级78份）。

信度与效度

采用韩翼等（2007）编制的个体创新绩效量表，信度分析结果Cronbach's Alpha＝0.84，累计方差解释率为48.127%，量表的信度指数达到了良好水平。

量表

请您根据自己的实际感受和体会，通过下面8项描述对员工进行评价和判断，并在最符合的数字上划○。评价和判断的标准如下：1＝非常不同意，2＝不同意，3＝有点不同意，4＝不确定，5＝有点同意，6＝同意，7＝非常同意。

1	该员工会为了改善现有状况提出新想法。	1	2	3	4	5	6	7
2	该员工能主动支持创新性的思想。	1	2	3	4	5	6	7
3	该员工会通过学习寻找新的工作方法、技能或工具。	1	2	3	4	5	6	7
4	该员工常因创新性主意而获得上级表扬。	1	2	3	4	5	6	7
5	该员工能把创新性想法转化成实际应用。	1	2	3	4	5	6	7
6	该员工会通过学习提出一些独创性的解决问题的方案。	1	2	3	4	5	6	7
7	该员工能用系统的方法介绍创新性的思想。	1	2	3	4	5	6	7
8	该员工能使企业的重要组织成员关注创新性思维。	1	2	3	4	5	6	7

计分方法

创新绩效量表共 8 道题，可以计算总分或平均分。

量表出处

黄玮，项国鹏，杜运周，刘洋．越轨创新与个体创新绩效的关系研究——地位和创造力的联合调节作用．南开管理评论，2017，20 (1)：143-154.

参考文献

韩翼，廖建桥，龙立荣．雇员工作绩效结构模型构建与实证研究．管理科学学报，2007，10 (5)：62-77.

张振刚，付斯洋，余传鹏．个体知识吸收能力对员工创新绩效的影响．中国人力资源开发，2018 (3)：73-83.

创业绩效（吴岩，2014）

（Entrepreneurial Performance）

简介

吴岩（2014）在 Covin 和 Slevin（1991），Chandler 和 Hanks（1993）等开发的创业绩效量表的基础上，经过与相关专家讨论，最终确定了创业绩效量表。共有两个层面的绩效衡量工具：第一层面是财务创业绩效衡量指标，如销售增长率、投资回报率、资产回报率等；第二层面为非财务创业绩效指标，如产品质量、新产品开发等。财务创业绩效的内部一致性系数为 0.892，非财务创业绩效的内部一致性系数为 0.867。

吴岩（2014）以珠三角地区创业园内的企业为样本，发放调查问卷 360 份，回收有效问卷 182 份。

量表

请您根据自己的实际感受和体会，用下面 6 项描述对您所在公司的实际情况进行评价和判断，并在最符合的数字上划○。评价和判断的标准如下：1＝非常不同意，2＝不同意，3＝不好确定，4＝同意，5＝非常同意。

1	公司主体业务一直保持着很高的市场份额（市场占有率）。	1	2	3	4	5
2	公司的利润率保持在很高的水平（净收益率）。	1	2	3	4	5
3	公司净资产收益率在同行业中占据优势（投资收益率）。	1	2	3	4	5
4	公司员工数量增长很快。	1	2	3	4	5
5	公司新产品或新服务发展速度较快。	1	2	3	4	5
6	公司市场份额增长速度较快。	1	2	3	4	5

计分方法

创业绩效量表包括两个维度，共 6 道题，可以计算每个维度所包括题目的总分或平均分。每个维度包括的题目如下：

1. 财务创业绩效：共 3 道题，具体包括第 1～第 3 题。
2. 非财务创业绩效：共 3 道题，具体包括第 4～第 6 题。

量表出处

吴岩．创业团队的知识异质性对创业绩效的影响研究．科研管理，2014，35（7）：84-90.

参考文献

Covin，J. G.，Slevin，D. P. A conceptual model of entrepreneurship as firm behavior. Entrepreneurship Theory and Practice，1991（16）：7-26.

Chandler，G. N.，Hanks，S. H. Measuring the performance of emerging businesses：a validation study. Journal of Business Venturing，1993，8（5）：391-408.

时间反思（Gevers，2009）

（Temporal Reflexivity）

简介

时间反思关注任务执行的时间层面，是对工作截止日期、时间利用方式、时间利用效果进行商讨、反思和评估的过程（Swift，1998）。

刘冰等（2017）通过实地调研和邮寄相结合的方式进行了两个阶段的数据收集，时间反思在第二阶段进行调查，最终得到有效团队 52 个，回收有效问卷 277 套。

时间反思的测量使用的是 Gevers（2009）开发的团队时间反思量表，共有 4 道题，结果 Cronbach's Alpha＝0.817，量表的信度达到了良好水平。

量表

请您根据自己的实际感受和体会，使用下面 4 项描述对您所在的团队进行评价和判断，并在最符合的数字上划○。评价和判断的标准如下：1＝完全不同意，2＝不同意，3＝不好确定，4＝同意，5＝完全同意。

1	我们团队经常就工作截止日期进行争论。	1	2	3	4	5
2	我们团队经常反思时间是如何使用掉的。	1	2	3	4	5
3	我们团队经常反思已经完成的工作花多少时间。	1	2	3	4	5
4	我们团队经常评估时间是否被有效利用。	1	2	3	4	5

计分方法

时间反思量表共 4 道题，可以计算总分或平均分。

量表出处

刘冰，徐璐，齐蕾．时间领导与团队学习行为——基于建筑业项目团队的调查研究．中国软科学，2017（1）：115-126.

参考文献

Swift，T. A.，West，M. A. Reflexivity and group processes：research and practice. ESRC Centre for Organization and Innovation，1998.

Gevers，J. M. P.，Van Eerde，W.，Rutte，C. G. Team self-regulation and meeting deadlines in project teams：antecedents and effects of temporal consensus. European Journal of Work and Organizational Psychology，2009（3）：295-321.

第6章
沟通、冲突与信任

沟通满意度（钱小军等，2005）

(Communication Satisfaction)

简介

沟通满意度即员工关于组织沟通环境的整体感觉。

钱小军和詹晓丽（2005）在沟通满意度问卷的编制过程中主要参考了 Downs 等（1977）的研究框架，并在此基础上借鉴了其他学者的研究成果。为了研究我国企业沟通满意度的构成因素的特点，他们选取了三个比较有代表性的企业样本。样本 1 是一家化工企业，样本数为 37；样本 2 是一家国有钢铁集团的线材分厂，样本数为 39；样本 3 是一家电子商务企业，样本数为 52。

首先对样本 1 做因子分析，共得到 6 个因子，累计方差解释率为 71.352%，将抽取的因子按照所包含的题目内容依次命名为：平行及非正式沟通、工作信息、沟通介质质量、与下级沟通、沟通认知和沟通氛围。对于样本 2，也得到 6 个因子，累计方差解释率为 78.811%，因子有与上级沟通及平行沟通、与下级沟通、沟通介质质量、非正式沟通、沟通氛围和沟通认知。对于样本 3，得到 5 个因子，累计方差解释率为 86.295%，因子有与下级沟通、沟通介质质量、工作信息、与上级沟通、沟通氛围。结果表明，上级与下级沟通、沟通介质质量和沟通氛围是最稳定的沟通满意度因子。

量表

请您根据自己的实际感受和体会，用下面 18 项描述对您的工作状况进行评价和判断，并在最符合的数字上划〇。评价和判断的标准如下：1=非常不同意，2=不同意，3=没感觉，4=同意，5=非常同意。

1	非正式沟通盛行。	1	2	3	4	5
2	设置意见箱的效果很好。	1	2	3	4	5
3	部门之间沟通顺畅。	1	2	3	4	5
4	我清楚上级对我的要求。	1	2	3	4	5
5	我能够获取工作所需的信息。	1	2	3	4	5
6	小道消息基本真实。	1	2	3	4	5
7	公司内部材料简明清晰。	1	2	3	4	5

8	会议之前有充分的准备。	1	2	3	4	5
9	上级非常关注我的工作。	1	2	3	4	5
10	个别交流频率很高。	1	2	3	4	5
11	我主动和上级讨论工作。	1	2	3	4	5
12	上级了解我工作中的问题。	1	2	3	4	5
13	上级会给予我工作上的指导。	1	2	3	4	5
14	沟通状况对企业的影响很大。	1	2	3	4	5
15	我希望参加沟通技能训练。	1	2	3	4	5
16	部门内部有定期的讨论会。	1	2	3	4	5
17	上下级经常开展工作讨论。	1	2	3	4	5
18	员工之间相互信任并经常交流。	1	2	3	4	5

计分方法

沟通满意度量表共18道题，可以计算总分或平均分。

量表出处

钱小军，詹晓丽．关于沟通满意度以及影响的因子分析和实证研究．管理评论，2005，17（6）：30-34.

参考文献

Downs，C. W.，Hazen，M. D. A factor analytic study of communication satisfaction. Journal of Business Communication，1977，14（3）：63-73.

倾听（Ramsey et al.，1997）

(Listening)

简介

倾听是使用最多却很少被仔细探究的沟通方式。

高维和，黄沛和江晓东（2012）参照 Ramsey 和 Sohi（1997）的研究成果，翻译了他们的量表，用 8 道题对倾听进行测量。该问卷的内部一致性系数为 0.751。高维和，黄沛和江晓东（2012）选择上海张江高科技园区相关企业作为研究对象，回收问卷 241 份，剔除不合格问卷 42 份，最后得到有效问卷 199 份。

量表

请您根据自己的实际感受和体会，用下面 8 项描述对您的个人情况进行评价和判断，并在最符合的数字上划○。评价和判断的标准如下：1＝非常不同意，2＝不同意，3＝不好确定，4＝同意，5＝非常同意。

1	能够集中注意力。	1	2	3	4	5
2	不打断他人说话。	1	2	3	4	5
3	能够重述问题。	1	2	3	4	5
4	理解他人说的内容。	1	2	3	4	5
5	热情回应。	1	2	3	4	5
6	在合适的时候作出回答。	1	2	3	4	5
7	不是简单地回答“是”或“不是”。	1	2	3	4	5
8	不停地变换主题。	1	2	3	4	5

计分方法

倾听量表共 8 道题，可以计算总分或平均分，其中第 8 题需反向计分。

量表出处

高维和，黄沛，江晓东．人际沟通与企业间关系：心理契约的中介作用．管理评论，2012，24（4）：124-132.

参考文献

Ramsey，R. P.，Sohi，R. S. Listening to your customers：the impact of perceived salesperson listening behavior on relationship outcomes. Journal of the Academy of Marketing Science，1997，25（2）：127-137.

关系（张勉等，2007）

(Guanxi)

简介

张勉和张德（2007）将关系定义为“个体能够获取稀缺资源和避免困境的潜力”。这个定义旨在尝试把握关系在中国社会组织中的工具性。他们在西安的 15 家 IT 企业中进行了问卷调查，共获得有效样本 742 份。关系量表的内部一致性系数为 0.73，验证性因素分析的结果表明关系与其他变量有一定的区分效度。

量表

请您根据自己的实际感受和体会，用下面 3 项描述对您的实际情况进行评价和判断，并在最符合的数字上划○。评价和判断的标准如下：1=非常不同意，2=不同意，3=不确定，4=同意，5=非常同意。

1	通过我的个人关系，我可以办到其他多数同级员工在本单位办不到的事情。	1	2	3	4	5
2	对于单位的一些重要决定，我可以在未公布前比多数同级员工先了解到。	1	2	3	4	5
3	当我在单位遇到麻烦时，可以通过个人关系改善自己的处境。	1	2	3	4	5

计分方法

关系量表共 3 道题，可以计算总分或平均分。

量表出处

张勉，张德．企业雇员离职意向的影响因素：对一些新变量的量化研究．管理评论，2007，19（4）：23-28.

冲突类型（Chen et al.，2005）

（Conflict）

简介

认知冲突是团队成员之间互不认同的矛盾状态，目的在于试图说服甚至强迫他人接受自己的观点和看法，进而以此作为团队行动的依据（Deutsch，1973）。有关社会认知理论的研究表明，依据目标导向不同，可以将认知冲突划分为合作式冲突、对抗式冲突与让步式冲突三种类型（Deutsch，1980，1990；Chen et al.，2005）。

杨俊，田莉，张玉利和王伟毅（2010）借鉴 Chen 等（2005）在中国情境下使用过的 12 道题的量表来反映创业团队冲突特征，其中 4 道题刻画合作式冲突，4 道题反映对抗式冲突，4 道题表示让步式冲突。探索性因素分析的结果显示，合作式冲突、对抗式冲突和让步式冲突的信度分别为 0.693、0.751 和 0.709，问卷整体信度为 0.682。

杨俊，田莉，张玉利和王伟毅（2010）选择天津市科技企业孵化器为抽样区域，选择 9 家科技企业孵化器为调研区域，在每个孵化器内随机抽取 15～20 家企业为调研对象，并针对新技术企业总经理开展面访式问卷调查，共回收有效问卷 150 份。

量表

请您根据自己的实际感受和体会，对下面 12 项关于您所在团队的描述进行评价和判断，并在最符合的数字上划○。评价和判断的标准如下：1＝非常不符合，2＝不符合，3＝不太确定，4＝符合，5＝非常符合。

1	注重营造“我们是一个整体”的氛围。	1	2	3	4	5
2	注重寻求对每个人都有利的行动方案。	1	2	3	4	5
3	坚持工作以实现我们的理想和追求。	1	2	3	4	5
4	注重寻求最好的角色分工来提高决策效率。	1	2	3	4	5
5	总希望说服他人同意自己的立场。	1	2	3	4	5
6	总希望他人作出让步而不是自己作出让步。	1	2	3	4	5
7	将冲突视为非赢即输的竞赛。	1	2	3	4	5
8	利用固执来换取其他成员认同自己的观点。	1	2	3	4	5
9	尽量将分歧控制在桌面之下。	1	2	3	4	5
10	试图通过避免分歧来化解彼此的观点差异。	1	2	3	4	5
11	尽量避免有争议的话题讨论。	1	2	3	4	5
12	为了避免冲突，成员之间尽量彼此作出让步。	1	2	3	4	5

计分方法

冲突类型量表包括三个维度，共 12 道题，可以计算每个维度所包括题目的总分或平均分。每个维度包括的题目如下：

1. 合作式冲突：注重团队内成员之间的相互依存关系，以团队目标实现和问题解决为导向。共4道题，具体包括第1～第4题。

2. 对抗式冲突：注重团队内成员之间的竞争利益，以个人观点被接纳而非问题解决为导向。共4道题，具体包括第5～第8题。

3. 让步式冲突：注重团队成员之间的关系稳定，以维持团队凝聚力而非问题解决为导向。共4道题，具体包括第9～第12题。

量表出处

杨俊，田莉，张玉利，王伟毅．创新还是模仿：创业团队经验异质性与冲突特征的角色．管理世界，2010（3）：84-96.

参考文献

Deutsch，M. The resolution of conflict，New Haven，CT：Yale University Press，1973.

Deutsch，M. Fifty years of conflict，In Festinger，L. （Ed.）. Retrospections on Social Psychology，New York：Oxford University Press，1980：46-77.

Chen，G.，Liu，C.，Tjosvold，D. Conflict management for effective top management teams and innovation in China. Journal of Management Studies，2005，42（2）：277-300.

Deutsch，M. Sixty years of conflict. International Journal of Conflict Management，1990，1（3）：237-263.

群体内冲突 (Jehn，1995)

(Intragroup Conflict)

简介

冲突作为生活中常见的不可回避的现象，在各个层面（个体、团队或群体、组织等）都受到重视，决策者将非常多的时间花在解决方方面面的冲突上，以至于 McDonald（1972）认为高层的冲突是一个致命的游戏。冲突传统上被认为是对组织、决策和绩效有害的因素，后来人们逐渐认识到冲突是把双刃剑，运用得当可能有利于团队和组织的创新及竞争力的提升。

王国锋，李懋和井润田（2007）认为，群体内冲突包括情绪冲突与认知冲突。他们翻译了 Jehn（1995）的群体内冲突量表（Intragroup Conflict Scale，ICS）来测量群体内的冲突程度。由于 ICS 量表可用于不同的场合，如工作群体、高层管理团队，因此该量表能够有效地度量情绪冲突和认知冲突。经过信效度分析检验，最终得到 8 道题的群体内冲突量表，包括情绪冲突与认知冲突两个维度。情绪冲突的信度为 0.907，认知冲突的信度为 0.773，两者的方差解释率分别为 45.07%和 28.25%。

王国锋，李懋和井润田（2007）的研究样本来自连续几期 EMBA 班学员，通过测验来诊断学员所在高管团队内部的冲突状况并给他们提供反馈。共回收问卷 112 份，问卷题项针对的都是该高层管理人员所在的高管团队。

量表

请您根据自己的实际感受和体会，用下面 8 项描述对您所在领导班子的实际情况进行评价和判断，数字越大，表示程度越高，请在最符合的数字上划○。

1	在企业领导班子讨论工作时，存在个人间的摩擦。	1	2	3	4	5
2	在企业领导班子商讨工作时，团队成员间会出现情感上的不快。	1	2	3	4	5
3	在企业领导班子商讨问题时，会出现由于情绪原因而导致的紧张关系。	1	2	3	4	5
4	在企业领导班子商讨问题时，会有个人性格差异引起的矛盾。	1	2	3	4	5
5	在企业领导班子讨论工作时，团队成员间存在情绪上的冲突。	1	2	3	4	5
6	在企业领导班子讨论工作时，会由于观点不一致出现意见冲突。	1	2	3	4	5
7	在企业领导班子商讨发展战略时，存在内部意见冲突。	1	2	3	4	5
8	在企业领导班子商讨工作时，在需要通过的决策内容方面存在差异。	1	2	3	4	5

计分方法

群体内冲突量表包括两个维度，共 8 道题，可以计算每个维度所包括题目的总分或平均分。每个维度包括的题目如下：

1. 情绪冲突：共 5 道题，具体包括第 1～第 5 题。
2. 认知冲突：共 3 道题，具体包括第 6～第 8 题。

量表出处

王国锋，李懋，井润田．高管团队冲突、凝聚力与决策质量的实证研究．南开管理评论，2007，10（5）：89-93.

参考文献

McDonald，A. Conflict at the summit：a deadly game. Harvard Business Review，1972，9（1）：2-15.

Jehn，K. A. A multimethod examination of the benefits and detriments of intragroup conflict. Administrative Science Quarterly，1995，40（2）：256-282.

高管团队关系冲突（Tjosvold et al.，2006）

（Top Management Team Conflict）

简介

高管团队冲突包括关系冲突和任务冲突。

关系冲突也称情感冲突，是指团队成员之间的矛盾或憎恨、恼怒等情绪造成人际关系不和谐的状态。Amason（1996）认为，关系冲突具有负面影响，团队成员将焦点放在人际关系矛盾和情感纠纷上而不是工作上，既降低了团队的凝聚力，也不利于工作的开展。

任务冲突也称认知冲突，是针对工作任务产生的意见和观点的冲突，与对人不对事的关系冲突不同。一般来说，任务冲突让团队成员加深对工作任务的理解和认识，促进团队成员创新性工作，提出更多解决方案，提高绩效。

陈建勋等（2016）共发放问卷450份，通过多轮沟通与交流，回收245份，剔除填答不完整的和明显不认真作答的无效问卷52份，最终有效问卷是193份。

陈建勋等（2016）采用Tjosvold，Law和Sun（2006）的量表测量高管团队冲突，关系冲突量表Cronbach's Alpha为0.906，任务冲突量表Cronbach's Alpha为0.851，表明量表信度良好。

量表

请您根据自己的实际感受和体会，通过下面8项描述对公司高管团队成员之间的关系进行评价和判断，并在最符合的数字上划○。评价和判断的标准如下：1＝非常不同意，2＝不同意，3＝一般，4＝同意，5＝非常同意。

1	本公司高管团队成员之间有很多摩擦。	1	2	3	4	5
2	本公司高管团队成员之间性格冲突很明显。	1	2	3	4	5
3	本公司高管团队成员之间的关系很紧张。	1	2	3	4	5
4	本公司高管团队成员之间的情绪冲突频繁。	1	2	3	4	5
5	本公司高管团队成员对所进行的工作常常持不同观点。	1	2	3	4	5
6	本公司高管团队成员经常会出现观点上的冲突。	1	2	3	4	5
7	本公司高管团队成员时常就工作问题发生冲突。	1	2	3	4	5
8	本公司高管团队成员的意见分歧大。	1	2	3	4	5

计分方法

高管团队冲突量表包括两个维度，共8道题，可以计算每个维度所包括题目的总分或平均分。每个维度包括的题目如下：

1. 关系冲突：共4道题，具体包括第1～第4题。
2. 任务冲突：共4道题，具体包括第5～第8题。

量表出处

陈建勋，郑雪强，王涛．“对事不对人”抑或“对人不对事”——高管团队冲突对组织探索式学习行为的影响．南开管理评论，2016，19（5）：91-103.

参考文献

Amason，A. C. Distinguishing the effects of functional and dysfunctional conflict on strategic decision making：resolving a paradox for top management teams. Academy of Management Journal，1996，39（1）：123-148.

Tjosvold，D.，Law，K. S.，Sun，H. F. Effectiveness of Chinese teams：the role of conflict types and conflict management approaches. Management and Organization Review，2006，2（2）：231-252.

冲突管理风格（陈晶等，2006）

(Conflict Management Style)

简介

陈晶，陈丽娜和张建新（2006）将中国人人际冲突处理风格分为三类：协调、退让和对抗。关于中国人冲突处理风格的研究主要集中于两类：协调和退让。

刘咏梅，卫旭华和陈晓红（2011）使用的冲突管理风格量表基于陈晶，陈丽娜和张建新（2006）的冲突处理方式量表。协调风格和退让风格两个分量表的信度分别为0.880和0.789，由此可见，该量表信度较好。

刘咏梅，卫旭华和陈晓红（2011）采取基于网络的调查方式，在国内某调查网站发布电子版问卷，员工根据自己在冲突管理中的表现对自己的风格进行评价。最终回收有效问卷286份。

量表

请您根据自己的实际感受和体会，用下面15项描述判断您的实际情况是否与之相符，并在最同意的数字上划○。评价和判断的标准如下：1＝完全不同意，2＝不同意，3＝不好确定，4＝同意，5＝完全同意。

1	我尝试与同事一起探讨问题，寻找两个人都能接受的解决方法。	1	2	3	4	5
2	我尝试与同事交换准确的信息，一起来解决问题。	1	2	3	4	5
3	我尝试与同事一起寻求对问题的正确理解。	1	2	3	4	5
4	我努力把我的想法与同事的想法结合起来，尽量寻求共识。	1	2	3	4	5
5	我努力与同事一起寻找能够满足双方期望的解决方案。	1	2	3	4	5
6	我努力寻找能解决僵局的中间路线。	1	2	3	4	5
7	我尝试与同事协商以能达到折中。	1	2	3	4	5
8	我通常向同事让步。	1	2	3	4	5
9	我倾向于忍耐，服从同事。	1	2	3	4	5
10	我通常倾向于保持沉默。	1	2	3	4	5
11	我选择退让，不与同事争。	1	2	3	4	5
12	我试着避免处于尴尬境地，努力不说出我与同事的冲突。	1	2	3	4	5
13	我倾向于顺从同事的愿望。	1	2	3	4	5
14	我倾向于选择回避。	1	2	3	4	5
15	我通常采纳同事的建议。	1	2	3	4	5

计分方法

冲突管理风格量表包括两个分量表，共15道题，可以计算每个分量表所包括题目的总分或平均分。每个分量表包括的题目如下：

1. 协调风格：往往寻求同对方合作，使双方皆获全胜，或寻找中间路线，以取得双赢（合作和折中的混合）。共7道题，具体包括第1～第7题。

2. 退让风格：涉及回避、忍让、顺从之类的处理方式（回避和服从的混合）。共8道题，具体包括第8～第15题。

量表出处

刘咏梅，卫旭华，陈晓红．情绪智力、冲突管理与感知凝聚力关系研究．科研管理，2011，32（2）：88-96.

参考文献

Sullivan，P. J.，Feltz，D. L.，Sullivan，P. J. The relationship between intrateam conflict and cohesion within hockey teams. Small Group Research，2001，32（3）：342-355.

陈晶，陈丽娜，张建新．上下级工作冲突处理方式量表研究．心理科学，2006，29（4）：926-928.

冲突（Jehn et al.，2001）

（Conflict）

简介

任务冲突是指由于员工对工作任务理解上的不一致所带来的认知性冲突，比如对某个问题各持己见。

关系冲突是日常生活和工作中，特别是团队工作中常见的且不可避免的现象。不同于对工作任务理解的冲突，关系冲突是情感上的摩擦和紧张、人际关系上的不和谐（Amason，1996；Jehn，1995；Pinkley，1990）。

赵可汗等（2014）采用经翻译的Jehn和Mannix（2001）的3道题的问卷对任务冲突进行测量。问卷的内部一致性系数为0.90，信度良好。赵可汗等（2014）对东部沿海某省的32家高科技企业进行了问卷调查，共59个团队的405位知识员工和部门主管提供了数据。

量表

请您根据自己的实际感受和体会，对下面6项关于您所在团队的描述进行评价和判断，并在最符合的数字上划○。评价和判断的标准如下：1＝很小/很少，2＝较小/较少，3＝有点小/有点少，4＝有点大/有点多，5＝较大/较多，6＝很大/频繁。

1	在本工作组/团队中，总体来看，成员在多大程度上存在观点或意见冲突。	1	2	3	4	5	6
2	在本工作组/团队中，成员在多大程度上对工作任务存在观点或意见分歧。	1	2	3	4	5	6
3	在本工作组/团队中，成员间对工作任务产生观点或意见分歧。	1	2	3	4	5	6
4	在本工作组/团队中，成员间关系紧张。	1	2	3	4	5	6
5	在本工作组/团队中，成员间争吵、闹纠纷。	1	2	3	4	5	6
6	在本工作组/团队中，成员间关系冲突大。	1	2	3	4	5	6

计分方法

冲突量表包括两个维度，共6道题，可以计算每个维度所包括题目的总分或平均分。每个维度包括的题目如下：

1. 任务冲突：共3道题，具体包括第1～第3题。
2. 关系冲突：共3道题，具体包括第4～第6题。

量表出处

赵可汗，贾良定，蔡亚华，王秀月，李珏兴．抑制团队关系冲突的负效应：一项中国情境的研究．管理世界，2014（3）：119-130.

参考文献

Amason，A. C. Distinguishing the effects of functional and dysfunctional conflict on strategic decision making：resolving a paradox for top management teams. Academy of Management Journal，1996，39（1）：123-148.

Jehn，K. A.，Mannix，E. A. The dynamic nature of conflict：a longitudinal study of intragroup conflict and group performance. Academy of Management Journal，2001，44（2）：238-251.

Jehn，K. A. A multimethod examination of the benefits and detriments of intragroup conflict. Administrative Science Quarterly，1995，40（2）：25-282.

Pinkley，R. L. Dimensions of conflict frame：disputant interpretations of conflict. Journal of Applied Psychology，1990，75（2）：117-126.

人际冲突处理风格（张勇等，2012）

（Rahim Organizational Conflict）

简介

冲突处理风格是指冲突双方在面对冲突时的行为倾向。目前，在已开发的众多测量工具中，最为流行、应用最广的人际冲突处理风格测量问卷当属美国知名冲突管理研究专家 Rahim 编制的 ROCI-Ⅱ 量表，该量表在西方国家的应用中显示了较好的信度和效度。

张勇等（2012）开发了 ROCI-Ⅱ量表的中文版。首先对原量表进行翻译-回译，然后经研究小组讨论确定量表终稿。该问卷有 Form A、Form B 和 Form C 三种形式，分别用于测量下级对上级、上级对下级以及同级对同级的冲突处理风格。问卷共 28 道题，其中 7 道用于测量整合策略，4 道用于测量妥协策略，5 道用于测量支配策略，6 道用于测量回避策略，6 道用于测量顺从策略，各子量表的信度系数全部在 0.7 以上。张勇等（2012）对两个样本进行调查，其中样本 1 为来自山东省不同行业或企业的 179 位员工。向每位员工同时发放 Form A、Form B 和 Form C 问卷各 1 份，回收有效问卷各 128 份。样本 2 为山东省日照市 4 家企业的 345 位管理人员。发放 Form A 问卷 290 份，发放 Form B 和 Form C 问卷各 103 份，回收 Form A 有效问卷 243 份，Form B 有效问卷 84 份，Form C 有效问卷 83 份。总计获得有效问卷 794 份，其中 Form A 问卷 371 份，Form B 问卷 212 份，Form C 问卷 211 份。

张勇等（2012）根据探索性因素分析的结果对问卷进行修订，ROCI-Ⅱ量表包括 24 道题，共三个维度，分别是协作、忍让、对抗，具有较好的信度。验证性因素分析确认了三因素模型的结构，拟合效果较好。

信度与效度

ROCI-Ⅱ量表中，协作、忍让、对抗三个维度的内部一致性系数分别为 0.810、0.800 和 0.720。验证性因素分析的结果表明，χ^2/df、RMSEA、GFI、AGFI、SRMR、NNFI、CFI、IFI 分别为 1.83、0.047、0.97、0.95、0.033、0.98、0.99 和 0.99，拟合效果较好，表明 ROCI-Ⅱ量表具有较好的结构效度。

量表

请您根据自己的实际感受和体会，对下面 24 项描述进行评价和判断，并在最符合的数字上划○。评价和判断的标准如下：1＝非常不同意，2＝不同意，3＝不好确定，4＝同意，5＝非常同意。

1	我尝试与____共同努力以找到双方都满意的问题解决方案。	1	2	3	4	5
2	我会向____开诚布公地提出我们双方共同关心的问题，以尽可能解决问题。	1	2	3	4	5

3	我会尽力整合自己与____的观点，以便共同拿出一个决策方案。	1	2	3	4	5
4	我尽力与____共同努力以获得对问题的正确理解。	1	2	3	4	5
5	我会与____交流准确信息以共同解决问题。	1	2	3	4	5
6	我会尝试与____共同调查问题的原委，以便找到我们双方均可接受的解决办法。	1	2	3	4	5
7	我通常会与____协作以达成双方均可接受的结果。	1	2	3	4	5
8	我通常会提供一个折中方案以打破僵局。	1	2	3	4	5
9	我会采用互谅互让的办法以便达成妥协。	1	2	3	4	5
10	我会尽力寻找一种中间路线以打破僵局。	1	2	3	4	5
11	我通常会迁就____的意愿。	1	2	3	4	5
12	我会屈服于____的愿望。	1	2	3	4	5
13	我通常会向____做出让步。	1	2	3	4	5
14	我尽力满足____的期望。	1	2	3	4	5
15	我会尽力避免与____的不愉快的交流。	1	2	3	4	5
16	我尽量不与____产生意见分歧。	1	2	3	4	5
17	我通常会附和____的建议。	1	2	3	4	5
18	我会尽力回避与____的分歧以免伤害感情。	1	2	3	4	5
19	我会避免与____发生面对面的冲突。	1	2	3	4	5
20	我通常会回避与____公开争论双方的分歧。	1	2	3	4	5
21	我利用我的职权制定对自己有利的决策。	1	2	3	4	5
22	我利用我的专门技术制定对自己有利的决策。	1	2	3	4	5
23	我会利用我手中的权力赢得对自己有利的情形。	1	2	3	4	5
24	我利用我的势力以使自己的意见被对方接受。	1	2	3	4	5

说明：划线空白处在 Form A、Form B 和 Form C 中分别为上级、下级和同级。

计分方法

人际冲突处理风格量表包括三个维度，共 24 道题，可以计算每个维度所包括题目的总分或平均分。每个维度包括的题目如下：

1. 协作：共 10 道题，具体包括第 1～第 10 题。
2. 忍让：共 10 道题，具体包括第 11～第 20 题。
3. 对抗：共 4 道题，具体包括第 21～第 24 题。

量表出处

张勇，龙立荣，巩天雷，马跃峰．冲突处理风格量表 ROCI-Ⅱ在中国背景下的有效性研究．管理评论，2012，24（1）：108-115.

参考文献

Rahim，A.，Bonoma，T. V. Managing organizational conflict：a model for diagnosis and intervention. Psychological Reports，1979.

信任关系（田立法，2015）

（Trust Relationships）

简介

信任是指在无法监督或控制被信任方的前提下，信任方仍相信被信任方的意愿。田立法（2015）对信任关系问卷的设计参阅了 McAllister（1995）、Mayer 等（1999）、Gould-Williams（2003）开发的问卷，包括同事能力和善意行为两个维度，共 8 道题。同事能力和善意行为的内部一致性系数分别为 0.78、0.66。

田立法（2015）共调研了 13 家企业，发放调查问卷 364 份，回收 356 份，其中有效问卷 291 份。

量表

请您根据自己的实际感受和体会，用下面 6 项描述对您和您同事的关系进行评价和判断，并在最符合的数字上划○。评价和判断的标准如下：1＝非常不同意，2＝不同意，3＝不好确定，4＝同意，5＝非常同意。

1	在企业中工作时，我的同事具备提高团队绩效水平的专业知识。	1	2	3	4	5
2	在企业中工作时，我对同事的技术水平非常信任。	1	2	3	4	5
3	在企业中工作时，我的同事知道如何才能成功完成自己的工作任务。	1	2	3	4	5
4	在企业中工作时，同事间会相互关心。	1	2	3	4	5
5	在企业中工作时，同事不会故意伤害我。	1	2	3	4	5
6	在企业中工作时，同事间都会尽力帮助彼此。	1	2	3	4	5

计分方法

信任关系量表包括两个维度，共 6 道题，可以计算每个维度所包括题目的总分或平均分。每个维度包括的题目如下：

1. 同事能力：共 3 道题，具体包括第 1～第 3 题。
2. 善意行为：共 3 道题，具体包括第 4～第 6 题。

量表出处

田立法．高承诺工作系统驱动知识共享：信任关系的中介作用及性别的调节作用．管理评论，2015，27（6）：148-159.

参考文献

Mayer，R. C.，Schoorman，F. D. An integrative model of organizational trust. Academy of Management Review，1995，20（3）：709-734.

Mayer，R. C.，Davis，J. H. The effect of the performance appraisal system on trust for management：a field quasi-experiment. Journal of Applied Psychology，1999，84（1）：123-136.

McAllister，D. J. Affect- and cognition-based trust formations for interpersonal cooperation in organizations. Academy of Management Journal，1995，38 (1)：24-59.

Gould-Williams，J. The importance of HR practices and workplace trust in achieving superior performance：a study of public-sector organizations. International Journal of Human Resource Management，2003，14 (1)：28-54.

信任领导（Nyhan et al.，1997）

(Trust in Supervisor)

简介

何轩（2010）认为，中国组织中的员工是通过信任领导替代（或者表达）对组织的认同和依恋的，通过忠于领导而忠于组织。

何轩（2010）对信任领导的测量采用经翻译的 Nyhan 和 Marlowe（1997）的量表。首先发放第一批问卷并进行试测，然后进行探索性因素分析，最终 6 道题全部保留，并根据发现的问题对问卷进行调整，产生正式问卷。最后发放第二批问卷，共回收有效问卷 158 份。

信度与效度

信度分析表明，信任领导问卷的一致性系数是 0.848。探索性因素分析的结果表明，单个题目在对应的因子上都有良好的因子载荷，均大于 0.630。

何轩（2010）对信任领导问卷进行了判别效度的分析，检验判别效度的最常用方法是考察是否所有因素的 AVE 值均大于因素间相关系数的平方值。经检验，问卷中的各因素均符合要求。

量表

请您根据自己的实际感受和体会，用下面 6 项描述对您的上级进行评价和判断，并在最符合的数字上划○。评价和判断的标准如下：1＝非常不同意，2＝不同意，3＝有点不同意，4＝有点同意，5＝同意，6＝非常不同意。

1	我的上级对他的岗位任务有很好的理解与把握。	1	2	3	4	5	6
2	我的上级对任务能坚持到底。	1	2	3	4	5	6
3	我的上级告诉我一些事情时，我会相信。	1	2	3	4	5	6
4	我的上级会把他所做的工作考虑得非常清楚。	1	2	3	4	5	6
5	我的上级对工作上的决策都能比较好地坚持。	1	2	3	4	5	6
6	我的上级在技术上胜任他的工作。	1	2	3	4	5	6

计分方法

信任领导量表共 6 道题，可以计算总分或平均分。

量表出处

何轩．为何员工知而不言——员工沉默行为的本土化实证研究．南开管理评论，2010，13（3）：

45-52.

参考文献

Nyhan，R. C.，Marlowe，H. A. Development and psychometric properties of the organizational trust inventory. Evaluation Review，1997，21（5）：614-635.

员工信任（姚唐等，2008）

（Employee Trust）

简介

姚唐，黄文波和范秀成（2008）使用的员工信任问卷中的题目主要来自 Brower 等（2000）和 Goris 等（2003）的研究成果。员工信任问卷的内部一致性系数为 0.83。

姚唐，黄文波和范秀成（2008）在北京、天津、上海、深圳、广州等 5 个城市的饭店随机抽取员工作为受访对象。调研分两次进行，共发放问卷 460 份，回收问卷 406 份，回收率为 88.26%，其中有效问卷 323 份，有效率为 79.56%。

量表

请您根据自己的实际感受和体会，对下面 3 项描述进行评价和判断，并在最符合的数字上划○。评价和判断的标准如下：1=非常不同意，2=不同意，3=有点不同意，4=不好确定，5=有点同意，6=同意，7=非常同意。

1	总体来说，我还是信任自己工作的这家企业的。	1	2	3	4	5	6	7
2	我认为其他员工在对待我时总是真诚的。	1	2	3	4	5	6	7
3	我总是信任领导提出的意见和建议。	1	2	3	4	5	6	7

计分方法

员工信任量表共 3 道题，可以计算总分或平均分。

量表出处

姚唐，黄文波，范秀成．基于组织承诺机制的服务业员工忠诚度研究．管理世界，2008（5）：102-114.

参考文献

Brower，H. H.，Schoorman，F. D.，Tan，H. H. A model of relational leadership：the integration of trust and leader-member exchange. Leadership Quarterly，2000（11）：227-250.

Goris，J. R.，Vaught，B. C.，Pettit，J. D. Effects of trust in superiors and influence of superiors on the association between individual-job congruence and job performance/satisfaction. Journal of Business & Psychology，2003，17（3）：327-343.

员工组织内信任（郑晓涛等，2008）

(Trust of Employees in Organization)

简介

信任是当个体收益依赖他人并且此收益存在风险时，个体对他人对自己收益影响的预期和假设（Romano，2003）。郑晓涛，石金涛和郑兴山（2008）使用的员工组织内信任问卷改编自Romano（2003）的问卷，问卷的内部一致性系数大于0.80。他们调查了12家企业的员工，发放问卷1 120份，回收有效问卷928份。

量表

请您根据自己的实际感受和体会，对下面6项描述进行评价和判断，并在最符合的数字上划○。评价和判断的标准如下：1=非常不同意，2=不同意，3=不好确定，4=同意，5=非常同意。

1	我的上级会保护我的利益。	1	2	3	4	5
2	我的上级会站在我们的立场上想问题。	1	2	3	4	5
3	我信任我的上级。	1	2	3	4	5
4	我的组织会保护我的利益。	1	2	3	4	5
5	我的组织会站在我们的立场上想问题。	1	2	3	4	5
6	我信任我的组织。	1	2	3	4	5

计分方法

员工组织内信任量表共6道题，可以计算总分或平均分。

量表出处

郑晓涛，石金涛，郑兴山．员工组织内信任对其工作态度的影响．管理评论，2008，20（11）：36-40.

参考文献

Romano，D M. The nature of trust：conceptual and operational clarification. PHD Dissertation，Louisiana State University，2003.

感知上级信任（Gillespie，2003）

（Felt Trust or Feeling Trusted from Supervisor）

简介

感知被信任是指一方对另一方的行为进行风险承担的意愿感知。感知上级信任是指员工感知到上级赋予他一项非常重要的任务，这项任务直接关系着企业未来的发展。

员工感知上级信任包含员工感知上级依赖和感知上级信息透露，依赖指愿意依靠他人的技能、知识和能力；信息透露是指披露或坦诚相见，指的是愿意与他人分享敏感信息。

王红丽和张筌钧（2016）通过电子邮件和走访方式进行了三个阶段的数据收集，感知上级信任在第一阶段、第二阶段和第三阶段均进行了调查，最终采用了第一阶段数据，531人返回了有效问卷，回收率为70.8%。

信度与效度

王红丽和张筌钧（2016）采用Gillespie（2003）的10个题项的信任测量量表，来测量感知上级信任，信度分析结果Cronbach's Alpha＝0.916，平均提取方差值AVE＝0.513，建构信度CR＝0.904，量表的信效度指数都达到了良好水平。

量表

请您根据自己的实际感受和体会，对下面10项描述进行评价和判断，并在最符合的数字上划○。评价和判断的标准如下：1＝强烈反对，2＝反对，3＝不好确定，4＝同意，5＝强烈同意。

1	我的直接上级觉得重要的事，他会设法令我参与并产生影响力。	1	2	3	4	5
2	我的直接上级不会去留意我的一举一动。	1	2	3	4	5
3	我的直接上级会很愿意将关键的任务交给我来处理，即使他不能察看我的举动。	1	2	3	4	5
4	我的直接上级会告诉我他在工作中犯过的错误，即使这些错误可能会损害他的声誉。	1	2	3	4	5
5	我的直接上级会跟我分享他对一些敏感问题的想法，即使他的想法不太受欢迎。	1	2	3	4	5
6	我的直接上级不担心我会在工作上对他做不利的事情。	1	2	3	4	5
7	当我在工作上质疑一些事情时，我的直接上级会毫无保留地告诉我。	1	2	3	4	5
8	如果有人质疑我的动机，我的直接上级会选择相信我。	1	2	3	4	5
9	当我提出要求时，我的直接上级会爽快地回应，不会考虑这些回应是否对他有利。	1	2	3	4	5
10	我的直接上级愿意让我全权负责一些对他很重要的项目。	1	2	3	4	5

计分方法

感知上级信任量表共10道题，可以计算总分或平均分。

量表出处

王红丽，张筌钧．被信任的代价：员工感知上级信任、角色负荷、工作压力与情绪耗竭的影响关系研究．管理世界，2016（8）：110-125.

参考文献

Gillespie，N. A. Measuring trust in working relationships：the behavioral trust inventory. Annual Meeting of the Academy of Management，Seattle，2003.

下属对领导信任 (Brockner et al.，1997)

(Subordinate's Trust in Their Leader)

简介

组织中下属对领导的信任是指下属对领导者的良好期待，相信领导者会关心自己的利益，保护下属权利，并承担不确定的风险的心理状态（Yang & Mossholder，2010）。

领导者在多大程度上将团队和团队成员的最大利益放在心上，是决定下属对领导者态度的关键所在。领导者若以良好的方式对待下属，有利于下属对领导信任感的产生。

李嘉和杨忠（2018）采用 Brockner，Siegel，Daly，Tyler 和 Martin（1997）的量表，在中国东部某省会城市进行数据收集工作，调研了某国有银行在该市的大部分网点，参与问卷填写的人有网点主任和普通员工。李嘉和杨忠（2018）共进行了两次调研，对领导的信任的数据在第二次调查时收集。第一轮调研了 60 个银行网点，共发放网点主任问卷 60 份，回收 60 份；发放员工问卷 670 份，回收 597 份。第二轮调研了 59 个银行网点，共发放员工问卷 493 份，回收 480 份。

信度与效度

结果显示 Cronbach's Alpha=0.94，各个题项与其对应因子之间的标准化载荷最低值为 0.89，高于 0.4 的一般建议标准，并且所有测量题项在其测量构念上的标准化因子载荷均在 0.01 水平上显著，量表的信效度指数都达到了良好水平。

量表

请您根据自己的实际感受和体会，使用下面 3 项描述对您的网点主任进行评价和判断，并在最符合的数字上划○。评价和判断的标准如下：1=非常不同意，2=不同意，3=比较不同意，4=一般，5=比较同意，6=同意，7=非常同意。

1	我通常可以相信网点主任会做对我有益的事。	1	2	3	4	5	6	7
2	我相信网点主任做出的决定也会对我有益。	1	2	3	4	5	6	7
3	我相信网点主任会公平地对待我。	1	2	3	4	5	6	7

计分方法

下属对领导信任量表共 3 道题，可以计算总分或平均分。

量表出处

李嘉，杨忠．威权领导对团队建言氛围的影响机制研究．经济管理，2018，40（6）：53-68.

参考文献

Brockner, J., Siegel, P. A., Daly, J. P., Tyler, T., Martin, C. When trust matters: the moderating effect of outcome favorability. Administrative Science Quarterly, 1997, 42 (3): 558-583.

Yang, J., Mossholder, K. W. Examining the effects of trust in leaders: a bases-and-foci approach. The Leadership Quarterly, 2010, 21 (1): 50-63.

关系质量（李雪灵等，2017）

(Guanxi Quality)

简介

关系质量是对关系主体之间亲密性、信任度和满意度的认知与评价，反映了关系双方在未来是否充满信心。李雪灵和申佳（2017）结合“理”与“情”两种属性（Chen & Xin，2004），开发“市场”与“政府”二元关系质量量表。

李雪灵和申佳（2017）的关系质量量表既包含过去关系投入的效果反馈，也强调未来关系发展的心理预期。关系质量工具性维度中，信任是关系构建的基础，满意是关系现状的评价，承诺则是对未来维持现有关系的意愿。关系质量情感性维度中，感情是关系构建最深层、最稳定的情感因素。关系质量混合性维度中，人情交换是关系构建的动力，在利益和情感的迭代中得以维持。

李雪灵和申佳（2017）采用规范量表开发程序，首先在24篇关系质量代表性文献深度剖析和10家企业结构化访谈的基础上形成初试测量项目，通过检验与修订，形成初始测量量表；然后通过预调研与正式调研，用测度问卷对模型中涉及的相关变量进行测量。通过调研收集数据进行探索性因素分析及验证性因素分析，以保证关系质量量表的内容、结构和预测效度。

信度与效度

李雪灵和申佳（2017）发放问卷300份，最终得到有效问卷127份，有效回收率为42%。关系质量量表由市场关系质量量表和政府关系质量量表组成。其中，市场关系质量量表由五个维度构成，共包括13道题，总解释变异量为73.51%，Cronbach's Alpha为0.896，承诺维度Cronbach's Alpha=0.790，信任维度Cronbach's Alpha=0.796，人情维度Cronbach's Alpha=0.728，感情维度Cronbach's Alpha=0.659，满意维度Cronbach's Alpha=0.632。政府关系质量量表由四个维度构成，共包括17道题，总解释变异量为74.75%，Cronbach's Alpha为0.900，移情维度Cronbach's Alpha=0.888，信任维度Cronbach's Alpha=0.863，人情维度Cronbach's Alpha=0.838，承诺维度Cronbach's Alpha=0.761。关系质量量表具有较高的预测效度。

量表

请您根据自己的实际感受和体会，通过下面13项描述对贵组织与合作企业的关系进行评价和判断，并在最符合的数字上划○。评价和判断的标准如下：1=非常不同意，2=比较不同意，3=有点不同意，4=中立，5=有点同意，6=比较同意，7=非常同意。

1	我们觉得合作企业会遵守其承诺。	1	2	3	4	5	6	7
2	未来我们会继续与合作企业合作。	1	2	3	4	5	6	7
3	我们会尽力满足合作企业的要求。	1	2	3	4	5	6	7
4	我们往往更信任合作企业。	1	2	3	4	5	6	7
5	我们与合作企业打交道感觉很愉快。	1	2	3	4	5	6	7
6	合作企业的长期发展是我们建立关系的重要因素。	1	2	3	4	5	6	7
7	我们会与合作企业开展除业务外的交往。	1	2	3	4	5	6	7
8	我们与合作企业会在节日彼此馈赠礼物。	1	2	3	4	5	6	7
9	我们与合作企业会在未来维持人情往来。	1	2	3	4	5	6	7
10	在合作企业出现困难时，出于感情我们会给予同情和支持。	1	2	3	4	5	6	7
11	我们认为合作企业值得我们努力去维持双方关系。	1	2	3	4	5	6	7
12	我们对合作企业的行为比较满意。	1	2	3	4	5	6	7
13	我们很少抱怨合作企业。	1	2	3	4	5	6	7

请您根据自己的实际感受和体会，通过下面17项描述对贵组织与政府的关系进行评价和判断，并在最符合的数字上划○。评价和判断的标准如下：1＝非常不同意，2＝比较不同意，3＝有点不同意，4＝中立，5＝有点同意，6＝比较同意，7＝非常同意。

1	当我们犯错时，政府相关部门能予以谅解。	1	2	3	4	5	6	7
2	政府相关部门会照顾我们的长期利益。	1	2	3	4	5	6	7
3	在我们有需求时，政府相关部门会尽力满足。	1	2	3	4	5	6	7
4	做重大决策前，我们会考虑政府相关部门是否会受到伤害。	1	2	3	4	5	6	7
5	我们觉得在与政府相关部门的交往中处于较为平等的地位。	1	2	3	4	5	6	7
6	我们觉得政府相关部门在做重大决策时会考虑我们的利益。	1	2	3	4	5	6	7
7	政府相关部门总能按其承诺做出恰当的决定。	1	2	3	4	5	6	7
8	我们遇到困难时，政府相关部门会给予力所能及的帮助。	1	2	3	4	5	6	7
9	我们感觉政府相关部门是站在我们一边的。	1	2	3	4	5	6	7
10	我们觉得政府相关部门不会利用我们的问题做出损害我们利益的行为。	1	2	3	4	5	6	7
11	我们对政府相关部门会进行有目的性的人情投资。	1	2	3	4	5	6	7
12	我们经常与政府相关部门有关人员一起进餐。	1	2	3	4	5	6	7
13	我们与政府相关部门之间人情往来较为频繁。	1	2	3	4	5	6	7
14	我们会在节日给政府相关部门赠送礼物。	1	2	3	4	5	6	7
15	我们会努力帮助政府承担应有责任。	1	2	3	4	5	6	7
16	在政府相关部门有需要时，我们会做出一定的牺牲。	1	2	3	4	5	6	7
17	未来我们会继续保持与政府相关部门的关系。	1	2	3	4	5	6	7

计分方法

市场关系质量量表包括五个维度，共13道题，可以计算每个维度所包括题目的总分或平均分。每个维度包括的题目如下：

1. 承诺：共3道题，具体包括第1～第3题。
2. 信任：共3道题，具体包括第4～第6题。
3. 人情：共3道题，具体包括第7～第9题。

4. 感情：共2道题，具体包括第10～第11题。

5. 满意：共2道题，具体包括第12～第13题。

政府关系质量量表包括五个维度，共17道题，可以计算每个维度所包括题目的总分或平均分。每个维度包括的题目如下：

1. 移情：共6道题，具体包括第1～第6题。

2. 信任：共4道题，具体包括第7～第10题。

3. 人情：共4道题，具体包括第11～第14题。

4. 承诺：共3道题，具体包括第15～第17题。

量表出处

李雪灵，申佳．关系质量量表开发与验证：基于本土研究视角．科研管理，2017，38（11）：117-125.

参考文献

Chen, C.C., Xin, K. Guanxi practices and trust in management: a procedural justice perspective. Organization Science, 2004, 15 (2): 200-209.

沟通互动（郑鸿等，2017）

（Communication and Interaction）

简介

沟通会影响信任，信任和沟通直接影响绩效。互动是实现团队绩效的重要机制，沟通是团队冲突解决和信任培养的重要途径，互动沟通是信息共享的关键过程和方式。

有效的沟通和互动是团队解决冲突和建立信任的有效途径，从而提升整个团队绩效。成员的沟通互动有利于创新，信任与沟通质量、绩效、团队互动等都有显著关系（宋源，2014）。

郑鸿和徐勇（2017）对广东省创业投资协会和广东中大科技创业投资有限公司这两个平台的会员、接触或投资的新创企业共 200 个进行现场问卷调查，回收问卷 153 份，剔除无效问卷 14 份，得到有效问卷 139 份。此外，对参加初创企业经营者培训的 100 名学员现场发放问卷，回收问卷 81 份，剔除无效问卷 5 份，得到有效问卷 76 份。最终共得到创业团队研究样本 215 个。借鉴 Brock 和 Donald（1997）的沟通量表，以及 Bartol 和 Srivastava（2002）的信息共享行为量表，所得量表的检验结果 Cronbach's Alpha＝0.929，建构信度 CR＝0.931，平均提取方差值 AVE＝0.730，量表的信效度指数都达到了良好水平。

量表

请您根据自己的实际感受和体会，对下面 5 项描述进行评价和判断，并在最符合的数字上划○。评价和判断的标准如下：1＝强烈不同意，2＝不同意，3＝一般，4＝同意，5＝强烈同意。

1	创业团队成员会坦率地进行交谈。	1	2	3	4	5
2	创业团队成员会及时提供信息给对方。	1	2	3	4	5
3	创业团队成员会回应彼此需要的信息。	1	2	3	4	5
4	创业团队成员决策时会通过讨论达成一致。	1	2	3	4	5
5	创业团队成员相互交换的信息往往有助于问题的解决。	1	2	3	4	5

计分方法

沟通互动量表共 5 道题，可以计算总分或平均分。

量表出处

郑鸿，徐勇．创业团队信任的维持机制及其对团队绩效的影响研究．南开管理评论，2017，20（5）：31-42.

参考文献

宋源．团队信任、团队互动与团队创新——基于虚拟团队的研究．河南社会科学，2014（1）：85-93.

Bartol，K. M.，Srivastava，A. Encouraging knowledge sharing：the role of organizational reward systems. Journal of Leadership and Organizational Studies，2002，9（1）：64-77.

Brock，S.，Donald，W. B. The effects of organizational differences and trust on the effectiveness of selling partner relationships. Journal of Marketing，1997，61（1）：3-21.

互惠原则（Wu et al.，2006）

（Reciprocity）

简介

互惠具有两面性，分为正互惠和负互惠。正互惠是指人们对感受到的友善回报友善的行为，负互惠是指人们对感受到的不友善回报不友善的行为。

正互惠有利于团队建立信任，有利于合作的持续开展。互惠能够增强彼此的联系，建立稳定的关系，促进合作（王雷，2014）。

郑鸿和徐勇（2017）对广东省创业投资协会和广东中大科技创业投资有限公司这两个平台的会员、接触或投资的新创企业共200个进行现场问卷调查，回收问卷153份，剔除无效问卷14份，得到有效问卷139份。此外，对参加初创企业经营者培训的100名学员现场发放问卷，回收问卷81份，剔除无效问卷5份，得到有效问卷76份。最终共得到创业团队研究样本215个。借鉴Wu，Hom，Tetrick，Shore，Jia，Li和Song（2006）开发的互惠量表，结果Cronbach's Alpha＝0.813，CR＝0.817，平均提取方差值AVE＝0.531，量表的信效度指数都达到了良好水平。

量表

请您根据自己的实际感受和体会，对下面4项描述进行评价和判断，并在最符合的数字上划○。评价和判断的标准如下：1＝强烈不同意，2＝不同意，3＝有点不同意，4＝不确定，5＝有点同意，6＝同意，7＝强烈同意。

1	即使目前创业团队成员不能给团队做更多贡献，团队也会帮助他发展。	1	2	3	4	5	6	7
2	创业团队愿意为成员做一些没有附加条件的事。	1	2	3	4	5	6	7
3	创业团队关心成员的程度超过他对公司的贡献。	1	2	3	4	5	6	7
4	创业团队对自身的利益与成员的利益一样重视。	1	2	3	4	5	6	7

计分方法

互惠原则量表共4道题，可以计算总分或平均分。

量表出处

郑鸿，徐勇．创业团队信任的维持机制及其对团队绩效的影响研究．南开管理评论，2017，20（5）：31-42.

参考文献

王雷．专用性投资、信任与创业企业控制权治理．管理科学，2014，27（5）：50-68.

Wu，J. B.，Hom，P. W.，Tetrick，L. E.，Shore，L. M.，Jia，L. D.，Li，C. P.，Song，L. J. The norm of reciprocity scale development and validation in the Chinese context. Management and Organization Review，2006，2（3）：377-402.

第7章
团 队

团队社会资本（柯江林等，2006）

（Team Social Capital）

简介

社会资本的概念发源于社区研究，被用来描述嵌入私人关系的一种资源。柯江林，郑晓涛和石金涛（2006）在社会资本两个关键特征的基础上，将团队社会资本定义为嵌入团队成员内部社会关系网络、有助于成员进行资源交换的一种有价值资源或能力。他们根据资源交换需要机会、意愿与能力的观点，在结构、关系与认知三维框架下，开发出了测量团队社会资本的六个维度。

柯江林，郑晓涛和石金涛（2006）通过文献阅读、深度访谈以及开放式问卷调查，经归纳整理后形成了30道具体测量题目。接下来对问卷施测，被试来自上海贝尔、上海中兴、深圳华为等多家公司的技术人员，要求被试有参与项目团队的经历。采用立意抽样法与滚雪球抽样法相结合的非概率抽样法，共发放问卷180份，回收有效问卷126份。通过项目分析、效度分析以及信度分析，最终得到23道题，团队社会资本由互动强度、网络密度、同事信任、主管信任、共同语言与共同愿景六个维度构成。结果表明团队社会资本问卷具有较好的信度和效度。

信度与效度

柯江林，郑晓涛和石金涛（2006）对126份有效问卷进行探索性因素分析，结果表明，能抽取六个因素，累计方差解释率达到68.6%，互动强度、网络密度、同事信任、主管信任、共同语言与共同愿景六个维度具有良好的结构效度，每道题目的因子载荷均在0.5以上，而跨载荷在0.3以下。该问卷也具有良好的信度，每个维度的内部一致性系数均在0.7以上，且删除后该系数下降。

量表

请您根据自己的实际感受和体会，用下面23项描述对您所在团队的实际情况进行评价和判断，并在最符合的数字上划○。评价和判断的标准如下：1＝非常不同意，2＝不同意，3＝不好确定，4＝同意，5＝非常同意。

1	主管能很公平地对待成员。	1	2	3	4	5
2	主管能很好地体谅团队成员的工作难处。	1	2	3	4	5
3	团队成员相信主管所说的话是诚实可信的。	1	2	3	4	5
4	团队成员相信主管有能力胜任他的职务。	1	2	3	4	5
5	项目组会举办聚餐、联谊等非正式活动。	1	2	3	4	5
6	成员通过电话、电子邮件、聊天软件等进行交流。	1	2	3	4	5
7	项目成员在公司食堂、休息室、走廊等非正式场合交谈。	1	2	3	4	5
8	项目组会开一些讨论会。	1	2	3	4	5
9	团队大多数成员都能言行一致。	1	2	3	4	5
10	团队成员相信彼此的承诺是可靠的。	1	2	3	4	5
11	团队成员信赖彼此的工作能力。	1	2	3	4	5
12	当工作遇到困难时，大家能相互帮助。	1	2	3	4	5
13	他们的私人关系比较好。	1	2	3	4	5
14	他们在工作上有很多沟通与配合。	1	2	3	4	5
15	他们经常在一起讨论问题。	1	2	3	4	5
16	成员对团队总体目标的看法比较一致。	1	2	3	4	5
17	团队成员对项目的发展前景有比较一致的看法。	1	2	3	4	5
18	成员对项目的重要事物（如关键技术）具有一致的理解与认识。	1	2	3	4	5
19	对于项目中尤为关键的决策，成员均能达成共识。	1	2	3	4	5
20	对于成员描述的项目问题，其他人都能很快明白。	1	2	3	4	5
21	对于项目所涉及的工具（如软件、工艺、流程等），大家都很熟悉。	1	2	3	4	5
22	成员对项目所涉及专业领域的符号、用语、词义都很清楚。	1	2	3	4	5
23	项目成员能很好地理解他人所讲的专业术语。	1	2	3	4	5

计分方法

团队社会资本量表包括六个维度，共23道题，可以计算每个维度所包括题目的总分或平均分。每个维度包括的题目如下：

1. 主管信任：共4道题，具体包括第1～第4题。
2. 互动强度：共4道题，具体包括第5～第8题。
3. 同事信任：共4道题，具体包括第9～第12题。
4. 网络密度：共3道题，具体包括第13～第15题。
5. 共同愿景：共4道题，具体包括第16～第19题。
6. 共同语言：共4道题，具体包括第20～第23题。

量表出处

柯江林，郑晓涛，石金涛．团队社会资本量表的开发及信效度检验．当代财经，2006（12）：63-66.

团队社会资本（顾琴轩等，2015）

（Team Social Capital）

简介

社会资本的概念起源于社区研究，用以强调社群中人际关系网络是有助于个人在社群中发展的关系性资源。顾琴轩和王莉红（2015）参照 Tsai 等（1998）和 Chen 等（2007）的研究成果，并基于对研发管理者的面谈做了适当改编。团队社会资本问卷包括结构资本、认知资本与关系资本三个维度，共 11 道题。样本来自上海、杭州、北京与深圳等地移动通信、集成电路、软件支持与服务、航天产品延伸开发等行业企业中的研发团队。共发放问卷 630 份，回收 598 份，经过筛选，有效问卷为 585 份，来自 151 个团队。

信度与效度

探索性因素分析的结果显示，结构资本、认知资本、关系资本的内部一致性系数分别为 0.929、0.949 和 0.881，累计方差解释率为 82.888%。验证性因素分析的结果表明，三因子结构模型拟合指数均较好（$\chi^2/df=1.369$，RMSEA=0.071，CFI=0.982，TLI=0.974），说明问卷具有较好的结构效度。

量表

请您根据自己的实际感受和体会，针对您所在团队的情况对下面 11 项描述进行评价和判断，并在最符合的数字上划○。评价和判断的标准如下：1=非常不同意，2=不同意，3=不好确定，4=同意，5=非常同意。

1	团队成员相互促进。	1	2	3	4	5
2	当团队出现问题时，成员以建设性方式相互讨论。	1	2	3	4	5
3	在团队决策中，成员通常会交换意见和想法。	1	2	3	4	5
4	成员相互交流，诊断并解决问题。	1	2	3	4	5
5	成员共享团队的愿景，明确团队的目标。	1	2	3	4	5
6	成员对项目涉及的专业符号、用语、词义都很清楚。	1	2	3	4	5
7	成员能很好地理解其他人所说的专业术语。	1	2	3	4	5
8	对项目涉及的工具和方法，成员都很熟悉。	1	2	3	4	5
9	成员在工作中相互信任。	1	2	3	4	5
10	面对变化，成员相互支持。	1	2	3	4	5
11	成员提出新观点和尝试新的做事方式得到支持。	1	2	3	4	5

计分方法

团队社会资本量表包括三个维度，共 11 道题，可以计算每个维度所包括题目的总分或平均分。每个维度包括的题目如下：

1. 结构资本：共4道题，具体包括第1～第4题。
2. 认知资本：共4道题，具体包括第5～第8题。
3. 关系资本：共3道题，具体包括第9～第11题。

量表出处

顾琴轩，王莉红．研发团队社会资本对创新绩效作用路径——心理安全和学习行为整合视角．管理科学学报，2015，18（5）：68-78.

参考文献

Chen Ming-Huei，Chang Yuan-Chieh，Hung Shih-Chang. Social capital and creativity in R&D project teams. R&D Management，2007，38（1）：21-34.

Tsai，W.，Ghoshal，S. Social capital and value creation：the role of intrafirm networks. Academy of Management Journal，1998，41（4）：464-476.

团队知识异质性（熊立，2008）

(Knowledge Heterogeneity of Team)

简介

团队异质性是指团队成员人口统计学特征的分布情况，即团队成员在性别、年龄、种族、专业知识、价值观和人格等方面的特征是比较接近还是相差很大（刘嘉和许燕，2006）。邓今朝和王重鸣（2008）等研究发现，团队异质性最突出的表现就是团队知识异质性。面对特定问题，人们会习惯性地相信自己的知识经验，知识和经验在很大程度上决定了解决问题的方式。

吴岩（2014）对团队知识异质性的测量借鉴的是熊立（2008）的研究成果，经过与相关专家的讨论，最终形成正式的调研问卷。团队知识异质性包括两个维度，即显性知识异质性维度和隐性知识异质性维度。显性知识异质性维度的内部一致性系数为0.812，隐性知识异质性维度的内部一致性系数为0.873。

吴岩（2014）集中选取珠三角地区创业园内的企业为样本，发放调查问卷360份，回收有效问卷182份。

量表

请您根据自己的实际感受和体会，用下面6项描述对您所在团队的实际情况进行评价和判断，并在最符合的数字上划○。评价和判断的标准如下：1=非常不同意，2=不同意，3=不好确定，4=同意，5=非常同意。

1	团队成员的学历背景差异很大。	1	2	3	4	5
2	团队成员所学专业差异很大。	1	2	3	4	5
3	团队成员的专业技能差异很大。	1	2	3	4	5
4	团队成员在工作上的价值观差异很大。	1	2	3	4	5
5	团队成员在工作经验方面差异很大。	1	2	3	4	5
6	团队成员对如何完成任务的认识差异很大。	1	2	3	4	5

计分方法

团队知识异质性量表包括两个维度，共6道题，可以计算每个维度所包括题目的总分或平均分。每个维度包括的题目如下：

1. 显性知识异质性：共3道题，具体包括第1～第3题。
2. 隐性知识异质性：共3道题，具体包括第4～第6题。

量表出处

吴岩．创业团队的知识异质性对创业绩效的影响研究．科研管理，2014，35（7）：84-90.

参考文献

刘嘉，许燕．团队异质性研究回顾与展望．心理科学进展，2006，14（4）：636-640.

邓今朝，王重鸣．团队多样性对知识共享的反向作用机制研究．科学管理研究，2008，26（6）：25-27.

熊立．交互记忆系统视角下的异质型团队知识整合机制研究．杭州：浙江大学，2008.

时间框架效应（袁国方等，2015）

（Temporal Framing Effect）

简介

Pease（1995）最早提出时间框架效应的概念。知识型任务具有复杂、模糊以及伴随任务进程逐渐清晰完善等特征，这些不确定性特征也是知识团队取得创新性成果具有潜在风险的主要原因，它们同样决定了知识团队的外部时间约束——知识型任务的时间限制信息难以以稳定的、唯一的方式进行表征，同一时间信息将呈现为不同的语义表征和构造形式，即不同的时间框架。当行为主体面对实质相同但表征不同的时间信息时，不同时间框架将改变其时间认知、情感乃至行为结果（Kees，2010），这种现象被称为时间框架效应。

袁国方和张钢（2015）基于时间框架效应及行为决策的认知与情感研究成果（张钢和袁国方，2010；Levin，Schneider，& Gaeth，1998；Gonzalez，Dana，Koshino，& Just，2005），运用焦点小组法并结合现有理论和有关量表编制各变量的测量题目，提出四个关键维度（认知结果、认知努力、情感结果、情感努力），总结出 25 条关于时间框架效应的内涵的描述，归类筛选后缩减为 20 道题并形成试测问卷。

其后，选取杭州、上海的 12 家高科技企业发放试测问卷 100 份，回收有效问卷 69 份，根据试测情况删除和调整部分题项后确定正式问卷，共 14 道题；最后，向杭州、上海、天津、青岛、西安、深圳等地的 38 家高科技企业的 160 个项目团队发放具有编号信息的正式问卷 722 份，回收有效问卷 428 份，来自 96 个独立项目团队。探索性因素分析和验证性因素分析的结果表明该问卷的信度与效度均较为理想。

信度与效度

袁国方和张钢（2015）向杭州、上海的 12 家高科技企业发放 100 份试测问卷，以有效样本（$n=69$）为对象进行探索性因素分析，数据显示 4 个因素较为全面地概括了团队任务进程中时间框架效应的特征，认知维度和情感维度分别解释了 48.56%和 23.49%的方差变异，累计方差解释率为 72.05%。两个因素的信度分别为 0.907 和 0.843。

基于正式问卷的更大样本（$n=428$）进行验证性因素分析，结果显示二阶四维模型的拟合优度最为明显，验证性指标均达到可接受的水平（$\chi^2/df=1.69$，NFI=0.95，CFI=0.91，IFI=0.97，RMSEA=0.059）。因此，该问卷在中国情境下具有较高的信度和效度。

量表

请您根据自己的实际感受和体会，对下面 14 项关于您所在团队的描述进行评价和判断，并在最符合的数字上划○。评价和判断的标准如下：1=非常低，2=低，3=比较低，4=不太确定，5=比较高，6=高，7=非常高。

1	我们团队对该任务重要程度的认识。	1	2	3	4	5	6	7
2	任务给予团队成员发挥自主性的程度。	1	2	3	4	5	6	7
3	任务执行为团队成员带来成就感的高低。	1	2	3	4	5	6	7
4	任务执行所需技能的多样性程度。	1	2	3	4	5	6	7
5	任务给予团队成员完整体验的程度。	1	2	3	4	5	6	7
6	我们团队为实施任务做准备的努力程度。	1	2	3	4	5	6	7
7	我们团队钻研任务难点的劲头。	1	2	3	4	5	6	7
8	我们团队探索任务细节的耐心。	1	2	3	4	5	6	7
9	我们团队执行任务的兴趣。	1	2	3	4	5	6	7
10	我们团队执行任务的热情。	1	2	3	4	5	6	7
11	我们团队执行任务的情绪。	1	2	3	4	5	6	7
12	我们团队维持态度一致的努力程度。	1	2	3	4	5	6	7
13	我们团队调整情感、内部不协调的努力程度。	1	2	3	4	5	6	7
14	我们团队追求共同认同情感的努力程度。	1	2	3	4	5	6	7

计分方法

时间框架效应量表包括两个维度，共 14 道题，可以计算每个维度所包括题目的总分或平均分。每个维度包括的题目如下：

1. 认知维度：包括认知结果与认知努力。共 8 道题，其中认知结果具体包括第1～第 5 题，认知努力具体包括第 6～第 8 题。

2. 情感维度：包括情感结果与情感努力。共 6 道题，其中情感结果具体包括第9～第 11 题，情感努力具体包括第 12～第 14 题。

量表出处

袁国方，张钢．时间框架效应下时间个性差异对知识团队创新的影响机制研究．南开管理评论，2015，18（3）：102-110.

参考文献

Pease，P. W. Effects of framing on actual time allocation decisions. Organizational Behavior & Human Decision Processes，1995，61（1）：67-76.

Kees，J. Temporal framing in health advertising：the role of risk and future orientation. Journal of Current Issues & Research in Advertising，2010，32（1）：33-46.

Levin，I. P.，Schneider，S. L.，Gaeth，G. J. All frames are not created equal：a typology and critical analysis of framing effects. Organizational Behavior & Human Decision Processes，1998，76（2）：149-188.

Gonzalez，C.，Dana，J.，Koshino，H.，Just，M. The framing effect and risky decisions：examining cognitive functions with FMRI. Journal of Economic Psychology，2005，26（1）：1-20.

张钢，袁国方．时间框架效应对团队知识冲突的影响：案例研究．上海管理科学，2010，32（3）：24-31.

创业团队企业家精神（陈忠卫等，2008）

（Entrepreneurship in Entrepreneurial）

简介

熊彼特最初将企业家视为通过冒险行动实现“破坏性创造”的个体；米勒较早地提出了企业家精神三个基本维度：创新、冒险、超前行动，并将之视为个体或组织是否具有创业型导向的标准；Zahra 和 Covin（1995）指出，公司企业家精神就是公司创新、更新、冒险、努力的总和；Lumpkin 和 Dess（1996）以自治、创新、冒险、先动性、竞争性扩展等五个维度评价公司企业家精神。

陈忠卫和雷红生（2008）对创业团队企业家精神四个维度的测量依据是：“集体创新”维度的测量主要采用熊彼特将创新从开发新产品、开发新市场和资源获取三个视角考量的思想，结合我国转型经济背景的实际加以修改；“分享认知”维度的测量根据 Van den Hooff 和 Van Weenen（2004）关于主动分享和被动分享知识的量表改编，把分享认知分为主动分享和愿意接受团队成员的新观点和新知识两个层次；“风险共担”维度的测量根据有关承担风险的意愿和对模糊性的容忍性，米勒关于采取行动前谨慎的分析、偏好实验和确定性，以及 Covin 和 Slevin（1991）关于在面对不确定性时最大可能地抓住机会等已有成果的启发加以设计；“协作进取”维度的测量综合了 Lumpkin 和 Dess（1996）关于自治和先动性的测量量表，并结合创业团队运营过程加以设计。

陈忠卫和雷红生（2008）调查了 125 家企业，发放问卷 200 份，回收 179 份，其中无效问卷 16 份，有效问卷 163 份。

创业团队企业家精神问卷的四个维度即风险共担、分享认知、协作进取和集体创新的内部一致性系数分别为 0.728、0.686、0.784、0.636，总问卷的信度为 0.865，累计方差解释率达到 60.05%。

量表

请您根据自己的实际感受和体会，对下面 14 项关于您以及您所在创业团队的描述进行评价和判断，并在最符合的数字上划○。评价和判断的标准如下：1=非常不同意，2=不同意，3=不好确定，4=同意，5=非常同意。

1	当项目实施出现问题时，高管团队成员愿意一起来分析原因。	1	2	3	4	5
2	成员愿意就新项目的成本与收益进行深入讨论。	1	2	3	4	5
3	如果项目没有取得预期收益，成员不会相互指责。	1	2	3	4	5
4	高管团队成员愿意积极寻求化解经营风险的出路。	1	2	3	4	5
5	愿意采纳高管团队成员所提供的有价值的新观点。	1	2	3	4	5
6	我拥有决策所需的新知识且愿意主动与大家分享。	1	2	3	4	5
7	我对所讨论的问题拥有新观点且愿意积极地与大家分享。	1	2	3	4	5
8	高管团队成员提供了决策所需的新知识，我本人愿意接受。	1	2	3	4	5

9	高管团队成员能够对外部环境的动态变化保持敏感性。	1	2	3	4	5
10	高管团队能比同行竞争对手更早地抓住市场机会。	1	2	3	4	5
11	高管团队比同行竞争对手更加重视市场机会的开发。	1	2	3	4	5
12	多种资源获取方案的选择往往采用集体决策法。	1	2	3	4	5
13	公司倾向于利用高管团队形式讨论新产品开发。	1	2	3	4	5
14	公司喜欢以集体智慧来完善市场开发方案。	1	2	3	4	5

计分方法

创业团队企业家精神量表包括四个维度，共 14 道题，可以计算每个维度所包括题目的总分或平均分。每个维度包括的题目如下：

1. 风险共担：共 4 道题，具体包括第 1～第 4 题。
2. 分享认知：共 4 道题，具体包括第 5～第 8 题。
3. 协作进取：共 3 道题，具体包括第 9～第 11 题。
4. 集体创新：共 3 道题，具体包括第 12～第 14 题。

量表出处

陈忠卫，雷红生．创业团队内冲突、企业家精神与公司绩效关系．经济管理，2008，30（15）：47-52.

参考文献

Lumpkin，G. T.，Dess，G. G. Clarifying the entrepreneurial orientation construct and linking it to performance. Academy of Management Review，1996，21（1）：135-172.

Van den Hooff，B. J.，Van Weenen，F. L. Committed to share：commitment and CMC use as antecedents of knowledge sharing. Knowledge and Process Management，2004，11（1）：13-24.

Zahra，S. A.，Covin，J. G. Contextual influence on corporate entrepreneurship performance relationship：a longitudinal analysis. Journal of Business Venturing，1995，10（1）：43-58.

Covin，J. G.，Slevin，D. P. A conceptual model of entrepreneurship as firm behavior. Entrepreneurship Theory and Practice，1991（16）：7-26.

团队互依性 (Pearce et al., 1991)

(Team Interdependence)

简介

团队互依性指的是团队成员为了完成团队任务而需要在工作中彼此合作和互动的程度（Stewart & Barrick，2000），是界定团队的定义性特征之一（Salas，Dickinson，Converse，& Tannenbaum，1992）。白新文，刘武和林琳（2011）采用经翻译的Pearce和Gregersen（1991）的问卷测量团队互依性，参与调查的132个团队填写了问卷。团队互依性问卷的内部一致性系数为0.79。

量表

请您根据自己的实际感受和体会，用下面5项描述对您的真实情况进行评价和判断，并在最符合的数字上划○。评价和判断的标准如下：1=非常不同意，2=比较不同意，3=不好确定，4=比较同意，5=非常同意。

1	我在完成自己的工作时需要与队友紧密合作。	1	2	3	4	5
2	我必须经常与队友协作。	1	2	3	4	5
3	我个人的工作表现需要依赖从队友那里获取正确的信息。	1	2	3	4	5
4	我完成自己工作的方式对队友有重要的影响。	1	2	3	4	5
5	我的工作要求我经常征询队友的建议。	1	2	3	4	5

计分方法

团队互依性量表共5道题，可以计算总分或平均分。

量表出处

白新文，刘武，林琳．共享心智模型影响团队绩效的权变模型．心理学报，2011，43（5）：561-572.

参考文献

Pearce，J. L.，Gregersen，H. B. Task interdependence and extra role behavior：a test of the mediating effects of felt responsibility. Journal of Applied Psychology，1991（76）：838-844.

Salas，E.，Dickinson，T. L.，Converse，S. A.，Tannenbaum，S. I. Toward an understanding of team performance and training. In Swezey，R. W. & Salas，E.（Eds.）. Teams：their training and performance（pp. 3-29）. Norwood，NJ：Ablex，1992.

Stewart，G. L.，Barrick，M. R. Team structure and performance：assessing the mediating role of intrateam process and the moderating role of task type. Academy of Management Journal，2000（43）：135-148.

任务相互依赖性 (Liden et al., 1997)

(Task Interdependence)

简介

任务相互依赖性是指团队成员彼此互动并依赖其他团队成员以完成工作任务的程度，它是团队的一个重要任务特征，在团队协同机制的形成中扮演着重要角色（Campion，Medsker，& Higgs，1993）。

刘军，章凯和仲理峰（2009）对任务相互依赖性的测量采用的是经翻译的 Liden，Wayne 和 Bradway（1997）的 3 道题的问卷。任务相互依赖性问卷的内部一致性系数为 0.78。

刘军，章凯和仲理峰（2009）选取一家大型制造企业集团下属的北京、洛阳、烟台和张家口子公司（生产的产品基本相同）中的项目团队作为研究对象。第一次数据收集共回收 88 份团队领导问卷及与之相匹配的 339 份团队成员问卷（剔除了 16 份没有领导匹配的问卷），第二次数据收集共回收 84 份团队领导问卷及相匹配的 272 份团队成员问卷（剔除了 9 份没有领导匹配的问卷）。

量表

请您根据自己的实际感受和体会，用下面 3 项描述对您所在团队的实际情况进行评价和判断，并在最符合的数字上划○。评价和判断的标准如下：1＝非常不同意，2＝不同意，3＝不好确定，4＝同意，5＝非常同意。

1	团队成员之间必须紧密合作以完成工作任务。	1	2	3	4	5
2	工作团队成员彼此须经常沟通协调。	1	2	3	4	5
3	团队成员承担的工作相互关联、相互影响。	1	2	3	4	5

计分方法

任务相互依赖性量表共 3 道题，可以计算总分或平均分。

量表出处

刘军，章凯，仲理峰．工作团队差序氛围的形成与影响：基于追踪数据的实证分析．管理世界，2009（8）：92-101.

参考文献

Campion，M. A.，Medsker，G. J.，Higgs，A. C. Relations between work group characteristics and effectiveness：implications for designing effective work groups. Personnel Psychology，1993，46（4）：823-847.

Liden，R. C.，Wayne，S. J.，Bradway，L. K. Task interdependence as a moderator of the relation between group control and performance. Human Relations，1997，50（2）：169-181.

信息深度加工 (Kearney et al.，2009)

(Information Elaboration)

简介

Daan等（2004）认为，信息的深度加工是多样性团队产生积极效应（如决策质量提高、创新等）的主要过程，是团队成员之间交换信息和观点，进行加工处理后将结果反馈给整个团队，再对其进一步讨论和整合的过程。信息的深度加工建立在信息共享的基础上，更深一步加工、处理和整合信息，使得信息在数量上最大化，并得到更全面的利用，如团队成员经常就某一个问题深入地讨论、交换意见。

赵可汗等（2014）选择了经翻译的Kearney等（2009）的4道题的问卷，对信息深度加工进行测量。问卷的内部一致性系数为0.89，信度良好。赵可汗等（2014）对东部沿海某省的32家高科技企业进行了问卷调查，共59个团队405位知识员工和部门主管提供了数据。

量表

请您根据自己的实际感受和体会，对下面4项关于您所在团队的描述进行评价和判断，并在最符合的数字上划○。评价和判断的标准如下：1＝完全不同意，2＝不同意，3＝有点不同意，4＝有点同意，5＝同意，6＝完全同意。

1	本工作组/团队同事开放地分享各自的知识以互补不足。	1	2	3	4	5	6
2	本工作组/团队同事为形成最佳解决方案而仔细考察各个观点或视角。	1	2	3	4	5	6
3	本工作组/团队同事仔细考虑其他同事所提供的独特信息。	1	2	3	4	5	6
4	我们是作为一个团队而非单个个体来产生想法和解决方案的。	1	2	3	4	5	6

计分方法

信息深度加工量表共4道题，可以计算总分或平均分。

量表出处

赵可汗，贾良定，蔡亚华，王秀月，李珏兴．抑制团队关系冲突的负效应：一项中国情境的研究．管理世界，2014（3）：119-130.

参考文献

Daan，V. K.，Deu，C. K. W.，Homan，A. C. Work group diversity and group performance：an integrative model and research agenda. Journal of Applied Psychology，2004，89（6）：1008-1022.

Kearney，E.，Gebert，D.，Voelpel，S. C. When and how diversity benefits teams：the importance of team members' need for cognition. Academy of Management Journal，2009，52（3）：581-596.

团队反思（张文勤等，2011）

(Team Reflexivity)

简介

West（1996）提出了团队反思的概念，并将它定义为“团队成员对团队目标、策略（如决策）与程序（如沟通）进行公开反省，以使它们适应当前或预期的环境变化”。张文勤和刘云（2011）认为，团队反思是认知过程与行为过程的统一，它既包括认知的心理过程又包括调整的行为过程。

张文勤和刘云（2011）编制开发了中国文化背景下的团队反思测量问卷，在分析有关团队反思的研究文献的基础上，给出团队反思的定义和内涵，制定访谈提纲和计划，对三个研发团队的成员进行了访谈，在对题目进行删改增减之后，形成了预试问卷。对团队反思问卷进行初测，根据197份有效问卷的探索性因素分析结果，得到包括任务反省、过程反省和行动调整三个维度共11道题的最终问卷。

为了进一步验证构想效度，考察问卷的信度与效度，张文勤和刘云（2011）在130个研发团队（来自36家企业）中共发放130份主管问卷及约800份成员问卷，最后共配对成功115组有效团队资料，包括115份主管问卷与592份成员问卷。验证性因素分析证实了团队反思问卷的构想效度，内部一致性分析与相关分析的结果也表明该问卷具有较好的信度与效度。

信度与效度

探索性因素分析的结果表明，任务反省、过程反省和行动调整的累计方差解释率为73.68%。总问卷的信度为0.90，任务反省维度的信度为0.88，过程反省维度的信度为0.90，行动调整维度的信度为0.91。

验证性因素分析的结果表明，因子载荷与相关因子的相关系数均达到了显著性水平（$p<0.001$），拟合指数说明模型拟合基本上达到了要求，其中CFI、GFI均达到0.90以上，RMSEA为0.063，$\chi^2/df=2.18$。这说明团队反思的三因素结构得到了数据的支持。

量表

请您根据自己的实际感受和体会，用下面11项描述对您所在单位中团队反思的情况进行评价和判断，并在最符合的数字上划○。评价和判断的标准如下：1=完全不同意，2=基本不同意，3=有点不同意，4=不确定，5=有点同意，6=基本同意，7=完全同意。

1	执行任务前讨论完成任务的方法。	1	2	3	4	5	6	7
2	检查团队工作是否符合既定目标。	1	2	3	4	5	6	7
3	评估团队任务的完成情况。	1	2	3	4	5	6	7

4	经常总结工作经验。	1	2	3	4	5	6	7
5	讨论当初制定的目标是否合适。	1	2	3	4	5	6	7
6	讨论完成工作的方法是否合适。	1	2	3	4	5	6	7
7	讨论团队成员能否有效合作。	1	2	3	4	5	6	7
8	讨论团队成员如何有效沟通。	1	2	3	4	5	6	7
9	根据环境变化调整团队目标。	1	2	3	4	5	6	7
10	根据环境变化制定应对计划和措施。	1	2	3	4	5	6	7
11	不合理的工作程序会很快得到调整。	1	2	3	4	5	6	7

计分方法

团队反思量表包括三个维度，共 11 道题，可以计算每个维度所包括题目的总分或平均分。每个维度包括的题目如下：

1. 任务反省：主要是对任务完成情况进行反省，且全部为测量轻度反省的题目。共 4 道题，具体包括第 1～第 4 题。

2. 过程反省：主要是对决策、沟通等团队过程进行反省，且全部为测量中度反省的题目。共 4 道题，具体包括第 5～第 8 题。

3. 行动调整：全部为测量行动/调整的题目。共 3 道题，具体包括第 9～第 11 题。

量表出处

张文勤，刘云．研发团队反思的结构检验及其对团队效能与效率的影响．南开管理评论，2011，14（4）：32-41.

参考文献

West，M. A. Reflexivity and work group effectiveness：a conceptual integration. In West，M. A.（Ed.）. Handbook of work group psychology. Chichester，England：Wiley，1996：555-579.

高管团队行为整合（姚振华等，2009）

（Top Management Team's Behavioral Integration）

简介

Hambrick（1994）提出了“高管团队行为整合”的聚合构念，他认为行为整合包括三个核心要素，即信息交换的数量和质量、充分性、及时性、准确性，合作行为，以及集体决策。Simsek等（2005）首次开展了高管团队行为整合构念的实证研究，并开发了行为整合的实证测量，提出了9道测量题目，进行了聚合效度和区分效度的检验。

姚振华和孙海法（2009）基于文献研究，提出了高管团队行为整合构念的内部结构，经过信度和效度检验，最终得到三因子模型的测量问卷。调查选取国有企业、民营企业、欧美外资企业、党政机关四类组织的高管团队作为样本，主要与珠海市委组织部、国资委及中小企业局合作，向珠海市的党政单位、国有企业和十强百优民营企业进行问卷调查。剔除有项目严重漏填和不认真作答的问卷后，共回收325份有效高管团队问卷，1 044份高管个人问卷，平均每个团队3.21人。

信度与效度

信度分析表明，高管团队行为整合的决策参与、开放沟通和团队合作三个因子的信度分别为0.82、0.74和0.70。探索性因素分析发现，决策参与、开放沟通和团队合作的方差解释率分别为41.937%、14.995%、10.069%。验证性因素分析表明，拟合指数$\chi^2/df=3.11$，CFI=0.98，IFI=0.98，GFI=0.95，RMSEA=0.08，说明高管团队行为整合的结构效度较好。

量表

请您根据自己的实际感受和体会，用下面10项描述对您所在的班子（高管团队）进行评价和判断，并在最符合的数字上划○。评价和判断的标准如下：1=不同意，2=较多不同意，3=偏向不同意，4=偏向同意，5=较多同意，6=同意。

1	班子内鼓励大家提出不同意见。	1	2	3	4	5	6
2	班子成员的不同意见都能得到认真对待。	1	2	3	4	5	6
3	班子成员有不同意见时能够进行争论。	1	2	3	4	5	6
4	讨论过程中，成员间偶尔会有比较激烈的争辩行为。	1	2	3	4	5	6
5	班子成员决策时能充分地分享相关信息。	1	2	3	4	5	6
6	班子成员经常进行非正式交流。	1	2	3	4	5	6
7	班子成员经常讨论相互的期望和要求。	1	2	3	4	5	6
8	某位成员忙时，其他成员会帮助他分担工作任务。	1	2	3	4	5	6
9	班子成员经常互相支持工作。	1	2	3	4	5	6
10	当成员分管领域间的配合出现问题时，常会互相告知。	1	2	3	4	5	6

计分方法

高管团队行为整合量表包括三个维度，共 10 道题，可以计算每个维度所包括题目的总分或平均分。每个维度包括的题目如下：

1. 决策参与：共 4 道题，具体包括第 1～第 4 题。
2. 开放沟通：共 3 道题，具体包括第 5～第 7 题。
3. 团队合作：共 3 道题，具体包括第 8～第 10 题。

量表出处

姚振华，孙海法．高管团队行为整合的构念和测量：基于行为的视角．商业经济与管理，2009（12）：28-36.

参考文献

Hambrick，D. C. Top management groups：a conceptual integration and reconsideration of the "team" label. Research in Organizational Behavior，1994（16）：171-213.

Simsek，Z.，Dino，R. N. Modeling the multilevel determinants of top management team behavioral integration. Academy of Management Journal，2005，48（1）：69-84.

团队互动过程（刘雪峰等，2005）

（Team Interaction Process）

简介

根据 Marks，Mathieu 和 Zaccaro（2001）的定义，团队互动指的是团队成员相互依赖，在协调完成工作的过程中所进行的认知、语言、行为等方面的活动，以将团队的投入转化为产出，从而完成共同的目标。

刘雪峰和张志学（2005）编写了测量团队互动过程的 16 道题，后经因子分析删去不合适的题目，得到具有良好信效度的 9 道题的量表。他们抽取有相同工作内容的团队作为研究对象，采取情境模拟的方法，通过在课堂上让学员组成团队完成某项具体的任务来收集数据，共有 467 名被试参加了研究。

信度与效度

量表的内部一致性系数为 0.77，结构维度和人际维度两个分量表的内部一致性系数分别为 0.70、0.74。因子分析的结果表明，两个因子的累计方差解释率为 52.3%，其中第一个因子的方差解释率为 37.09%，第二个因子的方差解释率为 15.17%。

效度检验表明，所有题目的相关系数差异值都大于 0.12，相关系数中值大于 0，建构效度较好，另外量表具有较好的效标关联效度。

量表

请您根据自己的实际感受和体会，用下面 9 项描述对您所在部门/团队的成员之间的互动过程进行评价和判断，并在最符合的数字上划○。评价和判断的标准如下：1=非常不同意，2=不同意，3=有点不同意，4=有点同意，5=同意，6=非常同意。

1	接到任务后，我们小组立即分析要达到的目标是什么。	1	2	3	4	5	6
2	我们小组制定了完成工作的计划。	1	2	3	4	5	6
3	我清楚地了解自己在活动中承担的任务是什么。	1	2	3	4	5	6
4	我们小组的活动是按照预定计划进行的。	1	2	3	4	5	6
5	我们小组有一位组员起主导作用。	1	2	3	4	5	6
6	我们小组中的每位成员都参与讨论完成活动的方案。	1	2	3	4	5	6
7	活动中我相信本小组的其他成员会尽职尽责。	1	2	3	4	5	6
8	我们小组所有成员都各尽所能。	1	2	3	4	5	6
9	我们小组成员之间相互尊重、彼此听取别人的意见。	1	2	3	4	5	6

计分方法

团队互动过程量表包括两个维度，共 9 道题，可以计算每个维度所包括题目的总分或平均分。每个维度包括的题目如下：

1. 结构：共5道题，具体包括第1～第5题。
2. 人际：共4道题，具体包括第6～第9题。

量表出处

刘雪峰，张志学．模拟情境中工作团队成员互动过程的初步研究及其测量．心理学报，2005，37（2）：253-259.

参考文献

Marks，M. A.，Mathieu，J. E.，Zaccaro，S. A temporally based framework and taxonomy of team processes. Academy of Management Review，2001（26）：356-376.

团队互动双F导向（陈国权等，2011）

(2F-oriented Team Interaction)

简介

从个体与群体两个不同层面出发，国内外的研究均得出结论：任务完成和人际维系是团队互动过程的两个重要方面。Bion（1948）指出，团队互动中的任务完成与人际维系并非彼此排斥的两个维度，而是相互独立的。刘雪峰和张志学（2005）基于对模拟情境中工作团队的研究，将团队互动分为结构和人际两个维度，其中结构维度是指团队成员制定行动计划、分配任务、确立领导、监控过程等行为，人际维度是指在执行结构性任务时所进行的沟通、协调以及信任尊重等人际交往行为。

陈国权和赵慧群（2011）则提出了团队互动双F导向理论，认为事实导向与情感导向是团队互动过程中彼此独立的重要维度，并基于三个实证研究开发了团队互动双F导向量表。

在团队互动双F导向量表的初步开发阶段，陈国权和赵慧群（2011）选取了清华大学经济管理学院某高级经理人培训班的30位学员为研究对象，得到有效问卷26份。基于这些描述，初步设计出团队互动双F导向的测量题目，每个概念至少包括4～6道题。在团队互动双F导向量表的修订阶段，选取清华大学经管学院某两个高级经理人培训班和某MBA班学员共计179人为被试，得到有效问卷104份，分析结果表明两个维度的有效题目均有良好的内部一致性。在团队互动双F导向量表的最终确定阶段，对武汉、重庆、贵阳等地的8家公司发放问卷410份，回收有效问卷310份，分析结果表明量表有很好的信度和效度。

信度与效度

陈国权和赵慧群（2011）对清华大学经管学院某两个高级经理人培训班和某MBA班的学员进行问卷调查，信度和效度分析结果显示，量表中事实导向互动的信度为0.76，情感导向互动的信度为0.82。各拟合指标良好，说明量表有良好的信度和效度。

陈国权和赵慧群（2011）对武汉、重庆、贵阳等地的8家公司的员工进行调查，探索性因素分析的结果表明各拟合指标良好，问卷有良好的聚合效度，$\chi^2/df=4.00$（75.95/19），RMSEA=0.081，CFI=0.95，NFI=0.93，GFI=0.92，IFI=0.9。回归方程通过F检验，方差解释率为21.8%，两种互动过程的β系数均显著。量表具有较好的预测效度。事实导向互动的信度为0.82，情感导向互动的信度为0.80，说明量表有良好的信度。

量表

请您根据自己的实际感受和体会，用下面8项描述对团队成员的实际情况进行评价和判断，并在最符合的数字上划○。评价和判断的标准如下：1=非常不同意，2=不同意，3＝不好确定，4＝同意，5＝非常同意。

1	团队成员彼此交流事情的真实情况。	1	2	3	4	5
2	团队成员陈述事情真相。	1	2	3	4	5
3	团队成员客观地交流相关事情出现的真正原因。	1	2	3	4	5
4	团队成员客观地陈述事情的可能结果。	1	2	3	4	5
5	团队成员发表意见时给他人留面子。	1	2	3	4	5
6	团队成员在陈述自己的观点时注意照顾他人的情绪。	1	2	3	4	5
7	团队成员表达不同看法时关注他人的感受。	1	2	3	4	5
8	团队成员在表达观点时注意维护对方的自信心。	1	2	3	4	5

计分方法

团队互动双F导向量表包括两个分量表，共8道题，可以计算每个分量表所包括题目的总分或平均分。每个分量表包括的题目如下：

1. 事实导向互动过程：在团队互动过程中，成员如实地提供各自掌握的相关信息，客观陈述事情的真实情况，理性分析事情的原因及可能结果。共4道题，具体包括第1～第4题。

2. 情感导向互动过程：团队成员在互动过程中注意照顾他人的情绪和面子，关注对方的感受，维护对方的自信心，避免令对方产生挫败感。共4道题，具体包括第5～第8题。

量表出处

陈国权，赵慧群．团队互动双F导向理论、量表开发及互动风格．经济管理，2011，33（3）：79-86.

参考文献

Bion，W. R. Experiences in groups：Ⅰ. Human Relations，1948，1（3）：314-320.

刘雪峰，张志学．模拟情境中工作团队成员互动过程的初步研究及其测量．心理学报，2005，37（2）：253-259.

团队冲突（陈忠卫等，2008）

(Team Conflict)

简介

组织内的冲突分为情感冲突和认知冲突。情感冲突是指组织成员间由于个性差异、人际关系的摩擦以及工作中的误解而引起的不愉快情绪。认知冲突是指由于组织成员间对团队任务、决策过程、实施方案等方面的意见和观点有分歧所引起的冲突。一般而言，情感冲突有损于公司绩效，而认知冲突有益于提高公司绩效（陈忠卫和雷红生，2008）。

陈忠卫和雷红生（2008）的团队冲突问卷是根据Jehn等（1999）提出的团体内冲突测量工具，结合对创业团队成员的访谈，尤其是在获得关于国内经济转型时期创业团队组建、运营过程中出现的冲突等情况下修改而成的，共包括10道测试题。陈忠卫和雷红生（2008）调查了125家企业，发放问卷200份，回收179份，其中无效问卷16份，有效问卷163份。

最终得到的团队冲突问卷中，情感冲突、认知冲突的内部一致性系数分别为0.571和0.687。总问卷的内部一致性系数为0.538。探索性因素分析提取两个公因子，累计方差解释率为52.209%。

量表

请您根据自己的实际感受和体会，用下面7项描述对您所在团队的实际情况进行评价和判断，并在最符合的数字上划○。评价和判断的标准如下：1＝非常不同意，2＝不同意，3＝不好确定，4＝同意，5＝非常同意。

1	高管团队成员会因某些琐碎的小事引发相互埋怨。	1	2	3	4	5
2	高管团队成员在工作过程中有不少人际摩擦。	1	2	3	4	5
3	其他成员没采纳我的意见，我会有一种郁闷感。	1	2	3	4	5
4	我与高管团队其他成员争执后会产生某种失落感。	1	2	3	4	5
5	高管团队成员在讨论特定方案时会出现观点不一致的现象。	1	2	3	4	5
6	战略方案的选择过程中，高管团队成员往往有不同的观点。	1	2	3	4	5
7	虽然起初观点有分歧，高管团队仍能设计出可以接受的方案。	1	2	3	4	5

计分方法

团队冲突量表包括两个维度，共7道题，可以计算每个维度所包括题目的总分或平均分。每个维度包括的题目如下：

1. 情感冲突：共4道题，具体包括第1～第4题。
2. 认知冲突：共3道题，具体包括第5～第7题，其中第7题需反向计分。

量表出处

陈忠卫，雷红生．创业团队内冲突、企业家精神与公司绩效关系．经济管理，2008，30（15）：47-52.

参考文献

Jehn，K. A.，Neale，M. A. Why differences make a difference：a field study of diversity，conflict，and performance in workgroups. Administrative Science Quarterly，1999，44（4）：741-763.

团队心理安全感（Edmondson et al.，1999）

（Team Psychological Safety）

简介

团队心理安全感是指员工普遍接受人际冒险是安全的，且对于因公开谈论而不受惩罚、排斥和抵制的一种共同信念。杨付和张丽华（2012）对团队心理安全感的测量采用经翻译的Edmondson等（1999）的团队心理安全感问卷，共7道题。问卷的内部一致性系数为0.795。

杨付和张丽华（2012）以国内13家大型制造企业集团（企业规模控制在500人以上）分布于全国的81个独立工作团队为研究样本，调查对象为包括团队领导在内的所有团队成员（不含派遣制员工）。共发放调查问卷483份，回收后剔除信息缺失的68份，再通过团队配对比较和团队识别剔除71份问卷，最后得到有效问卷344份，涉及75个团队。

量表

请您根据自己的实际感受和体会，针对您所在公司的情况对下面7项描述进行评价和判断，并在最符合的数字上划○。评价和判断的标准如下：1＝非常不同意，2＝不同意，3＝不好确定，4＝同意，5＝非常同意。

1	如果我在团队里犯了错，团队成员常会因此而对我有意见。	1	2	3	4	5
2	所在团队的成员能够提出问题及难题。	1	2	3	4	5
3	在这个团队中，有时与大多数人表现不一样的人会遭到排斥。	1	2	3	4	5
4	在这个团队中做冒险的事是安全的。	1	2	3	4	5
5	在这个团队中，寻求其他成员的帮助很困难。	1	2	3	4	5
6	在这个团队中，没有人会故意诋毁、破坏我的努力。	1	2	3	4	5
7	与团队成员一起工作，我的独特技能和天赋得到重视与发挥。	1	2	3	4	5

计分方法

团队心理安全感量表共7道题，可以计算总分或平均分，其中第1、第3、第5题需反向计分。

量表出处

杨付，张丽华．团队成员认知风格对创新行为的影响：团队心理安全感和工作单位结构的调节作用．南开管理评论，2012，15（5）：13-25.

参考文献

Edmondson，A. Psychological safety and learning behavior in work teams. Administrative Science Quarterly，1999，44（2）：350-383.

团队心理授权（王国猛等，2012）

（Team Psychological Empowerment）

简介

Kirkman 等（2000）认为，团队心理授权是指团队成员集体对组织任务做出积极的评价，从而提升完成组织任务的内在工作激励水平。王国猛，郑全全和赵曙明（2012）认为，团队心理授权是团队成员集体体验到的被授权心理认知，是一种内在的、持续的工作激励因素。

Kirkman 等（1999）采用 Guzzo 等（1993）的单维 8 道题群体效能感问卷来测量团队效能感，Mathieu 等（2006）自编了两维 6 道题的问卷，包括团队工作自主性和责任感两个因素。

王国猛，郑全全和赵曙明（2012）编制开发了中国文化背景下的团队心理授权测量问卷。他们在分析有关团队反思的文献的基础上，运用关键事件技术等方法对不同的访谈对象分别进行个别访谈和焦点访谈，编制了开放式问卷，对 4 家企业的 120 名员工进行了开放式问卷调查，确定了 35 道题的团队心理授权预试问卷。根据预试的探索性因素分析结果，对题目进行了增删合并，最终形成正式测试问卷的 25 道题。

为了进一步验证构想效度，考察问卷的信度与效度，王国猛，郑全全和赵曙明（2012）先后对两个样本进行了正式调查。第一个样本共发放问卷 600 份，回收有效问卷 454 份；第二个样本共发放问卷 700 份，回收有效问卷 568 份。根据相关分析和探索性因素分析的结果，进一步将问卷题目删减至 15 道，包括能力导向授权体验和工作导向授权体验两个维度。问卷呈现出清晰的二因素结构，分析表明该问卷具有良好的信度和效度。

信度与效度

探索性因素分析的结果表明，能力导向授权体验和工作导向授权体验的累计方差解释率为 58.034%。总问卷的信度为 0.903，能力导向授权体验维度的信度为 0.860，工作导向授权体验维度的信度为 0.835。

验证性因素分析的结果表明，因子载荷与相关因子的相关系数均达到了显著性水平（$p<0.01$），拟合指数说明模型拟合基本上达到了要求，其中 CFI、GFI、AGFI、NFI、IFI、TLI 均达到 0.90 以上，RMSEA 为 0.049，$\chi^2/df=2.381$。这说明团队心理授权的二因素结构得到了数据的支持。

研究中的访谈、文献分析工作以及专家组对问卷项目的审定保证了所编制问卷的内容效度，验证性因素分析的结果为问卷的结构效度提供了良好的证据。

量表

请您根据自己的实际感受和体会，用下面 15 项描述对您所在团队的实际情况进行评价和判断，并在最符合的数字上划○。评价和判断的标准如下：1＝完全不同意，2＝基本不同意，3＝有点不同意，4＝不确定，5＝有点同意，6＝基本同意，7＝完全同意。

1	我所在团队的成员意识到工作责任感非常重要。	1	2	3	4	5	6	7
2	我所在团队的成员相信自己是有工作责任感的。	1	2	3	4	5	6	7
3	我所在的团队在公司中有重要影响。	1	2	3	4	5	6	7
4	我所在团队的成员非常关心自己所从事的工作。	1	2	3	4	5	6	7
5	对我所在团队的成员来说，工作上所做的事非常有意义。	1	2	3	4	5	6	7
6	在如何完成工作上，我所在团队的成员有很大的自主权。	1	2	3	4	5	6	7
7	我所在的团队以工作质量高而闻名。	1	2	3	4	5	6	7
8	我所在的团队对其他团队成员有重大影响。	1	2	3	4	5	6	7
9	我所在团队的成员掌握了完成工作所需的各项技能。	1	2	3	4	5	6	7
10	我所在团队的成员常常通过总结过去的经验而获取新知识。	1	2	3	4	5	6	7
11	遇到困难时，我所在团队的成员通过相互讨论能找到问题的解决办法。	1	2	3	4	5	6	7
12	我所在的团队对解决遇到的工作问题非常自信。	1	2	3	4	5	6	7
13	我所在团队的成员相信，团队的努力总是卓有成效的。	1	2	3	4	5	6	7
14	我所在团队的成员对团队整体的工作能力充满信心。	1	2	3	4	5	6	7
15	我所在团队的成员对完成工作的能力非常有信心。	1	2	3	4	5	6	7

计分方法

团队心理授权量表包括两个维度，共 15 道题，可以计算每个维度所包括题目的总分或平均分。每个维度包括的题目如下：

1. 能力导向授权体验：包括对团队成员集体感受到的能力、知识、技能、问题解决等元素的描述。共 8 道题，具体包括第 1～第 8 题。

2. 工作导向授权体验：包括对团队成员集体感受到的工作自主决策、工作价值、工作责任感以及工作对团队和组织的贡献等元素理性判断后表现出来的信念。共 7 道题，具体包括第 9～第 15 题。

量表出处

王国猛，郑全全，赵曙明．团队心理授权的维度结构与测量研究．南开管理评论，2012，15（2）：48-58.

参考文献

Kirkman，B. L.，Rosen，B. Powering up teams. Organizational Dynamics，2000，28（3）：48-66.

Kirkman，B. L.，Rosen，B. Beyond self-management：antecedents and consequences of team empowerment. Academy of Management Journal，1999，42（1）：58-74.

Mathieu，J. E.，Gilson，L. L.，Ruddy，T. M. Empowerment and team effectiveness：an empirical test of an integrated model. Journal of Applied Psychology，2006，91（1）：97-108.

Guzzo，R. A.，Yost，P. R.，Campbell，R. J. Potency in groups：articulating a construct. Journal of Social Psychology，1993，32（1）：87-106.

感知凝聚力（Bollen et al.，1990）

（Perceived Cohesion）

简介

Bollen和Hoyle（1990）提出了感知凝聚力的概念，感知凝聚力包括认知部分和情感部分，是指个体对群体认知过程的评价往往会导致其对结果评价做出情感反应。

刘咏梅，卫旭华和陈晓红（2011）采用了经翻译的Bollen和Hoyle（1990）的感知凝聚力量表。员工根据自己在部门工作时的体会，对自己的感知凝聚力进行评价。感知凝聚力量表的信度为0.893，由此可见，量表信度较好。

刘咏梅，卫旭华和陈晓红（2011）在国内某调查网站发布电子版问卷，最终回收有效问卷286份。

量表

请您根据自己的实际感受和体会，用下面6项描述对您的实际情况进行评价和判断，并在最符合的数字上划○。评价和判断的标准如下：1＝完全不同意，2＝不同意，3＝不好确定，4＝同意，5＝完全同意。

1	我非常乐意在现在的部门工作。	1	2	3	4	5
2	我所在的部门是我遇到的最好的部门之一。	1	2	3	4	5
3	我对自己所在的部门的工作非常热心。	1	2	3	4	5
4	我把自己看作部门的一部分。	1	2	3	4	5
5	我认为自己是部门中的一员。	1	2	3	4	5
6	我对自己所在的部门有一种归属感。	1	2	3	4	5

计分方法

感知凝聚力量表包括两个分量表，共6道题，可以计算每个分量表所包括题目的总分或平均分。每个分量表包括的题目如下：

1. 归属感：归属感是认知水平的凝聚力，是指个体对一个特定群体的情感反应。共3道题，具体包括第1～第3题。

2. 士气感：士气感是情感水平的凝聚力，是和归属感同时发生的个体情感反应。共3道题，具体包括第4～第6题。

量表出处

刘咏梅，卫旭华，陈晓红．情绪智力、冲突管理与感知凝聚力关系研究．科研管理，2011，32（2）：88-96.

参考文献

Bollen，K. A.，Hoyle，R. H. Perceived cohesion：a conceptual and empirical examination. Social Forces，1990，69（2）：479-504.

团队凝聚力（张宏，2014）

（Team Unity）

简介

团队凝聚力是指团队对成员的吸引力、成员对团队的向心力，以及团队成员之间的相互吸引。团队凝聚力不仅是维持团队存在的必要条件，而且对团队潜能的发挥有很重要的作用。

郑鸿和徐勇（2017）对广东省创业投资协会和广东中大科技创业投资有限公司这两个平台的会员、接触或投资的新创企业共 200 个进行现场问卷调查，回收问卷 153 份，剔除无效问卷 14 份，得到有效问卷 139 份。此外，对参加初创企业经营者培训的 100 名学员现场发放问卷，回收问卷 81 份，剔除无效问卷 5 份，得到有效问卷 76 份。最终共得到创业团队研究样本 215 个。对团队凝聚力的测量采用的是张宏（2014）的量表，信度检验结果 Cronbach's Alpha＝0.900，建构信度 CR＝0.899，平均提取方差值 AVE＝0.961，量表的信效度指数都达到了良好水平。

量表

请您根据自己的实际感受和体会，通过下面 4 项描述对您所在的团队进行评价和判断，并在最符合的数字上划○。评价和判断的标准如下：1＝强烈不同意，2＝不同意，3＝有点不同意，4＝不确定，5＝有点同意，6＝同意，7＝强烈同意。

1	相对于参加其他活动，创业团队成员更愿意参加团队的活动。	1	2	3	4	5	6	7
2	为了更好地完成工作，创业团队成员经常需要与其他成员进行沟通协作。	1	2	3	4	5	6	7
3	创业团队成员皆须同心协力，才能达成团队目标。	1	2	3	4	5	6	7
4	在创业团队里，每个成员都在为实现团队目标而努力。	1	2	3	4	5	6	7

计分方法

团队凝聚力量表共 4 道题，可以计算总分或平均分。

量表出处

郑鸿，徐勇．创业团队信任的维持机制及其对团队绩效的影响研究．南开管理评论，2017，20（5）：31-42.

参考文献

张宏．创业团队价值观异质性、团队冲突与团队凝聚力关系研究．科学管理研究，2014，32（2）：90-93.

交互记忆系统（Lewis，2003）

（Transactive Memory System）

简介

交互记忆的概念是 Wegner（1987）首先提出的。他观察到，群体中的个人依赖他人记住某些信息，从而使得每个人掌握的信息和知识容量大大增加。对于企业中的工作团队来说，合作的经历使得团队成员逐渐认识到每个成员都知道什么、谁是哪个领域的专家。基于对团队各个成员专长的认识，人们慢慢地倾向于通过分工合作来获取、存储、记忆和交流信息。这种建立在相互记忆基础上的团队成员之间交流合作的行为就是交互记忆系统（transactive memory system，TMS）。交互记忆系统的思想认为，就像每个人都有记忆力一样，工作群体也可以形成一种记忆系统。

张志学等（2006）翻译了 Lewis（2003）开发的交互记忆系统量表，量表包含专长、可信和协调三个维度，每个维度各由 5 道题来测量。张志学等（2006）在较大的实地样本的基础上，通过验证性因素分析对量表进行检验和修订。

研究对象来自国内 100 家高新技术企业的 190 个工作团队，共有 1 008 人。这些企业分布于信息技术、电信、软件开发、电子工程、生物工程等行业。这些团队由 2～9 人组成，平均有 5.31 名成员，团队成员共同工作时间平均为 38.31 个月。

信度与效度

交互记忆系统量表中专长、可信和协调三个维度的信度分别为 0.66、0.60 和 0.77。交互记忆系统总量表的信度是 0.80。三因子模型的拟合指标 χ^2/df、GFI、CFI、TLI、RMSEA、RMR 分别为 1.73、0.93、0.92、0.90、0.06、0.01，说明交互记忆系统量表的结构得到了数据支持，效度较好。

量表

请您根据自己的实际感受和体会，用下面 15 项描述对您所在团队的情况进行评价和判断，并在最符合的数字上划○。评价和判断的标准如下：1＝非常不同意，2＝不同意，3＝不好确定，4＝同意，5＝非常同意。

1	我们团队中的每名成员都具备与任务有关的某方面的知识。	1	2	3	4	5
2	我具备其他团队成员不了解的与项目有关的知识。	1	2	3	4	5
3	我们每位团队成员在各自负责的不同方面有专长。	1	2	3	4	5
4	我们团队中不同的成员所具有的专门知识都是完成任务所需要的。	1	2	3	4	5
5	我了解团队成员在具体方面的专长。	1	2	3	4	5
6	我能够平和地接受其他团队成员的建议。	1	2	3	4	5
7	我相信团队中其他成员掌握的有关我们项目的知识是可以信赖的。	1	2	3	4	5
8	我相信团队中其他成员在讨论中提供的信息是可靠的。	1	2	3	4	5

9	当其他团队成员提供了信息时，我总想自己再检查一遍。	1	2	3	4	5
10	我不太相信其他团队成员的“专长”。	1	2	3	4	5
11	一起工作时，我们团队协调得很好。	1	2	3	4	5
12	我们团队对于该做什么很少产生误解。	1	2	3	4	5
13	我们团队经常需要回头对已经做过的工作重新再做一次。	1	2	3	4	5
14	我们顺利且有效率地完成任务。	1	2	3	4	5
15	我们对于如何完成任务很混乱。	1	2	3	4	5

计分方法

交互记忆系统量表包括三个维度，共 15 道题，可计算每个维度所包括题目的总分或平均分。每个维度包括的题目如下：

1. 专长：共 5 道题，具体包括第 1～第 5 题。
2. 可信：共 5 道题，具体包括第 6～第 10 题，其中第 9 题和第 10 题需反向计分。
3. 协调：共 5 道题，具体包括第 11～第 15 题，其中第 13 题和第 15 题需反向计分。

量表出处

张志学，Paul S. Hempel，韩玉兰，邱静．高技术工作团队的交互记忆系统及其效果．心理学报，2006，38（2）：271-280.

参考文献

Wegner，D. M. Transactive memory：a contemporary analysis of the group mind. Springer，1987：185-208.

Lewis，K. Measuring transactive memory systems in the field：scale development and validation. Journal of Applied Psychology，2003，88（4）：587-604.

交互记忆系统（陈伟等，2015）

（Transactive Memory System）

简介

Wegner（1995）提出了交互记忆系统这一概念，把它描述为团队通过对来自各领域的信息知识做出集体性的编码、存储和检索，团队成员对其他成员拥有的知识进行有效的认知，形成的一种彼此依赖的用以获取、存储和运用来自不同领域信息知识的合作性分工系统。

陈伟，杨早立和朗益夫（2015）对交互记忆系统的测量参照曲刚和李伯森（2011）、Lewis（2004）等的研究成果，从专长度、可信度和协调度三个维度进行测量，形成由14道题组成的量表。他们面向分布于辽宁和京津唐地区多个行业的63家企业，通过电子邮件、课题组成员上门走访等形式发放以团队为单位的调查问卷185套，共1 370份。回收有效配对问卷167套，共1 116份。

信度与效度

量表的内部一致性系数超过0.8。验证性因素分析的结果表明，$\chi^2/df=2.552$，CFI=0.965，GFI=0.909，AGFI=0.900，RMR=0.017，RMSEA=0.024，NFI=0.945，IFI=0.966。这说明该量表具有良好的信度和效度。

量表

请您根据自己的实际感受和体会，用下面14项描述对您所在团队的情况进行评价和判断，并在最符合的数字上划○。评价和判断的标准如下：1=非常不同意，2=不同意，3=有点不同意，4=无所谓，5=有点同意，6=同意，7=非常同意。

1	团队成员拥有各自的专长技能。	1	2	3	4	5	6	7
2	团队成员拥有与工作任务紧密相关的专业知识。	1	2	3	4	5	6	7
3	团队成员各自的专长具有差异性。	1	2	3	4	5	6	7
4	团队领导及成员了解彼此所拥有的专长。	1	2	3	4	5	6	7
5	容易接受团队成员不同的观点。	1	2	3	4	5	6	7
6	团队成员互相信赖对方的专长知识。	1	2	3	4	5	6	7
7	团队成员信赖其他成员的异质性知识。	1	2	3	4	5	6	7
8	团队成员信赖彼此所提供的工作相关信息。	1	2	3	4	5	6	7
9	团队成员信赖彼此在工作中所掌握的经验和技巧。	1	2	3	4	5	6	7
10	团队成员在工作任务上具有较好的协调性。	1	2	3	4	5	6	7
11	团队成员容易接受其他成员所提供的工作指导。	1	2	3	4	5	6	7
12	团队成员能够很好地进行复杂任务的合作。	1	2	3	4	5	6	7
13	团队较少做重复性工作。	1	2	3	4	5	6	7
14	团队能够有效、高质量地完成相关任务。	1	2	3	4	5	6	7

计分方法

交互记忆系统量表包括三个维度，共 14 道题，可以计算每个维度的总分或平均分。每个维度包括的题目如下：

1. 专长度：共 4 道题，具体包括第 1～第 4 题。
2. 可信度：共 5 道题，具体包括第 5～第 9 题。
3. 协调度：共 5 道题，具体包括第 10～第 14 题。

量表出处

陈伟，杨早立，朗益夫．团队断裂带对团队效能影响的实证研究——关系型领导行为的调节与交互记忆系统的中介．管理评论，2015，27（4）：110-121.

参考文献

Lewis，K. Knowledge and performance in knowledge-worker teams：a longitudinal study of transactive memory systems. Management Science，2004，50（11）：1519-1533.

Wegner，D. M. A computer network model of human transactive memory. Social Cognition，1995，13（3）：319-339.

曲刚，李伯森．团队社会资本与知识转移关系的实证研究：交互记忆系统的中介作用．管理评论，2011，23（9）：109-118.

团队效能（陈伟等，2015）

（Team Effectiveness）

简介

学者将团队效能视为团队实际产出达到预期产出的程度，用于对比团队运行的实际结果与预期结果。陈伟，杨早立和朗益夫（2015）参考了黄敏萍等（2002）以及张文勤等（2011）的研究成果，把团队效能划分为任务绩效和合作满意度两个维度，形成7道题的量表。其中，任务绩效相关测量题目由团队领导做出评价，合作满意度相关测量题目由团队普通成员进行评价。样本为分布于辽宁和京津唐地区多个行业的63家企业，通过电子邮件、课题组成员上门走访等形式发放以团队为单位的调查问卷185套，共1 370份，回收有效配对问卷167套，共1 116份。

信度与效度

量表的内部一致性系数超过0.8。验证性因素分析的结果表明，各项拟合指数分别为：$\chi^2/df=2.258$，CFI＝0.980，GFI＝0.957，AGFI＝0.907，RMR＝0.032，RMSEA＝0.037，NFI＝0.965，IFI＝0.980。因此，该问卷具有良好的信度和效度。

量表

请您根据自己的实际感受和体会，用下面7项描述对您所在团队的情况进行评价和判断，并在最符合的数字上划○。评价和判断的标准如下：1＝非常不同意，2＝不同意，3＝有点不同意，4＝无所谓，5＝有点同意，6＝同意，7＝非常同意。

1	团队可以在一定时间内高效地完成工作任务。	1	2	3	4	5	6	7
2	团队可在预算内完成工作任务。	1	2	3	4	5	6	7
3	团队成员能够高效率地工作。	1	2	3	4	5	6	7
4	团队工作成果与预期目标基本一致。	1	2	3	4	5	6	7
5	团队成员在工作中愉快地合作。	1	2	3	4	5	6	7
6	团队成员在工作任务的合作过程中得到锻炼和成长。	1	2	3	4	5	6	7
7	期待与其他团队成员进行更深入和持久的合作及共同完成企业任务。	1	2	3	4	5	6	7

计分方法

团队效能量表包括两个维度，共7道题，可以计算每个维度所包括题目的总分或平均分。每个维度包括的题目如下：

1. 任务绩效：共4道题，具体包括第1～第4题。
2. 合作满意度：共3道题，具体包括第5～第7题。

量表出处

陈伟，杨早立，朗益夫．团队断裂带对团队效能影响的实证研究——关系型领导行为的调节与交互记忆系统的中介．管理评论，2015，27（4）：110-121.

参考文献

黄敏萍，戚树诚，黄国隆．跨功能任务团队之结构与效能：一项结构权变模式之观点．管理学报，2002，19（6）：979-1006.

张文勤，刘云．研发团队反思的结构检验及其对团队效能与效率的影响．南开管理评论，2011，14（3）：26-33.

团队建言氛围（Frazier et al.，2015）

（Group Voice Climate）

简介

团队建言氛围会对员工及团队产生积极影响，Frazier和Bowler（2015）将团队建言氛围定义为团队成员所形成的对团队在多大程度上鼓励建言行为的共享信念，并将其作为一个整体的单维构念进行测量。团队建言氛围是一个比较新的概念，它的提出既是建言行为研究的逻辑延续，也是组织氛围研究的深入和细化。

李嘉和杨忠（2018）认为，团队建言氛围具有以下三个属性：第一，团队建言氛围是一种与建言行为密切相关的团队层面的特定氛围；第二，团队建言氛围是成员对所在团队建言环境的共同心理感知，是主客观交互作用的产物；第三，团队建言氛围属于团队层面的聚合构念，不同团队在团队建言氛围上可能存在差异。

李嘉和杨忠（2018）的数据收集工作是在中国东部某省会城市进行的，调研了某国有银行在该市的大部分网点，参与问卷填写的人有网点主任和普通员工。李嘉和杨忠（2018）共进行了两次调研，团队建言氛围的数据在第二次调查时收集。第一轮调研了60个银行网点，共发放网点主任问卷60份，回收60份；发放员工问卷670份，回收597份。第二轮调研了59个银行网点，共发放员工问卷493份，回收480份。

信度与效度

采用Frazier和Bowler（2015）的团队建言氛围六条目量表，结果显示Cronbach's Alpha=0.95，各个题项与其对应因子之间的标准化载荷最低值为0.81，高于0.4的一般建议标准，并且所有测量题项在其测量构念上的标准化因子载荷均在0.01水平上显著，量表的信效度指数都达到了良好水平。

量表

请您根据自己的实际感受和体会，通过下面6项描述对您所在的网点进行评价和判断，并在最符合的数字上划○。评价和判断的标准如下：1=非常不同意，2=不同意，3=比较不同意，4=一般，5=比较同意，6=同意，7=非常同意。

1	网点鼓励员工对影响团队的问题提出建议。	1	2	3	4	5	6	7
2	网点鼓励员工参与到影响团队的事务之中。	1	2	3	4	5	6	7
3	网点鼓励员工即使对工作有不同甚至反对的意见，也和同事交流。	1	2	3	4	5	6	7
4	网点鼓励员工说出对网点可能有帮助的观点。	1	2	3	4	5	6	7
5	网点鼓励员工积极参与到影响网点工作质量的议题中。	1	2	3	4	5	6	7
6	网点鼓励员工就工作程序中的新方案或新变化提出自己的建议和想法。	1	2	3	4	5	6	7

计分方法

团队建言氛围量表共 6 道题，可以计算总分或平均分。

量表出处

李嘉，杨忠．威权领导对团队建言氛围的影响机制研究．经济管理，2018，40（6）：53-68.

参考文献

Frazier，M. L.，Bowler，W. M. Voice climate，supervisor undermining，and work outcomes：a group-level examination. Journal of Management，2015，41（3）：841-863.

团队学习行为（刘冰等，2017）

（Team Learning Behavior）

简介

团队学习行为是团队成员为了满足团队和个人的发展需求，在分享各自经验的基础上（Ellis，2003），通过知识和信息交流（Gibson，2003）等途径提出问题、寻求反馈、进行实验、反思结果、对失误或未预期结果进行讨论（Edmondson，1999），促进团队与个人知识或技能水平的不断提高，进而实现团队层面知识与技能的相对持久变化（Ellis，2003）的行为。

刘冰等（2017）通过实地调研和邮寄相结合的方式进行了两个阶段的数据收集，团队学习行为在第二阶段进行调查，最终得到有效团队52个，有效问卷277套。

刘冰等（2017）使用Van Der和Bunderson（2005）在Edmondson（1999）及Drach-Zahavy和Somech（2001）的研究基础上形成的团队学习行为量表进行调查。团队学习行为量表共有4道题，信度检验结果Cronbach's Alpha=0.899，表明团队学习行为量表的信度达到了良好水平。

量表

请您根据自己的实际感受和体会，通过下面4项描述对您所在的团队进行评价和判断，并在最符合的数字上划○。评价和判断的标准如下：1=完全不同意，2=不同意，3=不好确定，4=同意，5=完全同意。

1	我们的团队成员能够积极地评论彼此的工作以提高绩效。	1	2	3	4	5
2	我们的团队成员能够坦率地挑战彼此的想法和观点。	1	2	3	4	5
3	我们的团队成员能够帮助彼此评估各自的弱项以实现工作效果。	1	2	3	4	5
4	我们的团队成员能够综合不同观点以获得最佳结果。	1	2	3	4	5

计分方法

团队学习行为量表共4道题，可以计算总分或平均分。

量表出处

刘冰，徐璐，齐蕾．时间领导与团队学习行为——基于建筑业项目团队的调查研究．中国软科学，2017（1）：115-126.

参考文献

Ellis，A. P. J.，Hollenbeck，J. R.，Ilgen，D. R.，Porter，C. O. L. H.，West，B. J.，Moon，H. Team learning：collectively connecting the dots. Journal of Applied Psychology，2003，88（5）：821-835.

Gibson，C.，Vermeulen，F. A healthy divide：subgroups as a stimulus for team learning behavior. Administrative Science Quarterly，2003 (2)：202-239.

Edmondson，A. Psychological safety and learning behavior in work teams. Administrative Science Quarterly，1999 (2)：350-383.

Van Der，G. S.，Bunderson，J. S. Learning and performance in multidisciplinary teams：the importance of collective team identification. Academy of Management Journal，2005 (3)：532-547.

Drach-Zahavy，A.，Somech，A. Understanding team innovation：the role of team processes and structures. Group Dynamics：Theory，Research，and Practice，2001 (2)：111.

创业团队信任 (Chen et al.，2008)

(Entrepreneurial Team Trust)

简介

创业团队信任指成员之间一种稳定的、积极的关系，是对团队成员彼此能力、道德等方面的信任关系，在这种信任关系下，团队成员共同解决创业中的问题。

高信任度的创业团队往往乐于与其他成员分享，相互依赖，共同解决问题。

郑鸿和徐勇（2017）对广东省创业投资协会和广东中大科技创业投资有限公司这两个平台的会员、接触或投资的新创企业共 200 个进行现场问卷调查，回收问卷 153 份，剔除无效问卷 14 份，得到有效问卷 139 份。此外，对参加初创企业经营者培训的 100 名学员现场发放问卷，回收问卷 81 份，剔除无效问卷 5 份，得到有效问卷 76 份。最终共得到创业团队研究样本 215 个。对创业团队信任的测量，采用的是 Chen 和 Wang（2008）开发的信任量表，结果 Cronbach's Alpha＝0.887，建构信度 CR＝0.889，平均提取方差值 AVE＝0.669，量表的信效度指数都达到了良好水平。

量表

请您根据自己的实际感受和体会，通过下面 4 项描述对您所在的团队进行评价和判断，并在最符合的数字上划○。评价和判断的标准如下：1＝强烈不同意，2＝不同意，3＝有点不同意，4＝不确定，5＝有点同意，6＝同意，7＝强烈同意。

1	创业团队成员乐于没有任何隐藏地与其他成员分享东西或观点。	1	2	3	4	5	6	7
2	创业团队成员认为彼此可信赖。	1	2	3	4	5	6	7
3	创业团队成员依赖彼此而不担心其他成员利用自己。	1	2	3	4	5	6	7
4	创业团队成员相互咨询并共同解决问题。	1	2	3	4	5	6	7

计分方法

创业团队信任量表共 4 道题，可以计算总分或平均分。

量表出处

郑鸿，徐勇．创业团队信任的维持机制及其对团队绩效的影响研究．南开管理评论，2017，20（5）：31-42.

参考文献

Chen，M. H.，Wang，M. C. Social networks and a new venture's innovative capability：the role of trust within entrepreneurial teams. R&D Management，2008，38（3）：253-264.

团队创新氛围（Anderson et al.，1998）

（Team Inventory Climate）

简介

团队创新氛围是工作团队成员对影响其创新能力发挥的工作环境和氛围的一种共同的知觉，它强调团队中的成员对影响其创新能力发挥的工作环境的认知。

黄玮等（2017）选择北京、杭州、广州、成都和武汉5个城市的10家高新技术企业收集数据，涉及生物制药和软件研发两个行业。被调查企业要具有以下特征：（1）成立5年以上；（2）研发人员占企业全部人员一半以上；（3）主营业务收入绝大部分来自新产品或新技术销售；（4）企业有一套规范的研发管理制度。

黄玮等（2017）采用上下级配对调查法，上级问卷主要完成对下属员工绩效、非正式地位两个变量的评价，下属问卷主要完成个体人口统计学特征、正式地位、创造力、内外部动机、团队创新氛围、越轨创新行为、绩效等变量的评价。

黄玮等（2017）共发放配套问卷765套，回收579套（员工579份，上级114份），回收率为75.7%。同时剔除绩效上下级报告偏差大、漏填、乱填的问卷123套，最终保留有效配对问卷456套（员工456份，上级78份）。采用Anderson等（1998）的量表，结果Cronbach's Alpha=0.85，累计方差解释率为49.731%，量表的信度指数达到了良好水平。

量表

请您根据自己的实际感受和体会，通过下面8项描述对您所在的团队进行评价和判断，并在最符合的数字上划○。评价和判断的标准如下：1=非常不同意，2=不同意，3=有点不同意，4=不确定，5=有点同意，6=同意，7=非常同意。

1	团队致力于在工作中追求创新的做法。	1	2	3	4	5	6	7
2	团队会随时为创新想法的提出提供支持。	1	2	3	4	5	6	7
3	团队是开放的，且能对环境变化迅速做出反应。	1	2	3	4	5	6	7
4	团队成员经常会寻找解决问题的新方式。	1	2	3	4	5	6	7
5	团队允许成员花足够多的时间创新。	1	2	3	4	5	6	7
6	团队成员通过协作来推动新想法的提出和应用。	1	2	3	4	5	6	7
7	团队成员会为创新想法的应用提供并共享资源。	1	2	3	4	5	6	7
8	团队成员会为新想法的提出和应用提供行为支持。	1	2	3	4	5	6	7

计分方法

团队创新氛围量表共8道题，可以计算总分或平均分。

量表出处

黄玮，项国鹏，杜运周，刘洋．越轨创新与个体创新绩效的关系研究——地位和创造力的联合调节作用．南开管理评论，2017，20（1）：143-154.

参考文献

Anderson，N. R.，West，M. A. Measuring climate for work group innovation：development and validation of the team climate inventory. Journal of Organizational Behavior，1998，19（3）：235-258.

第 8 章 领 导

变革型领导（李超平等，2005）

（Transformational Leadership）

简介

变革领导的概念最早是由 Burns（1978）提出的，他通过对政治领导的描述性分析提出了这一概念。Burns（1978）认为，变革领导是“领导和下属之间彼此互相提升成熟度和动机水平的过程”。Bass（1985）发展了该概念，提出了变革型领导的概念。Bass（1985）认为，变革型领导通过让员工意识到所承担任务的重要意义，激发下属的高层次需要，建立互相信任的氛围，促使下属为了组织的利益牺牲自己的利益，并达到超出原来期望的结果。变革型领导理论一经提出就受到了学术界、企业界和各类公共组织的欢迎。目前变革型领导理论已经成为领导理论研究的新范式，并被众多组织用来指导企业的人才选拔、培训和培养。

Bass 等（1996）还进一步明确了变革型领导的内容，并建立了相应的评价工具多因素领导问卷（Multifactor Leadership Questionnaire，MLQ）。早期，Bass 认为，变革型领导主要包括三个维度：魅力-感召领导、智能激发和个性化关怀。其后，Bass 等（1996）进一步把魅力-感召领导区分为两个维度：领导魅力和感召力。这样，就得到了变革型领导的四维结构：领导魅力、感召力、智能激发和个性化关怀。

李超平和时勘（2005）根据 Bass（1985）的变革型领导的定义，对 249 名管理者与员工进行了开放式问卷调查，内容分析表明，我国的变革型领导包括 8 类行为或特征。通过专家讨论，李超平和时勘（2005）编制了适合我国国情的变革型领导问卷（Transformational Leadership Questionnaire，TLQ）。431 份有效问卷的探索性因素分析表明，变革型领导是一个四因素的结构，具体包括：德行垂范、领导魅力、愿景激励与个性化关怀。为了进一步验证变革型领导的构想效度，考察问卷的信度与效度，李超平和时勘（2005）又在 6 家企业进行了调查，获得了 440 份有效问卷。验证性因素分析证实了变革型领导问卷的构想效度，内部一致性分析与层次回归分析的结果也表明，基于我国文化背景新编的变革型领导问卷具有较好的信度与效度。其后，国内的一些研究多次验证了变革型领导问卷的信度与效度。目前，变革型领导问卷已经成为国内测量变革型领导最常用的量表之一。

信度与效度

李超平和时勘（2005）对在职研究生班、企业管理培训班的学员以及部分企业的员工进行了调查，共发放问卷约490份，实际回收问卷447份，其中有效问卷431份。探索性因素分析的结果表明，德行垂范、愿景激励、个性化关怀、领导魅力的方差解释率为47.65%、8.69%、5.17%、4.14%，累计方差解释率为65.64%。德行垂范、愿景激励、个性化关怀、领导魅力的内部一致性系数分别为0.94、0.90、0.87、0.86。

李超平和时勘（2005）在6家企业进行了问卷调查，共发放问卷约520份，实际回收问卷456份，其中有效问卷440份。验证性因素分析的结果表明，四因素模型的χ^2/df、GFI、NFI、IFI、TLI、CFI、RMSEA值分别为2.89（845.56/293）、0.86、0.88、0.92、0.91、0.92、0.06，四因素模型的各项拟合指数均达到或接近先定的标准，说明变革型领导的四因素结构得到了数据的支持。德行垂范、愿景激励、个性化关怀、领导魅力的内部一致性系数分别为0.92、0.88、0.84、0.87。

量表

请您根据自己的实际感受和体会，用下面26项描述对您所在部门/团队的负责人进行评价和判断，并在最符合的数字上划○。评价和判断的标准如下：1＝非常不同意，2＝不同意，3＝不好确定，4＝同意，5＝非常同意。

1	廉洁奉公，不图私利。	1	2	3	4	5
2	吃苦在前，享受在后。	1	2	3	4	5
3	不计较个人得失，尽心尽力工作。	1	2	3	4	5
4	为了部门/单位利益，能牺牲个人利益。	1	2	3	4	5
5	能把自己个人的利益放在集体和他人利益之后。	1	2	3	4	5
6	不会把别人的劳动成果据为己有。	1	2	3	4	5
7	能与员工同甘共苦。	1	2	3	4	5
8	不会给员工穿小鞋，搞打击报复。	1	2	3	4	5
9	能让员工了解单位/部门的发展前景。	1	2	3	4	5
10	能让员工了解单位/ 部门的经营理念和发展目标。	1	2	3	4	5
11	会向员工解释所做工作的长远意义。	1	2	3	4	5
12	向大家描绘了令人向往的未来。	1	2	3	4	5
13	能给员工指明奋斗目标和前进方向。	1	2	3	4	5
14	经常与员工一起分析其工作对单位/部门总体目标的影响。	1	2	3	4	5
15	在与员工打交道的过程中，会考虑员工个人的实际情况。	1	2	3	4	5
16	愿意帮助员工解决生活和家庭方面的难题。	1	2	3	4	5
17	能经常与员工沟通交流，以了解员工的工作、生活和家庭情况。	1	2	3	4	5
18	耐心地教导员工，为员工答疑解惑。	1	2	3	4	5
19	关心员工的工作、生活和成长，真诚地为他们的发展提建议。	1	2	3	4	5
20	注重创造条件让员工发挥自己的特长。	1	2	3	4	5
21	业务能力过硬。	1	2	3	4	5
22	思想开明，具有较强的创新意识。	1	2	3	4	5
23	热爱自己的工作，有很强的事业心和进取心。	1	2	3	4	5

24	对工作非常投入，始终保持高度的热情。	1	2	3	4	5
25	能不断学习，以充实提高自己。	1	2	3	4	5
26	敢抓敢管，善于处理棘手问题。	1	2	3	4	5

计分方法

变革型领导量表包括四个分量表，共26道题，可以计算每个分量表所包括题目的总分或平均分。每个分量表包括的题目如下：

1. 德行垂范：指被评价者的奉献精神、以身作则、牺牲自我利益、言行一致、说到做到、严格要求自己的程度。共8道题，具体包括第1～第8题。

2. 愿景激励：指被评价者向员工描述未来，让员工了解单位/部门的前景、为员工指明奋斗目标和发展方向、向员工解释所做工作意义的程度。共6道题，具体包括第9～第14题。

3. 领导魅力：指被评价者业务能力是否过硬、思想是否开明，是否具有较强的创新意识和事业心，在工作上是否非常投入，能否用高标准来要求自己工作的程度。共6道题，具体包括第21～第26题。

4. 个性化关怀：指被评价者在领导过程中考虑员工的个人实际情况，为员工创造成长的环境，关心员工的发展、家庭和生活的程度。共6道题，具体包括第15～第20题。

量表出处

李超平，时勘．变革型领导的结构与测量．心理学报，2005，37（6）：803-811.

参考文献

Bass，B. M. Leadership and performance beyond expectations. New York：Free Press，1985.

Bass，B. M.，Avolio，B. J. Multifactor Leadership Questionnaire. Palo Alto，CA：Consulting Psychologists Press，1996.

Burns，J. M. Leadership. New York：Harper & Row，1978.

变革型领导（陈永霞等，2006）

（Transformational Leadership）

简介

变革型领导是指领导者通过领导魅力（又称理想化影响力）、领导感召力、智力激发和个性化关怀（Bass，1985，1999），使员工最大限度地发掘自己的潜力来实现最高水平的绩效表现（Bass & Avolio，1990）。

陈永霞等（2006）的变革型领导量表综合了Waldman等（2001）的量表、Bass（1985）及Bass和Avolio（1990）所开发的多因素领导量表，主要从领导魅力和感召力两方面来测量变革型领导。变革型领导问卷的内部一致性系数为0.87。

陈永霞等（2006）请全国11所高校工商管理专业的教师帮助发放和回收问卷，共回收有效问卷1 128份，按照一定的标准筛选之后满足条件的样本数为972个。

量表

请您根据自己的实际感受和体会，用下面8项描述对您的领导进行评价和判断，并在最符合的数字上划○。评价和判断的标准如下：1＝非常不同意，2＝不同意，3＝有些不同意，4＝有些同意，5＝同意，6＝非常同意。

1	在完成目标的过程中显示出决心。	1	2	3	4	5	6
2	让他身边的下属感觉愉快。	1	2	3	4	5	6
3	为了团队（或集体）利益，不计较个人得失。	1	2	3	4	5	6
4	表现出很能干、有魄力和自信。	1	2	3	4	5	6
5	向下属表达对他们的高绩效的期望。	1	2	3	4	5	6
6	充满激情地谈论需要完成的任务。	1	2	3	4	5	6
7	给大家描绘鼓舞人心的未来。	1	2	3	4	5	6
8	向大家传达一种使命感。	1	2	3	4	5	6

计分方法

变革型领导量表共8道题，其中前4道题反映领导者的魅力，后4道题反映领导者的感召力，可以计算总分或平均分。

量表出处

陈永霞，贾良定，李超平，宋继文，张君君．变革型领导、心理授权与员工的组织承诺：中国情景下的实证研究．管理世界，2006（1）：96-105.

参考文献

Bass，B. M. Leadership and performance beyond expectations. New York：Free Press，1985.

Bass, B. M. Two decades of research and development in transformational leadership. European Journal of Work & Organizational Psychology, 1999, 8 (1): 9-32.

Bass, B. M., Avolio, B. J. The implications of transactional and transformational leadership for individual, team, and organizational development. Research in Organizational Change and Development, 1990.

Waldman, D. A., Puranam, P. Does leadership matter? CEO leadership and profitability under conditions of perceived environmental uncertainty. Academy of Management Journal, 2001, 44 (1): 134-143.

变革型领导（MacKenzie et al.，2001）

（Transformational Leadership）

简介

Bass（1985）提出了变革型领导理论，他认为变革型领导通过让下属意识到工作与任务的重要意义，提升下属需求，建立相互信任的氛围，促使下属为团队和组织牺牲个人利益，并达到或超出原来预期的结果。

王桢，陈乐妮和李旭培（2015）采用经翻译的变革型领导问卷（MacKenzie，Podsakoff，& Rich，2001）开发，包括14道题，问卷的内部一致性系数为0.95。被调查者来自某政府基层单位，最终获得有效问卷211份。

量表

请您根据自己的实际感受和体会，用下面14项描述对您的领导进行评价和判断，并在最符合的数字上划○。评价和判断的标准如下：1＝完全不同意，2＝不同意，3＝有点不同意，4＝不确定，5＝有点同意，6＝同意，7＝完全同意。

1	领导清晰地表达了共同愿景。	1	2	3	4	5	6	7
2	领导成为我们学习的好榜样。	1	2	3	4	5	6	7
3	领导促使我们接受团队的共同目标。	1	2	3	4	5	6	7
4	领导表现出对团队有很多期望。	1	2	3	4	5	6	7
5	领导每次都力求做到最好。	1	2	3	4	5	6	7
6	领导只要第一，不要第二。	1	2	3	4	5	6	7
7	领导做事时会考虑我们的感受。	1	2	3	4	5	6	7
8	领导尊重我们的个人感受。	1	2	3	4	5	6	7
9	领导对待我们时会考虑我们的感受。	1	2	3	4	5	6	7
10	领导在行动前会考虑到我们的个人感受。	1	2	3	4	5	6	7
11	领导鼓励我们用新的方法思考旧的问题。	1	2	3	4	5	6	7
12	领导提出问题促使我们反思自己做事的方法。	1	2	3	4	5	6	7
13	领导激励我们重新思考做事的方法。	1	2	3	4	5	6	7
14	领导有办法促使我们重新检查工作中的一些惯性思维。	1	2	3	4	5	6	7

计分方法

变革型领导量表包括四个维度，共14道题，可以计算每个维度所包括题目的总分或平均分。每个维度包括的题目如下：

1. 核心变革型领导行为：共3道题，具体包括第1～第3题。
2. 高绩效期望：共3道题，具体包括第4～第6题。
3. 个体支持：共4道题，具体包括第7～第10题。
4. 智能激发：共4道题，具体包括第11～第14题。

量表出处

王桢，陈乐妮，李旭培．变革型领导与工作投入：基于情感视角的调节中介模型．管理评论，2015，27（9）：120-129，212.

参考文献

Bass，B. M. Leadership and performance beyond expectations. New York：Free Press，1985.

MacKenzie，S. B.，Podsakoff，P. M.，Rich，G. A. Transformational and transactional leadership and salesperson performance. Journal of the Academy of Marketing Science，2001，29（2）：115-134.

员工-领导关系 (Law et al.，2000)

(Employee-Supervisor Guanxi)

简介

中国社会中员工-领导关系和西方文献中所述的领导与员工交换是相似的概念，但有其特殊性，这种特殊性突出表现为员工-领导关系已超出了西方单纯的依附于工作的领导-下属往来与情感交流，而拓展到工作之外更为密切的私人情谊中。

刘军，宋继文和吴隆增（2008）对员工-领导关系的测量采用的是经翻译的6道题的问卷（Law et al.，2000）。研究被试来自我国16家建筑材料制造企业，为大学本科毕业后工作2年左右（最长不超过3年）的员工，共426人。最终回收了368份员工问卷、755份同事问卷和359份主管问卷，回收率分别为86%、89%和84%，将三种问卷匹配，得到了匹配的343个员工样本。

信度与效度

员工-领导关系问卷中员工和领导评价的信度分别为0.85和0.86，总的信度为0.86。验证性因素分析的结果表明，三个研究变量的三因素模型拟合基本可以接受（χ^2=1 204.27（df=492），$p<$ 0.05；GFI=0.90；TLI=0.89；RMSEA=0.078），单因素模型拟合较差（χ^2=1 686.87（df=495），$p<$0.05；GFI=0.83；TLI=0.78；RMSEA= 0.153），表明员工-领导关系与其他变量的区分效度较好，结构效度较好。

量表

请您根据自己的实际感受和体会，用下面6项描述对您与领导的关系进行评价和判断，并在最符合的数字上划○。评价和判断的标准如下：1=非常不同意，2=不同意，3=不好确定，4=同意，5=非常同意。

1	我会邀请他/她一起吃饭。	1	2	3	4	5
2	他/她会打电话或上门拜访，加强感情联络。	1	2	3	4	5
3	逢年过节，他/她会来看我。	1	2	3	4	5
4	他/她主动找我谈心，将他/她的想法、问题、需要或感受告诉我。	1	2	3	4	5
5	他/她很了解和关心我个人的情况。	1	2	3	4	5
6	有不同意见时，他/她会站在我这一边。	1	2	3	4	5

计分方法

员工-领导关系量表共6道题，可以计算总分或平均分。

量表出处

刘军，宋继文，吴隆增．政治与关系视角的员工职业发展影响因素探讨．心理学报，2008，40（2）：201-209.

参考文献

Law，K. S.，Wong，C. S.，Wong，D.，Wong，L. Effect on supervisor-subordinate guanxi on supervisory decisions in China：an empirical investigation. International Journal of Human Resource Management，2000，11（4）：751-765.

领导-部属关系（任真等，2014）

（Leader-Member Relationship）

简介

任真，杨安博，王登峰和林颖（2014）认为，领导-部属关系主要指在组织中领导和部属之间基于工作而建立起来的上下级关系。操作上，它主要是指上下级关系的质量。它以工作关系为主，也包括由此延伸的非工作关系。

任真，杨安博，王登峰和林颖（2014）借鉴 Farh 等（2004）、李超平和时勘（2005）的条目筛选方法，通过开放式问卷和文学著作分析得到的初始领导视角关系量表有 56 道题，部属视角关系量表有 32 道题，合计组成 88 道题的领导-部属关系量表，简称 LMR 量表。

通过因素分析，在初始 88 道题的基础上，得到新的本土化领导-部属关系量表，它由关心支持、控制划派、忠诚贡献、抵触反对四个因素，以及积极关系和消极关系两个二阶因素构成，共 56 道题。

被试样本中领导样本来自某国家级干部教育培训基地的培训班，发放问卷 480 份，回收有效问卷 391 份，有效回收率为 81.5%。领导-部属匹配样本来自山东某市 5 个县区的 14 个党政机关和事业单位，发放问卷 100 套，回收有效问卷 98 套，有效回收率为 98%。从上海某民营企业选择领导-部属匹配样本，发放问卷 40 套，回收有效问卷 35 套，有效回收率为 87.5%。领导-部属匹配样本合计 133 对。

信度与效度

探索性因素分析的结果显示，L1、L2、M1、M2 四个分量表的内部一致性系数分别为 0.96、0.93、0.81、0.81，总量表的内部一致性系数为 0.86，表明 LMR 量表具有比较好的内部一致性信度。L1、L2、M1、M2 四个分量表和 LMR 总量表与 LMX-7 的相关系数，在领导样本中分别为 0.61、−0.47、0.51、−0.35、0.65，在领导-部属匹配样本中分别为 0.77、−0.45、0.69、−0.36、0.76，表明 LMR 量表具有良好的聚合效度。四个分量表可以预测不同的结果变量，表明它们具有一定的区分效度。分析结果表明，领导-部属关系量表还具有较好的效标关联效度。

量表

请您根据自己的实际感受和体会，用下面 56 项描述对您和领导的关系的实际情况进行评价和判断，并在最符合的数字上划○。评价和判断的标准如下：1＝从未，2＝极少，3＝偶尔，4＝有时，5＝经常，6＝极多，7＝一贯。

1	他/她了解我的需求和苦恼。	1	2	3	4	5	6	7
2	他/她关心我个人所关注的利益诉求。	1	2	3	4	5	6	7

3	他/她帮助我解决家庭生活中的困难。	1	2	3	4	5	6	7
4	他/她给我在培训和发展方面以优先照顾。	1	2	3	4	5	6	7
5	他/她会在我遇到困难时帮助说话。	1	2	3	4	5	6	7
6	他/她在加薪和福利上维护我的利益。	1	2	3	4	5	6	7
7	他/她动用自己的资源帮助我解决工作难题。	1	2	3	4	5	6	7
8	他/她和我交谈住房、婚姻和子女等问题。	1	2	3	4	5	6	7
9	他/她主动承担我工作过失的责任。	1	2	3	4	5	6	7
10	他/她会向上级推荐我。	1	2	3	4	5	6	7
11	他/她设身处地体谅我，将心比心。	1	2	3	4	5	6	7
12	他/她在公开场合表示对我的支持。	1	2	3	4	5	6	7
13	他/她把我当作自己的兄弟姐妹或子女一样来对待。	1	2	3	4	5	6	7
14	他/她器重我，交给我重要的任务。	1	2	3	4	5	6	7
15	他/她对我的工作给予有力指导。	1	2	3	4	5	6	7
16	他/她对我的工作给予充分肯定。	1	2	3	4	5	6	7
17	他/她关心我的晋升和进步。	1	2	3	4	5	6	7
18	他/她不计或牺牲个人利益来支持和保护我。	1	2	3	4	5	6	7
19	他/她将我看作朋友。	1	2	3	4	5	6	7
20	他/她具有战略眼光，看问题长远。	1	2	3	4	5	6	7
21	他/她具备人格魅力。	1	2	3	4	5	6	7
22	他/她对我充分授权，让我放手去工作。	1	2	3	4	5	6	7
23	他/她担心我会威胁其权威和地位。	1	2	3	4	5	6	7
24	他/她给有背景的部属特殊待遇。	1	2	3	4	5	6	7
25	他/她把部属划分类别，区别对待。	1	2	3	4	5	6	7
26	他/她对我打击报复。	1	2	3	4	5	6	7
27	他/她和部属的关系是“一朝天子一朝臣”。	1	2	3	4	5	6	7
28	他/她在背后议论评价我的好坏。	1	2	3	4	5	6	7
29	他/她对我颐指气使。	1	2	3	4	5	6	7
30	他/她给我穿小鞋。	1	2	3	4	5	6	7
31	他/她把工作成绩留给自己，把问题的责任推给我。	1	2	3	4	5	6	7
32	他/她对不同部属有远近亲疏之分。	1	2	3	4	5	6	7
33	他/她对我有戒备之心。	1	2	3	4	5	6	7
34	他/她独断专行，搞一言堂。	1	2	3	4	5	6	7
35	他/她对我端着领导架子，彼此有高低之分。	1	2	3	4	5	6	7
36	他/她看重我的关系背景。	1	2	3	4	5	6	7
37	他/她从负面理解我主动接触的愿望或举动。	1	2	3	4	5	6	7
38	他/她不肯主动培养和提拔我。	1	2	3	4	5	6	7
39	我了解他/她个人的习性和爱好。	1	2	3	4	5	6	7
40	我与他/她在工作时间之外是朋友。	1	2	3	4	5	6	7
41	我感到对领导要“士为知己者死”。	1	2	3	4	5	6	7
42	我愿意跟他/她讲真话和心里话。	1	2	3	4	5	6	7
43	我能够心领神会他/她最在意什么。	1	2	3	4	5	6	7
44	我为了他/她加班加点地工作。	1	2	3	4	5	6	7
45	我能够创造性地开展工作和解决问题。	1	2	3	4	5	6	7
46	我关心他/她的个人生活。	1	2	3	4	5	6	7
47	我是他/她的得力助手。	1	2	3	4	5	6	7

48	我主动告知他/她可能出现的错误，尽管他/她会难以接受。	1	2	3	4	5	6	7
49	我公开表示对他/她的支持，即使他/她不在跟前。	1	2	3	4	5	6	7
50	我在公开场合维护他/她的威信。	1	2	3	4	5	6	7
51	我对他/她有抵触情绪。	1	2	3	4	5	6	7
52	我感觉他/她整人、欺压自己。	1	2	3	4	5	6	7
53	我担心他/她会冷不防给自己下绊子。	1	2	3	4	5	6	7
54	我忍不住在背后议论他/她，以示不满。	1	2	3	4	5	6	7
55	我当面顶撞他/她。	1	2	3	4	5	6	7
56	我暗地与他/她较劲。	1	2	3	4	5	6	7

计分方法

领导-部属关系量表包括四个维度，共56道题，可以计算每个维度所包括题目的总分或平均分。每个维度包括的题目如下：

1. 关心支持：主要内容包括领导关心部属的诉求和生活，维护部属的利益，体谅部属的困难；支持部属开展工作，给予资源，提供保护等。共22道题，具体包括第1～第22题。

2. 控制划派：主要内容包括领导保持对部属的控制和权威，揽功推过，不主动培养和提拔部属；对部属进行划派，区分远近亲疏，看重部属的关系背景等。共16道题，具体包括第23～第38题。此维度题目均需反向计分。

3. 忠诚贡献：主要内容包括部属忠诚于领导，愿意讲真话，善于领会领导意图，公开表示支持领导；部属能够为领导作出贡献，加班加点，创造性地开展工作，是领导的得力助手等。共12道题，具体包括第39～第50题。

4. 抵触反对：主要内容包括部属抵触领导，担心领导欺压自己，给自己下绊子；部属反对领导，议论和顶撞领导等。共6道题，具体包括第51～第56题。此维度题目均需反向计分。

量表出处

任真，杨安博，王登峰，林颖．中西方文化差异视角下领导-部属关系的结构模型．心理学报，2014，46（9）：1355-1377.

参考文献

Farh, J. L., Zhong, C., Organ, D. W. Organizational citizenship behavior in the People's Republic of China. Organization Science, 2004, 15 (2): 241-253.

李超平，时勘．变革型领导的结构与测量．心理学报，2005，37（6）：803-811.

领导-成员关系 (Scandura et al.，1984)

(Leader-Member Exchange)

简介

领导-成员关系是指员工与其上级之间交换关系的质量（Graen，1976）。该理论指出，领导者基于部属的能力和技能水平、可靠程度以及承担责任的意愿来区分部属，这些特性突出的部属构成了领导者的“圈内人”，反之则为“圈外人”。圈外人与领导者之间是一种正式的工作关系，受到严格管理；圈内人则因为自己的忠诚、努力和高度责任感而获得更多的机会、自由度和支持（Dansereau，Graen，& Haga，1975）。

曾垂凯（2011）使用的领导-成员关系问卷来自经翻译的 Scandura 和 Graen（1984）的问卷。领导-成员关系问卷的内部一致性系数为 0.86。

曾垂凯（2011）挑选企业内与直接上司相处一年以上的员工作为研究对象，通过问卷调查的方式在全国 8 个地区的 28 家企业采集数据，其中，国有企业 9 家，民营企业 17 家，涉外企业 2 家。共发放问卷 1 000 份，实际回收 804 份。剔除无效问卷之后，得到有效问卷 692 份。

量表

请您根据自己的实际感受和体会，用下面 7 个问题对您与上司的关系进行评价和判断，并在最符合的数字上划○，数字越大表示程度越高/可能性越大。

1	你觉得自己和上司的工作关系如何？	1	2	3	4	5
2	上司运用职权帮你解决工作困难的可能性有多大？	1	2	3	4	5
3	你觉得上司在多大程度上了解你的潜能？	1	2	3	4	5
4	你觉得上司有多了解你工作方面的问题与需求？	1	2	3	4	5
5	你觉得上司对你的工作表现有多满意？	1	2	3	4	5
6	上司会牺牲自己的利益帮你摆脱工作困境吗？	1	2	3	4	5
7	你充分信任上司，即使他/她不在场，你也会相信并维护其决策吗？	1	2	3	4	5

计分方法

领导-成员关系量表共 7 道题，可以计算总分或平均分。

量表出处

曾垂凯．家长式领导与部属职涯高原：领导-成员关系的中介作用．管理世界，2011（5）：109-119.

参考文献

Dansereau，F.，Graen，G.，Haga，W. J. A vertical dyad linkage approach to leadership within formal organizations：a longitudinal investigation of the role making process. Organizational Behavior & Hu-

man Performance，1975，13（1）：46-78.
Graen，G. Role-making process within complex organizations. Public Organization Review，1976（6）.
Scandura，T. A.，Graen，G. B. Moderating effects of initial leader-member exchange status on the effects of a leadership. Journal of Applied Psychology，1984，69（3）：428-436.

上下级关系（郭晓薇等，2015）

（Supervisor-Subordinate Guanxi）

简介

郭晓薇和李成彦（2015）提出，纵观国内外对中国组织内上下级关系的研究，在上下级关系的构念上存在两种取向：沿用西方主流的上下级关系构念即 leader-member exchange（LMX）；建立并使用基于中国本土文化的上下级关系构念，一般被称为 surpervisor-subordinate guanxi。

郭晓薇和李成彦（2015）选择杨中芳（1999）的三维人际关系模型为上下级关系构念的理论母体，认为上下级关系指在某一时刻存在于上下级之间的基于利益、情感和身份义务的联结，工具性、情感性、义务性是构成上下级关系的三个维度，由此发展出上下级关系类型构念的初始模型。基于案例进行模型修正是研究者主观认知加工的结果，其内部效度宜通过“调查者三角鉴定”加以检验，因此郭晓薇和李成彦（2015）采用了这一做法，请多名外部研究人员重新审查上下级关系类型构念修正模型与案例之间的关系，结果表明，两者具有显著的相关关系。

郭晓薇和李成彦（2015）以随机抽样为主体，以理论抽样为补充，在随机抽样部分，样本为东南沿海城市某高校 37 名在职 MBA 学生。为满足案例研究在抽样上的理论饱和原则，又定向增加了 2 名研究者所熟知的来自事业单位的被试，最终形成由 39 名被试构成的样本。其中 4 名被试填写的信息在真实有效性上存在问题，予以剔除，仅对剩余 35 个样本进行分析。

量表

请您根据自己的实际感受和体会，用下面 13 项描述对你和上司的关系进行评价和判断，并在最符合的数字上划〇。评价和判断的标准如下：1＝非常不同意，2＝比较不同意，3＝不确定，4＝比较同意，5＝非常同意。

1	我跟上司就如同兄弟。	1	2	3	4	5
2	我跟上司比较合拍，意气相投、惺惺相惜。	1	2	3	4	5
3	我与上司像好朋友一样，聊与工作无关的事，如家庭、孩子。	1	2	3	4	5
4	我们无话不谈，上司对我很照顾。	1	2	3	4	5
5	我们互相尊敬，比较客气，在工作场所之外能像朋友一样相处。	1	2	3	4	5
6	我与上司之间有朋友间的情谊，会在生活中交流个人情感。	1	2	3	4	5
7	我们经常在一起讨论待人接物的不同经验，但情感上尽量保持独立。	1	2	3	4	5
8	我们有时会像朋友一样聊天，偶尔开点小玩笑。	1	2	3	4	5
9	我们之间就是一种工作上的关系，仅维持职场上的尊重。	1	2	3	4	5
10	我与上司交流的都是工作，我与他的交流很谨慎。	1	2	3	4	5
11	我们没有感情联结，一切凭原则。	1	2	3	4	5

12	我们偶尔的情感交流也是表面的交流，对各自的家庭生活都不是很了解。	1	2	3	4	5
13	我与上司仅仅是虚情假意。	1	2	3	4	5

计分方法

上下级关系有情感型、情感工具型/工具情感型、工具型、工具义务型、义务型、贫乏型六种，上下级关系量表共13道题，可以计算每种类型所包括题目的总分或平均分。每种类型包括的题目如下：

1. 情感型：指上下级关系中彼此关怀，情感分享的成分可以表现为朋友之情，也可以表现为更深一层的类似亲人间的感情。共4道题，具体包括第1～第4题。

2. 情感工具型/工具情感型：情感工具型体现为中高水平的情感性、高水平的政治化交换及高水平的义务性。工具情感型体现为中高水平的情感性、高水平的正规化交换及低水平的义务性。这是一种真诚友好的上下级关系。共4道题，具体包括第5～第8题。

3. 工具型：讨论的是上下级双方在多大程度上希望通过与对方的互动来获得所需资源。共1道题，具体包括第9题。

4. 工具义务型：体现为低水平的情感性、高水平的正规化工具交换和高水平的义务性。共1道题，具体包括第10题。

5. 义务型：指在上下级对偶中，下属一方基于自身的角色地位而产生的支配-顺服方面的角色认同。共1道题，具体包括第11题。

6. 贫乏型：一种低水平的关系，上下级之间处于关系分裂的边缘。共2道题，具体包括第12、第13题。

量表出处

郭晓薇，李成彦．中国人的上下级关系：整合构念的建立与初步检验．管理学报，2015，12（2）：167-177.

参考文献

杨中芳．人际关系与人际情感的构念化．本土心理学研究，1999（12）：105-179.

领导成员交换关系（Wang et al.，2005）

（Leader-Member Exchange）

简介

领导成员交换关系是员工感知到的领导所给予的支持、理解和信任，以及两者间的关系（Green，Anderson，& Shivers，1996；Wang et al.，2005）。领导成员交换关系深，则员工感觉是领导的圈内人。

赵可汗等（2014）翻译了 Wang 等（2005）的 7 道题的问卷，来对领导成员交换关系进行测量。问卷的内部一致性系数为 0.92，信度良好。

赵可汗等（2014）对东部沿海某省份的 32 家高科技企业进行了问卷调研，共 59 个团队 405 位知识员工和部门主管提供了数据。

量表

请您根据自己的实际感受和体会，用下面 7 项描述对您和主管的关系进行评价和判断，并在最符合的数字上划○。评价和判断的标准如下：1＝完全不同意，2＝不同意，3＝有点不同意，4＝有点同意，5＝同意，6＝完全同意。

1	一般来说，我很清楚我的主管对我的工作表现是否满意。	1	2	3	4	5	6
2	我觉得我的主管对我工作上的问题及需要非常了解。	1	2	3	4	5	6
3	我觉得我的主管对我的潜力知道很多。	1	2	3	4	5	6
4	我的主管会运用其职权来帮我解决工作上重大的难题。	1	2	3	4	5	6
5	我的主管会牺牲自己的利益来帮助我摆脱工作上的困难。	1	2	3	4	5	6
6	我很信任我的主管，支持主管的决策。	1	2	3	4	5	6
7	我和主管的工作关系很好。	1	2	3	4	5	6

计分方法

领导成员交换关系量表共 7 道题，可以计算总分或平均分。

量表出处

赵可汗，贾良定，蔡亚华，王秀月，李珏兴．抑制团队关系冲突的负效应：一项中国情境的研究．管理世界，2014（3）：119-130.

参考文献

Green，S. G.，Anderson，S. E.，Shivers，S. L. Demographic and organizational influences on leader-member exchange and related work attitudes. Organizational Behavior & Human Decision Processes，1996，66（2）：203-214.

Wang，H.，Chen，Z. X. Leader-member exchange as a mediator of the relationship between transformational leadership and followers' performance and organizational citizenship behavior. Academy of Management Journal，2005，48（3）：420-432.

领导品德（赵国祥等，2007）

(Leadership Morality)

简介

赵国祥，高冬东和李晓玉（2007）认为，领导品德源于品德又高于品德，是领导者在领导活动过程中依据一定的道德行为准则行动时所表现出来的某些稳固的特征与倾向。

赵国祥，高冬东和李晓玉（2007）通过文献检索、访谈、问卷等方法得到有关领导品德的项目694个，把内容相似的项目合并，又从MMPI量表的L分量表中随机抽取3道题作为测谎题，形成了一个有63道题的领导品德问卷。经过预试、项目分析和探索性因素分析，赵国祥，高冬东和李晓玉（2007）最终确定了处级党政干部领导品德五因素量表，共19道题。

赵国祥，高冬东和李晓玉（2007）在进行探索性因素分析时选取河南省委党校处级干部培训班等培训班的处级干部共452人，得到有效问卷341份；在进行验证性因素分析时选取河南省委党校处级干部培训班等培训班的处级干部共375人，回收问卷341份，其中有效问卷309份。

信度与效度

信度和效度分析表明，五因素的累计方差解释率达61.318%，总问卷信度为0.887 3。其中，正直诚实因子的信度为0.787 2，服务性因子的信度为0.733 2，自律性因子的信度为0.767 5，敬业性因子的信度为0.764 5，包容性因子的信度为0.704 8。领导品德与其他变量具有良好的区分效度。

量表

请您根据自己的实际感受和体会，用下面19项描述对领导进行评价和判断，并在最符合的数字上划○。评价和判断的标准如下：1＝不符合，2＝较不符合，3＝一般，4＝符合，5＝非常符合。

1	说话算话，讲信用。	1	2	3	4	5
2	公平待人，不偏私。	1	2	3	4	5
3	原则性强，不因私废公。	1	2	3	4	5
4	言行一致，表里如一。	1	2	3	4	5
5	把人民群众的利益放在首位。	1	2	3	4	5
6	工作以有利于他人、方便他人为准则。	1	2	3	4	5
7	关心群众疾苦。	1	2	3	4	5
8	甘愿在工作中无私奉献。	1	2	3	4	5
9	不见利忘义。	1	2	3	4	5

10	不以权谋私。	1	2	3	4	5
11	要求别人做到的，自己一定做到。	1	2	3	4	5
12	在小事上也严格要求自己。	1	2	3	4	5
13	热爱本职工作，忠于职守。	1	2	3	4	5
14	勇于承担责任，敢于负责。	1	2	3	4	5
15	有高度的职业责任感和使命感。	1	2	3	4	5
16	勤勤恳恳，任劳任怨。	1	2	3	4	5
17	能容纳别人的缺点。	1	2	3	4	5
18	不嫉贤妒能。	1	2	3	4	5
19	能接受别人的批评和建议。	1	2	3	4	5

计分方法

领导品德量表包括五个维度，共 19 道题，可以计算每个维度所包括题目的总分或平均分。每个维度包括的题目如下：

1. 正直诚实：共 4 道题，具体包括第 1～第 4 题。
2. 服务性：共 4 道题，具体包括第 5～第 8 题。
3. 自律性：共 4 道题，具体包括第 9～第 12 题。
4. 敬业性：共 4 道题，具体包括第 13～第 16 题。
5. 包容性：共 3 道题，具体包括第 17～第 19 题。

量表出处

赵国祥，高冬东，李晓玉．处级干部领导品德结构研究．心理科学，2007，30（3）：702-704.

领导行为（Yukl，1999）

(Leadership Behavior)

简介

陈国权和周为（2009）采用经翻译的 Yukl（1999）的 TRC 领导行为问卷来测量领导行为，先后在清华大学经济管理学院 EMBA 和高级管理培训班共 6 个班上发放问卷 300 多份，回收问卷 237 份，剔除存在明显错误和缺失的无效问卷，最终得到有效问卷 222 份。对 222 份有效问卷进行探索性因素分析，结果证明领导行为提取三个公因子是合适的，支持了 Yukl（1999）的 TRC 三维领导行为模型的合理性。

信度与效度

陈国权和周为（2009）对领导行为问卷进行信度检验，各因子的内部一致性系数均大于 0.8，说明各因子测量变量具有很好的一致性；累计方差解释率为 71.34%。验证性因素分析的结果表明，各项拟合指数分别为：$\chi^2=379.095$，df＝101，$\chi^2/df=3.75$，RMSEA＝0.116，GFI＝0.816，CFI＝0.898，IFI＝0.899，NFI＝0.867。这说明模型拟合程度在可接受范围内，问卷的结构效度良好。

量表

请您根据自己的实际感受和体会，用下面 16 项描述对您的领导的行为进行评价和判断，并在最符合的数字上划○。评价和判断的标准如下：1＝非常不同意，2＝不同意，3＝有点不同意，4＝不确定，5＝有点同意，6＝同意，7＝非常同意。

1	他/她决定如何组织和协调工作，以避免拖延、重复努力和浪费资源。	1	2	3	4	5	6	7
2	他/她清晰地向下属解释任务和项目的预期目标。	1	2	3	4	5	6	7
3	他/她从细节上规划如何完成一个重要的任务或项目。	1	2	3	4	5	6	7
4	他/她根据计划检查工作进度，看是否符合目标。	1	2	3	4	5	6	7
5	他/她决定使用哪些必要资源来实施项目。	1	2	3	4	5	6	7
6	在做出一个对下属有影响的决定时，他/她与下属商量来了解下属的反应和建议。	1	2	3	4	5	6	7
7	他/她对下属执行困难任务的能力给予信任。	1	2	3	4	5	6	7
8	当出现困难和压力大的任务时，他/她对下属给予鼓励和支持。	1	2	3	4	5	6	7
9	他/她为下属提供展示和提高能力的机会。	1	2	3	4	5	6	7
10	他/她对于下属有价值的想法和建议给予信任。	1	2	3	4	5	6	7
11	在困难的情况下，他/她给予下属支持。	1	2	3	4	5	6	7
12	他/她清晰地描述组织可实现的愿景。	1	2	3	4	5	6	7
13	他/她提出新的有创造力的想法来改善产品、服务和流程。	1	2	3	4	5	6	7
14	他/她研究竞争对手的产品和行动，获得改进组织的想法。	1	2	3	4	5	6	7

15	他/她从长远角度看待组织所面临的问题和机遇。	1	2	3	4	5	6	7
16	他/她在提出变革的设想时表现得乐观和有信心。	1	2	3	4	5	6	7

计分方法

领导行为量表包括三个维度，共16道题，可以计算每个维度所包括题目的总分或平均分。每个维度包括的题目如下：

1. 任务导向领导行为：共5道题，具体包括第1～第5题。
2. 关系导向领导行为：共6道题，具体包括第6～第11题。
3. 变革导向领导行为：共5道题，具体包括第12～第16题。

量表出处

陈国权，周为．领导行为、组织学习能力与组织绩效关系研究．科研管理，2009，30（5）：148-154.

参考文献

Yukl，G. An evaluative essay on current conceptions of effective leadership. European Journal of Work & Organizational Psychology，1999，8（1）：33-48.

伦理领导（舒睿等，2015）

（Ethical Leadership）

简介

在早期的领导力研究中，学者们就已经注意到了“伦理”这一属性。Treviño 等（2000）提出伦理领导应该包括两个方面，即一个合乎伦理的人，以及合乎伦理的管理者。Brown 等（2006）系统地提出了伦理领导的概念及其内涵，发展了相应的测量工具，使得伦理领导成为近年来领导力研究中的热点话题。舒睿和梁建（2015）认为，伦理领导是指管理者在与下属交往的过程中，展现出符合伦理规范的个人行为，并通过双向沟通、强化和决策制定等管理过程在下属中实践这种道德行为。

舒睿和梁建（2015）对伦理领导的测量借鉴了 Brown 等（2006）开发的问卷，原始问卷中包含 10 道题，鉴于有 2 道题在相应因子上的载荷过低或者在其他因子上存在较高的交叉载荷，故删去，剩余 8 道题，最终得到具有良好信效度的伦理领导问卷。伦理领导问卷的信度系数为 0.81。

研究样本来自一家快速增长的民营企业，调查时共发放员工问卷 314 份，直属主管问卷 114 份。通过两阶段的问卷收集工作，总计回收问卷 239 份，剔除信息不能匹配和缺失项大于 20%的问卷，最终获得有效问卷 206 份。

量表

请您根据自己的实际感受和体会，用下面 8 项描述对您的主管进行评价和判断，并在最符合的数字上划○。评价和判断的标准如下：1＝非常不同意，2＝比较不同意，3＝不确定，4＝比较同意，5＝非常同意。

1	主管会聆听员工的意见。	1	2	3	4	5
2	主管常惦记员工的最高利益。	1	2	3	4	5
3	主管会做出公正的、兼顾各方利益的决策。	1	2	3	4	5
4	我的主管是个值得信赖的人。	1	2	3	4	5
5	我的主管会与员工讨论商业伦理或价值。	1	2	3	4	5
6	就道德而言，我的主管是一个知道如何正确做事的模范。	1	2	3	4	5
7	我的主管并不仅仅根据结果来定义成功，还考虑获得成功的方式。	1	2	3	4	5
8	在做决策时，我的主管会问哪些是我们应该做的事情。	1	2	3	4	5

计分方法

伦理领导量表共 8 道题，可以计算总分或平均分。

量表出处

舒睿，梁建．基于自我概念的伦理领导与员工工作结果研究．管理学报，2015，12（7）：1012-1020.

参考文献

Treviño，L. K.，Brown，M. Moral person and moral manager：how executives develop a reputation for ethical leadership. California Management Review，2000，42 (4)：128-142.

Brown，M. E.，Treviño，L. K. Ethical leadership：a review and future directions. Leadership Quarterly，2006，17 (6)：595-616.

道德领导（Brown et al.，2005）

(Ethical Leadership)

简介

道德领导由 Enderle（1987）率先提出，并被界定为一种思维方式，旨在明确描述管理决策中的伦理问题，并对决策过程所参照的伦理原则加以规范。周飞等（2015）将道德领导定义为：领导在个人行为及人际关系中表现出规范性的、适当的行为，并通过双向沟通、巩固和决策，在其追随者中促进这种行为的领导方式。

周飞等（2015）对道德领导的测量采用了经翻译的 Brown 等（2005）开发的问卷，问卷的内部一致性系数为 0.884。周飞等（2015）以福建泉州、福州、厦门等地的企业为研究对象，共发放问卷 1 000 份，回收 400 份，回收率为 40%。剔除有半数题项未填或连续 8 个以上题项选择相同的问卷，同时对来自同一企业的多份问卷随机选取一份。最终得到有效问卷 301 份，有效率为 75.3%。

量表

请您根据自己的实际感受和体会，用下面 8 项描述对您所在公司的领导进行评价和判断，并在最符合的数字上划○。评价和判断的标准如下：1＝非常不同意，2＝不同意，3＝不好确定，4＝同意，5＝非常同意。

1	就道德而言，公司的领导是一个正确做事的模范。	1	2	3	4	5
2	相较于结果，公司的领导更加重视做事应该遵循的规则。	1	2	3	4	5
3	公司的领导善于倾听员工意见。	1	2	3	4	5
4	公司的领导决策公正公平。	1	2	3	4	5
5	公司的领导值得信任。	1	2	3	4	5
6	公司的领导会对违反伦理准则的员工进行处罚。	1	2	3	4	5
7	公司的领导会和员工讨论做事的伦理道德。	1	2	3	4	5
8	公司的领导在日常生活中也总是强调伦理道德。	1	2	3	4	5

计分方法

道德领导量表共 8 道题，可以计算总分或平均分。

量表出处

周飞，林春培，孙锐．道德领导与组织管理创新关系研究：非正式知识共享的中介作用．管理评论，2015，27（5）：169-177.

参考文献

Brown，M. E.，Treviño，L. K.，Harrison，D. A. Ethical leadership：a social learning perspective for construct development and testing. Organizational Behavior & Human Decision Processes，2005，97（2）：117-134.

Enderle，G. Some perspective of managerial ethical leadership. Journal of Business Ethics，1987，6（8）：657-663.

德行领导（Cheng et al.，2000）

（Moral Leadership）

简介

德行领导的概念源于20世纪70年代对台湾民营企业及军队中领导行为的研究，指展现较高个人美德的领导行为。之后的研究者陆续指出其内涵包括领导者大公无私、模范表率、公平、正直尽责的行为。Farh和Cheng（2000）将德行领导作为一个重要维度纳入家长式领导研究框架，并指出德行领导具体表现为对下属一视同仁、不滥用职权谋取私利、在个人举止和工作上以身作则、当行为表率，下属对此的反应为尊重、认同和效仿。

许彦妮，顾琴轩和蒋琬（2014）对德行领导的测量参照经翻译的Cheng等（2000）的家长式领导问卷，由员工报告对直接上司的认识，共6道题，问卷的内部一致性系数为0.904。

许彦妮，顾琴轩和蒋琬（2014）对上海某高校多个MBA班的学生及其直接上司进行了调研，调研对象来自我国东南部地区的多个公司。共发放问卷220套，回收220套，剔除无效问卷后获得有效匹配问卷208套。

量表

请您根据自己的实际感受和体会，用下面6项描述对您的上司进行评价和判断，并在最符合的数字上划○。评价和判断的标准如下：1=非常不同意，2=不同意，3=不好确定，4=同意，5=非常同意。

1	上司在受到冒犯时从来不会公报私仇。	1	2	3	4	5
2	上司会根据品德雇用人，而不会嫉妒别人的能力和美德。	1	2	3	4	5
3	上司会以权谋私。	1	2	3	4	5
4	上司通常会关心我过得如何。	1	2	3	4	5
5	上司不会为了个人利益而利用我。	1	2	3	4	5
6	上司不会靠关系或后门去获得不正当的个人利益。	1	2	3	4	5

计分方法

德行领导量表共6道题，可以计算总分或平均分，其中第3题需反向计分。

量表出处

许彦妮，顾琴轩，蒋琬．德行领导对员工创造力和工作绩效的影响：基于LMX理论的实证研究．管理评论，2014，26（2）：139-147.

参考文献

Farh，J. L.，Cheng，B. S. A cultural analysis of paternalistic leadership in Chinese organizations. Management and Organizations in the Chinese Context，2000.

Cheng，B. S.，Chou，L. F.，Farh，J. L. A triad model of paternalistic leadership：the constructs and measurement. Indigenous Psychological Research in Chinese Societies，2000，14（1）：3-64.

服务型领导（高中华等，2014）

(Servant Leadership)

简介

服务型领导最早由 Greenleaf（1977）提出。他认为，伟大的领导者应该把服务他人、服务组织和服务社会置于自身利益之上，检验服务型领导成效的最好办法就是判断在他的领导下得到服务的人是否取得了真正的进步。

高中华和赵晨（2014）对服务型领导的测量基于 Liden 等（2008）的问卷，为确保内容效度，邀请 3 名拥有海外留学背景的博士研究生对问卷进行了双向翻译。高中华和赵晨（2014）从服务型领导的七个维度中各抽取一道载荷值最大的题目，形成了包括 7 道题的简化问卷来对服务型领导进行测量。

高中华和赵晨（2014）的研究样本来自北京、山东、河南等地的 5 家主营旅游服务和酒店管理的企业。根据各企业提供的员工名单，采取随机抽样方式选定了 350 名调查对象。向 330 名到场员工发放员工问卷，在其填写完毕后找到对应的直接主管，发放主管问卷，最后回收了 305 份直接主管问卷。根据员工问卷和直接主管问卷信封上的员工姓名进行配对，最后共获得 287 份有效数据。

信度与效度

服务型领导问卷的信度为 0.71。高中华和赵晨（2014）采用验证性因素分析考察原始问卷中各个构念之间的区分效度，四因子模型的 χ^2/df 为 2.36，RMSEA 和 SRMR 分别为 0.07 和 0.06，CFI 和 NNFI 分别为 0.88 和 0.86。与另外几个模型相比，四因子模型对于数据的拟合最佳，说明服务型领导与其他变量具有良好的区分效度。

量表

请您根据自己的实际感受和体会，用下面 7 项描述对您的实际情况进行评价和判断，并在最符合的数字上划○。评价和判断的标准如下：1＝非常不同意，2＝不同意，3＝不好确定，4＝同意，5＝非常同意。

1	当我遇到个人问题而非工作问题时，也会向上司寻求帮助。	1	2	3	4	5
2	我的上司强调回报社区的重要性。	1	2	3	4	5
3	我的上司可以很快发现情况变糟的原因。	1	2	3	4	5
4	我的上司给予我充分自由，让我以自己认为最佳的方式解决难题。	1	2	3	4	5
5	我的上司非常重视我的职业发展。	1	2	3	4	5
6	我的上司总是把我的利益放在他的利益之前。	1	2	3	4	5
7	我的上司不会为了获得成功而牺牲道德准则。	1	2	3	4	5

计分方法

服务型领导量表共7道题，可以计算总分或平均分。

量表出处

高中华，赵晨．服务型领导如何唤醒下属的组织公民行为——社会认同理论的分析．经济管理，2014，36（6）：147-157.

参考文献

Greenleaf，R. K. Servant leadership：a journey into the nature of legitimate power and greatness. New York，NY：Paulist Press，1977.

Liden，R. C.，Wayne，S. J.，Zhao，H.，Henderson，D. Servant leadership：development of a multi-dimensional measure and multi-level assessment. Leadership Quarterly，2008，19（2）：161-177.

公仆型领导（Barbuto et al.，2006）

（Servant Leadership）

简介

公仆型领导最早由麻省理工学院的 Greenleaf 教授提出。近年来，学者普遍认为公仆型领导是一种超越领导者个人利益的领导行为或领导方式，这种领导者尊重追随者个体的尊严和价值，并把服务他人作为第一要务，以满足追随者的生理、心理和情感的需求。

孙健敏和王碧英（2010）选用 Barbuto 和 Wheeler（2006）开发的公仆型领导量表作为测量工具（该量表是目前西方比较有效的公仆型领导测量工具），对国外公仆型领导的概念和测量工具进行本土化的修订和检验。共采用两组样本，样本 1 是北京地区的管理者-员工配对样本，涉及北京地区 25 家企事业单位的 350 对管理者和员工，对管理者有效问卷和员工有效问卷进行配对，最终得到的有效配对问卷为 209 对。样本 2 是来自北京、四川、安徽、广东、辽宁等地 20 家企业的 350 名员工，共回收有效问卷 304 份。

对问卷进行探索性因素分析和验证性因素分析，结果显示用中国样本所得的公仆型领导的结构仍然为五维结构，可以分别命名为情绪抚慰、说服引导、利他主义、智慧、社会责任感，累计方差解释率达到 70.27%，具有较好的信度和效度。

信度与效度

孙健敏和王碧英（2010）对样本 1 进行探索性因素分析，将 15 道题分别强制抽取一个因素、两个因素、三个因素和四个因素；另外，这 15 道题可能不存在任何因素，即为虚无模型。然后，对样本 2 进行验证性因素分析，以检验上述构想。五因素模型的各项指标均优于其他竞争模型且达到了较为理想的拟合优度，χ^2/df、GFI、NNFI、CFI、RMSEA 的值分别为 1.64、0.95、0.87、0.90、0.05，说明公仆型领导问卷具有较好的结构效度。信度检验的结果显示信度在 0.66～0.87 之间，符合心理测量学的要求，研究结果可信。

量表

请您根据自己的实际感受和体会，用下面 15 项描述对您的实际情况进行评价和判断，并在最符合的数字上划○。评价和判断的标准如下：1＝非常不同意，2＝不同意，3＝有点不同意，4＝有点同意，5＝同意，6＝非常同意。

1	我在帮助下属克服情绪问题方面具有天赋。	1	2	3	4	5	6
2	我能够帮助下属摆脱不良的情绪。	1	2	3	4	5	6
3	我善于帮助下属解决情绪调节方面的问题。	1	2	3	4	5	6

4	我鼓励下属对公司的发展前景充满希望。	1	2	3	4	5	6
5	我非常具有说服力。	1	2	3	4	5	6
6	我提供了强有力的理由来说服下属做事。	1	2	3	4	5	6
7	我不惜牺牲自身的利益来满足下属的需要。	1	2	3	4	5	6
8	我将下属的最大利益置于自身利益之上。	1	2	3	4	5	6
9	我尽自己所能为下属提供服务。	1	2	3	4	5	6
10	我似乎知道将要发生什么事情。	1	2	3	4	5	6
11	我善于预测决策的一系列后果。	1	2	3	4	5	6
12	我关注正在发生的事情。	1	2	3	4	5	6
13	我时刻准备着让公司为社区发展发挥更加积极的作用。	1	2	3	4	5	6
14	我看到了公司为社会做贡献的潜力。	1	2	3	4	5	6
15	我鼓励下属在工作场所中发扬集体主义精神。	1	2	3	4	5	6

计分方法

公仆型领导量表包括五个维度，共 15 道题，可以计算每个维度所包括题目的总分或平均分。每个维度包括的题目如下：

1. 情绪抚慰：共 3 道题，具体包括第 1～第 3 题。
2. 说服引导：共 3 道题，具体包括第 4～第 6 题。
3. 利他主义：共 3 道题，具体包括第 7～第 9 题。
4. 智慧：共 3 道题，具体包括第 10～第 12 题。
5. 社会责任感：共 3 道题，具体包括第 13～第 15 题。

量表出处

孙健敏，王碧英．公仆型领导：概念的界定与量表的修订．商业经济与管理，2010（5）：24-30.

参考文献

Barbuto，J. E.，Wheeler，D. W. Scale development and construct clarification of servant leadership. Group Organization Management，2006，31（3）：300-326.

关系型领导行为 (Carifio et al.，2002)

(Relational Leadership Behavior)

简介

基于行为论的学者把领导行为划分为任务关系和人际关系两大取向。任务关系型领导行为注重目标的完成、组织制度的建立和工作导向，并把组织成员视为实现组织目标的工具；人际关系型领导行为则强调发展组织成员间的人际关系，在组织内部建立一个和谐的人际关系及工作氛围，形成关心人、以人为本的组织环境，并重视每个成员的个性与需求。

陈伟，杨早立和朗益夫（2015）使用的关系型领导行为问卷来自 Carifio 等（2002）的研究成果，他们翻译了该问卷。问卷有关怀、授权、公平、包容、愿景五个维度，包括 25 道题。面向辽宁和京津唐地区多个行业的 63 家企业共发放调查问卷 1 370 份，回收有效问卷 1 116 份。

信度与效度

关系型领导行为问卷的内部一致性系数超过 0.8。验证性因素分析的结果表明，各项拟合指标为：$\chi^2/df=2.687$，CFI＝0.969，GFI＝0.982，AGFI＝0.944，RMR＝0.025，RMSEA＝0.033，NFI＝0.917，IFI＝0.956。这说明关系型领导行为问卷具有良好的信度和效度。

量表

请您根据自己的实际感受和体会，用下面 25 项描述对您所在的团队与领导进行评价和判断，并在最符合的数字上划○。评价和判断的标准如下：1＝非常不同意，2＝不同意，3＝有点不同意，4＝无所谓，5＝有点同意，6＝同意，7＝非常同意。

1	团队为成员创造更多的个人成长机会。	1	2	3	4	5	6	7
2	对在工作中承担风险的成员给予鼓励。	1	2	3	4	5	6	7
3	鼓励团队成员学习、自我增值。	1	2	3	4	5	6	7
4	关心团队成员的身体及心理健康。	1	2	3	4	5	6	7
5	提倡成员在工作过程中形成良好的工作方式。	1	2	3	4	5	6	7
6	为团队成员提供更多的参与重要决策的机会。	1	2	3	4	5	6	7
7	依据团队成员的专长，提倡自我领导并进行工作决策。	1	2	3	4	5	6	7
8	给予成员在本领域内自主安排具体任务的权力。	1	2	3	4	5	6	7
9	支持团队成员以独有方式进行工作。	1	2	3	4	5	6	7
10	鼓励成员勇于承担责任。	1	2	3	4	5	6	7
11	团队规章条例制定公平。	1	2	3	4	5	6	7
12	团队规章条例执行程序公平。	1	2	3	4	5	6	7
13	对团队规章条例执行不公平现象可及时作出修正。	1	2	3	4	5	6	7

14	成员的工资待遇、晋升等方面与工作业绩成正比。	1	2	3	4	5	6	7
15	在作出有关团队工作的决策时，信息传递、方案评选等均以公平方式进行。	1	2	3	4	5	6	7
16	鼓励团队成员各抒己见。	1	2	3	4	5	6	7
17	善于采纳不同的观点和意见。	1	2	3	4	5	6	7
18	尊重各个成员的不同价值观。	1	2	3	4	5	6	7
19	根据员工特点，有针对性地分配和协调工作任务。	1	2	3	4	5	6	7
20	团队成员均在本团队中得到很大的发展和进步。	1	2	3	4	5	6	7
21	为企业发展制定了合理的中长期计划和目标。	1	2	3	4	5	6	7
22	团队成员参与团队或企业发展目标的制定。	1	2	3	4	5	6	7
23	团队领导重视团队成员对团队或企业目标的意见。	1	2	3	4	5	6	7
24	成员对团队或企业目标有充分的了解和认同。	1	2	3	4	5	6	7
25	团队成员和领导能为了团队或企业目标共同努力。	1	2	3	4	5	6	7

计分方法

关系型领导行为量表包括五个维度，共25道题，可以计算每个维度所包括题目的总分或平均分。每个维度包括的题目如下：

1. 关怀：共5道题，具体包括第1～第5题。
2. 授权：共5道题，具体包括第6～第10题。
3. 公平：共5道题，具体包括第11～第15题。
4. 包容：共5道题，具体包括第16～第20题。
5. 愿景：共5道题，具体包括第21～第25题。

量表出处

陈伟，杨早立，朗益夫．团队断裂带对团队效能影响的实证研究——关系型领导行为的调节与交互记忆系统的中介．管理评论，2015，27（4）：110-121.

参考文献

Carifio, J., Eyemaro, B. The development and validation of a measure of relational leadership. Correlation, 2002 (38).

精神型领导 (Fry et al.，2005)

(Spiritual Leadership)

简介

精神型领导是 Fry (2003) 在归纳和分析前人关于领导和工作场所精神性的研究的基础上提出的一种新型领导理论。Fry (2003) 将精神型领导界定为内在激励自己和他人以满足他们基于使命和成员身份的精神存在感的一种价值观、态度和行为的总和，并指出精神型领导包括愿景、希望/信念和利他之爱三个维度。精神型领导三维度模型得到了来自不同文化背景的研究者的认同 (Aydin & Ceylan，2009；Karadag，2009)。

杨付，刘军和张丽华 (2014) 采用 Fry，Vitucci 和 Cedillo (2005) 编制的精神型领导问卷，在中国情境下翻译，问卷包括愿景、希望/信念和利他之爱三个维度，共 17 道题。

杨付，刘军和张丽华 (2014) 以国内 13 家大型制造企业集团分布于全国的 81 个独立工作团队为研究样本，共发放问卷 483 套，回收问卷 372 套，其中有效问卷 334 套。探索性因素分析和验证性因素分析表明该问卷在中国情境下具有较高的信度和效度。

信度与效度

杨付，刘军和张丽华 (2014) 对 17 道题进行探索性因素分析，结果表明三个因子是稳定存在的。其次，采用验证性因素分析，检验数据是否符合三因子和一个高阶因子模型，结果显示数据拟合较好 ($\chi^2/df=0.996$，NNFI＝0.977，NFI＝0.970，CFI＝0.985，RMSEA＝0.055)。此问卷在该研究中的内部一致性系数为 0.762。因此，精神型领导问卷在中国情境下具有较高的信度和效度。

量表

请您根据自己的实际感受和体会，对下面 17 项关于您自身工作的描述进行评价和判断，并在最符合的数字上划○。评价和判断的标准如下：1＝非常不同意，2＝不同意，3＝不好确定，4＝同意，5＝非常同意。

1	我能理解组织愿景，并承诺为其服务。	1	2	3	4	5
2	我的组织拥有一个激励我表现最佳的愿景。	1	2	3	4	5
3	我的组织愿景能够激励我取得最好的绩效。	1	2	3	4	5
4	我对为员工服务的组织愿景很有信心。	1	2	3	4	5
5	我的组织愿景是清晰的，对我很有吸引力。	1	2	3	4	5
6	我相信我的组织，愿意不惜一切代价完成组织使命。	1	2	3	4	5
7	我坚持并付出额外的努力去帮助我的组织成功。	1	2	3	4	5
8	我总是尽最大的努力去做好自己的工作。	1	2	3	4	5
9	我为我的工作设定挑战性目标。	1	2	3	4	5

10	通过做事帮助组织成功，表明我对组织及其使命的信任。	1	2	3	4	5
11	我的组织真心关心自己的员工。	1	2	3	4	5
12	我的组织关心和体贴员工。	1	2	3	4	5
13	我的领导经常说到做到。	1	2	3	4	5
14	我的组织是值得信赖的，对员工是真诚的。	1	2	3	4	5
15	我的组织不惩罚诚实员工所犯的错误。	1	2	3	4	5
16	我的领导是真诚的，不妄自尊大。	1	2	3	4	5
17	为了员工的利益，我的领导有勇气站出来支持和帮助员工。	1	2	3	4	5

计分方法

精神型领导量表包括三个维度，共 17 道题，可以计算每个维度所包括题目的总分或平均分。每个维度包括的题目如下：

1. 愿景：指详细阐述组织各个方面的发展目标，并通过员工努力创造未来的一种发展前景。共 5 道题，具体包括第 1～第 5 题。

2. 希望/信念：指确信能够实现组织各个方面的发展目标的一种资源。共 5 道题，具体包括第 6～第 10 题。

3. 利他之爱：指通过关怀、关心和感激自己和他人而产生的满足、和睦和幸福的一种感知。共 7 道题，具体包括第 11～第 17 题。

量表出处

杨付，刘军，张丽华．精神型领导、战略共识与员工职业发展：战略柔性的调节作用．管理世界，2014（10）：100-113.

参考文献

Fry，L. W. Toward a theory of spiritual leadership. Leadership Quarterly，2003，14（6）：693-727.

Aydin，B.，Ceylan，A.，Aydin，B.，Ceylan，A. The effect of spiritual leadership on organizational learning capacity. African Journal of Business Management，2009，3（5）：184-190.

Karadag，E. Spiritual leadership and organizational culture：a study of structural equation modeling. Educational Sciences Theory & Practice，2009，9（3）：1391-1405.

Fry，L. W.，Vitucci，S.，Cedillo，M. Spiritual leadership and army transformation：theory，measurement，and establishing a baseline. Leadership Quarterly，2005，16（5）：835-862.

女性创业型领导（杨静等，2013）

(Women's Entrepreneurial Leadership)

简介

Covin 和 Slevin（2002）、Ireland 等（2003）认为，创业型领导是通过影响他人来进行战略性资源整合的，这种能力可以强化机会识别与优势搜寻，从而提升组织的长期财务绩效。Gupta 等（2004）将创业型领导定义为“通过主动创造愿景来激励下属、动员和赢得下属的支持，致力于发现和创造组织的战略价值”，并且开发了创业型领导的结构模型；进一步明确创业型领导是一个多维概念，其内涵融合了领导与“创业”、“创业导向”与“创业管理”的核心特征，强调创业型领导与其他类型领导行为（魅力型领导、变革型领导、团队导向领导以及基于价值的领导）的不同——更加强调应对高度不确定的经营环境，不断识别新的机会，领导持续创新与变革。

杨静和王重鸣（2013）主张将女性创业型领导作为一个新的理论构思，通过采用扎根理论方法开发女性创业型领导的多维度构思，并且基于该构思框架，编制女性创业型领导行为问卷。

杨静和王重鸣（2013）选取 41 位成功女性创业者和企业家进行半结构化深度访谈，经过开放式编码、选择性编码与理论编码，构建了六个维度的女性创业型领导的构思模型。通过走访与专家小组讨论，对原始问卷做出修订。预试后，对 246 份有效问卷的探索性因素分析表明，女性创业型领导由六个因素构成，分别是母性关怀、培育创新、亲和感召、变革心智、掌控风险和整合关系，共 29 道题。为了进一步检验女性创业型领导的构思效度以及该量表的适切性，杨静和王重鸣（2013）又对 350 位优秀女性创业者进行调查，获得有效问卷 302 份。验证性因素分析表明，女性创业型领导的结构是由变革心智、培育创新、整合关系、掌控风险、亲和感召、母性关怀六个一阶因子构成的二阶结构。女性创业型领导问卷具有较好的构思效度、聚合效度和区分效度。

信度与效度

杨静和王重鸣（2013）通过组合信度以及 AVE 来判定女性创业型领导的构思效度、聚合效度与区分效度。六个因素的组合信度在 0.75～0.91 之间，显示女性创业型领导的六维度结构具有理想的构思效度。AVE 值在 0.53～0.66 之间，均超过经验判断标准（0.50），表明潜变量对构念的方差解释率大于测量误差对构念的方差解释率，说明问卷具有较好的聚合效度。

验证性因素分析的结果表明，六因素模型的 χ^2/df、GFI、NFI、IFI、CFI、RMSEA 值分别为：2.735（989.937/362）、0.81、0.85、0.90、0.90、0.076，六因素模型的基本适配度比较理想。二阶验证性因素分析的结果显示，六个一阶因子即变革心智、培育创新、掌控风险、整合关系、亲和感召、母性关怀在二阶因子女性创业型领导上的标准化因子载荷分别为：0.77、0.92、0.84、0.96、0.88、0.91，说明女性创业型领导的六个维度具有良好的聚合效度。进一步计算各因素之间的相关系数，结果发现相关系数取值在0.53～0.70之间，它们的平方值在0.26～0.49之间。低于上述平均变异抽取量，说明构思结构能够体现较好的区分效度。

量表

请您根据自己的实际感受和体会，用下面29项描述对您的领导进行评价和判断，并在最符合的数字上划○。评价和判断的标准如下：1＝几乎不符合，2＝不太符合，3＝不好确定，4＝符合，5＝完全符合。

1	耐心指导员工改进工作绩效。	1	2	3	4	5
2	了解员工的个性化需求并给予适当满足。	1	2	3	4	5
3	设身处地为员工发展考虑并提供发展机会。	1	2	3	4	5
4	在不违反原则的情况下包容员工的错误。	1	2	3	4	5
5	提供稳定的保障使员工获得心理安全感。	1	2	3	4	5
6	给予员工亲情般的生活关怀与帮助。	1	2	3	4	5
7	遭遇经营困境时，舍弃自己的利益保障员工的利益。	1	2	3	4	5
8	与公司成员分享信息以改进商业运营模式。	1	2	3	4	5
9	鼓励管理团队和员工主动发现商业机会。	1	2	3	4	5
10	培养管理团队成员战略性整合资源的能力。	1	2	3	4	5
11	激发管理团队和员工在项目运营中不断学习。	1	2	3	4	5
12	鼓励管理团队和员工尝试新的工作方法。	1	2	3	4	5
13	向管理团队和员工合理授权来激发创造力。	1	2	3	4	5
14	富有亲和力，平易近人。	1	2	3	4	5
15	为人正直诚信。	1	2	3	4	5
16	以积极乐观的心态经营公司。	1	2	3	4	5
17	面对不确定环境，决策果断。	1	2	3	4	5
18	遭遇创业失败不服输、不放弃。	1	2	3	4	5
19	审视经营环境变化对公司发展的挑战与威胁。	1	2	3	4	5
20	洞察经营环境变化对公司发展带来的战略性机遇。	1	2	3	4	5
21	全面预测经营环境变化对创立新事业的影响。	1	2	3	4	5
22	树立适应经营环境变化且确保稳定发展的目标。	1	2	3	4	5
23	与关键客户、供应商、销售商建立业务合作关系。	1	2	3	4	5
24	与同行业标杆企业建立战略性合作关系。	1	2	3	4	5
25	与跨行业企业建立协同合作关系。	1	2	3	4	5
26	与政府相关利益部门维系良好的公共关系。	1	2	3	4	5
27	协调平衡创新业务与核心业务之间的比重。	1	2	3	4	5
28	采用快速且低成本的创新尝试以求平稳发展。	1	2	3	4	5
29	将经营失败的可能或损失降至最低来控制风险。	1	2	3	4	5

计分方法

女性创业型领导量表包括六个维度，共29道题，可以计算每个维度所包括题目的总分或平均分。每个维度包括的题目如下：

1. 母性关怀：体现了女性创业领导者与下属相处所表现出的母性般的指导与关爱。共 7 道题，具体包括第 1～第 7 题。

2. 培育创新：指为了获得竞争优势，女性创业领导者激励组织全体成员积极参与组织创新活动。共 6 道题，具体包括第 8～第 13 题。

3. 亲和感召：体现了女性创业领导者的领导魅力。共 5 道题，具体包括第 14～第 18 题。

4. 变革心智：指女性创业领导者面对动态复杂的竞争环境所表现出的心智模式。共 4 道题，具体包括第 19～第 22 题。

5. 整合关系：指女性创业领导者充分发挥善于沟通和公关的优势，构建良好的商业网络关系。共 4 道题，具体包括第 23～第 26 题。

6. 掌控风险：指女性创业领导者为了应对竞争环境的不确定性，对经营风险采取有效控制和规避的领导行为。共 3 道题，具体包括第 27～第 29 题。

量表出处

杨静，王重鸣．女性创业型领导：多维度结构与多水平影响效应．管理世界，2013（9）：102-117.

参考文献

Covin，J. G.，Slevin，D. P. The entrepreneurial imperatives of strategic leadership，in Hitt，M. A.，Ireland，R. D.，Camp，S. M.，Sexton，D. L.（Eds.）. Strategic entrepreneurship：creating a new mindset，Oxford：Blackwell Publishers，2002：309-327.

Ireland，R. D.，Hitt，M. A.，Sirmon，D. G. A model of strategic entrepreneurship：the construct and its dimensions. Journal of Management，2003，29（1）：963-989.

Gupta，V.，Macmillan，I. C.，Surie，G. Entrepreneurial leadership：developing and measuring a cross-sectional construct. Journal of Business Venturing，2004，19（2）：241-260.

责任型领导（Voegtlin，2012）

（Responsible Leadership）

简介

责任型领导是以价值和伦理准则来驱动的领导行为。这类领导者强调利益相关者的需求，将维持与利益相关者的高质量关系视为己任。责任型领导重视企业伦理、利益相关者及社会责任。

责任型领导包括三个关键要素：（1）有效性，即该领导行为对组织及员工有积极作用；（2）伦理性，即该类领导者非常强调行为要符合伦理与道德原则；（3）可持续性，即最终目标是实现组织的长远发展（宋继文，孙志强，蔚剑枫和Peverelli，2009）。

在企业人力资源部门的协助下，文鹏等（2016）按照员工名单随机抽取了360名被调查者，两家企业各180名。问卷调查采用现场发放、现场收回的方式完成。为了避免数据的同源误差，分别从两个时间点（间隔四周）以及上下级两个来源收集数据。在时间点1，由下级报告其直接上级的责任型领导；在时间点2，下级报告自身的责任感知、揭发意愿、长期导向及其他人口特征变量，上级则评价对应下级的非伦理行为。文鹏等（2016）共发放问卷360份，有效匹配的问卷为210份。

对责任型领导的测量使用的是Voegtlin（2012）开发的量表，信度检验结果显示Cronbach's Alpha＝0.88，验证性因素分析结果RMSEA＝0.07，CFI＝0.94，NFI＝0.89，量表的信效度指数都达到了良好水平。

量表

请您根据自己的实际感受和体会，对下面5项描述进行评价和判断，并在最符合的数字上划○。评价和判断的标准如下：1＝非常不同意，2＝不同意，3＝一般，4＝同意，5＝非常同意。

1	我的上级会表明其意识到利益相关者的诉求。	1	2	3	4	5
2	我的上级会充分考虑决策结果对利益相关者的影响。	1	2	3	4	5
3	我的上级会让受影响的利益相关者参与到决策过程中。	1	2	3	4	5
4	我的上级会在决策前权衡不同利益相关者的诉求。	1	2	3	4	5
5	我的上级会促使受影响的利益相关者达成统一的结果。	1	2	3	4	5

计分方法

责任型领导量表共5道题，可以计算总分或平均分。

量表出处

文鹏，夏玲，陈诚．责任型领导对员工揭发意愿与非伦理行为的影响．经济管理，2016，38（7）：82-93.

参考文献

宋继文，孙志强，蔚剑枫，Peverelli，P. J. 责任型领导与企业社会资本建立：怡海公司案例研究．管理学报，2009，6（7）：82-93.

Voegtlin，C.，Patzer，M.，Scherer，A. G. Responsible leadership in global business：a new approach to leadership and its multi-level outcomes. Journal of Business Ethics，2012，105（1）：1-16.

威权领导（傅晓等，2012）

(Authoritarian Leadership)

简介

在家长式领导的多个维度中，威权领导和仁慈领导是学者较有共识的部分。樊景立和郑伯埙（2000）认为，威权领导要求下属毫无异议地遵从领导的命令并对领导保持一定的畏惧感，这种要求与培育创新构想所需的宽容、自由的组织氛围存在矛盾。

傅晓，李忆和司有和（2012）参考于海波等（2008）的研究成果，认为威权领导是指领导者强调其权威是绝对的、不容挑战的，对下属进行严密的控制，要求下属毫不保留地服从。

傅晓，李忆和司有和（2012）参考郑伯埙，周丽芳和樊景立（2000）以及郑伯埙等（2003）使用过的量表，征求相关专家学者的意见，并邀请12位高科技企业的中高层管理人员参与预测试，之后进行适当修改，形成正式的5道题的量表。信效度分析的结果表明，威权领导量表的内部一致性系数为0.87，5道题的因子载荷分别是0.82、0.83、0.75、0.73、0.63。威权领导变量与其他变量具有良好的区分效度。

傅晓，李忆和司有和（2012）以重庆市的高科技企业为对象，共向300家企业发放问卷，最终回收有效问卷159份。

量表

请您根据自己的实际感受和体会，用下面5项描述对您的领导进行评价和判断，并在最符合的数字上划○。评价和判断的标准如下：1＝非常不同意，2＝不同意，3＝不好确定，4＝同意，5＝非常同意。

1	开会时，都照他/她的意思做最后的决定。	1	2	3	4	5
2	公司的大小事情都由他/她独自决定。	1	2	3	4	5
3	与他/她一起工作时，他/她带给我很大的压力。	1	2	3	4	5
4	他/她从不把信息透露给我们。	1	2	3	4	5
5	当任务无法完成时，他/她会斥责我们。	1	2	3	4	5

计分方法

威权领导量表共5道题，可以计算总分或平均分。

量表出处

傅晓，李忆，司有和．家长式领导对创新的影响：一个整合模型．南开管理评论，2012，15（2）：121-127.

参考文献

郑伯埙，周丽芳，樊景立．家长式领导：三元模式的建构与测量．本土心理学研究，2000（14）：3-64.

郑伯埙，周丽芳，黄敏萍，樊景立，彭泗清．家长式领导的三元模式：中国大陆企业组织的证据．本土心理学研究，2003（20）：209-250.

樊景立，郑伯埙．华人组织的家长式领导：一项文化观点的分析．本土心理学研究，2000（13）：127-180.

于海波，郑晓明，方俐洛，凌文辁，刘春萍．如何领导组织学习：家长式领导与组织学习的关系．科研管理，2008，29（5）：180-186.

威权领导（Cheng et al.，2014）

（Authoritarian Leadership）

简介

威权领导是华人社会特有且较为普遍、能够体现中国传统文化深层次特质的领导方式，强调领导权威不容挑战，并要求下属对领导的绝对服从（Farh & Cheng，2000）。

威权领导在组织中通常独揽大权，限制、贬抑下属能力，对下属的建议和贡献漠不关心；操控消息，保持权力距离，维护自己的尊严；严格要求下属绩效，斥责绩效低的下属（Farh & Cheng，2000；Farh，Liang，Chou，& Cheng，2008），给下属的工作态度和绩效常常带来负面影响。

李嘉和杨忠（2018）的数据收集工作是在中国东部某省会城市进行的，调研了某国有银行在该市的大部分网点，参与问卷填写的人有网点主任和普通员工。李嘉和杨忠（2018）共进行了两次调研，威权领导的数据在第一次调查时收集。第一轮调研了60个银行网点，共发放网点主任问卷60份，回收60份；发放员工问卷670份，回收597份。第二轮调研了59个银行网点，共发放员工问卷493份，回收480份。

信度与效度

采用Cheng等（2014）的量表，结果显示Cronbach's Alpha=0.87，威权领导各个题项与其对应因子之间的标准化载荷最低值为0.66，高于0.4的一般建议标准，并且所有测量题项在其测量构念上的标准化因子载荷均在0.01水平上显著，量表的信效度指数都达到了良好水平。

量表

请您根据自己的实际感受和体会，通过下面5项描述对您的领导进行评价和判断，并在最符合的数字上划○。评价和判断的标准如下：1=从来没有，2=几乎没有，3=很少这样，4=有时这样，5=经常这样，6=十分频繁，7=总是这样。

1	在下属面前有些咄咄逼人。	1	2	3	4	5	6	7
2	工作的时候带给我很大的压力。	1	2	3	4	5	6	7
3	对下属很严格。	1	2	3	4	5	6	7
4	在我没有完成目标时责骂我。	1	2	3	4	5	6	7
5	当我违反他/她的原则时会责罚我。	1	2	3	4	5	6	7

计分方法

威权领导量表共5道题，可以计算总分或平均分。

量表出处

李嘉，杨忠．威权领导对团队建言氛围的影响机制研究．经济管理，2018，40（6）：53-68.

参考文献

Cheng，B. S.，Boer，D.，Chou，L. F.，Huang，M. P.，Yoneyama，S.，Shim，D.，Tsai，C. Y. Paternalistic leadership in four east asian societies：generalizability and cultural differences of the triad model. Journal of Cross-Cultural Psychology，2014，45（1）：82-90.

Farh，J. L.，Cheng，B. S. A cultural analysis of paternalistic leadership in Chinese organizations. In Li，J. T.，Tsui，A. S.，Weldon，E.（Ed.）. Management and organizations in the Chinese context. London：Macmillan，2000：84-127.

Farh，J. L.，Liang，J.，Chou，L. F.，Cheng，B. S. Paternalistic leadership in Chinese organizations：research progress and future research directions. In Chen，C. C.，Lee，Y. T.（Eds.）. Leadership and management in China：philosophies，theories and practices. London：Cambridge University Press，2008：171-205.

仁慈领导（傅晓等，2012）

(Benevolence Leadership)

简介

在家长式领导的多个维度中，威权领导和仁慈领导是学者较有共识的部分。傅晓，李忆和司有和（2012）参考于海波等（2008）的研究成果，认为仁慈领导是指领导者对下属个人的福祉给予个别、全面而长久的关怀。

傅晓，李忆和司有和（2012）参考郑伯埙，周丽芳和樊景立（2000）以及郑伯埙等（2003）使用过的量表，征求相关专家学者意见，并邀请12位高科技企业的中高层管理人员参与预测试，之后进行适当修改，形成正式的5道题的量表。信效度分析的结果表明，仁慈领导量表的内部一致性系数为0.92，5道题的因子载荷分别是0.92、0.87、0.75、0.86、0.83。仁慈领导变量与其他变量具有良好的区分效度。

傅晓，李忆和司有和（2012）以重庆市的高科技企业为对象，共向300家企业发放问卷，最终回收有效问卷159份。

量表

请您根据自己的实际感受和体会，用下面5项描述对您的领导进行评价和判断，并在最符合的数字上划○。评价和判断的标准如下：1＝非常不同意，2＝不同意，3＝不好确定，4＝同意，5＝非常同意。

1	他/她平常会向我嘘寒问暖。	1	2	3	4	5
2	他/她会关心我的个人生活情况。	1	2	3	4	5
3	他/她对我的照顾会扩及我的家人。	1	2	3	4	5
4	对相处较久的下属，他/她会给予细致周到的照顾。	1	2	3	4	5
5	当我遇到困难时，他/她会及时给予帮助。	1	2	3	4	5

计分方法

仁慈领导量表共5道题，可以计算总分或平均分。

量表出处

傅晓，李忆，司有和．家长式领导对创新的影响：一个整合模型．南开管理评论，2012，15（2）：121-127.

参考文献

郑伯埙，周丽芳，樊景立．家长式领导：三元模式的建构与测量．本土心理学研究，2000（14）：3-64.

郑伯埙，周丽芳，黄敏萍，樊景立，彭泗清．家长式领导的三元模式：中国大陆企业组织的证据．本土心理学研究，2003 (20)：209-250.
樊景立，郑伯埙．华人组织的家长式领导：一项文化观点的分析．本土心理学研究，2000 (13)：127-180.
于海波，郑晓明，方俐洛，凌文辁，刘春萍．如何领导组织学习：家长式领导与组织学习的关系．科研管理，2008，29 (5)：180-186.

差序氛围（刘贞妤，2003）

(Atmosphere of Difference)

简介

差序氛围是指团队各成员围绕团队资源掌控者（通常是团队领导）所形成的关系疏密的差异程度。

刘军，章凯和仲理峰（2009）对差序氛围的测量采用的是刘贞妤（2003）的11道题的量表，由团队成员提供评价。差序氛围量表的内部一致性系数为0.91。

刘军，章凯和仲理峰（2009）选取一家大型制造企业集团下属的北京、洛阳、烟台和张家口子公司（生产的产品基本相同）中的项目团队作为研究对象。第一次数据收集共回收88份团队领导问卷及与之相匹配的339份团队成员问卷（剔除了16份没有领导匹配的问卷），第二次数据收集共回收84份团队领导问卷和相匹配的272份团队成员问卷（剔除了9份没有领导匹配的问卷）。

量表

请您根据自己的实际感受和体会，用下面11项描述对您所在的团队进行评价和判断，并在最符合的数字上划○。评价和判断的标准如下：1=非常不同意，2=不同意，3=不好确定，4=同意，5=非常同意。

1	主管与个别下属接触频繁。	1	2	3	4	5
2	主管会与团队中固定几个同事分享他的想法及做法。	1	2	3	4	5
3	在团队中，我认为某些下属对主管的决策很有影响力。	1	2	3	4	5
4	在团队中，主管与个别下属的感情亲密。	1	2	3	4	5
5	主管会通过特定的下属传达信息。	1	2	3	4	5
6	在团队中，主管有特别信任的下属。	1	2	3	4	5
7	在整个团队中，我感觉到主管对下属的差别待遇比较大。	1	2	3	4	5
8	有些下属升迁比其他人快很多。	1	2	3	4	5
9	主管常会把私人事务交由个别下属处理。	1	2	3	4	5
10	有特定的下属会协助主管解决一些例行工作。	1	2	3	4	5
11	有特定的下属可代行主管的大部分职责。	1	2	3	4	5

计分方法

差序氛围量表共11道题，可以计算总分或平均分。

量表出处

刘军，章凯，仲理峰．工作团队差序氛围的形成与影响：基于追踪数据的实证分析．管理世界，2009（8）：92-101.

参考文献

刘贞妤．差序气氛对部属工作态度与行为之影响．花莲：台湾东华大学，2003.

上司偏私倾向（刘超等，2015）

（Favoritism Orientation）

简介

偏私倾向是指上司倾向于出于维护私情或利己目的而做出相应决策。偏私倾向的领导风格广泛存在于东亚文化中，特别是在中国这种高权力距离的关系或圈子社会中，人与人之间的交往一般很注重私谊，不但员工寻求与上司在工作之外的情谊，上司也积极发展与自己关系私密的人脉，上司的偏私也就更容易出现。

刘超等（2015）开发了偏私倾向问卷，严格遵循科学的开发程序，在掌握相关文献的基础上，与 30 名 MBA 学员反复深入探讨上司偏私的表现形式，进而得出 5 道测量题。

在进行大规模的样本调查前，刘超等（2015）进行了预测试，主要调查对象来自上海两所大学的 MBA 学员（都为主管，但非 CEO），共发放问卷 195 份，回收 165 份含有完整信息的问卷，回收率为 84.6%。预测试的结果表明，偏私倾向问卷具有较好的信度与效度，能用于进一步的数据收集与分析。

正式调查数据来源于中国两家大型电子电器企业，调查对象是两家企业的员工及其配对上司。先后进行了三次问卷调查，每次间隔 4 个月。每次调查都在人力资源部门的帮助下进行，调查之初与人力资源专员随机确定了 503 名下属及其配对上司。最后，将员工与领导数据进行配对，共得到 255 份有效的配对数据（255 份员工问卷及 255 份领导问卷）。探索性因素分析和验证性因素分析的结果表明问卷的信度与效度均较为理想。

信度与效度

信度分析表明，偏私倾向问卷的内部一致性系数为 0.91。刘超等（2015）采用验证性因素分析考察原始问卷中六个构念之间的区分效度，结果表明，六因素模型拟合很好（$\chi^2/df=0.73$，CFI＝0.96，TLI＝0.96，RMSEA＝0.04），说明偏私倾向与其他变量具有较好的区分效度。因此，偏私倾向问卷在中国情境下具有较高的信度和效度。

量表

请您根据自己的实际感受和体会，用下面 5 项描述对您的实际情况进行评价和判断，并在最符合的数字上划○。评价和判断的标准如下：1＝从不，2＝极少，3＝偶尔，4＝有时，5＝经常。

1	对于下属的提拔，我通常只会考虑那些我赏识的下属。	1	2	3	4	5
2	如果有什么好处或奖励，我会优先给予那些我赏识的下属。	1	2	3	4	5
3	我倾向于将信息无保留地告诉那些我赏识的下属，而对其余下属我会有所保留。	1	2	3	4	5

4	当资源不够丰富时，我会优先照顾那些我赏识的下属，以保障他们获得足够的资源。	1	2	3	4	5
5	我通常会将“油水较多”的任务安排给那些我赏识的下属。	1	2	3	4	5

计分方法

上司偏私倾向量表共5道题，可以计算总分或平均分。

量表出处

刘超，柯旭东，刘军，王雅晨．员工逢迎的场景选择：一项本土研究．南开管理评论，2015，18（5）：54-64.

谦卑领导行为 (Owens et al., 2013)

(Humble Leader Behavior)

简介

“谦卑领导”的字面含义就是“从地面领导”或“自下而上领导”。对领导者谦卑行为的具体含义，Owens 和 Hekman (2011) 总结为三个方面：承认自己的不足和局限，彰显下属的优点和贡献，在可教性上率先垂范。Collins (2001) 总结的第五级领导者性格上的谦卑体现在四个方面：从不自吹自擂；主要依靠卓越的标准而不是非凡的魅力来激励员工；为了公司在未来取得更加卓越的业绩精心挑选继任者；一旦业绩不佳，承担自己的责任，不怪罪他人、外界因素或者埋怨运气太差。

曲庆，何志婵和梅哲群 (2013) 对谦卑领导行为的测量采用的是 Owens 等 (2013) 的量表，共有 9 道题。由于该问卷原文为英文，因此采用回译、专家讨论的方法确保其和原文一致。

调研对象包括 54 家企业，覆盖北京、上海、山东等 12 个地区，包括制造、采矿、建筑、信息传输、金融、零售等行业。每家企业被要求任选 5 组员工参加调研，每组 5 人，要有共同的直接上级。从 54 家企业共回收问卷 1 306 份，剔除填写明显不认真（主要是所有题目评分都相同）和缺失数据过多的问卷，得到有效问卷 1 240 份。经汇总整理，得到 3 人以上有同一直接上级、必要数据齐全的小组 153 组，来自 45 家企业。

信度与效度

谦卑领导行为问卷的内部一致性系数为 0.94。验证性因素分析的结果表明，原始问卷七因子模型的 χ^2/df、GFI、NNFI、CFI、RMSEA 值分别为 2.81 (2 588.34/920)、0.85、0.98、0.98、0.05，七因子模型的各项拟合指数均达到或接近先定的标准，说明谦卑领导行为与其他变量具有较好的区分效度。

量表

请您根据自己的实际感受和体会，用下面 9 项描述对您所在部门/团队的负责人进行评价和判断，并在最符合的数字上划○。评价和判断的标准如下：1=非常不同意，2=不同意，3=不好确定，4=同意，5=非常同意。

1	他/她能积极寻求反馈，即使反馈是批评性的。	1	2	3	4	5
2	当不知道如何做某些事情时，他/她会承认这一点。	1	2	3	4	5
3	当别人的知识更多或技能更强时，他/她会承认这一点。	1	2	3	4	5
4	他/她关注别人的长处。	1	2	3	4	5
5	他/她经常赞美别人的优点。	1	2	3	4	5
6	对于别人的特别贡献，他/她会表示赞赏。	1	2	3	4	5

7	他/她乐于向别人学习。	1	2	3	4	5
8	对别人的想法，他/她持有开放的态度。	1	2	3	4	5
9	对别人的建议，他/她持有开放的态度。	1	2	3	4	5

计分方法

谦卑领导行为量表共9道题，可以计算总分或平均分。

量表出处

曲庆，何志婵，梅哲群．谦卑领导行为对领导有效性和员工组织认同影响的实证研究．中国软科学，2013（7）：101-109.

参考文献

Owens, B. P., Hekman, D. R. Modeling how to grow: an inductive examination of humble leader behaviors, contingencies, and outcomes. Academy of Management Journal, 2011, 55 (4): 787-818.

Collins, J. Good to great. New York: Harper Collins Publishers Inc., 2001.

Owens, B. P., Johnson, M. D., Mitchell, T. R. Expressed humility in organizations: implications for performance, teams, and leadership. Organization Science, 2013, 24 (5): 1517-1538.

自我牺牲型领导 (De Cremer et al., 2004)

(Self-sacrificial Leadership)

简介

Choi 和 Mai-Dalton (1998, 1999) 把自我牺牲型领导定义为"一种为了集体的福祉而放弃或延迟个人的利益与特权的领导方式"。他们还将此种领导区分为三个行为层面：(1) 分工，包括领导者自愿参与、承担艰巨的和有风险的行动、任务及工作。(2) 奖酬分配，指领导者为了达成工作目标或维持组织运营而放弃或延迟从组织获得正当、公平的奖酬（如薪资、奖金、晋升、休假等)。(3) 权力行使，指领导者放弃使用职位权力、特权（如专有司机或配车）和个人的私有资源（包括时间、金钱等)。

田晓明和李锐 (2015) 对自我牺牲型领导的测量采用 De Cremer 和 Van Knippenberg (2004) 研究中所使用的自我牺牲型领导问卷，进行翻译，得到 5 道题。

调查对象来自苏南地区生物纳米等领域的 5 家高科技企业，共收到 386 名员工和 83 名上司的反馈问卷，剔除漏答过多或明显乱填的问卷以及已经离职或职位发生变化的员工的问卷，并进行员工-上司匹配，之后得到 309 份配对数据（对应于 309 名员工和 77 名上司)。

信度与效度

自我牺牲型领导问卷的内部一致性系数为 0.87。验证性因素分析的结果显示，所有研究变量的五因素模型的各项拟合度指标均较为理想，χ^2/df、CFI、TLI、RMSEA 分别为 1.69 (488.35/289)、0.96、0.95、0.05，说明五因素模型是一个可以接受的模型，自我牺牲型领导与其他变量具有较好的区分效度。

量表

请您根据自己的实际感受和体会，对下面 5 项描述进行评价和判断，并在最符合的数字上划○。评价和判断的标准如下：1＝非常不同意，2＝不同意，3＝不好确定，4＝同意，5＝非常同意。

1	我的上司愿意为群体利益而做出自我牺牲。	1	2	3	4	5
2	每当陷入困境时，我可以依赖上司来帮助我，即使这会给他带来损失。	1	2	3	4	5
3	必要时，上司会以牺牲个人利益为代价来维护群体成员的利益。	1	2	3	4	5
4	为了群体的使命，上司率先放弃自己的空闲时间、特权或安逸的生活。	1	2	3	4	5
5	必要时，上司愿意冒着失去自己职位的风险来实现群体的目标。	1	2	3	4	5

计分方法

自我牺牲型领导量表共 5 道题，可以计算总分或平均分。

量表出处

田晓明，李锐．自我牺牲型领导能促进员工的前瞻行为吗——责任感知的中介效应及其边界条件．心理学报，2015，47（12）：1472-1485.

参考文献

Choi，Y.，Mai-Dalton，R. R. On the leadership function of self-sacrifice. The Leadership Quarterly，1998（9）：475-501.

Choi，Y.，Mai-Dalton，R. R. The model of followers' responses to self-sacrificial leadership：an empirical test. Leadership Quarterly，1999（10）：397-421.

De Cremer，D.，Van Knippenberg，D. Leader self-sacrifice and leadership effectiveness：the moderating role of leader self-confidence. Organizational Behavior and Human Decision Processes，2004（95）：140-156.

破坏性领导 (Mitchell et al.，2007)

(Destructive Leadership)

简介

破坏性领导是下属感知到的上司持续表现出来的言语或非言语性的敌意行为，但不包括肢体上的接触（Tepper，2000）。高日光（2009）对破坏性领导的测量采用的是 Mitchell 和 Ambrose（2007）基于 Tepper（2000）的破坏性领导测量问卷开发的短版破坏性领导问卷，包括 5 道题。破坏性领导问卷的内部一致性系数为 0.92。高日光（2009）共发放配对问卷 320 套，回收 260 套，剔除无效问卷后，有效配对数据为 219 套。

量表

请您根据自己的实际感受和体会，用下面 5 项描述对您的上司进行评价和判断，并在最符合的数字上划○。评价和判断的标准如下：1＝非常不同意，2＝不同意，3＝有点不同意，4＝有点同意，5＝同意，6＝非常同意。

1	我的上司常常在别人面前说下属的坏话。	1	2	3	4	5	6
2	我的上司常常在别人面前贬低下属。	1	2	3	4	5	6
3	我的上司常常说下属的想法和感受是愚蠢的。	1	2	3	4	5	6
4	我的上司经常讽刺下属。	1	2	3	4	5	6
5	我的上司经常说下属的工作能力不足。	1	2	3	4	5	6

计分方法

破坏性领导量表共 5 道题，可以计算总分或平均分。

量表出处

高日光．破坏性领导会是组织的害群之马吗——中国组织情境中的破坏性领导行为研究．管理世界，2009 (9)：124-132.

参考文献

Mitchell，M. S.，Ambrose，M. L. Abusive supervision and workplace deviance and the moderating effects of negative reciprocity beliefs. Journal of Applied Psychology，2007，92 (4)：1159-1168.

Tepper，B. J. Consequences of abusive supervision. Academy of Management Journal，2000，43 (2)：178-190.

辱虐型领导（Tepper，2000）

（Abusive Leadership）

简介

Tepper（2000）认为，辱虐型领导是指下属感知到的上司持续表现出来的言语或非言语性的敌意行为，肢体接触并不包括在内。Tepper（2000）的辱虐型领导测量问卷包括5道题，前3题属于主动侵犯形式，后2题属于被动侵犯形式。Peng等（2014）将辱虐型领导测量问卷翻译成中文，并对其信度和效度进行了检验。Peng等（2014）共发放问卷411份，有效样本为358份，该问卷的内部一致性系数为0.92。

量表

下面的问题有关您的上司如何对待您本人。请评价以下行为发生的频率。评价的标准如下：1＝从不，2＝偶尔，3＝有时，4＝经常，5＝一直如此。

1	告诉我“你的想法和感受很愚蠢”。	1	2	3	4	5
2	让我当众出丑。	1	2	3	4	5
3	在别人面前对我进行负面评论。	1	2	3	4	5
4	不认可我所付出的努力和取得的工作成果。	1	2	3	4	5
5	批评我以挽回自己的面子。	1	2	3	4	5

计分方法

辱虐型领导量表共5道题，可以计算总分或平均分。

量表出处

Peng，A. C.，Schaubroeck，J. M.，Li，Y. Social exchange implications of own and coworkers' experiences of supervisory abuse. Academy of Management Journal，2014，57（5）：1385-1405.

参考文献

Tepper，B. J. Consequences of abusive supervision. Academy of Management Journal，2000，43（2）：178-190.

领导调节聚焦行为（尚玉钒等，2015）

(Regulatory-focused Leadership)

简介

尚玉钒和李磊（2015）将领导调节聚焦行为定义为领导在与员工互动时传递出不同调节焦点倾向的行为表现，该构念包括两个相对的核心概念或变量：领导促进型聚焦行为和领导防御型聚焦行为，这两个变量均由领导行为示范、语言框架和反馈三维度结构组成。

行为示范维度的题目直接借鉴了 Wu 等（2008）在中国情境下开发并经验证的成熟量表，语言框架和反馈维度上的题目则是尚玉钒和李磊（2015）依据定义内容开发的。尚玉钒和李磊（2015）首先在语言框架和反馈维度上对领导促进型聚焦行为和领导防御型聚焦行为的题目进行单独的开发，经过一系列修订和调整，最终挑选出 16 道最能反映语言框架和反馈维度定义内容的题目。将上述题项与行为示范维度已有的 7 道题合并，产生了 23 道初始题目。

尚玉钒和李磊（2015）在西部某所高校学习管理专业课程的学生中招募了 28 人对 23 道初始题目进行评价，进行问卷内容充分性的检验，根据结果对其中 5 道题的语言表述做了调整。接下来分别对领导促进型聚焦行为和领导防御型聚焦行为的结构加以探索，同时进一步对测量题目加以精简。通过分析，领导促进型聚焦行为包括 9 道题，领导防御型聚焦行为包括 10 道题。

验证性因素分析样本源自陕西省金融、汽车制造等行业的 5 家公司。尚玉钒和李磊（2015）对 300 位员工发放了问卷，回收 220 份，最终获得有效问卷 164 份。分析结果显示，领导促进型聚焦行为的三因子模型的数据拟合效果最好。

信度与效度

领导促进型聚焦行为总问卷及其三个维度的内部一致性系数分别为 0.86、0.87、0.86 和 0.87，均远远大于 0.7；领导防御型聚焦行为总问卷及其三个维度的内部一致性系数分别为 0.85、0.93、0.84 和 0.94，均远远大于 0.7。结果表明问卷具有良好的信度，作为测量领导调节聚焦行为的工具具有很好的一致性和稳定性。

验证性因素分析的结果显示，领导促进型聚焦行为的三因子模型（促进型聚焦行为示范、促进型聚焦语言框架和促进型聚焦反馈）的数据拟合效果最好（RMSEA＝0.07，CFI＝0.98，NNFI＝0.95，IFI＝0.95），各路径的标准化系数均在 0.70 以上，且均是显著的。领导防御型聚焦行为的三因子模型（防御型聚焦行为示范、防御型聚焦语言框架和防御型聚焦反馈）的数据拟合效果最好（RMSEA＝0.06，CFI＝0.98，NNFI＝0.95，IFI＝0.96），各路径的标准化系数均在 0.70 以上，且均是显著的。

同时，分别对领导促进型聚焦行为和领导防御型聚焦行为进行高阶验证性因素分析（HCFA），验证由促进型聚焦行为示范、促进型聚焦语言框架和促进型聚焦反馈这三个初阶因子合并成领导促进型聚焦行为这一二阶因子的可行性（χ^2＝50.92，df＝24，RMSEA＝0.06，CFI＝0.97，NNFI＝0.95，IFI＝0.95）；以及由防御型聚焦行为示范、防御型聚焦语言框架和防御型聚焦反馈这三个初阶因子合并成领导防御型聚焦行为这一二阶因子的可行性（χ^2＝70.88，df＝32，RMSEA＝0.07，CFI＝0.96，NNFI＝0.95，IFI＝0.95）。

领导促进型聚焦行为三因子的AVE分别为0.68、0.54和0.68，都在0.5以上；领导防御型聚焦行为三因子的AVE分别为0.80、0.54和0.59，也都在0.5以上，说明各因子都存在比较好的聚合效度。

量表

请您根据自己的实际感受和体会，用下面19项描述对您所在公司的上司进行评价和判断，并在最符合的数字上划○。评价和判断的标准如下：1＝非常不同意，2＝不同意，3＝有点不同意，4＝无所谓，5＝有点同意，6＝同意，7＝非常同意。

1	我的顶头上司能把很多不同的事情做好。	1	2	3	4	5	6	7
2	我的顶头上司能为自己部门设立改进的目标。	1	2	3	4	5	6	7
3	我的顶头上司喜欢使用创新的方法而不是传统的方法去解决问题。	1	2	3	4	5	6	7
4	我的顶头上司在阐述一项工作或任务时喜欢描绘一个美好愿景。	1	2	3	4	5	6	7
5	我的顶头上司习惯于强调任务成功完成后大家将获得的东西。	1	2	3	4	5	6	7
6	我的顶头上司喜欢强调工作或任务本身对员工个人发展的积极作用。	1	2	3	4	5	6	7
7	当工作或任务获得成功时，大家往往会获得顶头上司的赞扬或奖励。	1	2	3	4	5	6	7
8	我们会因为工作的成功从顶头上司处获得一些有利于自身发展的机会。	1	2	3	4	5	6	7
9	目标成功实现与否以及给团队和部门所带来的利益是顶头上司进行绩效评价的重点。	1	2	3	4	5	6	7
10	我的顶头上司经常激怒其上级主管。	1	2	3	4	5	6	7
11	我的顶头上司经常越线做一些没有获得上层管理部门正式批准的事情。	1	2	3	4	5	6	7
12	我的顶头上司有时会由于不够谨慎而陷入困境。	1	2	3	4	5	6	7
13	我的顶头上司的行为方式总会让高层反感。	1	2	3	4	5	6	7
14	我的顶头上司在阐述一项工作或任务时喜欢强调责任和义务的履行。	1	2	3	4	5	6	7
15	我的顶头上司习惯于强调任务失败后大家实际或潜在的损失。	1	2	3	4	5	6	7
16	我的顶头上司喜欢强调工作或任务本身的失败对大家工作保障的威胁。	1	2	3	4	5	6	7
17	当工作或任务失败时，大家往往会受到顶头上司的批评或处罚。	1	2	3	4	5	6	7
18	来自顶头上司的处罚使我感觉自己的基本工作保障受到威胁。	1	2	3	4	5	6	7
19	工作和任务中标准化和规范化程度以及任务的失败给团队和部门带来的损失是顶头上司进行绩效评价的重点。	1	2	3	4	5	6	7

计分方法

领导调节聚焦行为量表包括两个维度，共19道题，可计算各维度所包括题目的总分或平均分。各维度包括的题目如下：

1. 领导促进型聚焦行为：指领导在与员工互动时传递出促进型调节焦点倾向的行为表现。共9道题，包括第1～第9题。

2. 领导防御型聚焦行为：指领导在与员工互动时传递出防御型调节焦点倾向的行为表现。共10道题，包括第10～第19题，其中第10～第13题需反向计分。

量表出处

尚玉钒，李磊．领导调节聚焦行为：构念的开发与验证．管理评论，2015，27（8）：102-116.

参考文献

Wu，C.，Mcmullen，J. S.，Neubert，M. J.，Yi，X. The influence of leader regulatory focus on employee creativity. Journal of Business Venturing，2008，23（5）：587-602.

模范带头作用 (Herscovitch et al.，2002)

(Team Model Employee)

简介

在中国传统企业管理中，榜样的模范带头作用是一种备受重视的管理和激励手段，管理者通过表彰奖励模范员工，树立学习榜样，来向所有员工展示组织所倡导的行为，从而规范、引导、激发其他员工。社会学习理论（Bandura，1977）指出，人们会通过观察来学习。在社会学习中，榜样的影响是社会学习的核心，榜样可以吸引员工的注意力，从而使员工观察和学习榜样的行为。

杜旌，冉曼曼和曹平（2014）依据 Herscovitch 和 Meyer（2002）的研究，将问卷翻译成中文，用 3 道题来测量模范带头作用，由团队成员来报告团队中模范和带头员工参与变革的投入情况，而后将个人报告的模范骨干员工的变革行为聚合到团队层面。他们向两家企业发放问卷 435 份，最终有效问卷数据来自 49 个团队的 413 名员工。

信度与效度

杜旌，冉曼曼和曹平（2014）为确定模范带头作用作为团队层面变量的有效性，对该变量进行了检验，得到组织层面信度 $\alpha=0.80$，组内一致性 rwg＝0.92，组内相关系数 ICC(1)＝0.28 和 ICC(2)＝0.68，分析结果表明模范和带头员工的作用满足团队层面变量的要求。

量表

请您根据自己的实际感受和体会，用下面 3 项描述对您所在团队中模范和带头员工的工作情况进行评价和判断，并在最符合的数字上划○。评价和判断的标准如下：1＝非常不同意，2＝不同意，3＝不好确定，4＝同意，5＝非常同意。

1	在公司的大多数变革中，团队中的模范骨干员工顺应公司的变革。	1	2	3	4	5
2	在公司的大多数变革中，团队中的模范骨干员工积极参与到公司变革中。	1	2	3	4	5
3	在公司的大多数变革中，团队中的模范骨干员工主动适应变化的工作规则和工作要求。	1	2	3	4	5

计分方法

模范带头作用量表共 3 道题，可以计算总分或平均分。

量表出处

杜旌，冉曼曼，曹平．中庸价值取向对员工变革行为的情景依存作用．心理学报，2014，46（1）：113-124.

参考文献

Bandura，A. Social learning theory. Oxford，England：Prentice-Hall，1977.

Herscovitch，L.，Meyer，J. P. Commitment to organizational change：extension of a three-component model. Journal of Applied Psychology，2002（87）：474-487.

领导授权赋能行为（王辉等，2008）

（Empowering Leadership Behavior）

简介

王辉等（2008）认为，领导授权赋能行为是领导赋予员工权力的一组管理行为，这种行为能够激发员工的内在动机，给员工和组织带来益处。

对于领导授权赋能行为结构维度的研究，Konczak 等（2000）编制了领导授权赋能行为问卷，提出了领导授权赋能行为的六个维度：授予权力、承担责任、自主决策、信息分享、技能发展和对创新绩效的指导。Arnold 等（2000）对团队工作环境下领导的授权赋能行为进行了研究和测量，发现了五个维度：指导、提供信息、以身作则、关心团队互动和参与决策。

王辉等（2008）在中国文化背景下编制开发了领导授权赋能行为量表。他们在分析有关研究文献的基础上，对 56 名被试进行开放式问卷调查，收集关于领导授权赋能行为的典型描述，然后进行分析和归类，确定了中国组织情境下领导授权赋能行为的九个类别，经过专家组的进一步删减，最后形成了领导授权赋能行为的问卷，共 35 道题。他们对 201 名被试进行初测，根据探索性因素分析的结果，最终抽取了 6 个因子 24 道题。正式问卷数据来自两家企业的 469 名员工，有效问卷 420 份，通过验证性因素分析，王辉等（2008）得到了具有良好信度和效度的领导授权赋能行为量表。

信度与效度

探索性因素分析的结果表明，六因素的累计方差解释率为 66.37%，个人发展支持的信度为 0.85，过程控制的信度为 0.73，权力委任的信度为 0.68，结果和目标控制的信度为 0.72，参与决策的信度为 0.86，工作指导的信度为 0.78。

验证性因素分析的结果表明，因子载荷与相关因子的相关系数均达到了显著性水平（$p<0.001$），拟合指数说明模型对参数载荷的估计是精确的，其中 NNFI、CFI、IFI 均达到 0.90 以上，RMSEA 为 0.055。六因素模型的各项拟合指数均达到或接近先定的标准，说明领导授权赋能行为的六因素结构得到了数据的支持。

研究中的访谈、开放式问卷调查、文献分析工作以及心理学专业教师和研究生对问卷项目的审定保证了量表的内容效度，验证性因素分析为量表的结构效度提供了良好的证据。

量表

请您根据自己的实际感受和体会，用下面 24 项描述对您的主管进行评价和判断，并在最符合的数字上划○。评价和判断的标准如下：1＝非常不同意，2＝不同意，3＝不好确定，4＝同意，5＝非常同意。

1	我的主管很关心我的个人成长和职业生涯规划。	1	2	3	4	5
2	我的主管经常给我提供培训和学习的机会。	1	2	3	4	5
3	我的主管允许我在工作中出现失误，使我能够从中学到东西。	1	2	3	4	5
4	我的主管因为我工作任务完成出色而为我争取升职的机会。	1	2	3	4	5
5	我的主管因为我工作任务完成出色而为我争取加薪的机会。	1	2	3	4	5
6	我的主管经常为我创造表现和锻炼的机会。	1	2	3	4	5
7	我的主管会严肃地指出我工作中的失误。	1	2	3	4	5
8	我的主管经常询问我的工作进展情况。	1	2	3	4	5
9	我的主管会因为我没完成工作目标而给予批评。	1	2	3	4	5
10	我的主管会定期抽查我的工作是否顺利地进行。	1	2	3	4	5
11	我的主管不干涉我职权范围的工作。	1	2	3	4	5
12	我的主管充分授权，让我全面负责我所承担的工作。	1	2	3	4	5
13	我的主管给我相应的权限，让我在工作中能自主决策。	1	2	3	4	5
14	我的主管注重工作目标。	1	2	3	4	5
15	我的主管为我设定工作目标，并要求我确保完成。	1	2	3	4	5
16	我的主管按时考核我的工作是否完成。	1	2	3	4	5
17	我的主管注重工作结果。	1	2	3	4	5
18	在工作中遇到问题时，我的主管积极倾听我的意见和建议。	1	2	3	4	5
19	在做决策时，我的主管尊重和重视我的建议。	1	2	3	4	5
20	我的主管经常创造机会使我能充分发表自己的意见。	1	2	3	4	5
21	涉及我和我的工作时，我的主管在做决策前会征求我的意见。	1	2	3	4	5
22	我的主管经常鼓励我，增强我的信心。	1	2	3	4	5
23	当我在工作中遇到困难时，我的主管及时给予帮助。	1	2	3	4	5
24	我的主管对我的工作给予足够支持。	1	2	3	4	5

计分方法

领导授权赋能行为量表包括六个维度，共 24 道题，可以计算每个维度所包括题目的总分或平均分。每个维度包括的题目如下：

1. 个人发展支持：共 6 道题，具体包括第 1～第 6 题。
2. 过程控制：共 4 道题，具体包括第 7～第 10 题。
3. 权力委任：共 3 道题，具体包括第 11～第 13 题。
4. 结果和目标控制：共 4 道题，具体包括第 14～第 17 题。
5. 参与决策：共 4 道题，具体包括 18～第 21 题。
6. 工作指导：共 3 道题，具体包括第 22～第 24 题。

量表出处

王辉，武朝艳，张燕，陈昭全．领导授权赋能行为的维度确认与测量．心理学报，2008，40（12）：1297-1305.

参考文献

Arnold，J. A.，Arad，S.，Rhoades，J. A.，Drasgow，F. The empowering leadership questionnaire:

the construction and validation of a new scale for measuring leader behaviors. Journal of Organizational Behavior，2000，21（3）：249-269.

Konczak，L. J.，Stelly，D. J.，Trusty，M. L. Defining and measuring empowering leader behaviors：development of an upward feedback instrument. Educational & Psychological Measurement，2000，60（2）：301-313.

追随力（周文杰等，2015）

（Followership）

简介

Rost（2008）认为，追随力指为实现共同利益而形成的领导者与追随者之间的影响关系。周文杰，宋继文和李浩澜（2015）把追随力定义为优秀追随者在追随领导的过程中体现出来的基本行为，换言之，追随力必须由追随者在追随领导的过程中体现出来，并且完全指向领导。

周文杰，宋继文和李浩澜（2015）将追随力量表的开发分为两个主要步骤：通过访谈、编码、归纳等定性研究方法提出拟开发量表的初始题目，形成待验证的假设量表；基于大样本数据收集，进行探索性和验证性因素分析，精炼题目，最终形成有良好信度和效度的量表。

周文杰，宋继文和李浩澜（2015）基于扎根理论，设计了一份针对中国企业组织的追随力访谈提纲。在大规模收集数据之前进行了预测试，共发放问卷40份，回收问卷37份，其中有效问卷35份，有效率为94.6%。预测试中的内容分析、信度分析和探索性因素分析均达到令人满意的结果。

正式问卷主要针对北京、上海、深圳、广州等地企业的中层经理发放，借助中国人民大学MBA课堂和企业管理人员培训课堂，向学员随机发放了700份问卷，最终回收611份，经过筛选，得到有效问卷564份，有效率为92.3%。

信度与效度

信度和效度分析的结果显示，追随力量表的整体信度为0.929。包括六个维度，其信度分别是：尊敬学习0.79、有效沟通0.50、权威维护0.63、积极执行0.92、意图领会0.65、忠诚奉献0.61。六个维度的21道题的累计方差解释率达到70.15%。

所有因子与各维度潜变量之间的T值均远大于1.96，体现出高度显著性。在整体拟合效果方面，χ^2/df达到2.109，满足低于参考值（3）的要求，RMSEA的值为0.06，CFI的值为0.971，IFI的值为0.97，NFI的值为0.94。统计指标表明，模型的拟合优度较高，拟合效果良好，验证了追随力量表的有效性。

量表

请您根据自己的实际感受和体会，用下面21项描述对自己进行评价和判断，并在最符合的数字上划○。评价和判断的标准如下：1=非常不同意，2=不同意，3=有点不同意，4=有点同意，5=同意，6=非常同意。

1	我敬佩领导，愿意学习他在业务、管理等方面的能力。	1	2	3	4	5	6
2	领导发言时，我总是非常专注地学习吸收。	1	2	3	4	5	6

3	我根据领导的建议决定职业发展方向。	1	2	3	4	5	6
4	我敬佩和学习领导的为人和品行。	1	2	3	4	5	6
5	我根据领导的意图设立自己潜在的工作目标。	1	2	3	4	5	6
6	当领导与别人的意见发生分歧时，我毫不犹豫地声援领导。	1	2	3	4	5	6
7	为完成领导交办的任务，我会牺牲业余时间甚至健康。	1	2	3	4	5	6
8	即使领导的工作事业遇到挫折，我也不离不弃。	1	2	3	4	5	6
9	我不会公开同领导唱反调。	1	2	3	4	5	6
10	我不会与领导产生误解和矛盾。	1	2	3	4	5	6
11	日常交往中，我注意维护领导的面子和权威。	1	2	3	4	5	6
12	同事说领导坏话时，我会站出来维护领导。	1	2	3	4	5	6
13	领导布置工作的潜在意图我能完全领会。	1	2	3	4	5	6
14	领导交代任务时不需要详细解释我也能心领神会。	1	2	3	4	5	6
15	我的工作结果总是能达到领导的要求。	1	2	3	4	5	6
16	我经常向领导积极建言，出谋划策。	1	2	3	4	5	6
17	我会完善领导的想法，使之更可行。	1	2	3	4	5	6
18	我经常主动向领导汇报工作情况。	1	2	3	4	5	6
19	我经常与领导商量具体问题的解决办法。	1	2	3	4	5	6
20	我对领导布置的工作精益求精，力求表现得最好。	1	2	3	4	5	6
21	对于领导布置的任务，我会想尽办法克服困难完成。	1	2	3	4	5	6

计分方法

追随力量表包括六个维度，共 21 道题，可以计算每个维度所包括题目的总分或平均分。每个维度包括的题目如下：

1. 尊敬学习：共 5 道题，具体包括第 1～第 5 题。
2. 忠诚奉献：共 3 道题，具体包括第 6～第 8 题。
3. 权威维护：共 4 道题，具体包括第 9～第 12 题。
4. 意图领会：共 3 道题，具体包括第 13～第 15 题。
5. 有效沟通：共 4 道题，具体包括第 16～第 19 题。
6. 积极执行：共 2 道题，具体包括第 20、第 21 题。

量表出处

周文杰，宋继文，李浩澜．中国情境下追随力的内涵、结构与测量．管理学报，2015，12（3）：355-363.

参考文献

Rost，J. Followership：an outmoded concept. In Riggio，R.，Chaleff，I.，Lipman-Blu-Men，J. The art of followership. San Francisco：Jossey-Bass，2008：53-64.

领导非权变惩罚行为 (Podsakoff, 1984)

(Leadership Non-contingent Punishment)

简介

惩罚是为了否定受罚者的过失行为，使这些行为弱化甚至消失，让后续的行为满足组织的需求。Podsakoff（1982）认为，权变惩罚是指根据过失行为权变实施的惩罚，而非权变惩罚是对下属不加选择或没有任何理由的惩罚，最典型的表现就是惩罚过重，或者对不应该为过失行为后果负责的下属实施惩罚，这会在下属中产生挫败、不安全、低满意度等负面效果。

张正堂等（2018）认为，领导非权变惩罚行为是指领导对下属做出的与其绩效和表现不相称的无故惩罚或过度惩罚，对员工的组织认同具有显著的负面影响。

由于我国制造企业普遍对一线员工实施了较为严格的惩罚制度，张正堂等（2018）的调查对象选择为制造业一线员工。首先，就问卷内容和语言表述与该调查企业的文化部部长进行了反复、多次的讨论；然后，请企业现场工作人员以日常熟悉的语言来描述非权变惩罚量表中的题项，询问他们在日常工作中还有哪些非权变惩罚行为，并对题项进行修正，完成问卷初稿；最后，在公司企业文化部协助下，组织相关人员进行了两轮预测试。

张正堂等（2018）的正式调查通过随机抽样抽取了 436 名员工样本，分两阶段多次集中进行现场问卷作答，共回收纸质版问卷 414 份，第一阶段回收 204 份问卷，第二阶段回收 210 份问卷。剔除无效问卷后共得 400 份有效问卷，其中第一阶段有效问卷 194 份，第二阶段有效问卷 206 份。两阶段回收问卷总体有效率约 97%。领导非权变惩罚行为的测量使用的是 Podsakoff（1984）所制定的量表，该量表共有 4 道题，Cronbach's Alpha=0.761，表明量表的信度指数达到了良好水平。

量表

请您根据自己的实际感受和体会，通过下面 4 项描述对您的上司进行评价和判断，并在最符合的数字上划○。评价和判断的标准如下：1=非常不同意，2=比较不同意，3=不确定，4=比较同意，5=非常同意。

1	我的上司经常让我对自己无法控制的工作结果负责。	1	2	3	4	5
2	即使不是我犯的错误，上司也会让我负责。	1	2	3	4	5
3	即使我的表现很好，我的上司也会批评我的工作。	1	2	3	4	5
4	我经常不知任何原因而莫名其妙地被上司训斥。	1	2	3	4	5

计分方法

领导非权变惩罚行为量表共 4 道题，可以计算总分或平均分。

量表出处

张正堂，刘宁，丁明智．领导非权变惩罚行为对员工组织认同影响的实证研究．管理世界，2018（1）：127-138，192.

参考文献

Podsakoff，P. M. Determinants of a supervisor's use of rewards and punishments：a literature review and suggestions for further research. Organizational Behavior and Human Performance，1982，29（1）：58-83.

Podsakoff，P. M. Situational moderators of leader reward and punishment behaviors：fact or fiction? Organizational Behavior and Human Performance，1984，34（1）：21-63.

公权/私权魅力领导（刘小禹等，2018）

(Socialized and Personalized Charismatic Leadership)

简介

House 和 Howell（1992）对公权领导和私权领导给出了定义：

公权领导为基于平等行为的领导，以集体利益为先，是下属导向的，能够通过激励下属来完成高层次的目标，充分授权，使下属自治，驱动下属成长，令他们更能控制自身命运。

私权领导则是基于个人统治和独裁的行为、利己主义，谋求自我扩张，剥削他人。通过个人统治和独裁的行为来表达和满足他们的权力需要，是领导自我服务导向的，下属长期完全服从领导，处于从属地位，独立思考能力和行为受到影响，不利于发展形成自己独立的创新见解，对于下属的个人成长和职业发展有负面影响（Howell，1988）。

刘小禹等（2018）参考 Popper（2002）的公权/私权魅力领导量表及 Stevens，Scruggs 和 Deuling（2011）的私权和公权量表，并结合中国情境下对领导和下属的访谈进行了相应调整，共由两个维度 16 道题构成。

在正式调查前进行了预测试，研究对象主要为某保险公司的员工，共发放问卷 350 份，实际回收问卷 323 份，回收率为 92.29%，最后得到有效问卷 320 份。对预测试所获得的数据进行探索性因素分析，来确定量表的题目和因子结构，最终保留了 16 道题，每个因子各有 8 道题，两个因子的特征根都大于 1，累计方差解释率达到 71.89%。在预测试研究中，公权魅力领导量表 Cronbach's Alpha = 0.93，私权魅力领导量表 Cronbach's Alpha=0.94。

刘小禹等（2018）正式调查的研究对象来自河北一家大型民营钢铁厂，技术员工及其直接领导参与了问卷调查，员工的工作职责主要包括铸造模型和项目设计等。刘小禹等（2018）共发放问卷 415 份，最终得到有效问卷 388 份。在正式研究中，公权魅力领导量表 Cronbach's Alpha=0.87，私权魅力领导量表 Cronbach's Alpha=0.92，量表的信度指数达到了良好水平。

量表

请您根据自己的实际感受和体会，通过下面 16 项描述对您的直接上级进行评价和判断，并在最符合的数字上划○。评价和判断的标准如下：1=非常不同意，2=比较不同意，3=有点不同意，4=不确定，5=有点同意，6=比较同意，7=非常同意。

1	他/她主要关心自己而较少关注他/她的朋友们。	1	2	3	4	5	6	7
2	他/她经常使用对他人的影响力来达到个人目的。	1	2	3	4	5	6	7
3	对他/她来说，个人成功比团队成功更重要。	1	2	3	4	5	6	7
4	他/她经常为了自己的利益而操纵他人。	1	2	3	4	5	6	7
5	他/她只想获得将为自己带来最大利益的职位。	1	2	3	4	5	6	7

6	他/她为了个人利益使用他/她的影响力。	1	2	3	4	5	6	7
7	他/她使用团队促进他/她的个人成功。	1	2	3	4	5	6	7
8	他/她主要依靠自己而不是他/她的朋友们。	1	2	3	4	5	6	7
9	他/她经常使用其影响力来帮助他人达到目标。	1	2	3	4	5	6	7
10	他/她想获得具有最大能力帮助他人的职位。	1	2	3	4	5	6	7
11	他/她在拥有实权的职位上能更好地帮助他人。	1	2	3	4	5	6	7
12	他/她经常使用权力或影响力来帮助他人发展。	1	2	3	4	5	6	7
13	他/她的处事方式受到大家的尊重。	1	2	3	4	5	6	7
14	他/她确保团队的公正与平等。	1	2	3	4	5	6	7
15	他/她鼓励团队成员在解决问题时依靠他们自己。	1	2	3	4	5	6	7
16	他/她为了团队的利益而不顾自己的利益。	1	2	3	4	5	6	7

计分方法

公权/私权魅力领导量表包括两个维度，共16道题，可以计算每个维度所包括题目的总分或平均分。每个维度包括的题目如下：

1. 私权魅力领导：共8道题，具体包括第1～第8题。
2. 公权魅力领导：共8道题，具体包括第9～第16题。

量表出处

刘小禹，周爱钦，刘军．魅力领导的两面性——公权与私权领导对下属创造力的影响．管理世界，2018（2）：112-122，188.

参考文献

House，R. J.，Howell，J. M. Personality and charismatic leadership. Leadership Quarterly，1992（3）：81-108.

Popper，M. Narcissism and attachment patterns of personalized and socialized charismatic leaders. Journal of Social and Personal Relationships，2002（19）：797-809.

Stevens，G. W.，Scruggs，R. S.，Deuling，J. K. Development of a scale for personalized and socialized power（SPSP）. Paper presented at the 71st Annual Conference of the Academy of Management，San Antonio，TX，2011.

Howell，J. M. Two faces of charisma：socialized and personalized leadership in organizations，in Conger，J. A.，Kanungo，R. N.（Eds.）. Charismatic leadership：the elusive factor in organizational effectiveness. San Francisco，CA：Jossey-Bass，1988：213-236.

文化领导力（曲庆等，2018）

(Cultural Leadership)

简介

文化领导力是指领导者对组织成员共享的理念体系——信念、价值观、准则——以及体现这一理念体系的文化载体的影响力（Beyer，1999）。

曲庆等（2018）通过开放式问卷调查，结合文献综述的结果提出文化领导力的主要维度，包括以身作则、奖惩分明、关怀员工、宣传灌输、明确理念、营造氛围六个维度。对一家集团企业的两轮问卷调查获得 513 份有效数据，进行因子分析和回归分析，检验了文化领导力对员工、企业价值观的内化程度和组织认同的影响。

曲庆等（2018）采用分层抽样、方便抽样、判断抽样相结合的方法选取样本，通过对 67 位经理的结构化访谈、对 10 位优秀企业家的二手资料研究，对资料进行编码和统计分析，最后对得到的行为和特征加以分类、归纳和解释。

信度与效度

曲庆等（2018）对一家集团企业进行两轮数据调查，用一家子公司的数据（N=547）首先进行探索性因素分析，然后用另外两家子公司的数据（N=312）进行验证性因素分析。结果显示，六因素的 Cronbach's Alpha 分别为 0.96、0.94、0.94、0.94、0.91、0.92，方差解释率是 71.33%，模型的 χ^2=2 156.37，df=800，NNFI=0.99，CFI=0.99，RMSEA=0.07，SRMR=0.05，明显好于一因子模型，量表的效度指数达到了良好水平。

量表

请您根据自己的实际感受和体会，对下面 42 项描述进行评价和判断，并在最符合的数字上划○。评价和判断的标准如下：1=非常不同意，2=不同意，3=一般，4=同意，5=非常同意。

1	廉洁奉公，不图私利。	1	2	3	4	5
2	能和员工同甘共苦。	1	2	3	4	5
3	敬业奉献，不计较个人得失。	1	2	3	4	5
4	要求别人做到的事自己先做到。	1	2	3	4	5
5	说话算数，信守承诺。	1	2	3	4	5
6	说到做到，言行一致。	1	2	3	4	5
7	在践行企业文化理念上为员工做出表率。	1	2	3	4	5
8	做事坚持到底，从不轻言放弃。	1	2	3	4	5
9	在自己负责的事情上能做到令行禁止。	1	2	3	4	5
10	严格执行企业的规章制度，自觉按制度办事。	1	2	3	4	5

11	对表现出色的员工会公开表扬、积极宣传。	1	2	3	4	5
12	让优秀的员工有荣誉感并受到尊重。	1	2	3	4	5
13	有意识地在员工中树立榜样，鼓励大家向他们学习。	1	2	3	4	5
14	在公开场合对员工进行表扬。	1	2	3	4	5
15	对员工进行奖惩时有明确的原则和标准。	1	2	3	4	5
16	对员工取得的每一点成绩都会及时给予认可或表彰。	1	2	3	4	5
17	注重推荐选用认同企业价值观的人。	1	2	3	4	5
18	对违反企业规章制度的行为会根据规定进行惩处。	1	2	3	4	5
19	认同并积极践行企业文化理念的人能得到赞赏和好评。	1	2	3	4	5
20	尽己所能为下属提供帮助。	1	2	3	4	5
21	在与员工打交道的过程中会考虑员工个人的实际情况。	1	2	3	4	5
22	经常指导员工，帮助员工成长进步。	1	2	3	4	5
23	关心员工的生活和家庭状况。	1	2	3	4	5
24	尽己所能维护员工最关心的利益。	1	2	3	4	5
25	和员工讨论工作时会关注员工的思维方式和心理感受。	1	2	3	4	5
26	在指出员工工作中的错误时会说明错在哪里并分析原因。	1	2	3	4	5
27	在布置工作时会向下属解释这样做的理由。	1	2	3	4	5
28	利用各种机会向员工宣传企业文化。	1	2	3	4	5
29	经常和员工分享对企业文化的理解。	1	2	3	4	5
30	通过多种沟通途径向员工宣传企业文化。	1	2	3	4	5
31	经常向员工强调企业文化的重要性。	1	2	3	4	5
32	开会时经常讲理念、谈思想。	1	2	3	4	5
33	清晰地向员工阐述企业和部门的目标。	1	2	3	4	5
34	会给员工讲述企业和部门的发展前景。	1	2	3	4	5
35	能让员工清楚地知道企业提倡什么、反对什么。	1	2	3	4	5
36	能给员工指明奋斗目标和前进方向。	1	2	3	4	5
37	能让员工清楚地知道企业最重视什么。	1	2	3	4	5
38	常与员工一起分析员工的工作对企业和部门总体目标的影响。	1	2	3	4	5
39	积极组织有助于企业文化建设的活动。	1	2	3	4	5
40	鼓励员工开展、参与有助于企业文化建设的活动。	1	2	3	4	5
41	积极参与企业文化建设活动。	1	2	3	4	5
42	通过对工作环境的布置、装饰宣传企业文化。	1	2	3	4	5

计分方法

文化领导力量表包括六个维度，共42道题，可以计算每个维度所包括题目的总分或平均分。每个维度包括的题目如下：

1. 以身作则：共10道题，具体包括第1～第10题。
2. 奖惩分明：共9道题，具体包括第11～第19题。
3. 关怀员工：共8道题，具体包括第20～第27题。
4. 宣传灌输：共5道题，具体包括第28～第32题。
5. 明确理念：共5道题，具体包括第33～第37题。
6. 营造氛围：共5道题，具体包括第38～第42题。

量表出处

曲庆，富萍萍，康飞，赵锴．文化领导力：内涵界定及有效性初探．南开管理评论，2018，21（1）：191-202.

参考文献

Beyer，J. M.，Browning，L. D. Transforming and industry in crisis：charisma，routinization，and supportive cultural leadership. The Leadership Quarterly，1999，10（3）：483-520.

第9章
就业与职业

员工可就业性（于海波等，2011）

（Employability）

简介

于海波和郑晓明（2011）认为，可就业性是指个体所具有的获得基本就业、维持就业以及在需要时重新就业所需具备的能力、意愿和性格等特征的综合；它依赖于知识、技能、态度和个性等资本的存量，运用和部署这些资本的方法，对潜在用人单位展示资本的能力，以及个人的运作空间（如劳动力市场、个人环境等）。

于海波和郑晓明（2011）采用 Heijde 和 Beatrice（2006）的员工可就业性问卷，包括五个维度 41 道题，并在此基础上进行改编，最终修订完成的问卷包括 37 道题。样本为来自全国 24 家企业的 1 204 份有效问卷。

信度与效度

员工可就业性问卷的信度较高，职业专长、自我完善、个人灵活性、集体意识和平衡五个维度的内部一致性系数分别为 0.83、0.80、0.81、0.75 和 0.86。

验证性因素分析表明，五因素模型的 χ^2/df、GFI、NFI、IFI、TLI、CFI、RMSEA 值分别为 2.89（845.56/293）、0.86、0.88、0.92、0.91、0.92、0.06，五因素模型拟合较好。另外，各题目与各因素的载荷较高，在误差上的载荷较低，说明可就业问卷具有较好的结构效度。

量表

请您根据自己的实际感受和体会，对下面 37 项描述进行评价和判断，并在最符合的数字上划○。评价和判断的标准如下：1＝非常不同意，2＝不同意，3＝不好确定，4＝同意，5＝非常同意。

1	我认为，自己有能力参与工作方面的深入的专业讨论。	1	2	3	4	5
2	去年，总体上我能正确地完成工作。	1	2	3	4	5
3	去年，总体上我能在工作方面进行恰当的决策。	1	2	3	4	5
4	我认为，自己有能力知道什么时候我的知识不足以完成一项任务。	1	2	3	4	5
5	我认为，我能在工作中以一种容易理解的方式提供工作信息。	1	2	3	4	5

6	我能将主要问题与次要问题区别开来，并排定优先次序。	1	2	3	4	5
7	总体而言，去年我能够独立地完成工作。	1	2	3	4	5
8	我认为，我能在工作方面为有疑问的同事提供实际帮助。	1	2	3	4	5
9	我认为，自己能在工作中作出权衡并解决有关工作方法、工作技术等方面的问题。	1	2	3	4	5
10	我会花很多时间来增加工作方面的知识和技能。	1	2	3	4	5
11	我会系统地纠正自己的缺点。	1	2	3	4	5
12	我重视持续不断地发展自己。	1	2	3	4	5
13	我有意识地应用最近获得的新知识和新技能。	1	2	3	4	5
14	在构想我的职业目标时，我会考虑外在市场的需要。	1	2	3	4	5
15	去年，我积极了解相关的工作领域，以便寻找成功的切入点。	1	2	3	4	5
16	去年，我始终紧跟工作的最新发展趋势。	1	2	3	4	5
17	我会很容易适应工作的变化。	1	2	3	4	5
18	如果有可能，我会比较容易地给组织带来变化。	1	2	3	4	5
19	我能适应组织中的发展变化。	1	2	3	4	5
20	一般来讲，我希望能很快地利用工作环境的变化。	1	2	3	4	5
21	一般来讲，我希望能很快地利用所在部门的变化。	1	2	3	4	5
22	我对自己职能的变化持积极态度。	1	2	3	4	5
23	我发现，与新同事工作十分愉快。	1	2	3	4	5
24	我致力于实现自己所在组织/部门的使命。	1	2	3	4	5
25	我支持组织内的运转过程。	1	2	3	4	5
26	工作中，我会与同事分担责任。	1	2	3	4	5
27	我会参与制定组织的共同价值观和目标。	1	2	3	4	5
28	我与他人分享自己的经验和知识。	1	2	3	4	5
29	我在组织中有很大的影响。	1	2	3	4	5
30	我将工作和个人生活平衡得很好。	1	2	3	4	5
31	我的工作、学习与生活是和谐的。	1	2	3	4	5
32	我在工作上的投入与收获是对等的。	1	2	3	4	5
33	我将工作时间和休闲时间二者平衡得很好。	1	2	3	4	5
34	工作中，我能在高度投入与放松之间进行恰当转换。	1	2	3	4	5
35	工作之后，通常我能够放松下来。	1	2	3	4	5
36	我能很好地平衡实现自我工作目标和支持同事之间的关系。	1	2	3	4	5
37	我能在实现自我职业目标和支持同事之间达到很好的平衡。	1	2	3	4	5

计分方法

员工可就业性量表包括五个维度，共 37 道题，可以计算每个维度所包括题目的总分或平均分。每个维度包括的题目如下：

1. 职业专长：共 9 道题，具体包括第 1～第 9 题。
2. 自我完善：共 7 道题，具体包括第 10～第 16 题。
3. 个人灵活性：共 7 道题，具体包括第 17～第 23 题。
4. 集体意识：共 6 道题，具体包括第 24～第 29 题。
5. 平衡：共 8 道题，具体包括第 30～第 37 题。

量表出处

于海波，郑晓明．提高员工可就业机会增强其离职意向——兼论可就业性对工作绩效的作用．经济管理，2011，33（12）：68-76.

参考文献

Heijde，C. M. V. D.，Beatrice，I. J. M.，Van Der Heijden. A competence-based and multidimensional operationalization and measurement of employability. Human Resource Management，2006，45（3）：449-476.

可就业能力（于海波等，2014）

（Employability）

简介

资源保存理论认为，可就业能力是个体在工作场所具有的一种个体资源（Hobfoll et al.，2003），它为个体就业提供了可能性。于海波，郑晓明，许春燕和晏常丽（2014）认为，大学生可就业能力是指大学生选择并获得就业所需具备的能力、性格、愿望、社会资源等特征的综合；它是大学生综合素质在职业生涯上的集中体现，为大学生的成功就业提供了可能性。

于海波，郑晓明，许春燕和晏常丽（2014）通过文献总结、访谈、编写开放式问卷和预试等步骤，得到59道题的调查问卷。之后，他们发放问卷1 390份，回收有效问卷1 190份，随机选择585份问卷进行探索性因素分析，得到我国大学生可就业能力的八个因素，即职业认同、人际关系、乐观开朗、问题解决、社会支持、学习能力、团队合作、网络差异，共36道题。为了验证得到的结构模型，他们对第二个样本605份问卷进行验证性因素分析，发现八维度结构模型数据拟合较好，问卷具有较好的结构效度。

信度与效度

于海波，郑晓明，许春燕和晏常丽（2014）对10所高校的学生进行了调查，发放问卷1 390份，回收有效问卷1 190份，随机选择585份问卷进行探索性因素分析，结果表明：职业认同、人际关系、乐观开朗、问题解决、社会支持、学习能力、团队合作、网络差异的方差解释率为10.97%、9.27%、8.54%、8.51%、8.31%、7.16%、6.66%、5.11%，累计方差解释率为63.05%，内部一致性系数分别为0.85、0.84、0.82、0.83、0.81、0.79、0.83、0.76。

于海波，郑晓明，许春燕和晏常丽（2014）对第二个样本605份问卷进行验证性因素分析。结果表明，八维度模型的 χ^2/df、NFI、IFI、TLI、CFI、RMSEA值分别为2.59（1 468.39/566）、0.84、0.90、0.88、0.90、0.056，各项拟合指数均较为理想，说明八维度结构模型数据拟合较好。在结构效度方面，验证性因素分析的结果表明，八维度结构模型的各项目与各因素的载荷较高，在误差上的载荷较低，说明每个项目对相应潜变量的解释率较大而误差较小。这说明数据拟合较好，问卷具有较好的结构效度。

于海波，郑晓明，许春燕和晏常丽（2014）对48名大三学生在间隔5个月后进行重测，结果表明，八个维度与总分的重测信度都高于0.46（职业认同0.46，人际关系0.57，乐观开朗0.52，问题解决0.66，社会支持0.78，学习能力0.59，团队合作0.51，网络差异0.60，总体为0.69），都达到极其显著的水平，说明大学生可就业能力问卷具有较高的信度。

量表

请您根据自己的实际感受和体会，用下面36项描述对您自身的实际情况进行评价和判断，并在最符合的数字上划○。评价和判断的标准如下：1＝非常不同意，2＝不同意，3＝不好确定，4＝同意，5＝非常同意。

1	有清晰的职业生涯规划。	1	2	3	4	5
2	有明确的就业目标。	1	2	3	4	5
3	对未来的工资、职位有明确的期望。	1	2	3	4	5
4	能利用各种资源逐步探索职业方向。	1	2	3	4	5
5	了解自己，知道自己适合的工作。	1	2	3	4	5
6	知道实现职业生涯目标所需的能力。	1	2	3	4	5
7	很容易融入新的集体。	1	2	3	4	5
8	喜欢和他人相处。	1	2	3	4	5
9	能游刃有余地处理各种复杂的人际关系。	1	2	3	4	5
10	周围的多数人和我相处愉快。	1	2	3	4	5
11	在陌生环境中能清晰地表达自己和理解他人。	1	2	3	4	5
12	看待问题时总能看到好的方面。	1	2	3	4	5
13	相信坏事情总会过去，明天会更美好。	1	2	3	4	5
14	人生态度积极向上。	1	2	3	4	5
15	不会因为失败而一蹶不振。	1	2	3	4	5
16	积极的心态经常感染周围的人。	1	2	3	4	5
17	面对压力时善于自我调节。	1	2	3	4	5
18	做事情思路清晰，富有逻辑性。	1	2	3	4	5
19	遇到问题时善于逻辑思考和推理。	1	2	3	4	5
20	能整合各方资源使事情得到圆满解决。	1	2	3	4	5
21	处理问题时反应迅速、灵活应变。	1	2	3	4	5
22	能妥善处理多项复杂任务。	1	2	3	4	5
23	亲属能为我的求职和职业发展提供资源。	1	2	3	4	5
24	父母有一些朋友经济实力强、社会地位高。	1	2	3	4	5
25	朋友能为我提供一些有利的社会关系网络。	1	2	3	4	5
26	在学习和工作中，朋友常为我出谋划策、提供帮助。	1	2	3	4	5
27	总是希望学习新知。	1	2	3	4	5
28	能持续不断地学习。	1	2	3	4	5
29	在学习和生活中踏实肯干，吃苦耐劳。	1	2	3	4	5
30	能够摆正自己的位置，愿意从基层做起。	1	2	3	4	5
31	能与团队成员进行很好的配合。	1	2	3	4	5
32	愿意和他人一起共事。	1	2	3	4	5
33	愿意与团队成员分享信息资源。	1	2	3	4	5
34	交往的人所上学校或所学专业差别很大。	1	2	3	4	5
35	交往的人的爱好和特长差别很大。	1	2	3	4	5
36	人际交往面广，认识很多人。	1	2	3	4	5

计分方法

可就业能力量表包括八个维度，共36道题，可以计算每个维度所包括题目的总分或平均分。每个维度包括的题目如下：

1. 职业认同：共6道题，具体包括第1～第6题。

2. 人际关系：共5道题，具体包括第7～第11题。
3. 乐观开朗：共6道题，具体包括第12～第17题。
4. 问题解决：共5道题，具体包括第18～第22题。
5. 社会支持：共4道题，具体包括23～第26题。
6. 学习能力：共4道题，具体包括27～第30题。
7. 团队合作：共3道题，具体包括31～第33题。
8. 网络差异：共3道题，具体包括34～第36题。

量表出处

于海波，郑晓明，许春燕，晏常丽．大学生可就业能力与主客观就业绩效：线性与倒U型关系．心理学报，2014，46（6）：807-822.

参考文献

Hobfoll，S. E.，Johnson，R. J.，Ennis，N.，Jackson，A. P. Resource loss，resource gain，and emotional outcomes among inner city women. Journal of Personality and Social Psychology，2003（84）：632-643.

自我感知的可雇用性（Rothwell et al.，2008）

（Self-perceived Employability）

简介

根据 Hillage 和 Pollard（1998）的观点，可雇用性是指个体在保持就业的状态下，能够在劳动力市场上充分流动，以实现自我潜能的能力。

Arnold 和 Rothwell（1971）将可雇用性界定为：个体保持现有工作和获得理想工作的能力。保持现有工作的能力表现为员工在当前工作单位的可雇用性，称为内部可雇用性；获得理想工作的能力表现为员工在当前工作单位之外的劳动力市场上的可雇用性，称为外部可雇用性。基于这种理解，Arnold 和 Rothwell（1971）开发出了自我感知的可雇用性量表（Self-perceived Employability Scale），该量表具有较好的结构效度和效标关联效度，内部可雇用性和外部可雇用性两个子量表的信度分别为 0.72、0.79，总量表的信度达到 0.83。

曾垂凯（2011）引进该问卷，修订其中文版。通过问卷翻译与回译，确定译稿，由专家讨论修改，以确保问卷内容效度，最后进行了问卷施测。问卷施测分预试和正式研究两次进行。问卷内容确定之后，先在 2 家企业进行预试，共发放问卷 176 份，回收有效问卷 144 份。正式研究在 8 家企业进行，共发放问卷 380 份，回收有效问卷 297 份。

144 份问卷的探索性因素分析表明，自我感知的可雇用性是一个二维的结构，包括外部可雇用性与内部可雇用性。为了进一步验证构想效度，考察问卷的信度与效度，曾垂凯（2011）对 297 份有效问卷进行验证性因素分析，证实了自我感知的可雇用性问卷的构想效度，内部一致性分析与效标关联效度检验的结果也表明，中文版的自我感知的可雇用性问卷具有较好的信度与效度。

信度与效度

曾垂凯（2011）对 2 家企业的员工进行了预试，共发放问卷 176 份，实际回收有效问卷 144 份。探索性因素分析的结果表明，外部可雇用性与内部可雇用性的方差解释率为 41.82%、15.38%，累计方差解释率为 57.20%。外部可雇用性与内部可雇用性的内部一致性系数分别为 0.76、0.69。

曾垂凯（2011）在 8 家企业进行了正式的问卷调查，共发放问卷 380 份，实际回收有效问卷 297 份。验证性因素分析的结果表明，二因素模型的 χ^2/df、NFI、IFI、TLI、CFI、RMSEA 值分别为 3.20（137.80/43）、0.972、0.978、0.965、0.977、0.064，二因素模型的各项拟合指数均达到了先定的标准，说明二因素结构得到了数据的支持。

可雇用性总量表、内部可雇用性与外部可雇用性分量表的内部一致性系数分别为 0.80、0.66 和 0.74，30 名被试一个月后重测的这三个信度分别为 0.85、0.83、0.79。当以主观职业成功为参照效标时，主观职业成功与内部可雇用性、外部可雇用性之间均呈正向相关关系，说明其效标效度通过了检验。

胡三嫚和钟华（2015）使用了曾垂凯的问卷，问卷的内部一致性系数为 0.87，其中自我感知的外部可雇用性分问卷的内部一致性系数为 0.86，自我感知的内部可雇用性分问卷的内部一致性系数为 0.80。

量表

请您根据自己的实际感受和体会，用下面 11 项描述对您的实际情况进行评价和判断，并在最符合的数字上划○。评价和判断的标准如下：1＝非常不同意，2＝不同意，3＝不好确定，4＝同意，5＝非常同意。

1	我在其他公司也能找到与自己的技能、经验相关的工作。	1	2	3	4	5
2	如果需要，我能够轻松地在同类公司找到一份工作。	1	2	3	4	5
3	雇主愿意招聘技能水平与工作经历同我相似的员工。	1	2	3	4	5
4	虽然与我当前的工作有差异，但我知道自己很容易在公司外找到机会。	1	2	3	4	5
5	我能获得新的培训机会，使自己在其他公司更容易被雇用。	1	2	3	4	5
6	我能轻松地在其他公司获得一份类似的工作。	1	2	3	4	5
7	我从当前工作中获得的技能可用于公司之外的其他工作。	1	2	3	4	5
8	虽然与我手头的工作不同，但我觉得自己很容易在公司中找到其他的工作机会。	1	2	3	4	5
9	我在公司的人际网络有助于自己的职业生涯发展。	1	2	3	4	5
10	与做同类工作的同事相比，我在公司得到更多的尊重。	1	2	3	4	5
11	即使公司裁员，我相信自己也能留下来。	1	2	3	4	5

计分方法

自我感知的可雇用量表包括两个分量表，共 11 道题，可以计算每个分量表所包括题目的总分或平均分。每个分量表包括的题目如下：

1. 外部可雇用性：指获得理想工作的能力，表现为员工在当前工作单位之外的劳动力市场上的可雇用性。共 7 道题，具体包括第 1～第 7 题。

2. 内部可雇用性：指保持现有工作的能力，表现为员工在当前工作单位的可雇用性。共 4 道题，具体包括第 8～第 11 题。

量表出处

曾垂凯．自我感知的可雇用性量表适用性检验．中国临床心理学杂志，2011，19（1）：42-44.

参考文献

Hillage，J.，Pollard，E. Employability：developing a framework for policy analysis. Research Report RR85，Institute for Employment Studies，DfEE，Brighton，1998.

Arnold，J.，Rothwell，A. Self-perceived employability：development and validation of a scale. Personnel Review，1971，36（1）：23-41.

Rothwell，A.，Herbert，I.，Rothwell，F. Self-perceived employability：construction and initial validation of a scale for university students. Journal of Vocational Behavior，2008，73（1）：1-12.

胡三嫚，钟华．工作不安全感、自我感知可雇佣性与工作幸福感的关系．中国临床心理学杂志，2015，23（2）：321-325.

感知机会（翁清雄等，2010）

（Perceived Opportunities）

简介

Wheeler 等（2005）认为，感知机会是个体感知到可获得的替代性工作机会的多寡。

翁清雄和席酉民（2010）结合 McAllister（1995）、Wheeler 等（2007）、Rusbult 和 Farrell（1983）、Hui 等（1999）在研究中采用的量表，修订形成了感知机会量表，共 4 道题。信度分析表明，感知机会量表的信度为 0.747，折半信度为 0.722。

翁清雄和席酉民（2010）选取广东、浙江、湖北、云南、河南、福建的 9 个城市的 10～25 家企业进行问卷调查。共发放问卷 1 200 份，回收 1 109 份，其中有效问卷 961 份。

量表

请您根据自己的实际感受和体会，对下面 4 项描述进行评价和判断，并在最符合的数字上划○。评价和判断的标准如下：1＝非常不符合，2＝不太符合，3＝不确定，4＝比较符合，5＝非常符合。

1	离开这个单位重新找一份这样的工作，对我来说并不难。	1	2	3	4	5
2	我觉得自己在组织外部的发展机会很多。	1	2	3	4	5
3	以我目前的技能和条件，重新找一份自己满意的工作很容易。	1	2	3	4	5
4	离开目前这个单位，我有很多可选择的其他工作机会。	1	2	3	4	5

计分方法

感知机会量表共 4 道题，可以计算总分或平均分。

量表出处

翁清雄，席酉民．职业成长与离职倾向：职业承诺与感知机会的调节作用．南开管理评论，2010，13（2）：119-131.

参考文献

Wheeler，A. R.，Buckley，M. R.，Halbesleben，J. R. B.，Brouer，R. L.，Ferris，G. R. The elusive criterion of fit revisited：toward an integrative theory of multidimensional fit. Research in Personnel & Human Resources Management，2005，24（5）：265-304.

McAllister，D. J. Affect and cognition-based trust formations for interpersonal cooperation in organizations. Academy of Management Journal，1995，38（1）：24-59.

Wheeler，A. R.，Gallagher，V. C.，Brouer，R. L.，Sablynski，C. J. When person-organization（mis）fit and（dis）satisfaction lead to turnover：the moderating role of perceived job mobility. Journal of Managerial Psychology，2007，22（2）：203-219.

Rusbult，C. E.，Farrell，D. A longitudinal test of the investment model：the impact on job satisfaction，job commitment，and turnover of variations in rewards，costs，alternatives，and investments. Journal of Applied Psychology，1983，68（3）：429-438.

Hui，C.，Law，K. S.，Zhen，X. C. A structural equation model of the effects of negative affectivity，leader-member exchange，and perceived job mobility on in-role and extra-role performance：a Chinese case. Organizational Behavior & Human Decision Processes，1999，77（1）：3-21.

职业自我概念 (Director et al.，1995)

(Vocational Self-concept)

简介

Villa 和 Calvete（2001）认为，职业自我概念是由一系列与职业活动相关的自我图式组成的。Korn（1998）指出，职业自我概念是人们对其职业活动的自我认知、评价与信念，即人们同时考虑自己的特质以及一项职业所需要的特质。职业自我概念从理论上可以分为两部分：一是心理上的，专注于个人如何选择以及如何调适其选择；二是社会性的，重点是个人对社会经济情况及职业特点的评价（Super，1984）。

翁清雄（2010）对职业自我概念的测量参考经翻译的 Director 和 Kopelman（1995）的量表，包括 6 道题。职业自我概念问卷的内部一致性系数为 0.836。

翁清雄（2010）以浙江、湖北等地的企业为研究对象，共发放问卷 1 000 份，回收 845 份。

量表

请您根据自己的实际感受和体会，用下面 6 项描述对您的个人情况进行评价和判断，并在最符合的数字上划○。评价和判断的标准如下：1＝非常不同意，2＝不同意，3＝不好确定，4＝同意，5＝非常同意。

1	我很难确定什么样的工作是我所适合的。	1	2	3	4	5
2	我过去的工作经验已经让我对自己很了解。	1	2	3	4	5
3	我并不真正清楚自己具备什么样的能力。	1	2	3	4	5
4	我很清楚自己具备什么样的潜能。	1	2	3	4	5
5	我很清楚什么类型的工作是我所适合的。	1	2	3	4	5
6	我很清楚自己的价值观以及这些价值观会如何影响我的职业决策。	1	2	3	4	5

计分方法

职业自我概念量表共 6 道题，可以计算总分或平均分，其中第 1、第 3 题需反向计分。

量表出处

翁清雄．自我职业生涯管理对职业决策质量的作用机制．管理评论，2010，22（1）：82-93.

参考文献

Villa，A.，Calvete，E. Development of the teacher self-concept evaluation scale and its relation to burnout. Studies in Educational Evaluation，2001，27（100）：239-255.

Korn，C. How young children make sense of their life stories. Early Childhood Education Journal，1998，

25 (4)：223-228.

Super，D. Career and life development. San Francisco：Jossey-Bass，1984.

Director，E. D. Q.，Kopelman，R. E. The effects of job search behavior and vocational self-concept crystallization on job acquisition：is there an interaction? Journal of Employment Counseling，1995，32 (2)：88-96.

职业承诺（Gary，1985）

（Career Commitment）

简介

Gary（1985）将职业承诺定义为“人们对待自己的专业或职业的态度”，这一观点得到了最为广泛的认同和使用。

翁清雄和席西民（2010）对职业承诺的测量采用了经翻译的Gary（1985）编制的8道题的量表。该量表在研究中得到了大多数学者的认可，并一再被验证能较好地测量员工职业承诺。信度分析的结果表明，职业承诺问卷的信度达到0.86，折半信度为0.83。

翁清雄和席西民（2010）选取广东、浙江、湖北、云南、河南、福建等地9个城市的10～25家企业进行问卷调查，共发放问卷1 200份，回收1 109份，其中有效问卷961份。

量表

请您根据自己的实际感受和体会，对下面8项描述进行评价和判断，并在最符合的数字上划○。评价和判断的标准如下：1＝非常不符合，2＝不太符合，3＝不确定，4＝比较符合，5＝非常符合。

1	只要报酬相同，在不在目前的职业领域工作无所谓。	1	2	3	4	5
2	我很喜欢现在的职业。	1	2	3	4	5
3	如果让我重新选择，我不会从事现在的职业。	1	2	3	4	5
4	只要个人财务状况不紧张，我很愿意继续从事现在的职业。	1	2	3	4	5
5	现在的职业很理想，我不愿意放弃。	1	2	3	4	5
6	我现在从事的职业是一个理想的、值得终身追求的职业。	1	2	3	4	5
7	我对现在的职业不满意，它没有我想象的那么好。	1	2	3	4	5
8	我经常花时间阅读与现在的职业相关的资料。	1	2	3	4	5

计分方法

职业承诺量表共8道题，可以计算总分或平均分，其中第1、第3、第7题需反向计分。

量表出处

翁清雄，席西民．职业成长与离职倾向：职业承诺与感知机会的调节作用．南开管理评论，2010，13（2），119-131.

参考文献

Gary，J. The measurement and prediction of career commitment. Journal of Occupational Psychology，1985，58（4）：277-288.

员工职业成长（翁清雄等，2011）

(Staff Career Growth)

简介

职业成长是一个增量的概念，与其相对应的存量概念为职业成功。职业成长可分为组织职业成长和工作转换职业成长。翁清雄和席酉民（2011）重点研究了员工在组织内部的职业成长，给出了职业成长的定义：员工在当前组织内部的职业进展速度，包括员工的职业能力发展速度、职业目标进展速度、晋升速度以及报酬增长速度。

Chay 和 Aryee（1999）采用了两个问题来测量职业成长："我感觉我目前的工作是职业目标实现的基础"，"我目前的工作与我的整个职业生涯的发展相关"。Choy 和 Savery（1982）认为，晋升和横向流动可以促进员工实现职业成长，新鲜的环境、更多的学习机会和人际交往等是促进员工成长的构成要素。Tharenou（1999）、Metz（2001）、Garavan（1971）等在测量管理人员的职业成长时，都强调了工资增长、工资水平的重要性。

翁清雄和席酉民（2011）编制了员工职业成长调查问卷，首先收集原始资料，其次通过个别访谈和小组座谈的方式对 5 家企业的 20 名普通员工和 10 名中高层管理者进行访谈，共发放开放式调查问卷 100 份，回收有效问卷 82 份，形成了由 18 道题组成的预试问卷。他们向 5 家企业的员工发放问卷 260 份，213 份有效问卷的探索性因素分析表明，职业成长是一个四维结构，据此删除 3 道题，最后的调查问卷由 15 道题组成。

翁清雄和席酉民（2011）运用自行编制的 15 道题的员工职业成长问卷在 9 个城市各选取 10～25 家企业进行问卷调查，共发放问卷 1 200 份，回收 1 109 份，其中有效问卷 961 份。项目分析表明问卷的题目具有区分高分组与低分组的能力，各题的鉴别力都比较强，内在一致性高。探索性因素分析表明，职业成长由职业目标进展、职业能力发展、晋升速度和报酬增长四因素构成。验证性因素分析表明，设定的模型合理，各变量具有充分的收敛效度。信度分析表明，自编量表的信度较佳。

信度与效度

翁清雄和席酉民（2011）在正式的问卷调查中共发放问卷 1 200 份，得到有效问卷 961 份。其中 480 个样本的探索性因素分析结果表明，职业目标进展、职业能力发展、晋升速度和报酬增长的累计方差解释率达 74.961%，内部一致性系数分别为 0.860、0.848、0.796、0.783。

其中 481 个样本的验证性因素分析结果表明，χ^2/df、RMSEA、GFI、AGFI、NNFI、CFI、PNFI、PGFI 的值分别为 1.505、0.064、0.93、0.91、0.97、0.98、0.81、0.72。拟合优度指标都在可接受的范围内，说明模型结构合理。各个观测变量在相应的潜变量上的标准化载荷系数均在 0.6 以上且小于 1，全部通过了 t 检验，在 $p<0.001$ 的水平上显著，各个项目的误差都小于 0.6，说明各变量具有充分的收敛效度。另外，从相关分

析的结果看，职业成长四个维度之间的相关关系比较显著。

量表

请您根据自己的实际感受和体会，对下面15项描述进行评价和判断，并在最符合的数字上划○。评价和判断的标准如下：1=非常不符合，2=不太符合，3=不太确定，4=比较符合，5=非常符合。

1	目前的工作使我离自己的职业目标更近一步。	1	2	3	4	5
2	目前的工作与我的职业目标、职业理想相关。	1	2	3	4	5
3	目前的工作为我的职业目标的实现打下了基础。	1	2	3	4	5
4	目前的工作为我提供了较好的发展机会。	1	2	3	4	5
5	目前的工作促使我掌握新的与工作相关的技能。	1	2	3	4	5
6	目前的工作促使我不断掌握新的与工作相关的知识。	1	2	3	4	5
7	目前的工作促使我积累了更丰富的工作经验。	1	2	3	4	5
8	目前的工作促使我的职业能力不断得到锻炼与提升。	1	2	3	4	5
9	在目前的工作单位，我的职务晋升速度较快。	1	2	3	4	5
10	在目前的工作单位，我的职务晋升的可能性很大。	1	2	3	4	5
11	在目前的工作单位，我的职务比在原来的单位更理想。	1	2	3	4	5
12	与同事相比，我的职务晋升速度比较快。	1	2	3	4	5
13	到目前的工作单位后，我的薪资增长得比较快。	1	2	3	4	5
14	在本单位，我目前的薪资继续增长的可能性很大。	1	2	3	4	5
15	与同事相比，我的薪资增长速度比较快。	1	2	3	4	5

计分方法

员工职业成长量表包括四个维度，共15道题，可以计算每个维度所包括题目的总分或平均分。每个维度包括的题目如下：

1. 职业目标进展：指目前的工作与职业目标、职业理想的相关程度。共4道题，具体包括第1～第4题。

2. 职业能力发展：指目前的工作对员工的职业技能、职业知识、工作经验的促进程度。共4道题，具体包括第5～第8题。

3. 晋升速度：指目前的工作单位中员工的职务晋升速度以及晋升的空间。共4道题，具体包括第9～第12题。

4. 报酬增长：指目前的工作单位中员工的薪资增长速度以及继续增长的可能性。共3道题，具体包括第13～第15题。

量表出处

翁清雄，席酉民．企业员工职业成长研究：量表编制和效度检验．管理评论，2011，23（10）：132-143.

参考文献

Chay, Y. W., Aryee, S. Potential moderating influence of career growth opportunities on careerist orientation and work attitudes: evidence of the protean career era in Singapore. Journal of Organizational Behavior, 1999, 20 (5): 613-623.

Choy, R. M., Savery, L. K. Employee plateauing: some workplace attitudes. Journal of Management Development, 1982, 17 (6): 392-401.

Tharenou, P. Is there a link between family structures and women's and men's managerial career advancement? Journal of Organizational Behavior, 1999, 20 (6): 837-863.

Metz, I., Tharenou, P. Women's career advancement: the relative contribution of human and social capital. Group & Organization Management, 2001 (26): 312-342.

Garavan, T. N., O'Brien, F., O'Hanlon, D. Career advancement of hotel managers since graduation: a comparative study. Personnel Review, 1971, 35 (3): 252-280.

员工流动成长效应（翁清雄等，2008）

(Effects of Staff Mobility and Growth)

简介

翁清雄和胡蓓（2008）指出，大部分学者认为流动会促使人才成长性发生明显变化，但大都只是停留在主观判断上。除了库克曲线对员工流动前后创造力的变化进行了描述和论证外，其他研究并未专门实证分析员工在从一个单位到另一个单位的流动过程中个人成长所发生的变化。因此，翁清雄和胡蓓（2008）编制了员工流动成长效应问卷。

翁清雄和胡蓓（2008）通过文献研究和访谈进行原始资料的收集。经过编码分析，获得对流动成长效应的134个不同描述，归类整理后得到32道题。

在初步编制封闭式问卷阶段，翁清雄和胡蓓（2008）利用问卷进行了小规模预试。在武汉地区的20家企业发放问卷200份，回收180份，其中有效问卷167份。对问卷进行质和量的分析后，删除了7道题，并对题意不清的题目进行修改，剩下的25道题构成了正式问卷。翁清雄和胡蓓（2008）运用自行编制的25道题的员工流动成长效应问卷，分两次对武汉地区的50家企业、杭州地区的100家企业进行调查，共发放问卷800份，回收611份。两次测试中，有过工作流动经历的被试共446人，其中表示上次工作流动是被动的只有9人。为此，再次有针对性地对有被动流动经历的人员进行了调查，共回收有效问卷46份。

探索性因素分析共抽取出七个因子，七个因子的累计方差解释率达70.12%，比较理想，验证性因素分析也表明员工流动成长效应问卷具有良好的效度。

信度与效度

信度分析的结果表明，员工流动成长效应的七个因子即发展空间、创新能力、自我认知、社会能力、职业能力、工作业绩、报酬水平的信度分别为0.832、0.862、0.730、0.760、0.729、0.819和0.768。各因子之间的相关系数在0.171～0.512之间，各维度与总问卷之间的相关系数在0.525～0.785之间，表明该问卷的结构效度较好。

验证性因素分析的结果表明，χ^2/df、GFI、NNFI、CFI、RMSEA分别为2.414、0.910、0.930、0.940、0.062，各项指标均达到了可接受的标准。发展空间、创新能力、自我认知、社会能力、职业能力、工作业绩、报酬水平的因子载荷分别为0.88、0.81、0.69、0.73、0.69、0.80和0.79。

量表

请您根据自己的实际感受和体会，用下面25项描述对您的工作情况进行评价和判断，并在最符合的数字上划○。评价和判断的标准如下：1＝非常不符合，2＝不太符合，3＝不好确定，4＝比较符合，5＝非常符合。

1	现在的工作更让我感兴趣。	1	2	3	4	5
2	职务晋升空间更大。	1	2	3	4	5
3	感到工作更有意义。	1	2	3	4	5
4	工作更加适合自己的性格。	1	2	3	4	5
5	才能得到更加充分的施展。	1	2	3	4	5
6	思维的创造性明显提升。	1	2	3	4	5
7	创新欲望更强烈。	1	2	3	4	5
8	有更多的新想法和新点子。	1	2	3	4	5
9	创新能力有较大提升。	1	2	3	4	5
10	更加认清自己的不足与优势。	1	2	3	4	5
11	更加认清自己的性格及所适合的工作。	1	2	3	4	5
12	更加明确自己的职业发展目标。	1	2	3	4	5
13	更加明确自己的潜能所在。	1	2	3	4	5
14	心理素质有了较大的提升。	1	2	3	4	5
15	沟通能力有了较大的提升。	1	2	3	4	5
16	应变能力有了较大的提升。	1	2	3	4	5
17	管理能力有了明显提升。	1	2	3	4	5
18	职业技能有了明显提升。	1	2	3	4	5
19	职业竞争力有了明显提升。	1	2	3	4	5
20	潜能得到更充分的开发。	1	2	3	4	5
21	工作业绩得到更多的表扬。	1	2	3	4	5
22	同事对我的工作业绩评价更高。	1	2	3	4	5
23	感觉自己的工作业绩更加优秀。	1	2	3	4	5
24	工资水平更高。	1	2	3	4	5
25	福利水平更高。	1	2	3	4	5

计分方法

员工流动成长效应量表包括七个维度，共25道题，可以计算每个维度所包括题目的总分或平均分。每个维度包括的题目如下：

1. 发展空间：共5道题，包括第1～第5题。
2. 创新能力：共4道题，包括第6～第9题。
3. 自我认知：共4道题，包括第10～第13题。
4. 社会能力：共3道题，包括第14～第16题。
5. 职业能力：共4道题，包括第17～第20题。
6. 工作业绩：共3道题，包括第21～第23题。
7. 报酬水平：共2道题，包括第24、第25题。

量表出处

翁清雄，胡蓓．员工流动成长效应：结构模型构建与实证分析．南开管理评论，2008，11（5）：64-72.

职业成长机会（张勉等，2007）

(Career Growth Opportunity)

简介

张勉和张德（2007）将职业成长机会定义为“由雇主提供的可以增加相关知识和技能的机会”。他们在西安的15家IT企业进行了问卷调查，共获得有效样本742份。职业成长机会问卷的内部一致性系数为0.76。

量表

请您根据自己的实际感受和体会，用下面3项描述对您的实际情况进行评价和判断，并在最符合的数字上划○。评价和判断的标准如下：1=非常不同意，2=比较不同意，3=无所谓，4=比较同意，5=非常同意。

1	单位为我提供了把握与工作有关的新动向的机会。	1	2	3	4	5
2	单位没有为我提供学习新知识或提高专业技能的机会。	1	2	3	4	5
3	单位为我提供了在工作上自我提高的机会。	1	2	3	4	5

计分方法

职业成长机会量表共3道题，可以计算总分或平均分，其中第2题需反向计分。

量表出处

张勉，张德．企业雇员离职意向的影响因素：对一些新变量的量化研究．管理评论，2007，19（4）：23-28.

女性职业成功（肖薇等，2015）

(Women's Career Success)

简介

近年来，越来越多的企业将女性纳入管理团队，女性职业生涯发展及其成功成为人力资源管理领域研究的一个重要问题。

为了开发出科学的测量量表，并保证职业成功构思的结构维度能够完全涵盖女性职业成功的理论边界，肖薇和罗瑾琏（2015）的量表题项主要来自两个方面：一是系统梳理国内外已有研究的相关理论描述，借鉴已有研究中对职业成功某些维度或侧面进行测量的题项；二是总结从访谈材料中提取的女性职业成功的结构维度，得出相应的测量题项，最终形成初始测量题项。

调研分为两个阶段：第一阶段为预试样本调研，预试样本由建筑行业的140位女性构成，最终有效样本数为135。将预调研数据用于探索性因素分析，得到了女性职业成功的五个维度，即组织内职业竞争力、组织外职业竞争力、内心满足感、关系网络和工作—家庭—自我平衡，通过删除每个维度中与概念相关性不强的题项，得到最终的因子分析结果。

为了进一步验证在预试样本阶段由探索性因素分析所得到的构思维度，肖薇和罗瑾琏（2015）开展了第二阶段的调研取样，调研范围覆盖上海、深圳、江苏、山西等地，涉及制造业、服务业、建筑业、零售业等多个行业。共发放问卷260份，在剔除空白问卷、关键数据缺失以及填答明显不认真的问卷之后，获得有效问卷201份。第二次调研数据用于验证性因素分析。验证性因素分析表明，女性职业成功量表具有较好的信度和效度。

信度与效度

信度分析表明，女性职业成功量表具有良好的信度。其中，组织内职业竞争力因子的信度系数为0.745，方差解释率为10.652%；组织外职业竞争力因子的信度为0.818，方差解释率为13.008%；内心满足感因子的信度为0.884，方差解释率为16.902%；关系网络因子的信度为0.738，方差解释率为9.944%；工作—家庭—自我平衡因子的信度为0.821，方差解释率为11.085%。

验证性因素分析表明，五因素模型的χ^2/df、AGFI、IFI、CFI、RMSEA值分别为1.67、0.93、0.94、0.93、0.05，各项拟合指数均达到或接近先定的标准，说明女性职业成功的各个维度具有较好的代表性。五个因素的值均在0.59～0.77之间，均超过经验判断标准（0.5），因此该量表具有较好的聚合效度。

量表

请您根据自己的实际感受和体会，用下面19项描述对自己进行评价和判断，并在最符合的数字上划○。评价和判断的标准如下：1＝非常不同意，2＝不同意，3＝不好确定，4＝同意，5＝非常同意。

1	我正在做对单位很重要的工作。	1	2	3	4	5
2	我对目前的工作有很大的权力和影响力。	1	2	3	4	5
3	因为我的技能和经验，单位认为我能为其创造价值。	1	2	3	4	5
4	我在单位有很多发展机会。	1	2	3	4	5
5	我很容易就能在别的单位找到类似的工作。	1	2	3	4	5
6	我在6个月之内找到一个更好工作机会的可能性大。	1	2	3	4	5
7	凭我的技能和经验，我有很多工作机会可以选择。	1	2	3	4	5
8	凭我的技能和经验，其他单位会视我为有价值的资源。	1	2	3	4	5
9	随着知识和技能不断积累，我成为所在领域的专家。	1	2	3	4	5
10	我能在工作中发挥自己的特长。	1	2	3	4	5
11	我所从事的是我喜欢和感兴趣的职业。	1	2	3	4	5
12	我能从工作中得到满足感和成就感。	1	2	3	4	5
13	单位中有很好的人际关系网络，他们总能给予我帮助。	1	2	3	4	5
14	我能在他人需要的时候主动给予帮助。	1	2	3	4	5
15	我觉得与周围同事的接触和联络能够给我带来幸福感。	1	2	3	4	5
16	我在工作之余还有时间充分享受生活。	1	2	3	4	5
17	我在较大的工作压力下依然保持身心健康。	1	2	3	4	5
18	我在工作中还能兼顾家庭。	1	2	3	4	5
19	我的事业、家庭和个人生活能达到一种平衡状态。	1	2	3	4	5

计分方法

女性职业成功量表包括五个维度，共19道题，可以计算所有题目的总分或平均分，得分越高，代表职业越成功。

1. 组织内职业竞争力：共4道题，具体包括第1～第4题。
2. 组织外职业竞争力：共4道题，具体包括第5～第8题。
3. 内心满足感：共4道题，具体包括第9～第12题。
4. 关系网络：共3道题，具体包括第13～第15题。
5. 工作—家庭—自我平衡：共4道题，具体包括第16～第19题。

量表出处

肖薇，罗瑾琏．女性职业成功的结构模型与量表开发．经济管理，2015，37（3）：79-88.

职业成功观（周文霞等，2013）

(Criteria of Career Success)

简介

作为职业研究领域的核心构念，职业成功被看作影响组织中的个体看待职业生涯并对此做出反应的关键要素。Judge 等（1995）将职业成功定义为个体从工作本身或工作体验中累积的工作成果和心理结果。Hughes（1937）认为职业成功包括两种类型：主观职业成功和客观职业成功。客观职业成功可以通过诸如薪水、晋升等可观察的、可衡量的、可验证的指标反映。主观职业成功则涉及对职业生涯经历的个体反应。

周文霞等（2013）提出了主观职业成功三维度模型，并开发出职业成功观量表，共21道题。探索性因素分析的结果表明，量表的三个维度分别是内在满足、外在补偿和工作-生活平衡。量表的信度系数为0.84，效度检验结果为：$\chi^2/df=5.02$，NFI=0.93，IFI=0.94，NNFI=0.94，CFI=0.94，RMSEA=0.066，说明量表具有较好的信度与效度。

潘静洲等（2015）以周文霞等（2013）的研究成果为基础，开发出短版职业成功观问卷，并通过三项独立的研究进行数据收集。研究1以300位北京飞行员为对象，得到有效问卷244份。通过研究1，潘静洲等（2015）对职业成功的结构进行探索，经过探索性因素分析形成短版问卷。研究2以河北地区一家培训机构的500名员工为对象，得到有效问卷411份。通过研究2，潘静洲等（2015）对主观职业成功的结构进行了区分效度验证。研究3以河北地区的一个开放性公园为地点，随机访谈450名路人，得到有效问卷254份，有效回收率为56.4%。通过研究3，潘静洲等（2015）对主观职业成功问卷进行增量效度的检验。结果证明，问卷具有良好的内部一致性信度、结构效度、聚合效度以及区分效度。信度分析表明，量表的信度为0.70。验证性因素分析的结果表明，主观职业成功具有良好的结构效度：$\chi^2/df=3.70$，NFI=0.95，IFI=0.96，NNFI=0.95，CFI=0.96，RMSEA=0.083。

量表

长版问卷

下面是有关职业成功标准的陈述。请您根据自己的真实想法，从数字1～7中选出一个，来对每一句话的认同程度进行评价。其中，1=非常不同意，2=不同意，3=有点不同意，4=不确定，5=有点同意，6=同意，7=非常同意。随着数字的增大，表示对题目的认同程度增加。

1	职业成功意味着通过工作获得丰厚的物质回报。	1	2	3	4	5	6	7
2	职业成功就是职位不断获得晋升，直到组织的高层。	1	2	3	4	5	6	7
3	在某个专业领域技能特别突出，成为专家就是职业成功。	1	2	3	4	5	6	7
4	职业成功的定义不能将家庭和睦美满排除在外。	1	2	3	4	5	6	7

5	职业成功就是在工作之余还有充分的时间享受生活。	1	2	3	4	5	6	7
6	工作中获得更多的权力，能够控制影响别人就是职业成功。	1	2	3	4	5	6	7
7	职业成功意味着通过工作能赚很多钱，让家人过上舒适的生活。	1	2	3	4	5	6	7
8	工作中能够实现自己的理想才算职业成功。	1	2	3	4	5	6	7
9	解决别人解决不了的难题，为组织创造更好的绩效就是职业成功。	1	2	3	4	5	6	7
10	工作中能够兼顾家庭，工作和家庭平衡才算职业成功。	1	2	3	4	5	6	7
11	工作成绩再大，如果没有健康的身体，就不算职业成功。	1	2	3	4	5	6	7
12	同行的高度认可就是职业成功。	1	2	3	4	5	6	7
13	当我的潜能得到充分发挥时，我才觉得算是职业成功。	1	2	3	4	5	6	7
14	从事的是自己喜欢的职业，每天工作很愉快就是职业成功。	1	2	3	4	5	6	7
15	职业成功意味着通过工作得到财务自由，想买什么就买得起什么。	1	2	3	4	5	6	7
16	个人生活、家庭、事业达到一种平衡状态就是职业成功。	1	2	3	4	5	6	7
17	住豪宅、开好车、穿名牌，达到中产阶层的生活水平就是职业成功。	1	2	3	4	5	6	7
18	不断从事有挑战性的工作就是职业成功。	1	2	3	4	5	6	7
19	在较大的工作压力下依然保持身心健康就是职业成功。	1	2	3	4	5	6	7
20	工作中有热情、有激情，感到充实就是职业成功。	1	2	3	4	5	6	7
21	独立掌管一个部门，有决策权就是职业成功。	1	2	3	4	5	6	7

短版问卷

下面是有关职业成功标准的陈述。请您根据自己的真实想法，从数字1～7中选出一个，来对每一句话的认同程度进行评价。其中，1＝非常不同意，2＝不同意，3＝有点不同意，4＝不确定，5＝有点同意，6＝同意，7＝非常同意。随着数字的增大，表示对题目的认同程度增加。

1	职业成功就是职位不断获得晋升，直到组织的高层。	1	2	3	4	5	6	7
2	工作中获得更多的权力，能够控制影响别人就是职业成功。	1	2	3	4	5	6	7
3	职业成功意味着通过工作能赚很多钱，让家人过上舒适的生活。	1	2	3	4	5	6	7
4	当我的潜能得到充分发挥时，我才觉得算是职业成功。	1	2	3	4	5	6	7
5	从事的是自己喜欢的职业，每天工作很愉快就是职业成功。	1	2	3	4	5	6	7
6	不断从事有挑战性的工作就是职业成功。	1	2	3	4	5	6	7
7	工作中感到充实就是职业成功。	1	2	3	4	5	6	7
8	职业成功就是在工作之余还有充分的时间享受生活。	1	2	3	4	5	6	7
9	工作中能够兼顾家庭，工作和家庭平衡才算职业成功。	1	2	3	4	5	6	7
10	工作成绩再大，如果没有健康的身体，就不算职业成功。	1	2	3	4	5	6	7

计分方法

长版职业成功量表包括三个维度，共21道题，可以计算每个维度所包括题目的总分或平均分。每个维度包括的题目如下：

1. 外在补偿：共7道题，具体包括第1、2、6、7、15、17、21题。
2. 内在满足：共8道题，具体包括第3、8、9、12、13、14、18、20题。
3. 工作-生活平衡：共6道题，具体包括第4、5、10、11、16、19题。

短版职业成功量表包括一个维度，共10道题，可以计算总分或平均分。

量表出处

Zhou, W. X., Sun, J. M., Guan, Y. J., Li, Y. H., Pan, J. Z. Criteria of career success among Chinese employees: developing a multi-dimensional scale with qualitative and quantitative approaches. Journal of Career Assessment, 2013 (21): 265-277.

Pan, J. Z., Zhou, W. X. How do employees construe their career success: an improved measure of subjective career success. International Journal of Selection & Assessment, 2015, 23 (1): 45-58.

参考文献

Judge, T. A., Cable, D. M., Boudreau, J. W., Bretz, R. D. An empiricalinvestigation of the predictors of executive career success. Personnel Psychology, 1995 (48): 485-519.

Hughes, E. C. Institutional office and the person. American Journal of Sociology, 1937 (43): 404-413.

知觉成功（Krauss et al.，2001）

（Perceived Success）

简介

王重鸣等（2008）对知觉成功的测量采用的是 Krauss 和 Frese（2001）的量表，他们翻译了该量表。原始问卷的信度为 0.71。知觉成功问卷共 4 道题，要求填写者将自己创业成功的情况与业内三个主要竞争对手比较。

王重鸣等（2008）分别对中国的 430 家企业和德国的 557 家创业企业进行调查，共回收有效问卷 1 410 份。中国样本的知觉成功问卷的信度为 0.90，德国样本的知觉成功问卷的信度为 0.74。

量表

请您根据自己的实际感受和体会，用下面 4 项描述对您的创业成功情况进行评价和判断，并在最符合的数字上划○。评价和判断的标准如下：1＝很低，2＝较低，3＝中等，4＝较高，5＝很高。

1	销售增长水平。	1	2	3	4	5
2	收入增长水平。	1	2	3	4	5
3	员工增加水平。	1	2	3	4	5
4	净销售和利润水平。	1	2	3	4	5

计分方法

知觉成功量表共 4 道题，可以计算总分或平均分。

量表出处

王重鸣，郭维维，Michael Frese，Andreas Rauch. 创业者差错取向的绩效作用及其跨文化比较．心理学报，2008，40（11）：1203-1211.

参考文献

Krauss，S. I.，Frese，M. Manual of scales of the study：psychological success factors of small scale business owners in Zimbabwe Giessen. Department of Psychology，Giessen University，2001.

员工知觉职业机会 (Kraimer et al.，2011)

(Perceived Career Opportunity)

简介

员工知觉职业机会即个体感知到可获得的工作机会（如晋升）的可能性大小(Kraimer，Seibert，Wayne，Liden，& Bravo，2011)。

组织的职业机会体现了企业内部的稀缺资源。

段锦云等（2017）共发放问卷300套，回收问卷291套（回收率97.0%），剔除组织成员少于5人的组织，剩余有效问卷223套（有效率76.6%）。最终获得36个有效的组织样本，每个组织有5～8人。

信度与效度

段锦云等（2017）采用了Kraimer，Seibert，Wayne，Liden和Bravo（2011）的量表，测量员工知觉到的职业机会，结果Cronbach's Alpha=0.88，量表的信度指数达到了良好水平。

量表

请您根据自己的实际感受和体会，对下面3项描述进行评价和判断，并在最符合的数字上划○。评价和判断的标准如下：1=完全不同意，2=不同意，3=比较不同意，4=不好确定，5=比较同意，6=同意，7=完全同意。

1	在组织中存在对我有吸引力的职业发展机会。	1	2	3	4	5	6	7
2	在组织中存在我有兴趣的工作机会。	1	2	3	4	5	6	7
3	组织提供了很多和我的职业规划目标相吻合的工作机会。	1	2	3	4	5	6	7

计分方法

员工知觉职业机会量表共3道题，可以计算总分或平均分。

量表出处

段锦云，施嘉逸，凌斌．高承诺组织与员工建言：双过程模型检验．心理学报，2017，49（4）：539-553.

参考文献

Kraimer，M. L.，Seibert，S. E.，Wayne，S. J.，Liden，R. C.，Bravo，J. Antecedents and outcomes of organizational support for development：the critical role of career opportunities. Journal of Applied Psychology，2011，96（3）：485-500.

职场边缘化（刘军等，2012）

(Workplace Exclusion)

简介

边缘化是指员工个体被组织或团队其他成员孤立、排斥，感到自身虽是该组织（团队）的法定成员但又游离于组织（团队）实存之外的一种状态。被边缘化的员工往往会有强烈的关于人生和事业的挫折感，伴随着自暴自弃甚至“反社会”行为的出现(Chow，Tiedens，& Govan，2008)。

刘军等（2012）开发了中国本土组织情境下的边缘化问卷。从边缘化的基本定义出发，编写了3道测量题。然后，收集某大学管理培训班中企业人士的建议，与两位资深华人管理学者一起，对收到的23条建议进行了文本分析和现象归纳，形成了另外3道具有典型性的题目。接着将6道测量题融入一项对国务院11个部委机关员工的调查问卷，进行预测试。共发放问卷约500份，得到了169名公务员的反馈。最后，对所收集的数据进行探索性因素分析。结果表明，职场边缘化是一个单维构念，职场边缘化问卷由4道题组成，问卷的总体信度为0.72。

量表

请您根据自己的实际感受和体会，用下面4项描述对您工作中的实际情况进行评价和判断，并在最符合的数字上划○。评价和判断的标准如下：1=非常不认同，2=不认同，3=不好确定，4=认同，5=非常认同。

1	我的行为对单位形象没有影响。	1	2	3	4	5
2	我不在时（休假或出差），对工作不会有影响。	1	2	3	4	5
3	领导通常会采纳我的建议。	1	2	3	4	5
4	在单位，认识我的人比我认识的人多。	1	2	3	4	5

计分方法

职场边缘化量表共4道题，可以计算总分或平均分，其中第3、第4题需反向计分。

量表出处

刘军，王未，吴隆增，许浚，李锦堃．拒绝职场边缘化：模型与检验．南开管理评论，2012，15(1)：84-92.

参考文献

Chow，R. M.，Tiedens，L. Z.，Govan，C. L. Excluded emotions：the role of anger in antisocial responses to ostracism. Journal of Experimental Social Psychology，2008，44(3)：896-903.

职场外逢迎（刘超等，2015）

(Upwards Ingratiation)

简介

逢迎是指行动者采取一定策略（如抬高别人或贬低自己、遵从他人观点等）来影响他人，以此让他人对自己形成较好的印象。黄光国等（2004）的研究表明，中国人比较注重人情、关系与面子，且人情与关系多在非正式场合建立与发展。在职场外，下属与上司就“公事”或“私事”进行沟通、交流，并辅之以人情往来，更容易达到目的。

刘超等（2015）开发了职场外逢迎量表，严格遵循科学的量表开发程序，在掌握相关逢迎文献的基础上，与30名MBA学员反复深入探讨职场外逢迎的表现形式，得到7道测量题。

在进行大规模的样本调查前，刘超等（2015）进行了职场外逢迎量表信度与效度的预测试，主要调查对象来自上海两所大学的MBA学员（均为企业主管，但非CEO）。共发放问卷195份，回收165份含有完整信息的问卷，回收率为84.6%。预测试的结果表明，职场外逢迎量表具有较好的信度与效度，能用于进一步的数据收集与分析。

正式调查数据来源于中国的两家大型电子电器企业，调查对象是两家企业的员工及其配对上司。先后进行了三次问卷调查，调查开始时与人力资源专员随机确定了503名下属及其配对上司，最后共得到255份有效的配对数据。

信度与效度

职场外逢迎量表在预测试中的内部一致性系数为0.88，在正式调查中的内部一致性系数为0.91。255份有效样本的验证性因素分析表明，职场外逢迎与另外五个因素组成的六因素模型拟合很好（$\chi^2/df=0.73$，CFI=0.96，TLI=0.96，RMSEA=0.04），所有的因子载荷均显著，说明职场外逢迎与其他变量具有较好的区分效度。因此，职场外逢迎量表在中国情境下具有较高的信度和效度。

量表

请您根据自己的实际感受和体会，对下面7项关于您自身实际情况的描述进行评价和判断，并在最符合的数字上划○。评价和判断的标准如下：1=从不，2=很少，3=偶尔，4=有时，5=经常。

1	逢年过节，我常会给领导送去红包和礼品，以拉近与领导的距离。	1	2	3	4	5
2	工作之余，我常琢磨领导的潜在需求并尽力去满足，以赢得领导的赏识。	1	2	3	4	5
3	工作之余，我常通过各种方式向领导嘘寒问暖，以显示自己的友好。	1	2	3	4	5
4	每次出差回来，我都会给领导带一些土特产，以博得领导的欢心。	1	2	3	4	5
5	工作之余，我常主动为领导解决生活中的难题，以增进与领导的情谊。	1	2	3	4	5

6	工作之余，我常主动向领导表忠心、献殷勤，以赢得领导信任。	1	2	3	4	5
7	工作之余，我常主动登门拜访领导，以增进与领导的情谊。	1	2	3	4	5

计分方法

职场外逢迎量表共7道题，可以计算总分或平均分。

量表出处

刘超，柯旭东，刘军，王雅晨．员工逢迎的场景选择：一项本土研究．南开管理评论，2015，18（5）：54-64.

参考文献

黄光国，胡先缙．面子：中国人的权力游戏．北京：中国人民大学出版社，2004.

职场欺负（李永鑫等，2011）

(Workplace Bullying)

简介

李永鑫等（2011）认为，职场欺负是指员工在工作中持续且重复遭受来自一人或多人的难以反抗的负性行为。职场欺负是20世纪80年代中期以来西方职业健康心理学研究的热点问题，并逐渐受到世界范围内越来越多研究者的关注。近年来，职场欺负已被公认为一种职业危害，它不仅给受害员工带来严重的心身健康问题，而且影响了组织绩效（MacIntosh，2005）。

李永鑫等（2011）在文献分析的基础上，经过访谈、开放式问卷调查、项目评定、预试等程序，编制了19道题的职场欺负问卷。通过对来自全国7个城市10家企业共229份有效问卷的探索性因素分析，最终保留了14道题，涉及人身攻击、工作压制和社会排斥三个维度。

为了进一步验证构想效度，考察问卷的信度与效度，李永鑫等（2011）对另外的207份有效问卷进行探索性因素分析，结果证实了职场欺负问卷的构想效度，内部一致性分析与相关分析的结果也表明该问卷具有较好的信度。

信度与效度

探索性因素分析的结果表明，人身攻击、工作压制和社会排斥的累计方差解释率为55.404%。验证性因素分析所用样本中，人身攻击的信度为0.84，工作压制的信度为0.74，社会排斥的信度为0.71。验证性因素分析的结果表明，拟合指数说明模型拟合基本上达到了要求，其中NNFI、CFI、GFI均达到0.90以上，RMSEA为0.07，$\chi^2/df=2.13$。模型对比的结果表明，三因素模型的各项拟合指数明显优于单因素模型和二因素模型，说明职场欺负的三因素结构得到了数据的支持。

该研究的问卷题目是以深度访谈、开放式问卷调查以及文献分析为基础形成的，并分别征询了企业人力资源管理者和有关专家的意见，请他们对问卷的内容进行了审定，因此问卷应当具有较好的内容效度。探索性因素分析和验证性因素分析本身就为所编制问卷的结构效度提供了良好的证据。与此同时，统计分析表明，所编制问卷各因素与总分之间的相关系数在0.74～0.89之间，远高于因素之间0.37～0.54的相关系数，也为该问卷的结构效度提供了支持。在预测效度方面，采用层次回归分析技术的结果表明，在控制了人口统计学变量之后，职场欺负对于情感承诺和离职意向都具有显著的预测效力。

量表

请您根据自己在职场中的实际感受和体会，对下面14项描述进行评价和判断，并在最合适的数字上划○。评价和判断的标准如下：1=非常不符合，2=不符合，3=不好确定，4＝符合，5＝非常符合。

1	有人在公众面前对我进行羞辱或嘲讽。	1	2	3	4	5
2	我遭到他人的威胁（如指手画脚）。	1	2	3	4	5
3	有人对我的人身或个人生活出言侮辱或冒犯。	1	2	3	4	5
4	有人对我进行暴力威胁或身体侵犯。	1	2	3	4	5
5	我遭到他人过分的戏弄和挖苦。	1	2	3	4	5
6	我遭到与自己关系不好的人的恶作剧。	1	2	3	4	5
7	我被分配繁重的工作。	1	2	3	4	5
8	我在工作时被过度监控。	1	2	3	4	5
9	我被要求超时工作。	1	2	3	4	5
10	我迫于工作压力不能享受应得的权利（如假期等）。	1	2	3	4	5
11	我主要的职责被取消或被较为琐碎的任务取代。	1	2	3	4	5
12	有人故意隐瞒信息以影响我的工作表现。	1	2	3	4	5
13	有人阻止我获得应得的报酬或奖励。	1	2	3	4	5
14	我工作上付出的努力被忽视。	1	2	3	4	5

计分方法

职场欺负量表包括三个分量表，共14道题，可以计算每个分量表所包括题目的总分或平均分。每个分量表包括的题目如下：

1. 人身攻击：主要包括在公众面前进行羞辱、对人身进行冒犯以及侵犯等。共6道题，具体包括第1～第6题。

2. 工作压制：主要包括分配繁重的工作、超时工作等。共5道题，具体包括第7～第11题。

3. 社会排斥：主要包括隐瞒与工作有关的信息、阻止获得应得的报酬或奖励等。共3道题，具体包括第12～第14题。

量表出处

李永鑫，聂光辉，李艺敏，王明辉，赵国祥．工作场所欺负的内容结构与测量．心理科学，2011，34（5）：1201-1208.

参考文献

MacIntosh，J. Experiences of workplace bullying in a rural area. Issues in Mental Health Nursing，2005，26：893-910.

职涯高原（曾垂凯，2011）

(Career Plateau)

简介

关于职涯高原的讨论，始于 Warren，Ference 和 Stoner（1975）的研究。他们认为，职涯高原是职涯发展的某一阶段，在该阶段个体获得晋升的可能性非常小。Cardinal 等（1992）将职涯高原视为个体在职涯发展中由暂时或持久的停滞所带来的一种失败或挫折感。

Veiga（1981）认为，职涯高原的内涵除了应该包括晋升的可能性很小外，还应包括横向流动的停滞。在他看来，职涯高原是个体由于长期处于某一职位，导致其未来的职业流动（包括垂直流动和水平流动）变得不太可能。曾垂凯（2011）将职涯高原定义为：个体在职涯发展的某个阶段，由于长期处于某一职位，导致职涯发展停滞，职业流动（包括垂直流动、水平流动和中心化流动）难以进行的现象。

曾垂凯（2011）对职涯高原的测量采用谢宝国和龙立荣（2008）编制的问卷，包括层级高原、内容高原和中心化高原三个维度，分别包含 4 个、6 个、6 个条目。挑选企业内与直接上司相处一年以上的员工作为研究对象，通过问卷调查的方式在全国 8 个省市的 28 家企业采集数据。其中，国有企业 9 家，民营企业 17 家，涉外企业 2 家。共发放问卷 1 000 份，实际回收 804 份。剔除无效问卷之后，得到有效问卷 692 份。

信度与效度

信度分析表明，职涯高原的三个维度具有较高的信度。层级高原、内容高原、中心化高原的内部一致性分别为 0.73、0.74、0.67。验证性因素分析的结果表明，三因素模型的 χ^2/df、NFI、IFI、TLI、CFI、RMSEA 值分别为 3.33（336.45/101）、0.94、0.95、0.93、0.95、0.12，均优于单因素模型，但其 RMSEA 值高于先定的标准。删除一个项目之后，RMSEA 值降为 0.09。三因素模型的各项拟合指数均达到或接近先定的标准，说明职涯高原的三因素结构得到了数据的支持。

量表

请您根据自己的实际感受和体会，用下面 15 项描述对您工作的实际情况进行评价和判断，并在最符合的数字上划○。评价和判断的标准如下：1＝非常不同意，2＝不同意，3＝不好确定，4＝同意，5＝非常同意。

1	我的工作能够丰富我的工作技能。	1	2	3	4	5
2	我的工作赋予我更多的权力。	1	2	3	4	5
3	我继续升职的空间有限。	1	2	3	4	5
4	我能学到新东西。	1	2	3	4	5
5	工作中我有机会负责一些重要的事务。	1	2	3	4	5

6	我能接触到许多与工作有关的新鲜事物。	1	2	3	4	5
7	我有机会承担更大责任的任务。	1	2	3	4	5
8	我不可能获得一个更高的职位。	1	2	3	4	5
9	工作能够开阔我的视野。	1	2	3	4	5
10	我对公司工作的开展有较多的发言权。	1	2	3	4	5
11	我继续升迁的可能性不大。	1	2	3	4	5
12	工作要求我不断学习新的知识。	1	2	3	4	5
13	我能够获得更多的组织资源。	1	2	3	4	5
14	我的工作缺乏挑战性。	1	2	3	4	5
15	我能够参与公司的决策制定。	1	2	3	4	5

计分方法

职涯高原量表包括三个分量表，共15道题，可以计算每个分量表所包括题目的总分或平均分。每个分量表包括的题目如下：

1. 内容高原：指从当前工作中学到新的知识技能的可能性很小。共6道题，具体包括第1、4、6、9、12、14题，除第14题外，其他题目需要反向计分。

2. 中心化高原：指向当前组织层级责任中心转移的可能性很小。共6道题，具体包括第2、5、7、10、13、15题，所有题目均需反向计分。

3. 层级高原：指在当前组织中获得晋升的可能性很小。共3道题，具体包括第3、8、11题。

量表出处

曾垂凯．家长式领导与部属职涯高原：领导-成员关系的中介作用．管理世界，2011（5）：109-119.

参考文献

Warren，E. K.，Ference，T. P.，Stoner，J. A. F. Case of the plateaued performer. Harvard Business Review，1975，53（1）：30-38.

Cardinal，L.，Lamoureux，C. The plateau of career gestionnaires：giagnostic and intervention. Gestion，1992，17（3）：83-91.

Veiga，J. F. Plateaued versus nonplateaued managers：career patterns，attitudes，and path potential. Academy of Management Journal，1981，24（3）：566-578.

谢宝国，龙立荣．职业生涯高原对员工工作满意度、组织承诺、离职意愿的影响．心理学报，2008，40（8）：927-938.

公务员职业生涯高原（王忠军等，2015）

(Public Servants Career Plateau)

简介

职业生涯高原指的是个体在当前组织中职业生涯发展出现停滞的一种现象（Smith-Ruig，2009；Miles，Gordon，& Storlie，2013）。即在职业生涯的某一阶段，个体进一步晋升（Ference，Stoner，& Warren，1977）、工作流动（Veiga，1981）、承担更大或更多责任（Feldman & Weitz，1988）、学习新知识与新技能（Lee，2003）的可能性很小。

鉴于公共组织的职位设计与公务员职业生涯运动轨迹的复杂性，王忠军等（2015）推测公务员职业生涯高原的概念结构有别于企业员工。王忠军等（2015）以处级以下的基层公务员为研究对象，探索公务员职业生涯高原的内涵结构与测量。他们选取16名处级以下公务员进行深度访谈，对55名公务员进行了开放式问卷调查，回收有效问卷43份，之后进行编码、条目归类与汇总，初步编制问卷题目，最后得到包含14道题的职业生涯高原预试问卷。再对50名公务员进行试测，回收有效问卷41份，并对问卷进行了调整。

王忠军等（2015）面向南昌市和新余市公务员培训班学员发放320份问卷，回收有效问卷279份。探索性因素分析的结果表明，职业生涯高原包括职位边缘化和升迁停滞两个维度，共10道题。为了验证公务员职业生涯高原的结构并进行信效度检验，王忠军等（2015）选取江西省7个地市的研究样本，发放问卷1 250份，回收有效问卷1 037份。验证性因素分析的结果表明，公务员职业生涯高原问卷具有较好的结构效度，信度也比较稳定。

信度与效度

王忠军等（2015）面向南昌市和新余市公务员培训班学员发放问卷320份，回收有效问卷279份，探索性因素分析的结果表明，职位边缘化和升迁停滞两个因素的累计方差解释率为60.61%。职位边缘化、升迁停滞的内部一致性系数分别为0.85和0.81，总问卷的内部一致性系数为0.87，表明职业生涯高原问卷的信度较好。

王忠军等（2015）选取江西省7个地市的研究样本，发放问卷1 250份，回收有效问卷1 037份。信度分析表明，升迁停滞、职位边缘化两个分量表的内部一致性系数分别为0.82、0.85，总问卷的内部一致性系数为0.89，所有的信度均高于0.70的推荐值。这表明，公务员职业生涯高原问卷的信度比较理想，也比较稳定。验证性因素分析的结果表明，双因素模型的各项拟合指数明显较好，达到可接受的临界水平，χ^2/df、GFI、IFI、CFI、RMSEA值分别为4.56（155.06/34）、0.94、0.98、0.98、0.08。这说明公务员职业生涯高原问卷具有较好的结构效度。

量表

请您根据自己的实际感受和体会，用下面10项描述对您工作的实际情况进行评价和判断，并在最符合的数字上划○。评价和判断的标准如下：1=完全不符合，2=不太符合，3=不好确定，4=符合，5=完全符合。

1	不被上级领导关怀和重视。	1	2	3	4	5
2	已很少得到组织的关怀和重视。	1	2	3	4	5
3	在工作中缺乏成就感。	1	2	3	4	5
4	在单位里经常感到很失落。	1	2	3	4	5
5	很难获得更大的职权。	1	2	3	4	5
6	所在的职位缺乏权力和资源。	1	2	3	4	5
7	继续升迁调动的可能性不大。	1	2	3	4	5
8	对得到上级的提拔不抱希望。	1	2	3	4	5
9	职务级别很难得到提升。	1	2	3	4	5
10	晋升与交流的愿望不再强烈。	1	2	3	4	5

计分方法

公务员职业生涯高原量表包括两个维度，共10道题，可以计算每个维度所包括题目的总分或平均分。每个维度包括的题目如下：

1. 职位边缘化：反映公务员知觉到在现任职位上得不到上级和组织的重视与关怀，缺乏权力和影响力，很难获得更大的职权，缺乏成就感并备感失落的一种状态，体现的是在目前职位与权力体系中被边缘化后的感受。共6道题，具体包括第1～第6题。

2. 升迁停滞：反映公务员知觉到的其职务、级别、工作岗位在公职系统中难以得到进一步晋升、交流的状况。共4道题，具体包括第7～第10题。

量表出处

王忠军，龙立荣，刘丽丹，黄小华，贾文文，李璐，马红宇．仕途“天花板”：公务员职业生涯高原结构、测量与效果．心理学报，2015，47（11）：1379-1394.

参考文献

Smith-Ruig，T. Exploring career plateau as a multi-faceted phenomenon：understanding the types of career plateaux experienced by accounting professionals. British Journal of Management，2009，20（4）：610-622.

Miles，S.，Gordon，J.，Storlie，C. Job satisfaction，perceived career plateau，and the perception of promotability：a correlational study. The Journal of International Management Studies，2013，8（1）：1-9.

Ference，T. P.，Stoner，J. A. F.，Warren，E. K. Managing the career plateau. Academy of Management Review，1977，2（4）：602-612.

Veiga，J. F. Plateaued versus non-plateaued managers：career patterns，attitudes，and path potential. Academy of Management Journal，1981，24 (3)：566-578.

Feldman，D. C.，Weitz，B. A. Career plateaus in the sales force：understanding and removing blockages to employee growth. Journal of Personal Selling & Sales Management，1988，8 (3)：23-32.

Lee，B. C. P. Going beyond career plateau：using professional plateau to account for work outcomes. Journal of Management Development，2003，22 (6)：538-551.

职业生涯高原（谢宝国等，2008）

（Career Plateau）

简介

Ference 等（1977）将职业生涯高原定义为“个体在当前组织中进一步晋升的可能性很小”。谢宝国和龙立荣（2008）将职业生涯高原定义为“个人在当前组织中职业生涯发展的停滞”，认为职业生涯高原是一个多维概念，包括层级高原、内容高原和中心化高原。

考虑到中国文化背景下的量表适用性，谢宝国和龙立荣（2008）编制了适用于我国企业员工的职业生涯高原测量问卷。通过半开放式问卷调查并结合国外有关职业生涯高原的研究，共获得 51 道测量题目，经过修订，形成了 17 道题的职业生涯高原初测问卷。对 219 名企业员工进行初测，通过探索性因素分析，删除一道存在严重歧义的题目，对问卷中出现双重载荷的题目进行了调整，最后保留 16 道题，形成了职业生涯高原正式施测问卷。

为了进一步验证构想效度，考察问卷的信度与效度，谢宝国和龙立荣（2008）共发放正式问卷 400 份，回收有效问卷 288 份。验证性因素分析证实了职业生涯高原问卷的构想效度，内部一致性分析与相关分析的结果也表明该问卷具有较好的信度与效度。

信度与效度

谢宝国和龙立荣（2008）对 2 家武汉市企业、1 家长沙市企业、1 家深圳市企业的员工以及部分华中科技大学在读的 MBA 学员正式施测，288 份有效问卷的探索性因素分析结果表明，层级高原、内容高原和中心化高原对职业生涯高原的累计方差解释率为 62.81%，层级高原的内部一致性系数为 0.84，内容高原的内部一致性系数为 0.87，中心化高原的内部一致性系数为 0.88，整个问卷的内部一致性系数为 0.91。因此，职业生涯高原问卷各个维度项目之间均具有很好的内部一致性信度。

验证性因素分析的结果表明，因子载荷与相关因子的相关系数均达到了显著性水平（$p<0.001$），拟合指数说明模型对参数载荷的估计是可以接受的，其中 NNFI、CFI、IFI 均达到 0.90 以上，RMSEA 为 0.085，$\chi^2/df=3.00$。三因素模型的各项拟合指数均达到或接近先定的标准，说明职业生涯高原的三因素结构得到了数据的支持。

量表

请您根据自己的实际感受和体会，用下面 16 项描述对您工作的实际情况进行评价和判断，并在最符合的数字上划○。评价和判断的标准如下：1＝非常不符合，2＝不符合，3＝有点不符合，4＝有点符合，5＝符合，6＝非常符合。

1	我还能得到上级的提拔。	1	2	3	4	5	6
2	工作开阔我的视野。	1	2	3	4	5	6
3	我对公司工作的开展将有更多的发言权。	1	2	3	4	5	6
4	我继续升职的空间有限。	1	2	3	4	5	6
5	我接触到许多与工作有关的新鲜事物。	1	2	3	4	5	6
6	我能获得更多的组织资源。	1	2	3	4	5	6
7	我不可能获得一个更高的职位。	1	2	3	4	5	6
8	工作要求我不断学习新的知识。	1	2	3	4	5	6
9	我常能承担更大责任的任务。	1	2	3	4	5	6
10	我继续升迁的可能性不大。	1	2	3	4	5	6
11	我能在工作中学到新东西。	1	2	3	4	5	6
12	工作中我有机会负责一些重要的事务。	1	2	3	4	5	6
13	工作能丰富我的工作技能。	1	2	3	4	5	6
14	我有机会参与公司的决策制定。	1	2	3	4	5	6
15	我的工作缺乏挑战性。	1	2	3	4	5	6
16	工作能赋予我更多的权力。	1	2	3	4	5	6

计分方法

职业生涯高原量表包括三个维度，共16道题，可以计算每个维度所包括题目的总分或平均分。每个维度包括的题目如下：

1. 层级高原：指在当前组织中进一步晋升的可能性很小。共4道题，具体包括第1、4、7、10题，其中第1题需要反向计分。

2. 内容高原：指从当前工作中学习到新的知识和技能的可能性很小。共6道题，具体包括第2、5、8、11、13、15题，除第15题外，其他题目需要反向计分。

3. 中心化高原：指向当前组织层级责任中心转移的可能性很小。共6道题，具体包括第3、6、9、12、14、16题，所有题目均需反向计分。

量表出处

谢宝国，龙立荣．职业生涯高原对员工工作满意度、组织承诺、离职意愿的影响．心理学报，2008，40（8）：927-938.

参考文献

Ference，T. P.，Stoner，J. A.，Warren，E. K. Managing the career plateau. Academy of Management Review，1977，2（4）：602-612.

自我职业生涯管理（翁清雄，2010）

（Career Self-management）

简介

Noe（1996）将自我职业生涯管理分为三个部分：职业探索、职业目标设置和职业策略。

翁清雄（2010）根据Noe（1996）、Zikic和Klehe（2006）的研究成果修订得到自我职业生涯管理问卷。问卷包括三个维度，职业探索的内部一致性系数为0.86，职业目标设置的内部一致性系数为0.83，职业策略的内部一致性系数为0.78。

翁清雄（2010）以浙江、湖北等地的企业为研究范围，共发放问卷1 000份，回收845份。

量表

请您根据自己的实际感受和体会，用下面11项描述对您的个人情况进行评价和判断，并在最符合的数字上划○。评价和判断的标准如下：1＝非常不同意，2＝不同意，3＝不好确定，4＝同意，5＝非常同意。

1	我经常寻找自己感兴趣的相关职业领域和工作的详细信息。	1	2	3	4	5
2	我经常思考如何将过去的工作积累和经验与未来职业发展相结合。	1	2	3	4	5
3	我时常尝试扮演新的工作角色，以发现自己是否适合。	1	2	3	4	5
4	我的职业目标非常明确。	1	2	3	4	5
5	我制定了详细的职业发展规划。	1	2	3	4	5
6	我很清楚目前的状况与自己的职业目标的距离。	1	2	3	4	5
7	我很清楚该如何通过努力实现我的目标。	1	2	3	4	5
8	为了实现职业目标，我时常努力去获得一些新的知识和技能。	1	2	3	4	5
9	我让我的上级知道我的职业追求和职业目标。	1	2	3	4	5
10	我在公司内部建立了良好的人际网络，可以促进我的职业发展。	1	2	3	4	5
11	为了获得职业指导，我经常向我的上级和有经验的同事咨询。	1	2	3	4	5

计分方法

自我职业生涯管理量表包括三个维度，共11道题，可以计算每个维度所包括题目的总分或平均分。每个维度包括的题目如下：

1. 职业探索：共3道题，具体包括第1～第3题。
2. 职业目标设置：共4道题，具体包括第4～第7题。
3. 职业策略：共4道题，具体包括第8～第11题。

量表出处

俞清雄．自我职业生涯管理对职业决策质量的作用机制．管理评论，2010，22（1）：82-93.

参考文献

Noe，R. A. Is career management related to employee development and performance. Journal of Organizational Behavior，1996，17（2）：119-133.

Zikic，J.，Klehe，U. C. Job loss as a blessing in disguise：the role of career exploration and career planning in predicting reemployment quality. Journal of Vocational Behavior，2006，69（3）：391-409.

组织职业生涯管理（章勇刚，2009）

（Organizational Career Management）

简介

组织职业生涯管理（organization career management，OCM）是指由组织实施的，旨在开发员工的潜力、留住员工、使员工能自我实现的一系列管理方法。具体包括：给个人提供自我评估工具和机会，进行职业发展咨询，发布内部劳动力市场信息，设置潜能评价中心，实施培训、发展项目等。

章勇刚（2009）立足我国饭店业的实际，参照国外的研究成果和龙立荣等（2002）的研究结构，重新编制了适合我国国情的饭店 OCM 问卷。通过和饭店的人力资源部管理人员交谈，初步将 OCM 分成四个方面，即提供职业自我认识的机会（如反馈、年终述职等）、提供职业培训机会（含轮岗、参观、学历教育等）、建立公平的职业晋升制度、提供职位空缺信息。

章勇刚（2009）先后对江西财经大学旅游学院的 18 名学生、青岛大学旅游学院的 25 名学生进行了调查。根据 43 名学生对问卷的回答，获得了 182 个反应，有效的反应可以归入四类：公平晋升、职业培训、丰富工作经历和工作结果反馈。随后，综合考虑对饭店人力资源部门访谈的资料、开放式问卷的资料及国内外相关的研究资料，初步编制了饭店 OCM 问卷，共 30 道题。通过对 11 位相关员工的预试并与之讨论，删除了 6 道不符合国情的题目，确定了 24 道题。

为进一步检验问卷的质量，进行了小规模预试，在南昌、青岛发放问卷 120 份，得到有效问卷 78 份。探索性因素分析删除了 2 道双重载荷的题目。考虑到在饭店调查的难度，为缩短问卷长度，每个因子选取了载荷较高的 4 道题，确定由 16 道题构成的包括公平晋升、信息透明、培训、职业自我认知四个维度的 OCM 正式问卷。

为了进一步验证构想效度，考察问卷的信度与效度，章勇刚（2009）在南昌、杭州、青岛等 3 个城市进行正式调研，分别选择 2 家外资饭店、2 家国有饭店和 2 家民营饭店进行调查。实际发放问卷 450 份，回收有效问卷 382 份。验证性因素分析证实了饭店 OCM 问卷的构想效度，内部一致性分析与相关分析的结果也表明该问卷具有较好的信度与效度。

信度与效度

章勇刚（2009）在南昌、青岛发放问卷 120 份，回收 89 份，其中有效问卷 78 份。探索性因素分析得到了 OCM 问卷的四个因子，即公平晋升、信息透明、培训、职业自我认知，内部一致性系数分别为 0.788、0.797、0.803、0.795，总问卷的内部一致性系数为 0.892。四个因子的累计方差解释率为 73.06%。

章勇刚（2009）在南昌、杭州、青岛 3 个城市发放问卷 450 份，回收有效问卷 382 份。探索性因素分析的结果显示，OCM 问卷的累计方差解释率为 70.98%，公平晋升、职业自我认知、信息透明和培训的内部一致性系数分别为0.866、0.763、0.786和0.777，总问卷的信度为0.897。验证性因素分析的结果表明，OCM与其他变量的模型拟合度较好，说明OCM与其他变量具有较好的区分效度。

量表

请您根据自己的实际感受和体会，用下面16项描述对您所在组织实施的管理方法进行评价和判断，并在最符合的数字上划○。评价和判断的标准如下：1=非常不重视，2=较不重视，3=重视，4=较重视，5=非常重视。

1	提供公平竞争的机会。	1	2	3	4	5
2	按工作成绩提拔。	1	2	3	4	5
3	按能力提拔。	1	2	3	4	5
4	上级提拔表现好的下属。	1	2	3	4	5
5	提供晋升路线信息。	1	2	3	4	5
6	安排有经验者指导工作。	1	2	3	4	5
7	提供任职资格条件信息。	1	2	3	4	5
8	提供职位空缺信息。	1	2	3	4	5
9	进行定期或不定期培训。	1	2	3	4	5
10	提供学历教育经费。	1	2	3	4	5
11	提供学习条件和材料。	1	2	3	4	5
12	鼓励员工参加在职培训。	1	2	3	4	5
13	组织有助于员工了解自己职业特点的活动。	1	2	3	4	5
14	变换工作，丰富经验。	1	2	3	4	5
15	上级提供工作成绩反馈。	1	2	3	4	5
16	帮助选择职业发展道路。	1	2	3	4	5

计分方法

组织职业生涯管理量表包括四个维度，共16道题，可以计算每个维度所包括题目的总分或平均分。每个维度包括的题目如下：

1. 公平晋升：共4道题，具体包括第1～第4题。
2. 信息透明：共4道题，具体包括第5～第8题。
3. 培训：共4道题，具体包括第9～第12题。
4. 职业自我认知：共4道题，具体包括第13～第16题。

量表出处

章勇刚．基于组织职业生涯管理的员工感知与行为研究——以饭店业为例．经济管理，2009，31（6）：88-94.

参考文献

龙立荣，方俐洛，凌文辁．组织职业生涯管理与员工心理与行为的关系．心理学报，2002，34（1）：97-105.

工作压力（舒晓兵，2006）

(Work Stress)

简介

舒晓兵（2006）进行研究设计，对工作压力本身进行测量。样本来自湖北省内国有企业和民营企业管理人员。对50家国有和民营企业管理人员进行了调查，共发放问卷800份，回收有效问卷763份。

量表

请您根据自己的实际感受和体会，用下面7项描述对您所从事的工作进行评价和判断，并在最符合的数字上划○。评价和判断的标准如下：1=很低，2=低，3=中等，4=高，5=很高。

1	工作时间的长度。	1	2	3	4	5
2	工作能力的发挥程度。	1	2	3	4	5
3	能力与要求的匹配度。	1	2	3	4	5
4	被辞退的可能性。	1	2	3	4	5
5	上下班违纪处理的严重性。	1	2	3	4	5
6	任务没完成处理的严重性。	1	2	3	4	5
7	重大事故处理的严重性。	1	2	3	4	5

计分方法

工作压力量表共7道题，可以计算总分或平均分。

量表出处

舒晓兵．管理人员工作压力与工作效率的影响研究——以国有企业与民营企业为例．南开管理评论，2006，9（3）：44-49.

工作压力（刘帮成等，2009）

（Work Stress）

简介

刘帮成和杨文圣（2009）根据 Lu 等（1997）的中国背景下组织压力问卷中的“与人际关系相关的压力”部分，来对工作压力进行测量。工作压力问卷的内部一致性系数为 0.75。

刘帮成和杨文圣（2009）利用给华东地区某重点高校的公共管理硕士学员上人力资源和组织管理课程的机会发放问卷，最终回收问卷 174 份。

量表

请您根据自己的实际感受和体会，用下面 4 项描述对您的实际工作情况进行评价和判断，并在最符合的数字上划○。评价和判断的标准如下：1＝非常不同意，2＝不同意，3＝有点不同意，4＝不太确定，5＝有点同意，6＝同意，7＝非常同意。

1	单位里大多数同事不友好或对我不感兴趣。	1	2	3	4	5	6	7
2	我与领导的关系不够理想。	1	2	3	4	5	6	7
3	我与下属的关系不太理想。	1	2	3	4	5	6	7
4	我与同事的关系不太理想。	1	2	3	4	5	6	7

计分方法

工作压力量表共 4 道题，可以计算总分或平均分。

量表出处

刘帮成，杨文圣．情绪智力构思效度及作用机制研究．管理评论，2009，21（1）：47-52.

参考文献

Lu，L.，Cooper，C. L.，Yen Ching Chen，Chia Ho Hsu，Hung Luan Wu，Jian Bin Shih，et al. Chinese version of the OSI：a validation study. Work & Stress：An International Journal of Work Health & Organisations，1997，11（1）：79-86.

角色压力 (Peterson et al., 1995)

(Role Stressor)

简介

角色压力的概念是由 Kahn 等（1964）提出的，通常被认为由一系列与角色有关的压力因素组合而成，一般包括三种角色压力源：角色冲突、角色模糊和角色超载。Kahn 等（1964）认为：个人同时面对两种或两种以上的角色期望，当要符合其中一个期望，却又会与另一个期望相抵触时，就产生了角色冲突。当员工自身或者组织内外环境的变化导致员工不清楚管理者对其角色期望是什么，以及如何来达到这些期望时，就产生了角色模糊。当一位角色当事人面临诸多客观而合理的角色期望，而自身的时间和能力条件又使其难以顺利完成预期的工作任务时，便会产生角色超载。

李超平和张翼（2009）在国内修订了 Peterson 等（1995）所编制的角色压力问卷，该问卷包括三部分：角色冲突（3道题）、角色模糊（5道题）和角色超载（5道题）。先由4名专家独立将问卷翻译成中文，再通过讨论确定中文稿。然后，请13名来自不同学校的教师填写问卷，对他们进行访谈，据此对部分文字表述进行修改，形成了角色压力问卷中文版初稿。之后，邀请两名英文专业的专家通过讨论将中文的问卷回译成英文，据此对中文版初稿进行适当调整，确定最后的中文问卷。

信度与效度

由于角色压力问卷是第一次在国内使用，李超平和张翼（2009）先在6所学校进行了预试，并采用探索性因素分析考察了角色压力问卷的因素结构。586份有效问卷的探索性因素分析结果表明，角色压力问卷包括三个维度，累计方差解释率达到62.90%，各个项目均载荷在相应的因子上且具有较大的载荷，表明修订后的角色压力问卷具有较好的构想效度。角色冲突、角色模糊和角色超载三个维度的内部一致性系数分别为0.76、0.74及0.90。

为了验证问卷的构想效度，李超平和张翼（2009）运用正式调查的数据对角色压力问卷的因素结构进行了验证，并比较了一因素模型与三因素模型。角色压力问卷的三因素模型分析的结果是：$\chi^2/df=1.66$（103.12/62），GFI＝0.96，NFI＝0.95，IFI＝0.98，TLI＝0.97，CFI＝0.98，RMSEA＝0.04。

之后，高中华和赵晨（2014）利用该问卷对国内某大型制造企业集团位于北京、杭州、西安等地的7家分公司的员工进行了调查，最后获得实际可用的样本数据为545份。结果表明，角色冲突、角色模糊和角色超载的信度分别为0.74、0.78和0.87。高中华和赵晨（2014）采用验证性因素分析考察角色冲突、角色模糊、角色超载这三个构念之间的区分效度，结果显示，它们之间具有良好的区分效度。

量表

请您根据自己的实际感受和体会，用下面 13 项描述对自己的实际情况进行评价和判断，并在最符合的数字上划○。评价和判断的标准如下：1＝非常不同意，2＝不同意，3＝不好确定，4＝同意，5＝非常同意。

1	我经常要面对一些目标彼此冲突的情形。	1	2	3	4	5
2	我从两个或者更多的人那里接收到互相矛盾的要求。	1	2	3	4	5
3	我不得不去面对一些不同的情形，并以不同的方式来做这些事情。	1	2	3	4	5
4	我的工作有明确的、计划好的目标与目的。	1	2	3	4	5
5	我确切地了解单位对我的期望是什么。	1	2	3	4	5
6	我知道我的职责是什么。	1	2	3	4	5
7	我非常明确我承担多大的责任。	1	2	3	4	5
8	我的职责有明确的界定。	1	2	3	4	5
9	很需要减轻我的部分工作。	1	2	3	4	5
10	在工作中，我感觉负担过多。	1	2	3	4	5
11	我承担了太多的职责。	1	2	3	4	5
12	我的工作负担太重。	1	2	3	4	5
13	我所承担的工作量太大，以至于我不能保证质量。	1	2	3	4	5

计分方法

角色压力量表包括三个维度，共 13 道题，可以计算每个维度所包括题目的总分或平均分。每个维度包括的题目如下：

1. 角色冲突：共 3 道题，具体包括第 1～第 3 题。
2. 角色模糊：共 5 道题，具体包括第 4～第 8 题，均需反向计分。
3. 角色超载：共 5 道题，具体包括第 9～第 13 题。

量表出处

李超平，张翼．角色压力源对教师生理健康与心理健康的影响．心理发展与教育，2009，25（1）：114-119.

参考文献

Kahn，R. L.，Wolfe，D. M.，Quinn，R. P.，et al. Organizational stress：studies in role conflict and ambiguity. New York：Wiley，1964.

Peterson，M. F.，Smith，P. B.，Akande，A.，Ayestaran，S.，Bochner，S.，Callan，V.，et al. Role conflict，ambiguity，and overload：a 21-nation study. Academy of Management Journal，1995，38（2）：429-452.

高中华，赵晨．工作家庭两不误为何这么难？基于工作家庭边界理论的探讨．心理学报，2014，46（4）：552-568.

科研压力（周霏，2009）

(Research Stress)

简介

科研压力是指个体对外界情境的认知评价。现实中产生科研压力的来源很多，比如完成课题项目、发表高质量学术论文等。

张永军，廖建桥和赵君（2013）对科研压力的测量采用周霏（2009）编制的问卷，共3道题。在武汉、北京、西安、上海等高等教育发达的城市发放纸质和电子问卷，回收纸质问卷129份，回收电子问卷126份，共回收问卷255份，剔除无效问卷22份，共得到有效问卷233份。

信度与效度

科研压力的内部一致性系数为0.870，信度较好。验证性因素分析的结果表明，科研压力与其他变量的五因素测量模型拟合较好，χ^2/df、GFI、NFI、CFI、RMSEA值分别为2.571（321.4/125）、0.875、0.871、0.916、0.082，各项拟合指数均达到或接近先定的标准，说明科研压力与其他变量有较好的区分效度。

量表

请您根据自己的实际感受和体会，用下面3项描述对您的实际情况进行评价和判断，并在最符合的数字上划○。评价和判断的标准如下：1＝非常不同意，2＝不同意，3＝有点不同意，4＝有点同意，5＝同意，6＝非常同意。

1	我为如何完成科研任务而忧心忡忡。	1	2	3	4	5	6
2	我感到科研工作的压力很大。	1	2	3	4	5	6
3	我因科研工作而心情压抑和不快。	1	2	3	4	5	6

计分方法

科研压力量表共3道题，可以计算总分或平均分。

量表出处

张永军，廖建桥，赵君．科研压力对博士生学术不端行为的影响研究．科研管理，2013，34（4）：99-107.

参考文献

周霏．团队支持感、科研自我效能感对高校科研团队创新绩效的作用研究．杭州：浙江工业大学，2009.

工作倦怠（李永鑫，2003）

（Burnout）

简介

工作倦怠目前已经成为组织行为学和健康心理学的热点研究领域之一。依据Maslach等（1981，1986）的定义，工作倦怠就是“在以人为服务对象的职业领域中，个体的一种情感耗竭、人格解体和个人成就感降低的症状”。具体来说，倦怠就是一种发生于正常人身上的持续的、负性的、与工作相关的心理状态，其主要特征是耗竭，并伴随有工作中的烦恼、有效性降低、动机下降、不良态度与行为的形成与发展等特征。

国内心理学界从2003年开始对工作倦怠问题加以关注，李永鑫博士是较早进入这个领域的学者之一，他在文献综述和个案访谈的基础上，参考国外的知名问卷，编制了工作倦怠问卷（Chinese Maslach Burnout Inventory，CMBI）。目前该问卷已经为国内近10余所高校和科研单位的研究者所采用，广泛应用于教师、医护人员、警察、企业管理者和员工、营销员、图书管理员等职业领域。

信度与效度

工作倦怠问卷包括耗竭、人格解体和成就感降低三个维度，其同质信度分别为0.817 5、0.765 0和0.670 2，分半信度分别为0.805 5、0.731 3和0.649 5，重测信度分别为0.861 7、0.834 1和0.832 5。效度分析表明，工作倦怠的三因素模型明显优于二因素模型和单因素模型。

量表

请您根据自己的实际感受和体会，用下面15项描述对您工作中的实际情况进行评价和判断，并在最符合的数字上划○。评价和判断的标准如下：1=完全不符合，2=不符合，3=有点不符合，4=不清楚，5=有点符合，6=符合，7=完全符合。

1	我非常疲倦。	1	2	3	4	5	6	7
2	我不关心工作对象的内心感受。	1	2	3	4	5	6	7
3	我能有效地解决工作对象的问题。	1	2	3	4	5	6	7
4	我担心工作会影响我的情绪。	1	2	3	4	5	6	7
5	我的工作对象经常抱怨我。	1	2	3	4	5	6	7
6	我可以通过自己的工作有效地影响他人。	1	2	3	4	5	6	7
7	我常常感觉筋疲力尽。	1	2	3	4	5	6	7
8	我抱着玩世不恭的态度工作。	1	2	3	4	5	6	7
9	我能创造轻松活泼的工作气氛。	1	2	3	4	5	6	7
10	一天的工作结束，我感觉疲劳至极。	1	2	3	4	5	6	7
11	我经常责备我的工作对象。	1	2	3	4	5	6	7
12	解决了工作对象的问题后，我非常兴奋。	1	2	3	4	5	6	7

13	最近一段时间，我有点抑郁。	1	2	3	4	5	6	7
14	我经常拒绝工作对象的要求。	1	2	3	4	5	6	7
15	我完成了很多有意义的工作任务。	1	2	3	4	5	6	7

计分方法

工作倦怠量表包括三个维度，共15道题，可以计算每个维度所包括题目的总分或平均分。每个维度包括的题目如下：

1. 耗竭：共5道题，具体包括第1、4、7、10、13题。
2. 人格解体：共5道题，具体包括第2、5、8、11、14题。
3. 成就感降低：共5道题，具体包括第3、6、9、12、15题，均需反向计分。

量表出处

李永鑫．工作倦怠及其测量．心理科学，2003，26（3）．

参考文献

Maslach，C. Stress，burnout and workaholism. Professionals in Distress：Issues，Syndromes and Solutions in Psychology，1986.

Maslach，C.，Jackson，S. E. The measurment of experienced burnout. Journal of Organizational Behavior，1981，2（2）：99-113.

职业妥协（翁清雄等，2018）

（Career Compromise）

简介

职业妥协是指当人们无法获得理想的职位时，降低自身的求职目标，在可及的工作职位中进行选择的过程。这一内涵比较适用于传统的职业生涯，因为在过去人们一般一生只做一次职业选择，之后基本不会再更换工作或职业。

然而，随着经济社会的发展，在当前的职业环境下，职业妥协的内涵更多是指人们由于无法获得理想的职位，降低个人当前的求职目标，在可获得的工作职位中进行职业选择的过程。

翁清雄等（2018）以 Gati（1993）的妥协模式理论作为框架进行量表开发。量表的编制主要经过三个阶段：第一阶段通过访谈、开放式问卷等收集原始资料；第二阶段对收集的原始资料进行编码、整理，初步形成封闭式的问卷；最后一个阶段运用初步编制的问卷进行小规模的预测，并对问卷进行质和量的修正、检验，形成正式的量表。翁清雄等（2018）以企业员工作为研究对象，通过网络问卷系统对 MBA 周末班学员及其同事进行问卷调查，共发放问卷 600 份，最终得到有效问卷 342 份。

信度与效度

职业妥协量表共有 12 道题，鉴别度分析结果显示，每一个题项皆达到显著水平，说明量表的题项具有区分高分组与低分组的能力。所编制问卷各题项的标准差均大于 0.50，说明问卷各题项的鉴别力较强。各项目与总分的相关性也达到了 0.01 的显著水平，相关系数处于 0.54～0.73 之间，均高于 0.50，说明各题项内在一致性高。将样本分为两部分，一部分样本用于探索性因素分析（$n=171$），另一部分样本用于验证性因素分析（$n=171$）。结果表明，员工职业妥协的结构主要包括 3 个维度，包括发展机会妥协、职业匹配妥协、社会期望妥协，每一维度包含 4 个条目。

验证性因素分析结果表明，模型的整体拟合情况较好。其中，绝对拟合指数 χ^2/df 为 2.01，均方根残差 RMR 小于 0.05，近似误差均方根 RMSEA 也接近 0.05 的理想水平，GFI 达到 0.95 以上，PGFI 大于 0.50，表明模型的简约性较好。相对拟合指数 CFI、NFI 和 TLI 等都达到了理想水平 0.90 以上。验证性因素分析的变量载荷结果表明，各个观测变量在相应的潜变量上的标准化载荷系数均在 0.5～1，而且全部通过了 t 检验，在 $p<0.001$ 的水平上显著，各个项目的误差也都小于 0.70。这说明本研究的各变量具有充分的收敛效度。

信度分析结果显示，此量表 3 个因素内部一致性均大于 0.70，显示自编量表的信度较佳。发展机会妥协、职业匹配妥协和社会期望妥协的 Cronbach’s Alpha 系数分别为 0.84、0.79 和 0.75。量表的信效度指数都达到了良好水平。

量表

请您根据自己的实际感受和体会，通过下面12项描述对当前工作的组织进行评价和判断，并在最符合的数字上划○。评价和判断的标准如下：1＝很不满意，2＝不太满意，3＝不确定，4＝比较满意，5＝非常满意。

1	提供的薪酬水平。	1	2	3	4	5
2	未来的晋升机会。	1	2	3	4	5
3	运用所掌握知识的程度。	1	2	3	4	5
4	运用所掌握工作技能的程度。	1	2	3	4	5
5	学习新的工作知识的机会。	1	2	3	4	5
6	掌握新的工作技能的机会。	1	2	3	4	5
7	积累新的工作经验的机会。	1	2	3	4	5
8	工作单位和职位对应的社会地位。	1	2	3	4	5
9	与兴趣的相符程度。	1	2	3	4	5
10	与职业理想、职业目标的相关程度。	1	2	3	4	5
11	与家庭期望的一致性。	1	2	3	4	5
12	与朋友期望的一致性。	1	2	3	4	5

计分方法

职业妥协量表共12道题，可以计算总分。

量表出处

翁清雄，胡啸天，陈银龄．职业妥协研究：量表开发及对职业承诺与工作倦怠的预测作用．管理世界，2018（4）：113-126，175，188.

参考文献

Gati，I. Career compromises. Journal of Counseling Psychology，1993，40（4）：416-424.

第10章 组织特征

二元环境 (Jansen et al., 2006)

(Ambidextrous Environment)

简介

环境动态性通常是指环境变化的速度和不稳定的程度，不仅包括环境变化的程度，还包括环境变化的不确定性。环境竞争性是指外部环境竞争的激烈程度（Matusik & Hill，1998)，通常表现为竞争者数量以及竞争领域的多少。从企业实践来看，大多数企业很少只面临动态性或者竞争性单一环境要素的威胁，而往往处于动态性和竞争性并存的二元环境中，尤其是经济转型国家中的企业表现得更为明显。因此，陈建勋（2011）将企业面临的动态性和竞争性并存的外部环境叫作二元环境。

陈建勋（2011）使用的二元环境量表来自经翻译的Jansen等（2006）的量表，企业员工根据自己工作的企业所处的环境作出评价。总量表的信度为0.832，包括环境动态性和环境竞争性分量表，其信度分别为0.738和0.820。

陈建勋（2011）采用问卷调查的方法收集数据，对来自北京、内蒙古和山西3个地区的规模在100人以上、成立时间在3年以上、以一般制造业和IT业为主的多家企业进行了调查。共发放问卷450份，回收245份，剔除填答不完整和明显不认真作答的无效问卷52份，最终得到有效问卷193份。

量表

请您根据自己的实际感受和体会，用下面8项描述对您公司所处的环境进行评价和判断，并在最符合的数字上划○。评价和判断的标准如下：1＝非常不同意，2＝不同意，3＝不好确定，4＝同意，5＝非常同意。

1	外部环境的变化很大。	1	2	3	4	5
2	顾客经常对产品（服务）提出新的需求。	1	2	3	4	5
3	外部环境不断发生变化。	1	2	3	4	5
4	公司所在市场上的产品（服务）数量和种类不断变化。	1	2	3	4	5
5	环境竞争非常激烈。	1	2	3	4	5
6	竞争对手实力较强。	1	2	3	4	5
7	市场竞争强度很高。	1	2	3	4	5
8	公司所在的市场经常爆发价格战。	1	2	3	4	5

计分方法

二元环境量表包括两个分量表，共 8 道题，可以计算每个分量表所包括题目的总分或平均分。每个分量表包括的题目如下：

1. 环境动态性：指环境变化的速度和不稳定的程度。共 4 道题，具体包括第 1～第 4 题。

2. 环境竞争性：指外部环境竞争的激烈程度。共 4 道题，具体包括第 5～第 8 题。

量表出处

陈建勋．组织学习的前因后果研究：基于二元视角．科研管理，2011，32（6）：140-149.

参考文献

Jansen，J. J. P.，Bosch，F. A. J. V. D.，Volberda，H. W. Exploratory innovation，exploitative innovation，and performance：effects of organizational antecedents and environmental moderators. Erim Report，2006，52（11）：1661-1674.

Matusik，S. F.，Hill，C. W. L. The utilization of contingent work，knowledge creation，and competitive advantage. Academy of Management Review，1998，23（4）：680-697.

环境不确定性（Hoogh et al.，2005）

（Environmental Uncertainty）

简介

环境不确定性是影响人们预测行动结果（特别是长期结果）的一个情境因素。在高不确定性的环境中，个体或者觉得自己没有能力去了解环境变化的方向，或者不清楚环境变化对组织的影响，或者不知道采取某种特定的措施是否会成功（Milliken，1987）。

张文慧和王辉（2009）对环境不确定性的测量使用的是Hoogh等（2005）用过的问卷，将其翻译成中文。问卷由3道题构成，问卷的内部一致性系数为0.82。

张文慧和王辉（2009）对284名在职MBA学生和企业受训人员展开调研，共回收113份有效问卷，回收率为39.79%。

量表

请您根据自己的实际感受和体会，用下面3项描述对您所在的部门进行评价和判断，并在最符合的数字上划○。评价和判断的标准如下：1=非常不同意，2=不同意，3=有点不同意，4=不好确定，5=有点同意，6=同意，7=非常同意。

1	部门的工作环境充满了挑战。	1	2	3	4	5	6	7
2	部门的工作环境富于变化。	1	2	3	4	5	6	7
3	部门的工作环境提供了非常多的变革机会。	1	2	3	4	5	6	7

计分方法

环境不确定性量表共3道题，可以计算总分或平均分。

量表出处

张文慧，王辉．长期结果考量、自我牺牲精神与领导授权赋能行为：环境不确定性的调节作用．管理世界，2009（6）：115-123.

参考文献

Hoogh，A. H. B. D.，Hartog，D. N. D.，Koopman，P. L. Linking the big five-factors of personality to charismatic and transactional leadership：perceived dynamic work environment as a moderator. Journal of Organizational Behavior，2005，26（7）：839-865.

Milliken，F. J. Three types of perceived uncertainty about the environment：state，effect and response uncertainty. Academy of Management Review，1987，12（1）：133-143.

市场导向 (Kumar et al.，1998)

(Market Orientation)

简介

市场导向是一种通过对顾客、竞争者及内部部门协调的重视，以期产生更高的顾客价值并建立竞争优势的组织文化（Narver & Slater，1990）。市场导向具有程序、组织文化及能力等多方面的特质，是组织应对外部环境各种变化过程的措施，包括顾客层面、竞争者层面及一般环境层面对于组织内在协调机制的激励等内容（林义屏，2001）。

谢洪明，刘常勇和陈春辉（2006）使用的市场导向量表来自经翻译的 Kumar，Subramanian 和 Yauger（1998）的量表，这是 Narver 和 Slater（1990）所提出的衡量市场导向的量表的修订版，包括顾客导向、竞争者导向、部门间的协调、长期观点以及强调生存和成长/利润五个因素，共 25 道题。市场导向问卷的内部一致性系数为 0.93。

谢洪明，刘常勇和陈春辉（2006）根据珠三角地区的企业黄页电话号码簿随机抽取欲调查的样本企业，然后通过电话与该企业的高层联络，确认可以接受调查后，即派人上门进行调查，或者将问卷邮寄过去。共发放问卷 600 份，回收 156 份。其中填答不全的无效问卷 5 份，有效问卷 151 份。

量表

请您根据自己的实际感受和体会，用下面 25 项描述对您所在的企业进行评价和判断，并在最符合的数字上划○。评价和判断的标准如下：1＝非常不同意，2＝不同意，3＝有点不同意，4＝有点同意，5＝同意，6＝非常同意。

1	公司的经营目标表达了对顾客满意的承诺。	1	2	3	4	5	6
2	公司不断创造新的服务内容以为顾客提供更多的价值。	1	2	3	4	5	6
3	公司的竞争优势是基于对顾客需求的了解。	1	2	3	4	5	6
4	公司的经营战略是以增加顾客价值为目的而制定的。	1	2	3	4	5	6
5	公司会经常性地评估顾客的满意度。	1	2	3	4	5	6
6	公司非常重视并不断改进售后服务的质量。	1	2	3	4	5	6
7	公司员工能够共享公司外部竞争者的信息。	1	2	3	4	5	6
8	公司会快速地回应竞争者的行动。	1	2	3	4	5	6
9	公司的高层管理者经常讨论竞争对手的战略。	1	2	3	4	5	6
10	公司的高层管理者善于寻找并抓住建立竞争优势的各种机会。	1	2	3	4	5	6
11	公司的各个部门能够密切合作以满足顾客的需求。	1	2	3	4	5	6
12	公司的各个部门能够彼此共享商业信息。	1	2	3	4	5	6
13	公司的各个部门能够密切合作以为顾客提供价值。	1	2	3	4	5	6
14	公司的经营战略整合了各个部门的工作/贡献。	1	2	3	4	5	6
15	公司各事业部会共享资源。	1	2	3	4	5	6
16	公司重视长期利润。	1	2	3	4	5	6

17	长期而言，公司需满足所有主要利益相关者（如顾客、员工、股东等）的需求。	1	2	3	4	5	6
18	长期而言，公司需达到盈利的目标。	1	2	3	4	5	6
19	公司经常为顾客挖掘并创造新的价值。	1	2	3	4	5	6
20	公司会尽力去克服任何服务上的缺陷。	1	2	3	4	5	6
21	公司要求缩短新服务或新设备的投资回收期。	1	2	3	4	5	6
22	公司每个部门都以利润为标准来衡量其绩效。	1	2	3	4	5	6
23	公司的高层管理者重视改进相对于竞争者的绩效。	1	2	3	4	5	6
24	公司要求所有的服务单位都是可盈利的。	1	2	3	4	5	6
25	公司强调各部门的运营收入要能支付其费用。	1	2	3	4	5	6

计分方法

市场导向量表包括五个维度，共 25 道题，可以计算每个维度所包括题目的总分或平均分。每个维度包括的题目如下：

1. 顾客导向：共 6 道题，具体包括第 1～第 6 题。
2. 竞争者导向：共 4 道题，具体包括第 7～第 10 题。
3. 部门间的协调：共 5 道题，具体包括第 11～第 15 题。
4. 长期观点：共 3 道题，具体包括第 16～第 18 题。
5. 强调生产和成长/利润：共 7 道题，具体包括第 19～第 25 题。

量表出处

谢洪明，刘常勇，陈春辉．市场导向与组织绩效的关系：组织学习与创新的影响——珠三角地区企业的实证研究．管理世界，2006（2）：80-94.

参考文献

Narver，J. C.，Slater，S. F. The effect of a market orientation on business profitability. Journal of Marketing，1990，54（4）：20-35.

Kumar，K.，Subramanian，R.，Yauger，C. Examining the market orientation-performance relationship：a context-specific study. Journal of Management，1998，24（2）：201-233.

林义屏．市场导向、组织学习、组织创新与组织绩效间关系之研究——以科学园区信息电子产业为例. 高雄：台湾中山大学，2001.

市场导向 (Deshpandé et al.，1998)

(Market Orientation)

简介

市场导向引导和激发企业为顾客创造价值的行为准则和价值观，要求企业充分了解目标顾客的需求倾向，不但能够理解顾客当前需求，还必须根据企业内部和市场动态发现顾客未来的需求，要求企业关注竞争者的能力和战略行为，分析当前和潜在竞争者的优势和劣势，并在此基础上通过内部协作，充分利用企业资源为目标顾客创造价值(Deshpandé & Webster，1993)。

杨曦东（2010）翻译了Deshpandé和Farley（1998）开发的10道题的问卷，来测量市场导向。市场导向问卷的内部一致性系数为0.883。

杨曦东（2010）以分别代表中西部、东部沿海地区的陕西、山东、浙江、广东4省的企业为对象，根据名册随机抽取200家企业进行问卷调查，回收问卷143份，其中有效问卷114份。

量表

请您根据自己的实际感受和体会，用下面10项描述对您所在企业的实际情况进行评价和判断，并在最符合的数字上划○。评价和判断的标准如下：1=非常不同意，2=不同意，3=不好确定，4=同意，5=非常同意。

1	为了满足顾客需求，经常监控市场投入水平和市场定位。	1	2	3	4	5
2	各部门间经常自由讨论与顾客交往的成败经历。	1	2	3	4	5
3	企业的竞争优势建立在对顾客需求的了解之上。	1	2	3	4	5
4	经常系统地衡量顾客满意度。	1	2	3	4	5
5	比竞争对手更关注顾客。	1	2	3	4	5
6	业务之所以被开发，主要是为了服务顾客。	1	2	3	4	5
7	经常将有关顾客满意方面的数据和信息传递给各部门。	1	2	3	4	5
8	主要目标是让顾客满意。	1	2	3	4	5
9	定期评价顾客服务情况。	1	2	3	4	5
10	每年至少与终端顾客交谈一次以评价产品质量。	1	2	3	4	5

计分方法

市场导向量表共10道题，可以计算总分或平均分。

量表出处

杨曦东．战略导向、组织学习对产品创新的影响研究．管理评论，2010，22（4）：47-55.

参考文献

Deshpandé，R.，Webster，F. E. Corporate culture，custom orientation，and innovativeness in Japanese firms：a quadrat analysis. Journal of Marketing，1993，57（1）：23-37.

Deshpandé，R.，Farley，J. U. Measuring market orientation：generalization and synthesis. Journal of Market-Focused Management，1998，2（2）：213-232.

员工战略共识（黄再胜，2011）

(Employees' Strategy Consensus)

简介

Wooldridge 和 Floyd（1989）认为，战略共识包括三方面内容，即共识内容、共识范围和共识程度。Dess 和 Priem（1995）把战略共识定义为企业高管层或核心人员关于企业目标、竞争途径以及环境感知等方面的一致看法。黄再胜（2011）认为，员工战略共识是指在企业战略制定、澄清、沟通以及执行等过程中所实现的中下层员工对公司战略的清晰理解、认同感和责任感。

黄再胜（2011）编制开发了中国文化背景下的员工战略共识测量问卷。在对有关员工战略共识的文献进行分析的基础上，给出员工战略共识的定义和内涵，制定访谈提纲和计划。利用关键事件技术对 40 名被访者进行半结构化访谈，在对题目进行删改增减之后，有 18 道题被确定用来测量企业员工战略共识的三个维度。经过初测，根据 198 份有效问卷的探索性因素分析结果，形成了 13 道题的最终问卷。

为了进一步验证构想效度，考察问卷的信度与效度，黄再胜（2011）共发放问卷 550 份，回收 376 份，其中有效问卷 298 份，验证性因素分析证实了员工战略共识问卷的构想效度。

信度与效度

探索性因素分析的结果表明，战略共识的三个维度的累计方差解释率为 60.70%。总问卷的信度为 0.87，战略理解维度的信度为 0.71，战略认同维度的信度为 0.75，战略承诺维度的信度为 0.86。验证性因素分析的结果表明，因子载荷与相关因子的相关系数均达到了显著性水平（$p<0.01$），拟合指数说明模型拟合基本上达到了要求，其中 CFI、IFI、TLI 均达到 0.90 以上，RMSEA 为 0.063，$\chi^2/df=2.197$。这说明员工战略共识的三因素结构得到了数据的支持。

量表

请您根据自己的实际感受和体会，用下面 13 项描述对您所在单位的实际情况进行评价和判断，并在最符合的数字上划○。评价和判断的标准如下：1＝非常不同意，2＝不同意，3＝基本同意，4＝同意，5＝非常同意。

1	对企业愿景和使命很了解。	1	2	3	4	5
2	清楚有效执行企业战略的途径和方式。	1	2	3	4	5
3	有人批评企业战略就像是对自己的侮辱。	1	2	3	4	5
4	常说“我们的”战略，而不是“他们的”战略。	1	2	3	4	5
5	企业战略的成功就是个人的成功。	1	2	3	4	5
6	有人赞扬企业战略就像是在表扬自己。	1	2	3	4	5

7	非常愿意执行与企业战略有关的任务。	1	2	3	4	5
8	愿意格外努力地去执行企业战略。	1	2	3	4	5
9	会想尽办法克服执行企业战略时遇到的困难。	1	2	3	4	5
10	会主动提出有利于企业战略执行的各种建议。	1	2	3	4	5
11	执行企业战略时会主动帮助本部门同事。	1	2	3	4	5
12	执行企业战略时会主动帮助其他部门同事。	1	2	3	4	5
13	执行企业战略时愿意与同事实现信息、技术等资源共享。	1	2	3	4	5

计分方法

员工战略共识量表包括三个维度，共 13 道题，可以计算每个维度所包括题目的总分或平均分。每个维度包括的题目如下：

1. 战略理解：指各级员工对企业愿景、使命和战略目标及其实现手段的共同理解和准确认知。共 2 道题，具体包括第 1、第 2 题。

2. 战略认同：表明员工对公司战略目标及其实现手段的普遍认可。共 4 道题，具体包括第 3～第 6 题。

3. 战略承诺：表明企业战略执行过程中，各级员工态度积极、行动有力，并且能够相互合作，实现资源和能力的共享。共 7 道题，具体包括第 7～第 13 题。

量表出处

黄再胜．企业员工战略共识及其影响因素的实证研究．南开管理评论，2011，14（4）：32-41.

参考文献

Wooldridge，B.，Floyd，S. W. Research note and communications strategic process effect on consensus. Strategic Management Journal，1989，10（3）：295-302.

Dess，G. G.，Priem，R. L. Consensus-performance research：theoretical and empirical extensions. Journal of Management Studies，1995，32（4）：401-417.

战略实施能力（张一弛等，2008）

(Strategy Implementation Capacity)

简介

战略实施能力指的是企业的人力资源管理体系与用来实施战略的业务流程之间的匹配程度（Becker & Huselid，2006）。这种战略实施能力可以具体表现在企业是否有清晰的战略，这种战略是否为员工所理解，管理层关于员工在企业中的作用的观念以及企业是否开发了相应的业绩衡量标准以推动战略的实现等方面。

张一弛和李书玲（2008）对战略实施能力的测量使用了 Becker 等（2001）开发的调查问卷中的 10 道题，衡量的是企业战略的清晰程度以及这一战略是否得到有效贯彻。战略实施能力问卷中，因子解释了总方差的 50.67%，内部一致性系数为 0.93。

张一弛和李书玲（2008）选择了 650 家专门从事医药产品生产和销售的企业。每套调查问卷包括四个子问卷，分别请总经理、市场营销经理、人力资源经理和财务经理填写。共回收 134 套填答完整的问卷，实际可用的问卷回复率为 21%。

量表

请您根据自己的实际感受和体会，用下面 10 项描述对您所在企业的实际情况进行评价和判断，并在最符合的数字上划○。评价和判断的标准如下：1＝非常不同意，2＝不同意，3＝有点不同意，4＝不好确定，5＝有点同意，6＝同意，7＝非常同意。

1	公司的战略非常清晰。	1	2	3	4	5	6	7
2	普通员工知道怎样工作才能有助于公司的成功。	1	2	3	4	5	6	7
3	管理层把员工看作最宝贵的资源。	1	2	3	4	5	6	7
4	最高管理层具有战略眼光。	1	2	3	4	5	6	7
5	公司的决策风格可以被描述为参与型。	1	2	3	4	5	6	7
6	公司管理层在决策过程中会认真考虑有关各方的利益。	1	2	3	4	5	6	7
7	公司开发了财务业绩衡量指标并宣传贯彻。	1	2	3	4	5	6	7
8	公司开发了客户反应衡量指标并宣传贯彻。	1	2	3	4	5	6	7
9	公司开发了关键业务流程衡量指标并宣传贯彻。	1	2	3	4	5	6	7
10	公司开发了组织的学习与发展衡量指标并宣传贯彻。	1	2	3	4	5	6	7

计分方法

战略实施能力量表共 10 道题，可以计算总分或平均分。

量表出处

张一弛，李书玲．高绩效人力资源管理与企业绩效：战略实施能力的中介作用．管理世界，2008（4）：107-114.

参考文献

Becker，B. E.，Huselid，M. A. Strategic human resources management：where do we go from here? Journal of Management，2006，32（1）：898-925.

Becker，B.，Huselid，M. A.，Ulrich，D. The HR scorecard：linking people，strategy and performance. Boston：Harvard Business School Press，2001.

企业战略执行力（徐万里等，2008）

(Enterprise's Strategy Execution)

简介

薛云奎等（2005）认为共识、协同和控制是战略执行力的三大构成要素，并提出企业战略执行力由10个相互关联的执行步骤组成，即战略制定、战略澄清、战略沟通、目标分解、计划拟定、资源分配、战略行动、业绩反馈、奖惩激励及学习调整，因此，企业战略执行力是一个多维度概念，由多项因素构成。徐万里等（2008）根据其他相关研究提出的维度及影响因素，总结中国企业战略执行力现状，归纳出中国企业战略执行力的三大维度：战略维度、企业制度维度和企业文化维度。其中，战略维度包括战略制定、战略分解、战略监控，企业制度维度包括人力保障、人才使用、考核激励和组织协作等制度，企业文化维度包括理念文化、公正文化和激情文化。

徐万里等（2008）开发企业战略执行力问卷的过程由三个实证研究构成，即一个质化研究和两个阶段的定量研究。质化研究的主要目的是基于相关学术文献研究，结合25位国内外著名的企业家对企业战略执行力的论述，通过企业调研形成中国企业战略执行力测量问卷。定量研究分为两个阶段，第一阶段主要是进行量表提纯和探索性因素分析。在该阶段共发放问卷385份，回收212份，其中有效问卷187份。经过探索性因素分析，得到33道具有良好信度和效度的题目。第二阶段主要是通过独立问卷样本对中国企业战略执行力的维度结构进行验证性因素分析，并检验量表的信度和效度。在此阶段共发放问卷523份，回收263份，其中有效问卷226份。

信度与效度

中国企业战略执行力问卷包括三大维度十大影响因素：战略维度（战略制定、战略分解、战略监控）、企业制度维度（人力保障、人才使用、考核激励和组织协作等制度）和企业文化维度（理念文化、公正文化和激情文化）。信度分析表明，战略制定的信度为0.86，战略分解的信度为0.89，战略监控的信度为0.89，人力保障制度的信度为0.91，人才使用制度的信度为0.86，考核激励制度的信度为0.91，组织协作制度的信度为0.89，理念文化的信度为0.88，公正文化的信度为0.86，激情文化的信度为0.90。同时，验证性因素分析表明，$\chi^2/df=1.79$，NNFI＝0.97，CFI＝0.98，IFI＝0.98，RMSEA＝0.085。这说明问卷具有较好的结构效度。

量表

请您根据自己的实际感受和体会，用下面33项描述对您所在公司的实际情况进行评价和判断，并在最符合的数字上划○。评价和判断的标准如下：1＝非常不同意，2＝不同意，3＝不好确定，4＝同意，5＝非常同意。

1	清楚内部人力资源现状。	1	2	3	4	5
2	清楚下阶段所需的人力资源。	1	2	3	4	5
3	有足够的人选执行战略。	1	2	3	4	5
4	重要岗位有合适的接班人选。	1	2	3	4	5
5	经常互相鼓励。	1	2	3	4	5
6	有强烈的工作热情。	1	2	3	4	5
7	有强烈的团队精神。	1	2	3	4	5
8	战略执行有监督检查措施。	1	2	3	4	5
9	能根据变化很快对战略作出调整。	1	2	3	4	5
10	对战略有阶段性评估。	1	2	3	4	5
11	战略分解到各级部门。	1	2	3	4	5
12	战略按时间进行分解。	1	2	3	4	5
13	战略计划很详细。	1	2	3	4	5
14	有人检查岗位工作。	1	2	3	4	5
15	部门考评影响个人考评。	1	2	3	4	5
16	工作失职有处罚。	1	2	3	4	5
17	工作表现好有奖励。	1	2	3	4	5
18	倾听员工意见。	1	2	3	4	5
19	不推诿责任。	1	2	3	4	5
20	制度运作透明。	1	2	3	4	5
21	有典型核心文化故事。	1	2	3	4	5
22	有典型核心文化人物。	1	2	3	4	5
23	明确经营理念。	1	2	3	4	5
24	有完善的人才选拔制度。	1	2	3	4	5
25	有完善的人才培养制度。	1	2	3	4	5
26	有明确的岗位说明书。	1	2	3	4	5
27	各部门间能有效沟通。	1	2	3	4	5
28	有明确的业务流程制度。	1	2	3	4	5
29	部门运作与战略目标相关。	1	2	3	4	5
30	各部门的任务清晰。	1	2	3	4	5
31	经常进行外部环境分析。	1	2	3	4	5
32	科学制定战略。	1	2	3	4	5
33	经常进行内部情况分析。	1	2	3	4	5

计分方法

企业战略执行力量表包括十个分量表，共33道题，可以计算每个分量表所包括题目的总分或平均分。每个分量表包括的题目如下：

1. 人力保障制度：共4道题，具体包括第1～第4题。
2. 激情文化：共3道题，具体包括第5～第7题。
3. 战略监控：共3道题，具体包括第8～第10题。
4. 战略分解：共3道题，具体包括第11～第13题。
5. 组织协作制度：共4道题，具体包括第14～第17题。

6. 公正文化：共3道题，具体包括第18～第20题。
7. 理念文化：共3道题，具体包括第21～第23题。
8. 人才使用制度：共3道题，具体包括第24～第26题。
9. 考核激励制度：共4道题，具体包括第27～第30题。
10. 战略制定：共3道题，具体包括第31～第33题。

量表出处

徐万里，孙海法，王志伟，钱锡红．中国企业战略执行力维度结构及测量．中国工业经济，2008（10）：97-108.

参考文献

薛云奎，齐大庆，韦华宁．中国企业战略执行现状及执行力决定因素分析．管理世界，2005（9）：88-98.

战略执行力（薛云奎等，2005）

(Strategic Implementation Power)

简介

战略执行力是执行战略的能力，对企业的战略执行具有重要作用。薛云奎等（2005）指出，战略执行力是决定企业既定战略能否有效实施的重要因素，是企业在战略执行过程中运用各种资源和机制实现战略目标的综合能力，由战略共识、战略协同、战略控制三大基本要素构成。

冯海龙（2010）采用薛云奎等（2005）开发的问卷对战略执行力进行了测量，包括战略共识、战略协同和战略控制三个测量维度。战略执行力总问卷及各维度的内部一致性系数均在 0.80 以上。

冯海龙（2010）向中国大连高级经理学院 2007 年第二、第三期学员发放问卷，回收有效问卷 87 份，向大连理工大学部分在读 EMBA 学员发放问卷，回收有效问卷 38 份，并在北京、大连、河南三地进行实地访谈，得到有效问卷 14 份，有效样本总量为 139 份。

量表

请您根据自己的实际感受和体会，用下面 16 项描述对您所在企业的战略进行评价和判断，并在最符合的数字上划○。评价和判断的标准如下：1=非常不同意，2=不同意，3=不好确定，4=同意，5=非常同意。

1	高层管理者了解企业战略。	1	2	3	4	5
2	高层管理者认同企业战略。	1	2	3	4	5
3	中下层员工了解企业战略。	1	2	3	4	5
4	中下层员工认同企业战略。	1	2	3	4	5
5	外部相关者了解企业战略。	1	2	3	4	5
6	外部相关者认同企业战略。	1	2	3	4	5
7	运营流程与战略相匹配。	1	2	3	4	5
8	运营中心与战略相匹配。	1	2	3	4	5
9	资源配置与战略相匹配。	1	2	3	4	5
10	组织架构与战略相匹配。	1	2	3	4	5
11	人力资源与战略相匹配。	1	2	3	4	5
12	信息系统与战略相匹配。	1	2	3	4	5
13	执行效果能够得到有效追踪。	1	2	3	4	5
14	执行偏差能够得到有效修正。	1	2	3	4	5
15	业绩评估系统与战略相匹配。	1	2	3	4	5
16	奖惩激励制度与战略相匹配。	1	2	3	4	5

计分方法

战略执行力量表包括三个维度，共16道题，可以计算每个维度所包括题目的总分或平均分。每个维度包括的题目如下：

1. 战略共识：即企业在战略制定、澄清和沟通过程中所实现的各层级员工和外部利益相关者对公司目标和战略的认同感和责任感。共6道题，具体包括第1～第6题。

2. 战略协同：即企业通过目标分解、计划拟订、资源分配和战略行动所实现的经营活动及组织形式与战略的协调一致。共6道题，具体包括第7～第12题。

3. 战略控制：即企业对战略执行进程进行有效的跟踪、反馈和调整，并依据与战略挂钩的业绩考核制度奖惩员工，使整个企业的运营始终能够朝着既定的方向推进。共4道题，具体包括第13～第16题。

量表出处

冯海龙．组织学习对战略执行力的影响分析．管理评论，2010，22（9）：75-83.

参考文献

薛云奎，齐大庆，韦华宁．中国企业战略执行现状及执行力决定因素分析．管理世界，2005（9）：88-98.

工作单位结构 (Aryee et al.，2008)

(Work Unit Structure)

简介

工作单位结构通常用机械化和有机化两个特征来衡量。机械式结构的特征使沟通渠道变窄，抑制员工从事创造性活动的主观意愿，阻碍知识信息的转化；有机式结构的特征则鼓励员工提出新的想法，促进专业知识和信息的创新和有效整合。

杨付和张丽华（2012）选择国内 13 家大型制造企业集团分布于全国各地的 81 个独立工作团队为研究样本，调查对象包括团队领导在内的所有团队成员（不含派遣制员工）。共发放调查问卷 483 份，回收后剔除信息缺失的问卷 68 份，再通过团队配对比较和团队识别剔除 71 份问卷，最后得到 334 份有效问卷，涉及 75 个团队。

杨付和张丽华（2012）对工作单位结构的测量采用 Aryee 等（2008）编制的工作单位结构量表，将其翻译成中文。工作单位结构用机械化和有机化两个特征来衡量，并成对地描述员工工作单位结构。问卷的内部一致性系数为 0.786，满足心理测量学的要求。

量表

请您根据自己的实际感受和体会，用下面 7 项描述对您所在团队的情况进行评价和判断，并在最符合的数字上划○。评价和判断的标准如下：1＝非常不同意，2＝不同意，3＝不好确定，4＝同意，5＝非常同意。

1	有畅通的沟通渠道，重要的信息在公司可以自由地传递。	1	2	3	4	5
2	经理的操作方式可以比较随意——从非常正式到非常不正式。	1	2	3	4	5
3	在某种情况下更倾向专家决策，即使这意味着对直线管理人员的暂时忽略。	1	2	3	4	5
4	特别强调适应环境的变化，而不过分考虑过去的做法。	1	2	3	4	5
5	特别强调把事情办成，即使这意味着无视正规程序。	1	2	3	4	5
6	控制是宽松、非正式的，强烈依赖合作的非正式关系和标准以求办成事情。	1	2	3	4	5
7	倾向于根据环境和个人特性的需求来确定适当的岗位行为。	1	2	3	4	5

计分方法

工作单位结构量表包括两个维度，共 7 道题，可以计算每个维度所包括题目的总分或平均分。每个维度包括的题目如下：

1. 机械式结构：共 3 道题，具体包括第 1、3、5 题。
2. 有机式结构：共 4 道题，具体包括第 2、4、6、7 题。

量表出处

杨付，张丽华．团队成员认知风格对创新行为的影响：团队心理安全感和工作单位结构的调节作用．

南开管理评论，2012，15（5）：13-25.

参考文献

Aryee，S.，Sun，L. Y.，Chen，Z. X. G.，Debrah，Y. A. Abusive supervision and contextual performance：the mediating role of emotional exhaustion and the moderating role of work unit structure. Management & Organization Review，2008，4（3）：393-411.

公司声誉（缪荣等，2007）

(Corporate Reputation)

简介

缪荣和茅宁（2007）认为，作为一种特殊的无形资产，公司声誉能够帮助企业有效整合内外部的资源，但是由于认知的不同，公司声誉在不同的文化体系下有很大的差异。声誉的价值主要蕴含在公司的社会网络中，是多种要素协同的结果，只有在具体事件中才能体现，且难以量化，其测量是一个很复杂的过程。目前还没有一种方法能够直接将公司声誉以价值形态测量出来。因此，缪荣和茅宁（2007）采取因子分析法，建立整合中国企业的公司声誉排序指标。

缪荣和茅宁（2007）首先对声誉指标体系在中国的有效性进行验证，此阶段的问卷完全采用美国声誉指标的原始问卷（共 20 道题）。邀请四位企业管理专业的博士研究生先将 20 道题独立翻译成中文，再逐一讨论，确定每一道题的中文含义，直到完全消除歧义。

接着，缪荣和茅宁（2007）对 5 家公司的管理人员以及 2 家证券公司的专业分析人士进行访谈，了解影响我国公司声誉的一些特殊因素，对声誉原始问卷进行修订，增加了 10 道题，修订后的问卷共 30 道题。

缪荣和茅宁（2007）通过直接发放纸质问卷、发电子邮件、邮寄纸质问卷等方式，共发放问卷 500 份，回收 244 份，剔除无效问卷 24 份，最终收到有效问卷 220 份。然后对中国公司声誉指标进行探索性因素分析，七个因子的特征根大于 1，累计解释率达到 62.123%。各因子的意义明确，维度清晰，只有一道题“该公司提供的产品和服务物超所值”被删除。七个因子被命名为：形象因子、竞争能力因子、社会背景因子、价值追求因子、感召力因子、社会责任因子以及跨国经营能力因子。

信度与效度

量表总体的信度为 0.878 2，说明量表的总体信度很高。形象因子、竞争能力因子、社会背景因子、价值追求因子、感召力因子、社会责任因子、跨国经营能力因子的信度分别为 0.837 0、0.795 1、0.792 3、0.738 7、0.716 0、0.649 5、0.696 6。验证性因素分析的结果表明中国公司声誉与其他变量有一定的区分效度。

量表

请您根据自己的实际感受和体会，对下面 30 项关于公司的描述进行评价和判断，并在最符合的数字上划○。评价和判断的标准如下：1＝完全不符合，2＝不符合，3＝比较不符合，4＝比较符合，5＝符合，6＝非常符合。

1	我对公司有很好的感觉。	1	2	3	4	5	6
2	公司的管理、运作很好。	1	2	3	4	5	6
3	公司有着清晰的发展愿景。	1	2	3	4	5	6
4	公司相对于竞争对手有优异表现。	1	2	3	4	5	6
5	公司为其产品和服务提供保证。	1	2	3	4	5	6
6	公司提供高质量的产品和服务。	1	2	3	4	5	6
7	公司拥有杰出的领导团队。	1	2	3	4	5	6
8	公司有良好的盈利记录。	1	2	3	4	5	6
9	公司不断开发创新的产品和服务。	1	2	3	4	5	6
10	购买公司的股票风险比较低。	1	2	3	4	5	6
11	公司善于捕捉和利用市场机会。	1	2	3	4	5	6
12	公司拥有良好的成长前景。	1	2	3	4	5	6
13	公司是中国本土的企业。	1	2	3	4	5	6
14	公司有很强的政府背景。	1	2	3	4	5	6
15	公司是民营企业。	1	2	3	4	5	6
16	公司的决策权非常集中。	1	2	3	4	5	6
17	公司的待人方式体现了很高的伦理标准。	1	2	3	4	5	6
18	公司拥有优秀的员工团队。	1	2	3	4	5	6
19	公司与商业伙伴以及其他机构合作。	1	2	3	4	5	6
20	公司总是为人所称道。	1	2	3	4	5	6
21	公司的信息披露非常及时和完整。	1	2	3	4	5	6
22	公司的独立董事非常值得信任。	1	2	3	4	5	6
23	我很羡慕和尊敬公司。	1	2	3	4	5	6
24	我对公司很信任。	1	2	3	4	5	6
25	公司是个值得为之奋斗的企业。	1	2	3	4	5	6
26	公司的领导具有非凡的社会感召力。	1	2	3	4	5	6
27	公司积极支持慈善事业。	1	2	3	4	5	6
28	公司有很强的环境保护意识。	1	2	3	4	5	6
29	公司的母国是欧美发达国家。	1	2	3	4	5	6
30	公司是大型跨国公司。	1	2	3	4	5	6

计分方法

公司声誉量表是一种态度量表，用以测量各题目对公司声誉影响的重要程度，包括七个因子，共30道题，可以计算每个因子所包括题目的总分或平均分。每个因子包括的题目如下：

1. 形象因子：共7道题，具体包括第1～第7题。
2. 竞争能力因子：共5道题，具体包括第8～第12题。
3. 社会背景因子：共4道题，具体包括第13～第16题。
4. 价值追求因子：共5道题，具体包括第17～第21题。
5. 感召力因子：共5道题，具体包括第22～第26题。
6. 社会责任因子：共2道题，具体包括第27、第28题。
7. 跨国经营能力因子：共2道题，具体包括29、第30题。

量表出处

缪荣，茅宁．中国公司声誉测量指标构建的实证研究．南开管理评论，2007，10（1）：91-98.

企业慈善行为（柯江林等，2015）

（Corporate Philanthropy Behavior）

简介

柯江林，孙健敏和吴丹（2015）认为企业慈善行为是企业从物质或精神方面，对内外部主体实施的一种不附加强制回报条件的自愿性利他行为。他们通过深度访谈、开放式问卷调查、文献阅读以及专家访谈，对企业慈善行为进行整理、归类、编码，得到 21 道题的测量问卷。经过对 150 名在职研究生进行预试和项目分析，并对 3 个在职研究生班的学员和 5 家企业的员工共计 560 名被试进行探索性和验证性因素分析，最终得到具有良好信度和效度的 18 道题的测量问卷。

信度与效度

企业慈善行为包括内部慈善行为和外部慈善行为两大维度，其中，内部慈善行为的方差解释率为 13.948%，外部慈善行为的方差解释率为 57.873%。问卷的总体信度为 0.93，内部慈善行为的信度为 0.88，外部慈善行为的信度为 0.91。同时，验证性因素分析表明，$\chi^2/df=2.32$，CFI＝0.92，IFI＝0.91，GFI＝0.91，AGFI＝0.90，RMSEA＝0.048，说明企业慈善行为具有良好的结构效度。

量表

请您根据自己的实际感受和体会，用下面 18 项描述对您所在的单位进行评价和判断，并在最符合的数字上划○。评价和判断的标准如下：1＝非常不同意，2＝不同意，3＝有点不同意，4＝有点同意，5＝同意，6＝非常同意。

1	单位有专门的机构与人员负责社会慈善活动。	1	2	3	4	5	6
2	单位的社会慈善项目非常具有规划性和连续性。	1	2	3	4	5	6
3	单位为社会慈善设立了专门的预算资金。	1	2	3	4	5	6
4	单位向基金会、学校等机构捐了很多钱。	1	2	3	4	5	6
5	单位经常组织大家去提供免费的社会服务（如做义工）。	1	2	3	4	5	6
6	单位在慈善方面享有较好的社会声誉。	1	2	3	4	5	6
7	单位高层领导以身作则积极参与社会慈善活动。	1	2	3	4	5	6
8	单位积极参与社会爱心捐助活动。	1	2	3	4	5	6
9	单位高层领导经常在公开场合倡导社会慈善行为。	1	2	3	4	5	6
10	当社会遇到重大灾难时，单位会积极组织募捐活动。	1	2	3	4	5	6
11	在经营困难时，单位不轻易辞退员工。	1	2	3	4	5	6
12	单位实施了很多计划帮助员工发展。	1	2	3	4	5	6
13	单位为员工创造了良好的福利条件。	1	2	3	4	5	6
14	单位领导把员工当成家人来关爱。	1	2	3	4	5	6
15	单位积极为遭遇重大困难的员工发起募捐活动。	1	2	3	4	5	6

16	逢年过节，单位会给困难员工发放慰问金。	1	2	3	4	5	6
17	单位领导对员工很友善。	1	2	3	4	5	6
18	单位非常照顾经济困难的员工。	1	2	3	4	5	6

计分方法

企业慈善行为量表包括两个维度，共18道题，可以计算每个维度所包括题目的总分或平均分。每个维度包括的题目如下：

1. 外部慈善行为：共10道题，具体包括第1～第10题。
2. 内部慈善行为：共8道题，具体包括第11～第18题。

量表出处

柯江林，孙健敏，吴丹．企业慈善行为测量及其对员工职场精神力的影响．经济与管理研究，2015（2）：100-108.

组织责任（苏中兴等，2007）

（Organizational Responsibility）

简介

李原（2002）研究发现，组织责任存在三个维度，分别为规范型责任、人际型责任和发展型责任。规范型责任是以组织给员工提供的经济利益和物质条件为基础，人际型责任是以组织给员工提供的良好人际环境和人文关怀为基础，发展型责任是以组织给员工提供的事业发展空间为基础。

苏中兴和刘松博（2007）采用文献研究和访谈相结合的方法来编制组织责任量表。首先，根据国内外心理契约研究中一些常用的量表和研究结论（Rousseau，1990；陈加洲等，2003；李原，2002；Herriot et al.，1997；Lester & Kickul，2001），对企业应承担的组织责任进行初步总结。鉴于已有量表中的部分组织责任植根于西方背景，为保证在中国情境下的研究效度，他们采用焦点小组访谈来对组织责任的内容进行验证和修正。首先让被访谈对象列出企业应该对员工承担的组织责任，将这些责任与由文献总结得到的组织责任清单进行比较，并增加一些新的组织责任内容；其次就每条责任的表述方式进行讨论，确保组织责任的表述清晰、明确，没有歧义。通过补充、修改和删除一些条目，修改后的组织责任清单由 27 项责任构成。

在正式调查阶段，共发放问卷 208 份，回收有效问卷 160 份。对组织责任进行探索性因素分析，通过删除 4 道载荷低于 0.40 或者交叉载荷高于 0.30 的题目，得到清晰的组织责任的三因子结构（组织文化责任、物质保障责任和职业发展责任），累计方差解释率为 52.9%。组织责任量表的信度为 0.81，验证性因素分析的结果表明组织责任与其他变量有一定的区分效度。

量表

请您根据自己的实际感受和体会，对下面 23 项关于您所在组织的责任的描述进行评价和判断，并在最符合的数字上划○。评价和判断的标准如下：1＝非常不同意，2＝比较不同意，3＝一般同意，4＝比较同意，5＝非常同意。

1	强调信任和尊重。	1	2	3	4	5
2	强调同事的支持与协作。	1	2	3	4	5
3	强调对员工业绩的承认。	1	2	3	4	5
4	奖酬与工作绩效挂钩。	1	2	3	4	5
5	公平对待员工。	1	2	3	4	5
6	开放真诚地交流沟通。	1	2	3	4	5
7	提供自由创新的工作环境。	1	2	3	4	5
8	提供提升和进步的机会。	1	2	3	4	5
9	关心员工的生活。	1	2	3	4	5
10	提供医疗、失业、养老保险等福利。	1	2	3	4	5

11	提供有竞争力的工资。	1	2	3	4	5
12	为员工的学习提供资助。	1	2	3	4	5
13	提供工作所需的设备和资源。	1	2	3	4	5
14	提供安全的工作环境。	1	2	3	4	5
15	提供长期工作保障。	1	2	3	4	5
16	强调上级的指导和支持。	1	2	3	4	5
17	不断增加工作责任。	1	2	3	4	5
18	工作富有挑战性，令人产生兴趣。	1	2	3	4	5
19	提供明确的目标和方向。	1	2	3	4	5
20	经常开展学习和培训。	1	2	3	4	5
21	提供有弹性的工作计划。	1	2	3	4	5
22	参与公司的决策。	1	2	3	4	5
23	提供职业发展的空间。	1	2	3	4	5

计分方法

组织责任量表包括三个因子，共23道题，可以计算每个因子所包括题目的总分或平均分。每个因子包括的题目如下：

1. 组织文化责任：共9道题，具体包括第1～第9题。
2. 物质保障责任：共6道题，具体包括第10～第15题。
3. 职业发展责任：共8道题，具体包括第16～第23题。

量表出处

苏中兴，刘松博．知识型员工心理契约的内容、结构与违背研究．管理评论，2007，19（11）：35-41.

参考文献

Rousseau，D. M. New hire perceptions of their own and their employer's obligations：a study of psychological contracts. Journal of Organizational Behavior，1990，11（5）：389-400.

Herriot，P.，Manning，W. E. G.，Kidd，J. M. The content of the psychological contract. British Journal of Management，1997，8（2）：151-162.

Lester，S. W.，Claire，E.，Kickul，J. Psychological contracts in the 21st century：what employees value most and how well organizations are responding to these expectations. Human Resource Planning，2001（24）.

李原．员工心理契约的结构及相关因素研究．北京：首都师范大学，2002.

陈加州，凌文辁，方俐洛．企业员工心理契约的结构维度．心理学报，2003，35（3）：404-410.

企业社会资本 (Nahapiet et al., 1998)

(Enterprise Social Capital)

简介

企业社会资本是指企业的社会关系网络，是服务企业战略执行的一个重要的管理工具。谢慧娟和王国顺（2012）对社会资本的测量参考了经翻译的 Nahapiet 和 Ghoshal（1998）的问卷。该问卷将企业社会资本划分为结构、关系和认知三个维度，用网络联系的规模、密切程度及稳定性三个因素度量结构维度，用相互信任、建立互惠规范、义务和期望三个因素度量关系维度，用共同语言和相似的价值取向两个因素度量认知维度。

谢慧娟和王国顺（2012）进行问卷调查、收集样本，以中部地区的物流服务企业为主要研究对象。共发放问卷 388 份，回收问卷 267 份，其中有效问卷 170 份。

信度与效度

企业社会资本问卷的结构维度、关系维度和认知维度的信度分别为 0.880、0.824 和 0.820。效度主要包括内容效度和结构效度两种，研究主要参考已有相关文献中实证研究的问卷题项，说明有较好的内容效度。结构效度的验证性因素分析结果显示，各项指标均达到可接受水平，χ^2/df、AGFI、GFI、RMSEA、NFI、CFI、NNFI、IFI 分别为 2.224、0.910、0.917、0.058、0.926、0.927、0.932、0.946，说明问卷的结构效度很好。

量表

请您根据自己的实际感受和体会，用下面 24 项描述对您所在组织的情况进行评价和判断，并在最符合的数字上划○。评价和判断的标准如下：1＝非常不同意，2＝不同意，3＝不好确定，4＝同意，5＝非常同意。

1	企业网络成员数量较多。	1	2	3	4	5
2	企业网络联结（含直接联结和间接联结）数量较多。	1	2	3	4	5
3	企业从网络中获得异质性信息和资源较多。	1	2	3	4	5
4	企业与网络成员间互动频繁。	1	2	3	4	5
5	企业与网络成员间联系密切。	1	2	3	4	5
6	企业与网络成员间有比较畅通、有效的沟通机制与平台。	1	2	3	4	5
7	企业与网络成员的合作关系变动不大。	1	2	3	4	5
8	企业与网络成员的合作时间较长。	1	2	3	4	5
9	企业与网络成员的合作关系较为稳定。	1	2	3	4	5
10	企业与竞争者间彼此信任。	1	2	3	4	5
11	企业与合作伙伴间彼此信任。	1	2	3	4	5
12	企业与其他成员间彼此信任。	1	2	3	4	5

13	企业与网络成员相互尊重和相互认可。	1	2	3	4	5
14	企业与网络成员共同制定较为完善的合作政策。	1	2	3	4	5
15	企业与网络成员都会受到失去信誉的惩罚。	1	2	3	4	5
16	企业与网络成员能信守承诺。	1	2	3	4	5
17	企业与网络成员能遵守互惠原则。	1	2	3	4	5
18	企业与网络成员经常或定期评价、比较和总结合作关系。	1	2	3	4	5
19	企业与网络成员共享同一种工作语言。	1	2	3	4	5
20	企业与网络成员能有效沟通。	1	2	3	4	5
21	企业与网络成员能有效交流和吸收信息、技术。	1	2	3	4	5
22	企业与网络成员拥有共同愿景。	1	2	3	4	5
23	企业与网络成员热衷于实现共同目标。	1	2	3	4	5
24	企业与网络成员热衷于实现共同使命。	1	2	3	4	5

计分方法

企业社会资本量表包括三个维度，共24道题，可以计算每个维度所包括题目的总分或平均分。每个维度包括的题目如下：

1. 结构：指个体或群体之间联结的模式，包括网络联系、网络结构形式和可使用的组织。共9道题，具体包括第1～第9题。

2. 关系：指通过关系创造和利用的资产，包括信任、规范、认同和义务等属性。共9道题，具体包括第10～第18题。

3. 认知：指表征双方之间可通过共有的语言、编码和叙述进行沟通、理解、解释等。共6道题，具体包括第19～第24题。

量表出处

谢慧娟，王国顺．社会资本、组织学习对物流服务企业动态能力的影响研究．管理评论，2012，24（10）：133-142.

参考文献

Nahapiet，J.，Ghoshal，S. Social capital，intellectual capital，and the organizational advantage. Academy of Management Review，1998，23（2）：242-266.

企业文化（张光进等，2007）

(Organization Culture)

简介

Denison 等（1995）开发的企业文化量表在西方学界有较大的影响力，它是 Denison 等（1995）通过对 5 家组织进行深入的个案研究，构建的一个描述有效组织的文化特质模型。该模型认为有四种文化特质，即适应性、使命、一致性和投入。

张光进，廖建桥和骆静（2007）开发了中文版的企业文化量表，调查对象为某石油公司的普通员工及基层、中层和高层管理者。共发放调查问卷 206 份，回收有效问卷 191 份。经过探索性因素分析，删除了 17 道题，剩余 43 道题依附于七个因子，七个因子解释了总方差的 79.01%。题项内因子最高载荷为 0.819，最低载荷为 0.585，因子结构比较清晰。分析结果表明该问卷具有良好的信度：五个因子的内部一致性系数达到了 0.7，其他都在 0.7 以下。验证性因素分析中，企业文化七因子的内部一致性系数均在 0.8 以上。

量表

请您根据自己的实际感受和体会，用下面 43 项描述对您所在组织的情况进行评价和判断，并在最符合的数字上划○。评价和判断的标准如下：1＝完全不同意，2＝不同意，3＝不清楚，4＝同意，5＝完全同意。

1	组织有长远目标。	1	2	3	4	5
2	组织的发展方向对于我来说是清楚的。	1	2	3	4	5
3	对于未来，组织有明确的战略。	1	2	3	4	5
4	对于组织的目标，大家有广泛的共识。	1	2	3	4	5
5	单位的领导层公开表明要实现的目标。	1	2	3	4	5
6	我们对于组织的未来有共同的愿景。	1	2	3	4	5
7	单位领导设置的目标大都宏伟且符合实际。	1	2	3	4	5
8	组织的愿景使员工感到振奋而且充满干劲。	1	2	3	4	5
9	单位在各个层面上目标协调一致。	1	2	3	4	5
10	我们能容易地进行跨部门的协调。	1	2	3	4	5
11	即使遇到棘手的问题，我们也容易达成一致。	1	2	3	4	5
12	我们在关键问题上达成一致，很少碰到麻烦。	1	2	3	4	5
13	单位积极鼓励跨职能部门的合作。	1	2	3	4	5
14	单位主要依靠横向协调而不是纵向控制来完成任务。	1	2	3	4	5
15	在单位工作感觉就是这个团体中的一员。	1	2	3	4	5
16	与单位另一个部门的人一起工作不同于与其他公司的人一起工作。	1	2	3	4	5
17	我们单位大部分员工的工作参与度很高。	1	2	3	4	5

18	在我们单位正在推进的计划中，大家都有一定程度的参与。	1	2	3	4	5
19	我们单位充分授权，员工能够以自己的方式完成工作。	1	2	3	4	5
20	我们能广泛分享单位的信息。	1	2	3	4	5
21	我们认为自己能对组织发挥积极的作用。	1	2	3	4	5
22	各个团队都是单位的重要基石。	1	2	3	4	5
23	学习是我们日常工作的一个重要事项。	1	2	3	4	5
24	我们单位对于员工的技能开发不断进行投入。	1	2	3	4	5
25	我们把失败看成是学习和改进的机会。	1	2	3	4	5
26	我们能够确保组织内部学习的透明度。	1	2	3	4	5
27	在我们单位，很少因为缺乏工作技能而导致在工作中出现问题。	1	2	3	4	5
28	在我们单位，员工能力被视为组织竞争优势的重要来源。	1	2	3	4	5
29	组织有明晰一致的价值观来指导我们该如何从事自己的工作。	1	2	3	4	5
30	我们单位拥有一套伦理标准来指导我们的行为。	1	2	3	4	5
31	在我们单位，忽视组织的核心价值观会让你陷入困境。	1	2	3	4	5
32	我们单位内部对于正确与错误的处事方式有着明确的界定。	1	2	3	4	5
33	我们懂得要想在长期经营中获得成功需要做些什么。	1	2	3	4	5
34	客户的评论和建议经常会促成组织的变革。	1	2	3	4	5
35	客户所提出的信息会直接影响我们组织的决策。	1	2	3	4	5
36	单位的所有成员都相当了解客户的需求。	1	2	3	4	5
37	单位鼓励组织成员直接与客户沟通。	1	2	3	4	5
38	在组织的决策中，客户的利益将受到重视。	1	2	3	4	5
39	组织响应迅速，易于变化。	1	2	3	4	5
40	单位对于竞争对手和外部商业环境能很好地做出响应。	1	2	3	4	5
41	我们单位不断改进工作方法。	1	2	3	4	5
42	在我们单位，试图改变组织的做法通常不会遇到阻碍。	1	2	3	4	5
43	组织鼓励创新并且奖励那些敢担风险的人。	1	2	3	4	5

计分方法

企业文化量表包括七个维度，共43道题，可以计算每个维度所包括题目的总分或平均分。每个维度包括的题目如下：

1. 目标愿景：主要反映组织的目标和愿景。共8道题，具体包括第1～第8题。

2. 协调性：主要反映组织内部运转是否协调。共8道题，具体包括第9～第16题。

3. 工作参与：主要反映员工对工作的参与程度。共6道题，具体包括第17～第22题。

4. 组织学习：主要反映员工和组织能力发展。共6道题，具体包括第23～第28题。

5. 价值观：主要反映组织的基本信念和处事标准。共5道题，具体包括第29～第33题。

6. 顾客意识：主要反映对顾客的重视程度。共5道题，具体包括第34～第38题。

7. 变革创新：主要反映组织为适应内外环境变化而实施的变革。共5道题，具体包括第39～第43题。

量表出处

张光进，廖建桥，骆静 . Denison 企业文化量表在中国背景下的有效性分析 . 管理评论，2007，19（11）：42-48.

参考文献

Denison，D. R.，Mishra，A. K. Toward a theory of organizational culture and effectiveness. Organization Science，1995，6（2）：204-223.

差错反感文化（杜鹏程等，2015）

(Error Aversion Culture)

简介

Dyck 等（2005）认为，差错管理文化是指在发现差错以及对差错的管理中一套共同的信念、规范和约定俗成的做法。差错反感文化是组织差错管理文化的另一个维度，且与差错管理文化负相关。Dyck 等（2005）提出了差错反感文化的概念，将其定义为一种组织文化，即组织成员畏惧差错，在工作中主动规避差错，一旦差错发生，成员会感到沮丧并极力遮掩所犯下的错误。

杜鹏程等（2015）对差错反感文化的测量使用了 Dyck 等（2005）开发的量表，原量表包括 11 道题。杜鹏程等（2015）翻译了该量表，进行了两次问卷测试，并据此对量表进行了修订和调整，最终的量表包括 7 道题。差错反感文化量表的信度为 0.940。调查对象为安徽的 18 家企事业单位，共发放纸质问卷 520 份，回收 454 份，其中有效问卷 407 份。

量表

请您根据自己的实际感受和体会，对下面 7 项描述进行评价和判断，并在最符合的数字上划○。评价和判断的标准如下：1＝非常不同意，2＝比较不同意，3＝不确定，4＝比较同意，5＝非常同意。

1	在我们单位，如果出差错，大家会感到生气和恼怒。	1	2	3	4	5
2	大家对差错的处理原则是：当没有人发现时，不必承认差错。	1	2	3	4	5
3	同别人谈论差错完全没有必要。	1	2	3	4	5
4	遮掩差错会对自己有好处。	1	2	3	4	5
5	大家喜欢对自己的差错保密。	1	2	3	4	5
6	承认自己差错的员工是自找麻烦。	1	2	3	4	5
7	公开差错会对自己不利。	1	2	3	4	5

计分方法

差错反感文化量表共 7 道题，可以计算总分或平均分。

量表出处

杜鹏程，李敏，倪清，吴婷．差错反感文化对员工创新行为的影响机制研究．管理学报，2015，12（4）：538-545.

参考文献

Dyck，C. V.，Frese，M.，Baer，M.，Sonnentag，S. Organizational error management culture and its impact on performance：a two-study replication. Journal of Applied Psychology，2005，90（6）：1228-1240.

文化相容性（颜士梅等，2005）

（Culture Compatibility）

简介

颜士梅和王重鸣（2005）的文化相容性量表是根据 Hall 和 Norburn（1987）以及 Cartwright 和 Cooper（1993）等对文化相容性的界定，以及 Schein（1985）、王重鸣（2001）和罗宾斯（2004）等对组织文化的界定，并结合前期调研结果，从管理理念、制度规则、工作互动、非正式沟通等方面设计而成的，共包括5道题。文化相容性量表的内部一致性系数为0.81。

颜士梅和王重鸣（2005）在杭州、广州等地发放问卷300份，回收134份，回收率为44.67%。回收的问卷中，有12份无效问卷，有效问卷为122份。

量表

请您根据自己的实际感受和体会，用下面5项描述对您所在单位的实际情况进行评价和判断，并在最符合的数字上划○。评价和判断的标准如下：1＝非常低，2＝低，3＝不好确定，4＝高，5＝非常高。

1	经营管理冲突。	1	2	3	4	5
2	具体事务处理冲突。	1	2	3	4	5
3	管理规则理解差异。	1	2	3	4	5
4	任务合作冲突。	1	2	3	4	5
5	非正式沟通难度。	1	2	3	4	5

计分方法

文化相容性量表共5道题，可以计算总分或平均分。

量表出处

颜士梅，王重鸣．并购式内创业中人力资源整合水平的选择：一个实证研究．管理世界，2005（9）：107-118.

参考文献

Hall，P. D.，Norburn，D. The management factor in acquisition performance. Leadership & Organization Development Journal，1987，8（3）：23-30.

Cartwright，S.，Cooper，C. L. The psychological impact of merger and acquisition on the individual：a study of building society managers. Human Relations，1993，46（3）：327-347.

Schein，E. H. Organizational culture and leadership：a dynamic view. Organizational Culture & Leadership-Business Book Summaries，1985.

王重鸣．管理心理学．北京：人民教育出版社，2001.

（美）罗宾斯．组织行为学精要．北京：中国人民大学出版社，2004.

组织惯例（孙春玲等，2018）

（Organization Routines）

简介

组织惯例是指项目各参与方在合作过程中形成的相对稳定的互利互惠的社会交换规范共识，这种共识以良好的项目绩效为导向，被大部分参与方成员共同接受。

基于徐建平（2009）开发的组织惯例量表，孙春玲等（2018）通过文献分析和访谈对其做了适当改变，共由 14 道题构成，结果 Cronbach's Alpha＝0.842，量表的信度指数达到了良好水平。

孙春玲等（2018）采用现场纸质问卷和电子版问卷相结合的方式，对建筑业的工程项目团队成员进行数据收集，共发放问卷 235 份，最终得到有效问卷 192 套。

量表

请您根据自己的实际感受和体会，通过下面 14 项描述对组织/团队进行评价和判断，并在最符合的数字上划○。评价和判断的标准如下：1＝非常不赞同，2＝不赞同，3＝不好确定，4＝赞同，5＝非常赞同。

1	项目团队成员工作的时候会参考资深员工的做事方式。	1	2	3	4	5
2	项目团队成员之间会学习借鉴彼此的工作方式方法。	1	2	3	4	5
3	项目团队成员在做决策的时候会考虑团队对以往相似问题的处理。	1	2	3	4	5
4	项目团队成员工作中的很多知识和技术都是通过行动学习和领悟到的。	1	2	3	4	5
5	项目团队中一般的工作任务不是完全说明的，而是由一些“游戏规则”决定的。	1	2	3	4	5
6	项目团队成员对“游戏规则”的理解和掌握是在与其他成员的交往和合作中逐渐加深的。	1	2	3	4	5
7	项目团队的文化包含企业运作方式等有价值的思想。	1	2	3	4	5
8	由于工程项目自身的特点，需要项目团队成员快速磨合，经过一段时间的磨合团队成员能够达成默契。	1	2	3	4	5
9	由于经过一段时间的磨合、合作，团队成员之间相互熟悉和了解，很多组织程序都变得不证自明。	1	2	3	4	5
10	由于经过一段时间的磨合、合作，团队成员之间相互熟悉和了解，能很好很快地理解彼此意图。	1	2	3	4	5
11	为了保证工程质量，工程项目团队可以接受采用合同外的施工方案。	1	2	3	4	5
12	当由于业主原因出现工程索赔时，工程项目团队本着互利互惠的原则采取和解协商的方式，通过其他补偿方式来弥补损失。	1	2	3	4	5
13	生产要素的价格如果按照国家标准执行会与市场行情不相符，工程项目团队通常不按规定执行，而是在规定的基础上参考市场行情。	1	2	3	4	5
14	为了保证良好的合作关系，工程项目团队会尽量为业主提供合同约定之外的增值服务，包括提出合理化建议、提前竣工等。	1	2	3	4	5

计分方法

组织惯例量表包括四个维度，共 14 道题，可以计算每个维度所包括题目的总分或平均分。每个维度包括的题目如下：

1. 行动逻辑：共 3 道题，具体包括第 1～第 3 题。
2. 内隐规范：共 4 道题，具体包括第 4～第 7 题。
3. 交互共识：共 3 道题，具体包括第 8～第 10 题。
4. 互利互惠：共 4 道题，具体包括第 11～第 14 题。

量表出处

孙春玲，姬玉，许芝卫．心理授权对工程项目团队不道德亲组织行为的影响研究——基于组织惯例的调节作用．中国软科学，2018（4）：155-164.

参考文献

徐建平．组织惯例的演化机制与效能研究：基于学习视角．Diss，2009.

组织惯例更新（王永伟等，2012）

(Organizational Routines Update)

简介

Nelson 和 Winter（1982）认为，组织惯例是“一切可以预测企业行为方式的规则”，“它类似于基因，指导着企业的行为和做事方式”。组织惯例更新是组织为了适应环境变化而主动进行惯例更新和创新的过程，通过惯例更新实现淘汰不能适应环境变化和效率低下的惯例、更新适应环境变化的惯例和引入新惯例的过程。因此，它包括惯例更新和惯例创新过程。

王永伟，马洁，吴湘繁和刘胜春（2012）开发了组织惯例更新问卷，通过文献回顾、深度访谈（中层管理者 8 人、高层管理者 3 人）、评定和修改初始问卷，得到了 10 道测量题，并进行了预测试。

预测试选择了 30 位企业中层或者高层管理人员填写问卷，并分别进行跟踪访谈，征求意见。对样本进行探索性因素分析来检验问卷的信度和效度，结果表明问卷具有良好的信度和效度。

正式调查的数据主要来源于上海、新疆和山东。研究对象为公司中层及高层管理人员。其中，上海和新疆的数据主要来源于 MBA 和 EMBA 学员，山东的数据主要来源于日照高科技园区企业。共发放问卷 300 份，实际回收 246 份，剔除填写信息不完整的问卷后实际得到有效问卷 202 份。探索性因素分析和验证性因素分析表明问卷的信度与结构效度均较为理想。

信度与效度

预测试 30 份有效问卷的信度分析表明，组织惯例更新问卷的信度为 0.91。验证性因素分析的结果表明，χ^2/df、TLI、CFI、RMSEA 分别为 1.41（49.4/35）、0.90、0.92、0.12。剔除 2 道测量题（因子载荷小于 0.5）后，χ^2/df、TLI、CFI、RMSEA 分别为 1.09（21.75/20）、0.98、0.99、0.55。

正式调查 202 份有效问卷的信度分析表明，问卷信度为 0.92。验证性因素分析的结果表明，组织惯例更新与其他变量的模型拟合指数 χ^2/df、TLI、CFI、RMSEA 分别为 2.09（670/321）、0.92、0.92、0.07，表明组织惯例更新与其他变量具有较好的区分效度。因此，组织惯例更新问卷具有较好的信度和效度。

量表

请您根据自己的实际感受和体会，对下面 8 项关于您所在企业实际情况的描述进行评价和判断，并在最符合的数字上划○。评价和判断的标准如下：1＝非常不同意，2＝不同意，3＝不太确定，4＝同意，5＝非常同意。

1	企业员工提出的改善组织规范的建议能够很快被采纳。	1	2	3	4	5
2	企业鼓励员工参与到组织规范的修订过程中。	1	2	3	4	5
3	企业能够定期考察和评估已有组织规范的运作效率。	1	2	3	4	5
4	企业能够及时地为员工提供新组织规范的培训和指导。	1	2	3	4	5
5	企业员工能够很快地接受并运用新的组织规范。	1	2	3	4	5
6	企业会对新组织规范实施后的效果进行定期评估。	1	2	3	4	5
7	企业能够主动进行组织规范的变革以迎接内外部新的挑战。	1	2	3	4	5
8	企业鼓励员工定期提交改善组织规范的提案。	1	2	3	4	5

计分方法

组织惯例更新量表共 8 道题，可以计算总分或平均分。

量表出处

王永伟，马洁，吴湘繁，刘胜春．变革型领导行为、组织学习倾向与组织惯例更新的关系研究．管理世界，2012（9）：110-119.

参考文献

Nelson，R. R.，Winter，S. G. An evolutionary theory of economic change. Belknap Press of Harvard University Press，1982.

组织惯例更新（唐朝永等，2018）

(Organization Routine Updating)

简介

组织惯例是企业组织具有的固定的运作或做事方式。组织惯例更新则是指当组织环境发生变化，原有的组织惯例与环境发生冲突时，组织惯例主动适应新环境以增强组织效能的过程，即环境变化导致组织惯例发生变化的过程。

唐朝永等（2018）修订了王永伟等（2012）的量表来测量组织惯例更新，信度分析结果显示，Cronbach's Alpha＝0.796，建构信度 CR＝0.856，平均方差提取值 AVE＝0.502，量表的信效度指数都达到了良好水平。

唐朝永等（2018）共发放 280 份问卷，实际回收 214 份，回收率为 76.4%。按照问卷填答完整性、内在逻辑一致性和填写认真程度等指标对回收的问卷进行筛选，剔除无效问卷 18 份，最终有效样本为 196 份。

量表

请您根据自己的实际感受和体会，通过下面 6 项描述对企业进行评价和判断，并在最符合的数字上划○。评价和判断的标准如下：1＝非常不同意，2＝不同意，3＝有点不同意，4＝不确定，5＝有点同意，6＝同意，7＝非常同意。

1	企业员工提出的改善组织规范的建议能很快被采纳。	1	2	3	4	5	6	7
2	企业鼓励员工参与修订组织规范。	1	2	3	4	5	6	7
3	企业定期考察和评估已有规范的效率。	1	2	3	4	5	6	7
4	企业员工能够很快接受并运用新的组织规范。	1	2	3	4	5	6	7
5	企业对实施新规范的效果进行定期评估。	1	2	3	4	5	6	7
6	企业主动进行规范变革以迎接内外部新的挑战。	1	2	3	4	5	6	7

计分方法

组织惯例更新量表共 6 道题，可以计算总分或平均分。

量表出处

唐朝永，陈万明，陈圻，牛冲槐．组织衰落与组织创新的关系：失败学习与组织惯例更新的影响．管理评论，2018，30（10）：186-197.

参考文献

王永伟，马洁，吴湘繁，刘胜春．变革型领导行为、组织学习倾向与组织惯例更新的关系研究．管理世界，2012（9）：110-119.

规范强度（王红丽等，2016）

(Norm Strength)

简介

每个组织都有内部成员一整套适宜行为的非正式标准，称为规范。一般是员工自愿涌现的，也是组织文化和组织成员共同作用形成的。

组织之间的差异导致一些组织规范力量强，另外一些则弱。组织内可感知的情境规范力量会从弱变强，这称作规范强度（De Jong，Bijlsma-Frankema，& Cardinal，2014）。当组织成员处于一个相对固定的组织当中时，该组织的规范强度会作用于该组织成员并影响其行为。

王红丽和张筌钧（2016）通过电子邮件和走访方式进行了三个阶段的数据收集，规范强度在第一阶段进行调查，531人返回了有效问卷，回收率为70.8%。

王红丽和张筌钧（2016）在De Jong等（2014）的7个条目的测量量表的基础上，进行了符合中国情境的修订，用来测量规范强度，信度分析结果显示Cronbach's Alpha=0.924，平均方差提取值AVE=0.516，建构信度CR=0.882，量表的信效度指数都达到了良好水平。

量表

请您根据自己的实际感受和体会，对下面7项描述进行评价和判断，并在最符合的数字上划○。评价和判断的标准如下：1=强烈反对，2=反对，3=不好确定，4=同意，5=强烈同意。

1	工作中有回报上级的态度很重要。	1	2	3	4	5
2	随时准备加班加点工作很重要。	1	2	3	4	5
3	努力帮助上级实现组织的目标很重要。	1	2	3	4	5
4	上级布置的任务及时正确地完成很重要。	1	2	3	4	5
5	对组织有承诺感很重要。	1	2	3	4	5
6	对同事有耐心很重要。	1	2	3	4	5
7	在工作中努力争优很重要。	1	2	3	4	5

计分方法

规范强度量表共7道题，可以计算总分。

量表出处

王红丽，张筌钧．被信任的代价：员工感知上级信任、角色负荷、工作压力与情绪耗竭的影响关系研究．管理世界，2016（8）：110-125.

参考文献

De Jong，B. A.，Bijlsma-Frankema，K. M.，Cardinal，L. B. Stronger than the sum of its parts? The performance implications of peer control combinations in teams. Organization Science，2014，25（6）：1703-1721.

组织社会化（严鸣等，2018）

(Organizational Socialization)

简介

新员工刚进入企业工作时，往往不熟悉正式的组织制度、工作及沟通方式，不了解人员之间非正式的交往方式，心理安全感低，不确定感强，需要学习与组织相关的各种知识，尽快适应新的组织环境。组织社会化是指新员工学习与组织有关的各种知识以适应新的组织环境的转变过程，对员工个人、对组织都具有极为重要的作用。

角色认同理论和社会认同理论描述了个体在两个不同层面上认同的发展过程，角色认同和社会认同的发展程度会导致不同的结果。严鸣等（2018）认为，由于新员工的组织社会化包含角色社会化和群体社会化两个维度，新员工在不同维度上的社会化水平也将导致不同的结果。

严鸣等（2018）参考 Chao 等（1994）和 Haueter 等（2003）的量表，调研了5家制鞋厂的150名新员工，经过四次测量，最后得到127份有效样本。

信度与效度

四次测量的信度检验显示，Cronbach's Alpha 系数分别为 0.86、0.93、0.89 及 0.92，四次验证性因素分析的结果分别为：第一次 $\chi^2=126.19$，$p<0.001$，RMR$=0.05$，CFI$=0.92$，NFI$=0.91$；第二次 $\chi^2=89.67$，$p<0.001$，RMR$=0.04$，CFI$=0.96$，NFI$=0.95$；第三次 $\chi^2=91.87$，$p<0.001$，RMR$=0.04$，CFI$=0.95$，NFI$=0.94$；第四次 $\chi^2=105.24$，$p<0.001$，RMR$=0.04$，CFI$=0.93$，NFI$=0.92$。量表的信效度指数都达到了良好水平。

量表

请您根据自己的实际感受和体会，对下面23项描述进行评价和判断，并在最符合的数字上划○。评价和判断的标准如下：1=完全不同意，2=不同意，3=有点不同意，4=不确定，5=有点同意，6=同意，7=非常同意。

1	我很清楚自己在这份工作中所要承担的工作内容和职责。	1	2	3	4	5	6	7
2	我很清楚配合同事工作所要承担的工作内容和职责。	1	2	3	4	5	6	7
3	作为一个下属，我总是能够明白我的上级分配给我的任务。	1	2	3	4	5	6	7
4	我很明白我在工作时如何获取和使用工作资源（如，机器设备的使用、办公用品的使用等）。	1	2	3	4	5	6	7
5	我很清楚向上司汇报工作的方式（如，口头或书面汇报、汇报周期等）。	1	2	3	4	5	6	7
6	我很懂得与同事合作所需要的沟通方式（如，专业用语、沟通习惯等）。	1	2	3	4	5	6	7
7	我很清楚上司对我工作表现或绩效的要求。	1	2	3	4	5	6	7
8	我很清楚我要达到怎样的绩效水平才不拖同事的后腿。	1	2	3	4	5	6	7

9	我很清楚我们团队的做事方式和工作流程。	1	2	3	4	5	6	7
10	我很清楚公司的政策和规章制度（如，报酬体系、赔偿制度、着装要求、报销流程等）。	1	2	3	4	5	6	7
11	我很清楚公司的历史背景（如，创建者、产品发展史、经历的危机、公司名称的含义等）。	1	2	3	4	5	6	7
12	我很清楚公司整体的价值观和信念。	1	2	3	4	5	6	7
13	我很清楚公司长期以来的传统惯例（如，风俗习惯、老规矩、仪式庆典等）。	1	2	3	4	5	6	7
14	我很清楚我们组/团队的价值观和信念。	1	2	3	4	5	6	7
15	我很清楚公司整体的使命和奋斗目标。	1	2	3	4	5	6	7
16	我很清楚公司的激励政策（如，赔偿、深造、晋升机会等）。	1	2	3	4	5	6	7
17	我很清楚公司各部门和下属机构为实现公司目标所做的贡献。	1	2	3	4	5	6	7
18	我很清楚我们组/团队的工作目标。	1	2	3	4	5	6	7
19	我很清楚公司的组织构架及运作（如，各部门之间的工作关系、各自承担的责任等）。	1	2	3	4	5	6	7
20	我很清楚我们组/团队内部人员的日常交往方式。	1	2	3	4	5	6	7
21	我很清楚我们组/团队这些人的共同点（如，兴趣爱好、做事风格、背景等）。	1	2	3	4	5	6	7
22	我很清楚我们组/团队与其他团队之间的关系。	1	2	3	4	5	6	7
23	我很清楚哪些同事对完成团队工作很重要。	1	2	3	4	5	6	7

计分方法

基于认同视角的组织社会化包括两个维度，共 23 道题，可以计算每个维度所包括题目的总分或平均分。每个维度包括的题目如下：

1. 角色社会化：共 8 道题，具体包括第 1～第 8 题。
2. 群体社会化：共 15 道题，具体包括第 9～第 23 题。

量表出处

严鸣，邬金涛，王海波．认同视角下新员工组织社会化的结构及其作用机制．管理评论，2018，30（6）：151-164.

参考文献

Chao，G. T.，O'Leary-Kelly，A. M.，Wolf，S.，Klein，H. J.，Gardner，P. D. Organizational socialization：its content and consequences. Journal of Applied Psychology，1994，79（5）：730-743.

Haueter，J. A.，Macan，T. H.，Winter，J. Measurement of newcomer socialization：construct validation of a multidimensional scale. Journal of Vocational Behavior，2003，63（1）：20-39.

第 11 章 组织政治、公平与支持

组织政治认知（马超等，2006）

(Perceptions of Organizational Politics)

简介

马超，凌文辁和方俐洛（2006）参照国外的研究成果，结合我国实际情况，对组织政治做出如下定义：组织政治是指在潜在动机支配下，为获得和保护个人及相关团体的利益，而对他人或团体施加的影响。这个概念有两层含义：第一，组织政治实施者都具有潜在动机，并且为了保证能够取得预期效果，这种动机是不能公开的，这样就将组织政治行为和日常工作行为区分开来；第二，组织政治不能强制实施，是一种影响他人的行为。

马超，凌文辁和方俐洛（2006）编制了员工组织政治认知调查问卷。问卷经过六个步骤编制而成：第一，文献综述。第二，访谈和开放式问卷调查。访谈对象为 5 家企业的 15 名普通员工和 10 名中高层管理者。开放式问卷调查对象为访谈时的 5 家企业员工，共发放问卷 72 份，回收有效问卷 64 份。第三，收集国外相关研究问卷，主要参考了 Kacmar 和 Ferris（1991，1992）的组织政治认知调查问卷、Kacmar 和 Carlson（1997）的组织政治认知问卷，共选取 24 道题。第四，项目归类、汇总。初步形成了由 43 道题组成的组织政治认知初始调查问卷。第五，评定、修改初始问卷，得到由 40 道题组成的预试问卷。第六，预试，第一次预试对象为访谈时的 5 家企业员工。发放问卷 351 份，回收 254 份。对第一次预试的结果进行探索性因素分析，对意义表述不明确、有歧义的予以删除，得到 24 道题。第二次预试对象为上述 5 家企业不同部门的员工，发放问卷 382 份，回收 301 份。对第二次预试的结果进行分析，删除了共同度较低（在 0.40 以下）的题目，最后得到由 16 道题组成的调查问卷。

马超，凌文辁和方俐洛（2006）选取的正式调查对象为辽宁的沈阳耀华玻璃有限责任公司、沈阳昊诚集团、沈阳机床股份有限公司等 29 家企业的员工。调查共发放问卷 2 100 份，回收有效问卷 1 732 份，有效回收率为 82.48%，获得有效数据 1 647 份。

信度与效度

正式调查得到的 1 647 份有效被试样本被随机分为两半，一半样本用于探索性因素分析，另一半用于验证性因素分析。问卷的内部一致性信度、分半信度（n=1 647）和重测信度（n=133）分别为 0.875、0.753、0.864。对被试样本为 793 人的数据进行验证性因素分析，三因素模型的 χ^2/df、RMSEA、GFI、NNFI、CFI、PNFI 分别为 4.32（429.25/101）、0.064、0.94、0.90、0.91、0.75。因此，组织政治认知问卷具有较好的信度与效度。

量表

请您根据自己的实际感受和体会，对下面 16 项描述进行评价和判断，并在最符合的数字上划○。评价和判断的标准如下：1＝完全不同意，2＝中等不同意，3＝有点不同意，4＝有点同意，5＝中等同意，6＝完全同意。

1	如果你找对了人，就能够得到想要的一切。	1	2	3	4	5	6
2	管理者和下属交流是为了提高自身形象。	1	2	3	4	5	6
3	在我们单位，人人自扫门前雪。	1	2	3	4	5	6
4	在我们单位，通常是“会叫的孩子有奶吃”。	1	2	3	4	5	6
5	员工清楚地知道单位的薪酬和晋升政策。	1	2	3	4	5	6
6	管理者运用单位内的各种政策为自身的发展服务。	1	2	3	4	5	6
7	在我们单位，经常提拔那些工作出色的员工。	1	2	3	4	5	6
8	人们觉得管理者仅仅从表面上帮助他人。	1	2	3	4	5	6
9	在我们单位，努力工作的员工能够得到回报。	1	2	3	4	5	6
10	应仔细考虑不能跟哪些人作对。	1	2	3	4	5	6
11	在我们单位，薪酬和晋升标准很完善。	1	2	3	4	5	6
12	通常只有少数人能从单位政策变化中受益。	1	2	3	4	5	6
13	本单位领导鼓励员工坦率直言，哪怕是对权威观点的批评。	1	2	3	4	5	6
14	在我们单位，通常是得宠的人而不是有才能的人能够出人头地。	1	2	3	4	5	6
15	当有好处时，同事才会伸出援助之手。	1	2	3	4	5	6
16	在我们单位，某些小团体可以为所欲为。	1	2	3	4	5	6

计分方法

组织政治认知量表包括三个维度，共 16 道题，可以计算每个维度所包括题目的总分或平均分。每个维度包括的题目如下：

1. 自利行为：共 7 道题，包括第 1、4、6、10、12、14、16 题。
2. 薪酬与晋升：共 5 道题，包括第 5、7、9、11、13 题，均需反向计分。
3. 同事关系：共 4 道题，包括第 2、3、8、15 题。

量表出处

马超，凌文辁，方俐洛．企业员工组织政治认知量表的构建．心理学报，2006，38（1）：107-115.

参考文献

Kacmar，K. M.，Ferris，G. R. Perceptions of organizational politics scale（pops）：development and construct validation. Educational & Psychological Measurement，1991，51（1）：193-205.

Ferris，G. R.，Kacmar，K. M. Perceptions of organizational politics. Journal of Management，1992，18（1）：93-116.

Kacmar，K. M.，Carlson，D. S. Further validation of the perceptions of politics scale（pops）：a multiple sample investigation. Journal of Management，1997，23（5）：627-658.

组织政治知觉（刘军等，2008）

(Perception of Organization Politics)

简介

组织政治知觉是指组织成员对于其他成员运用其本身具有的权力或资源所从事的各种自利且不被组织许可的行为的主观感觉（Kacmar & Ferris，1991）。对组织政治的研究，较少描述政治行为本身，而往往通过观察者的感知，因为学界普遍认为组织政治产生的影响不是取决于政治事实，而是更多地取决于组织成员的主观感受（Dan et al.，1980），因而组织政治知觉的操作概念在个体和组织层面都可能存在。个体层面反映的是成员个体对于组织中其他人政治行为强度的主观理解；如果该认知被组织成员共享，则可以汇聚到组织层面，代表组织的政治氛围，成为组织成员政治思维与行为的背景。

最早的组织政治知觉量表由 Kacmar 和 Ferris（1991）开发，包括五个维度。Ferris & Kacmar（1992）之后又将组织政治知觉的结构合并成三个维度：上级行为、同事与小团体行为、政策与实务差距。李安民（2002）在研究中得到组织政治知觉的三维结构：一般政治行为、政策与实务差距行为及沟通障碍行为。马超，凌文辁和方俐洛（2006）发展了本土的政治知觉量表，包括三个维度：自利行为、薪酬与晋升及同事关系，共16道题。

刘军，宋继文和吴隆增（2008）修订了马超，凌文辁和方俐洛（2006）的问卷。对16道题的探索性因素分析表明三个因素是稳定存在的，但有部分题目归属出现了偏差，为获得清楚的因子结构，删除了原问卷中的2道题，并在后续的研究中重新检视“薪酬与晋升”项目的表面效度，发现其与另外两个维度所代表的意涵导向并不一致，因此删除了“薪酬与晋升”这个维度，保留另外两个维度“同事关系”与“自利行为”，包括9道题。刘军，宋继文和吴隆增（2008）二次修订后的组织政治知觉问卷的总体测量信度为0.82。

量表

请您根据自己的实际感受和体会，用下面9项描述对您所在组织的实际情况进行评价和判断，并在最符合的数字上划○。评价和判断的标准如下：1＝非常不同意，2＝不同意，3＝不好确定，4＝同意，5＝非常同意。

1	管理者和下属交流是为了提高自身形象。	1	2	3	4	5
2	人们觉得管理者仅仅从表面上帮助他人。	1	2	3	4	5
3	当有好处时，同事才会伸出援助之手。	1	2	3	4	5
4	在我们单位，人人自扫门前雪。	1	2	3	4	5
5	管理者运用单位内的各种政策为自身的发展服务。	1	2	3	4	5
6	需要仔细考虑不能跟哪些人作对。	1	2	3	4	5

7	在我们单位，通常是得宠的人而不是有才能的人能够出人头地。	1	2	3	4	5
8	通常只有少数人能从单位政策变化中受益。	1	2	3	4	5
9	在我们单位，某些小团体可以为所欲为。	1	2	3	4	5

计分方法

组织政治知觉量表包括两个维度，共 9 道题，可以计算每个维度所包括题目的总分或平均分。每个维度包括的题目如下：

1. 自利行为：共 5 道题，具体包括第 1～第 5 题。
2. 同事关系：共 4 道题，具体包括第 6～第 9 题。

量表出处

刘军，宋继文，吴隆增．政治与关系视角的员工职业发展影响因素探讨．心理学报，2008，40（2）：201-209.

参考文献

Kacmar，K. M.，Ferris，G. R. Perceptions of organizational politics scale（pops）：development and construct validation. Educational & Psychological Measurement，1991，51（1）：193-205.

Ferris，G. R.，Kacmar，K. M. Perceptions of organizational politics. Journal of Management，1992，18（1）：93-116.

Dan，L. M.，Allen，R. W.，Porter，L. W.，Renwick，P. A.，Mayes，B. T. Organizational politics：an exploration of managers'perceptions. Human Relations，1980，33（2）：79-100.

Li，A. M. The influence of perceived organizational politics on employee job attitudes. Unpublished master thesis in the Institute of Human Resource Management，Taiwan SunYatSen University，2002.

马超，凌文辁，方俐洛．企业员工组织政治认知量表的构建．心理学报，2006，38（1）：107-115.

组织政治知觉（高中华等，2014）

(Perceived Organizational Politics)

简介

组织政治知觉即员工对组织政治的主观知觉，是决定员工工作态度和行为的关键（黄忠东，2004）。

高中华和赵晨（2014）采用了 Vigoda（2001）开发的组织政治知觉问卷，包括 6 道题。为准确反映组织政治知觉在中国情境中的内涵，如人情、关系、潜规则等，又补充了 3 道题，例如，“在我们单位，善于使用人际关系的人很受欢迎”“我们单位的人事选拔、绩效评价等人力资源管理活动容易受到人情因素的影响”“在我们单位，那些总是遵守规则的人会被他人利用”。组织政治知觉问卷共 9 道题，内部一致性系数为 0.71。

调查对象为北京、河南等地旅游酒店行业的 5 家企业的员工，共获得 286 份有效数据。

量表

请您根据自己的实际感受和体会，对下面 9 项描述进行评价和判断，并在最符合的数字上划○。评价和判断的标准如下：1＝完全不同意，2＝不同意，3＝不好确定，4＝同意，5＝完全同意。

1	谁能获得晋升取决于关系而非业绩。	1	2	3	4	5
2	只有那些努力工作的人才能获得奖励。	1	2	3	4	5
3	我们部门有一些人不管做什么总是畅通无阻，因为没人敢挑战他们。	1	2	3	4	5
4	我们单位有一些人总是想踩着别人的肩膀往上爬。	1	2	3	4	5
5	我们单位一些政策的改革是为了服务于少数人，而非整个单位。	1	2	3	4	5
6	这里的人们之所以常常选择忍气吞声，是因为怕遭到打击报复。	1	2	3	4	5
7	在我们单位，善于使用人际关系的人很受欢迎。	1	2	3	4	5
8	我们单位的人事选拔、绩效评价等人力资源管理活动容易受到人情因素的影响。	1	2	3	4	5
9	在我们单位，那些总是遵守规则的人会被他人利用。	1	2	3	4	5

计分方法

组织政治知觉量表共 9 道题，可以计算总分或平均分，其中第 2 题需反向计分。

量表出处

高中华，赵晨．工作场所的组织政治会危害员工绩效吗？基于个人-组织契合理论的视角．心理学报，2014，46（8）：1124-1143.

参考文献

Vigoda，F. Reactions to organizational politics：a cross-cultural examination in Israel and Britain. Human Relations，2001，54（11）：1483-1518.

黄忠东．国外组织政治知觉研究综述．外国经济与管理，2004，26（3）：15-18.

政治教导（刘军等，2010）

(Political Teaching)

简介

Ferris 等（2005）将政治技能定义为一种兼具人际互动风格和社交效能的个体能力，它可使个体在面对变化的情境时适时调整行为，并以自信和诚恳的态度让他人产生信任，使他人受到影响与控制。Scandura 和 Ragins（1993）指出，该定义暗含了高政治技能个体应具备的两种突出能力：理解组织政治及实施影响。

刘军，吴隆增和许浚（2010）认为，主管如何教导下属去理解组织政治及实施影响是提升下属政治技能的关键，也是主管政治教导的本质。他们通过访谈归纳和收集具体的题目，根据频次共得到 10 道题。之后，他们参考国外相关研究和问卷（如有关师徒教导、政治社会化等概念的研究和问卷），收集与政治教导内涵贴近的题目，进行修改后得到 5 道题。加上访谈获得的 10 道题，形成由 15 道题组成的初始测量问卷。最后，请新入职的大学生员工、人力资源与组织行为专家、受访企业的人力资源部经理对问卷进行评定和修改，删除了 3 道题，得到由 12 道题组成的调查问卷。

刘军，吴隆增和许浚（2010）对接受访谈的 8 家大型机械制造企业中近两年入职的大学生员工进行预测试，发放问卷 286 份，回收完整问卷 212 份，并对样本进行探索性因素分析，检验信度和效度。根据结果，删除了 4 道题，余下 8 道题，各有 4 道题属于理解组织政治维度和实施影响维度。

刘军，吴隆增和许浚（2010）对机械制造行业的另外 20 家企业进行正式数据收集，回收了 380 份员工问卷和 368 份主管问卷，得到匹配问卷 324 份。

信度与效度

刘军，吴隆增和许浚（2010）的预测试发放问卷 286 份，回收完整问卷 212 份，政治教导包括理解组织政治和实施影响两个因素，信度分别为 0.84 和 0.83，累计方差解释率达到 67.49%。

正式调查样本为 324 份员工与主管配对数据，政治教导问卷的信度为 0.89。验证性因素分析的结果表明，数据拟合较好（χ^2/df=2.64，CFI=0.98，GFI=0.96，TLI=0.97，RMSEA=0.07），问卷具有较好的结构效度。因此，该问卷具有较好的信度和效度。

量表

请您根据自己的实际感受和体会，对下面 8 项关于您主管的描述进行评价和判断，并在最符合的数字上划○。评价和判断的标准如下：1=从不，2=很少，3=偶尔，4=有时，5=经常。

在日常的互动过程中，我的主管教导我……

1	如何去识别组织中的各个政治派别。	1	2	3	4	5
2	如何去认识组织中的权力运作过程。	1	2	3	4	5
3	如何去分清哪些人是自己人，哪些人不是。	1	2	3	4	5
4	如何去体会单位同事行为背后的动机。	1	2	3	4	5
5	如何在幕后操纵，使事情朝我设想的方向发展。	1	2	3	4	5
6	如何在与别人交往的过程中表现出真诚。	1	2	3	4	5
7	如何好好照顾关键人物的需求与爱好。	1	2	3	4	5
8	如何在不同的派系争斗中做到随机应变。	1	2	3	4	5

计分方法

政治教导量表包括两个维度，共8道题，可以计算每个维度所包括题目的总分或平均分。每个维度包括的题目如下：

1. 理解组织政治：共4道题，具体包括第1～第4题。
2. 实施影响：共4道题，具体包括第5～第8题。

量表出处

刘军，吴隆增，许浚．政治技能的前因与后果：一项追踪实证研究．管理世界，2010（11）：94-104.

参考文献

Ferris，G. R.，Treadway，D. C.，Kolodinsky，R. W.，Hochwarter，W. A.，Kacmar，C. J.，Douglas，C.，et al. Development and validation of the political skill inventory. Journal of Management，2005，31（1）：126-152.

Scandura，T. A.，Ragins，B. R. The effects of sex and gender role orientation on mentorship in male-dominated occupations. Journal of Vocational Behavior，1993，43（3）：251-265.

政治学习（刘军等，2010）

(Political Learning)

简介

政治知识与技能的发展离不开个体学习这一环节。个体在组织社会化过程中通过行为模仿，学到与该组织政治氛围相匹配的政治知识与人际技巧，从而发展其政治技能。

由于组织政治的教与学的实质内容是一致的，因此刘军，吴隆增和许浚（2010）在开发政治教导问卷的基础上，为了测量员工政治学习，保留了政治教导的 8 道题，改变导言，来反映员工的政治学习情况，该问卷由员工进行评价。

信度与效度

刘军，吴隆增和许浚（2010）对 20 家大型机械制造企业中近两年入职的大学生员工进行问卷调查，样本为 324 份员工与主管配对数据，政治学习问卷的信度为 0.90。验证性因素分析的结果表明，数据拟合较好（$\chi^2/df=2.97$，CFI＝0.97，GFI＝0.96，TLI＝0.96，RMSEA＝0.08），问卷具有较好的结构效度。因此，该问卷具有较好的信度和效度。

量表

请您根据自己的实际感受和体会，用下面 8 项描述对自己进行评价和判断，并在最符合的数字上划○。评价和判断的标准如下：1＝非常不同意，2＝比较不同意，3＝不太确定，4＝比较同意，5＝非常同意。

在与主管日常的互动过程中，我已学会……

1	如何去识别组织中的各个政治派别。	1	2	3	4	5
2	如何去认识组织中的权力运作过程。	1	2	3	4	5
3	如何去分清哪些人是自己人，哪些人不是。	1	2	3	4	5
4	如何去体会单位同事行为背后的动机。	1	2	3	4	5
5	如何在幕后操纵，使事情朝我设想的方向发展。	1	2	3	4	5
6	如何在与别人交往的过程中表现出真诚。	1	2	3	4	5
7	如何好好照顾关键人物的需求与爱好。	1	2	3	4	5
8	如何在不同的派系争斗中做到随机应变。	1	2	3	4	5

计分方法

政治学习量表包括两个维度，共 8 道题，可以计算每个维度所包括题目的总分或平均分。每个维度包括的题目如下：

1. 理解组织政治：共 4 道题，具体包括第 1～第 4 题。
2. 实施影响：共 4 道题，具体包括第 5～第 8 题。

量表出处

刘军，吴隆增，许浚．政治技能的前因与后果：一项追踪实证研究．管理世界，2010（11）：94-104.

组织公平感（汪新艳，2009）

（Organizational Justice）

简介

组织公平感是指组织中员工对公平的判断、知觉和感受，即公平的知觉或公平感。组织公平分为分配公平、程序公平和互动公平三类（Cropanzano et al.，2001）。

汪新艳（2009）的组织公平感量表主要是在 Niehoff 和 Moorman（1993）编制的量表的基础上，结合中国的实际，参考刘亚等（2003）的组织公平感量表改制而成的。量表由17道题组成。探索性因素分析的结果表明，互动公平、程序公平和分配公平的方差解释率分别为24.319%、18.507%和17.503%，累计方差解释率为60.329%。组织公平感量表的内部一致性系数为0.914，互动公平、程序公平和分配公平三个因子的信度分别为0.808、0.835和0.817。这说明问卷质量可靠。

汪新艳（2009）在江西、江苏、北京、云南、辽宁、海南、宁夏、浙江、四川、山东、贵州、广东、上海等地的40多个城市收取问卷860多份，剔除无效问卷后最终样本量为793份。

量表

请您根据自己的实际感受和体会，用下面17项描述对您工作中的实际情况进行评价和判断，并在最符合的数字上划○。评价和判断的标准如下：1＝非常不同意，2＝不同意，3＝不好确定，4＝同意，5＝非常同意。

1	我的工作安排很公平。	1	2	3	4	5
2	我得到的薪资报酬很公平。	1	2	3	4	5
3	我认为我的工作量很公平。	1	2	3	4	5
4	总的来说，我得到的奖励很公平。	1	2	3	4	5
5	我感到我承担的工作责任很公平。	1	2	3	4	5
6	领导的工作决策是基于一种无偏见的方式制定出来的。	1	2	3	4	5
7	领导制定工作决策时会听取员工的意见和看法。	1	2	3	4	5
8	为制定一个正式的工作决策，领导会收集准确又全面的信息。	1	2	3	4	5
9	所有的工作决策对所有的有关员工一视同仁。	1	2	3	4	5
10	当要制定一个与我的工作有关的决策时，领导会表现出对我的友好和关心。	1	2	3	4	5
11	当要制定一个与我的工作有关的决策时，领导会表现出对我的尊重。	1	2	3	4	5
12	当要制定一个与我的工作有关的决策时，领导对我的个人需要会表现得很敏感。	1	2	3	4	5
13	当要制定一个与我的工作有关的决策时，领导会以一种真诚的方式对待我。	1	2	3	4	5
14	当要制定一个与我的工作有关的决策时，领导会表现出对我作为一名员工拥有的权利的关注。	1	2	3	4	5
15	当要制定一个与我的工作有关的决策时，领导会与我一起讨论这项决策涉及的一些事情。	1	2	3	4	5

16	领导为制定一个与我的工作有关的决策提供了恰当的理由。	1	2	3	4	5
17	领导为制定一个与我的工作有关的决策提供了我能理解的解释。	1	2	3	4	5

计分方法

组织公平感量表包括三个维度，共 17 道题，可以计算每个维度所包括题目的总分或平均分。每个维度包括的题目如下：

1. 分配公平：共 5 道题，具体包括第 1～第 5 题。
2. 程序公平：共 4 道题，具体包括第 6～第 9 题。
3. 互动公平：共 8 道题，具体包括第 10～第 17 题。

量表出处

汪新艳．中国员工组织公平感结构和现状的实证解析．管理评论，2009，21（9）：39-47.

参考文献

Cropanzano，R.，Rupp，D. E.，Mohler，C. J.，Schminke，M. Three roads to organizational justice. Research in Personal and Human Resources Management，2001（20）：1-113.

Niehoff，B. P.，Moorman，R. H. Justice as a mediator of the relationship between methods of monitoring and organizational citizenship behavior. Academy of Management Journal，1993，36（3）：527-556.

刘亚，龙立荣，李晔．组织公平感对组织效果变量的影响．管理世界，2003（3）：126-132.

组织公平（何轩，2010）

(Organizational Justice)

简介

员工对于组织的公平感主要来自三个方面：分配公平、过程公平、互动公平。

何轩（2010）采用 Niehoff 和 Moorman（1993）的组织公平量表，首先对问卷进行了试测，然后进行探索性因素分析，15 道题中保留了 14 道，形成正式问卷，分析结果表明量表具有较好的信度与效度。何轩（2010）发放了两批问卷，共回收有效问卷 158 份。

信度与效度

信度分析表明，组织公平量表的三个维度即过程公平、互动公平、分配公平的内部一致性系数分别为 0.820、0.889、0.806。

为了检验结构效度，何轩（2010）进行了探索性因素分析，结果表明，累计方差解释率为 65.603%，单个题项在对应的因子上都有良好的因子载荷，均大于 0.630。这说明量表具有较好的结构效度。

量表

请您根据自己的实际感受和体会，用下面 14 项描述对您的实际情况进行评价和判断，并在最符合的数字上划○。评价和判断的标准如下：1＝非常不同意，2＝比较不同意，3＝有点不同意，4＝有点同意，5＝比较同意，6＝非常同意。

1	在做与我工作相关的决策时，上级会尊重我，考虑到我的尊严。	1	2	3	4	5	6
2	在做与我工作相关的决策时，上级会考虑我的个人需求。	1	2	3	4	5	6
3	在做与我工作相关的决策时，上级会以符合实际的方式进行。	1	2	3	4	5	6
4	在做与我工作相关的决策时，上级会好意地对待我。	1	2	3	4	5	6
5	上级会公正地评价我的工作。	1	2	3	4	5	6
6	在做与我工作相关的决策时，上级会就其内涵与我商谈。	1	2	3	4	5	6
7	组织高层领导是在一种无偏见的状态下进行工作决策的。	1	2	3	4	5	6
8	组织做出的决策对于所有员工都是一致适用的。	1	2	3	4	5	6
9	组织高层领导在决策前会收集充分的、正确的信息。	1	2	3	4	5	6
10	当下级提出申请时，上级会阐明一些关于决策的补充信息。	1	2	3	4	5	6
11	我的工作负荷公平。	1	2	3	4	5	6
12	我认为我的收入水平是公平的。	1	2	3	4	5	6
13	我的工作权力与职责相对公平。	1	2	3	4	5	6
14	组织对我的工作时间表安排得公平。	1	2	3	4	5	6

计分方法

组织公平量表包括三个维度，共14道题，可以计算每个维度所包括题目的总分或平均分。每个维度包括的题目如下：

1. 互动公平：共6道题，具体包括第1～第6题。
2. 过程公平：共4道题，具体包括第7～第10题。
3. 分配公平：共4道题，具体包括第11～第14题。

量表出处

何轩．为何员工知而不言——员工沉默行为的本土化实证研究．南开管理评论，2010，13（3）：45-52.

参考文献

Niehoff，B. P.，Moorman，R. H. Justice as a mediator of the relationship between methods of monitoring and crganizational citizenship behavior. Academy of Management Journal，1993，36（3）：527-556.

组织公平（刘璞等，2008）

(Organizational Justice)

简介

组织公平感是组织或单位内人们对与个人利益有关的组织制度、政策和措施的公平感受。组织公平包括分配公平、过程公平和互动公平。

刘璞，井润田和刘煜（2008）选取分配公平、互动公平两个维度来衡量员工的组织公平感，共 10 道题。共发放问卷 4 000 份，实际回收问卷 3 192 份，回收率达到 80%。探索性因素分析提取了 2 个因子，累计方差解释率达到 73.419%，因子载荷都在 0.6 以上。

量表

请您根据自己的实际感受和体会，对下面 10 项描述进行评价和判断，并在最符合的数字上划〇。评价和判断的标准如下：1=强烈反对，2=反对，3=有点反对，4=不确定，5=有点赞同，6=赞同，7=完全赞同。

1	我的薪资水平是公平的。	1	2	3	4	5	6	7
2	总之，我觉得我的报酬是相当公平的。	1	2	3	4	5	6	7
3	我觉得我的工作负载是相对公平的。	1	2	3	4	5	6	7
4	我的工作安排是公平的。	1	2	3	4	5	6	7
5	我的工作责任是公平的。	1	2	3	4	5	6	7
6	做有关我工作的决策时，领导都会尊重我。	1	2	3	4	5	6	7
7	做有关我工作的决策时，领导都会考虑我的需要。	1	2	3	4	5	6	7
8	做有关我工作的决策时，领导都会以一种公平的方式做出。	1	2	3	4	5	6	7
9	做有关我工作的决策时，领导都会考虑我的想法。	1	2	3	4	5	6	7
10	做有关我工作的决策时，领导都会考虑我作为员工的权利。	1	2	3	4	5	6	7

计分方法

组织公平量表共 10 道题，其中第 1～第 5 题测量分配公平，第 6～第 10 题测量互动公平，可以计算总分或平均分。

量表出处

刘璞，井润田，刘煜．基于组织支持的组织公平与组织承诺关系的实证研究．管理评论，2008，20(11)：31-35.

互动公平（Colquitt，2001）

（Interactional Justice）

简介

互动公平是指人们在与领导互动过程中对其是否受到公平对待的感知。根据Colquitt（2001）对组织公平的分类，互动公平包含人际公平和信息公平两个方面。前者反映员工在与领导沟通过程中受到的礼待和尊重，后者则强调领导在向员工告知一项程序或者决策结果时是否给出了充分的解释。

舒睿和梁建（2015）对互动公平的测量采用Colquitt（2001）开发的量表，他们将该量表翻译为中文，量表包括人际公平与信息公平两个维度。样本来自一家快速成长的民营企业，通过两阶段的问卷收集工作，共回收问卷239份，回收率为70.1%，剔除信息不能匹配和缺失项大于20%的问卷后，最终获得有效问卷206份。

信度与效度

信度分析表明，互动公平量表的信度系数为0.90。验证性因素分析的结果表明，互动公平与其他变量的模型拟合效果良好：$\chi^2/df=4.42$（110.56/25），RMSEA=0.06，CFI=0.96，IFI=0.96，NNFI=0.94，各项拟合指数均达到或接近先定的标准，说明互动公平与其他变量具有较好的区分效度。

量表

请您根据自己的实际感受和体会，用下面9项描述对您的主管进行评价和判断，并在最符合的数字上划○。评价和判断的标准如下：1=非常不同意，2=比较不同意，3=不确定，4=比较同意，5=非常同意。

1	我的主管对我非常有礼貌。	1	2	3	4	5
2	我的主管会维护我的尊严。	1	2	3	4	5
3	我的主管会尊重我。	1	2	3	4	5
4	我的主管避免对我做出不恰当的批评。	1	2	3	4	5
5	我的主管会对我详尽地解释决策程序。	1	2	3	4	5
6	我的主管会就决策程序向我进行合理的解释。	1	2	3	4	5
7	我的主管会适时地与我交流决策的细节。	1	2	3	4	5
8	我的主管与我沟通时，表现得非常坦诚。	1	2	3	4	5
9	我的主管会根据我的特定需要而改变沟通的内容。	1	2	3	4	5

计分方法

互动公平量表包括两个维度，共9道题，可以计算每个维度所包括题目的总分或平均分。每个维度包括的题目如下：

1. 人际公平：反映领导以尊重和关怀的态度对待下属。共 4 道题，具体包括第 1～第 4 题。

2. 信息公平：反映领导与下属在交往中体现出的真诚与公正。共 5 道题，具体包括第 5～第 9 题。

量表出处

舒睿，梁建．基于自我概念的伦理领导与员工工作结果研究．管理学报，2015，12（7）：1012-1020.

参考文献

Colquitt，J. A. On the dimensionality of organizational justice：a construct validation of a measure. Journal of Applied Psychology，2001，86（3）：386-400.

组织支持 (Eisenberger et al.，1986)

(Organizational Support)

简介

组织支持是员工对于组织重视其贡献和关注其幸福感的全面看法。

刘璞，井润田和刘煜（2008）对组织支持的测量采用 Eisenberger 等（1986）开发的问卷，他们将该问卷翻译为中文，共有6道题。发放调查问卷4 000份，实际回收问卷3 192份，回收率为80%。分析结果表明，提取了一个因子，命名为组织支持，累计方差解释率达到69.3%，因子载荷都在0.6以上。

量表

请您根据自己的实际感受和体会，用下面6项描述对您所在的企业进行评价和判断，并在最符合的数字上划○。评价和判断的标准如下：1=强烈反对，2=比较反对，3=有点反对，4=无所谓，5=有点赞同，6=比较赞同，7=完全赞同。

1	企业很关心我的目标和价值。	1	2	3	4	5	6	7
2	在我有困难时，企业会给予帮助。	1	2	3	4	5	6	7
3	企业很在意我的建议。	1	2	3	4	5	6	7
4	企业很关心我的身体状况。	1	2	3	4	5	6	7
5	如果我需要特别帮助的话，企业很乐意帮助我。	1	2	3	4	5	6	7
6	如果有机会的话，企业会任用我。	1	2	3	4	5	6	7

计分方法

组织支持量表共6道题，可以计算总分或平均分。

量表出处

刘璞，井润田，刘煜．基于组织支持的组织公平与组织承诺关系的实证研究．管理评论，2008，20(11)：31-35.

参考文献

Eisenberger，R.，Huntington，R.，Hutchison，S.，Sowa，D. Perceived organizational support. Journal of Applied Psychology，1986 (71)：500-507.

组织支持感知（刘智强等，2015）

（Perceived Organizational Support）

简介

组织支持感知是指员工认为组织重视他们的价值和贡献以及关心他们利益的程度，重点反映员工的心理认知。

刘智强，邓传军，廖建桥和龙立荣（2015）采用 Eisenberger 等（1986）的 8 道题的量表（短版）对组织支持感知进行测量，其中 2 道题因为因子载荷过低被删除，留下 6 道题。问卷的内部一致性系数为 0.882。

组织支持感知由员工自我报告。研究数据取自武汉、杭州、广州和北京等地的近 60 家企业，第一阶段发放问卷 330 份，第二阶段发放问卷 295 份（35 份流失），在保留 295 份问卷的基础上，最终剔除无效问卷 39 份，得到有效问卷 256 份。

量表

请您根据自己的实际感受和体会，对下面 6 项描述进行评价和判断，并在最符合的数字上划○。评价和判断的标准如下：1＝非常不同意，2＝不同意，3＝不好确定，4＝同意，5＝非常同意。

1	公司会考虑我的意见。	1	2	3	4	5
2	公司顾及了我的利益。	1	2	3	4	5
3	公司尊重我的目标和价值观。	1	2	3	4	5
4	如果我提出要求，公司会帮助我。	1	2	3	4	5
5	公司乐意提供帮助。	1	2	3	4	5
6	公司对我十分关心。	1	2	3	4	5

计分方法

组织支持感知量表共 6 道题，可以计算总分或平均分。

量表出处

刘智强，邓传军，廖建桥，龙立荣．组织支持、地位认知与员工创新：雇佣多样性视角．管理科学学报，2015（10）：80-94.

参考文献

Eisenberger，R.，Huntington，R.，Hutchison，S.，Sowa，D. Perceived organizational support. Journal of Applied Psychology，1986（71）：500-507.

组织支持获得（刘智强等，2015）

（Received Organizational Support）

简介

组织支持获得可以从组织给予也即员工得到的视角进行界定，重点反映组织的客观付出。刘智强，邓传军，廖建桥和龙立荣（2015）使用的组织支持获得问卷是基于 Hipple（1998）、Lindorff（2000）、Maisel 和 Gable（2009）等的建议编制的，采用薪资待遇、晋升速度、培训等级、被授权水平及职位/职责的关键性等指标进行测量。组织支持获得问卷的内部一致性系数为 0.767。

组织支持获得由员工的上级进行报告。研究数据取自武汉、杭州、广州和北京等地的近 60 家企业，第一阶段发放问卷 330 份，第二阶段发放问卷 295 份（35 份流失），在保留 295 份问卷的基础上，最终剔除无效问卷 39 份，得到有效问卷 256 份。

量表

请您根据自己的实际感受和体会，用下面 5 项描述对您所在公司的情况进行评价和判断，并在最符合的数字上划○。评价和判断的标准如下：1=很差，2=差，3=一般，4=好，5=很好。

1	薪资待遇。	1	2	3	4	5
2	晋升速度。	1	2	3	4	5
3	培训等级。	1	2	3	4	5
4	被授权水平。	1	2	3	4	5
5	职位/职责的关键性。	1	2	3	4	5

计分方法

组织支持获得量表共 5 道题，可以计算总分或平均分。

量表出处

刘智强，邓传军，廖建桥，龙立荣．组织支持、地位认知与员工创新：雇佣多样性视角．管理科学学报，2015（10）：80-94.

参考文献

Hipple，S. Contingent work：results from the second survey. Monthly Labor Review，1998，121（v）：22-35.

Lindorff，M. Is it better to perceive than receive? Social support，stress and strain for managers. Psychology，2000，5（3）：271-286.

Maisel，N. C.，Gable，S. L. The paradox of received social support：the importance of responsiveness. Psychological Science，2009，20（8）：928-932.

高层管理支持（李怡娜等，2013）

（Top Management Support）

简介

李怡娜和叶飞（2013）在 Carter 和 Ellram（1998）、Eiadat 等（2008）的研究成果的基础上，共设计 4 道题来衡量高层管理支持。调查范围为广东省珠三角地区的制造企业，调查采用方便抽样的方式，向华南理工大学 EMBA/MBA 学员、工程硕士研究生、校友及企业员工以电子邮件等形式发放问卷。第一批发放问卷 500 份，回收 134 份，其中 108 份为有效问卷；第二批发放问卷 138 份，回收 77 份，其中 40 份为有效问卷。李怡娜和叶飞（2013）采用差异性分析对两批问卷进行对比，没有发现显著性差异，因此将这两批问卷合在一起，得到 148 份有效问卷。

信度与效度

内部一致性检验的结果表明，问卷的内部一致性系数为 0.941，说明问卷具有较好的信度。问卷的内容效度通过文献检索、经理面谈和预测试来保证。通过验证性因素分析来验证结构效度，结果表明，模型的拟合指标为 $\chi^2/df=1.755$（310.57/177），CFI=0.955，NNFI=0.946，RMSEA=0.072。因子载荷大于 0.5，且 t 值大于 2，达到显著性水平，说明聚合效度较好。因此，高层管理支持问卷具有较好的信度与效度。

量表

请您根据自己的实际感受和体会，对下面 4 项描述进行评价和判断，并在最符合的数字上划○。评价和判断的标准如下：1=非常不同意，2=不同意，3=有点不同意，4=无所谓，5=有点同意，6=同意，7=非常同意。

1	公司将绿色供应链管理纳入总体战略规划。	1	2	3	4	5	6	7
2	公司高层认为绿色供应链管理可以提高公司竞争力。	1	2	3	4	5	6	7
3	公司高层支持绿色供应链活动。	1	2	3	4	5	6	7
4	公司高层愿意为绿色供应链活动投入资源。	1	2	3	4	5	6	7

计分方法

高层管理支持量表共 4 道题，可以计算总分或平均分。

量表出处

李怡娜，叶飞．高层管理支持、环保创新实践与企业绩效——资源承诺的调节作用．管理评论，2013，25（1）：120-127.

参考文献

Carter，C.，Ellram，L. Reverse logistics：a review of the literature and framework for future investigation. Journal of Business Logistics，1998（19）.

Eiadat，Y.，Kelly，A.，Roche，F.，Eyadat，H. Green and competitive? An empirical test of the mediating role of environmental innovation strategy. Journal of World Business，2008，43（2）：131-145.

一线员工公平感（徐虹等，2018）

(Front-line Employee Sense of Justice)

简介

组织公平是个人对组织环境中公平的感知，可分为分配公平、程序公平和互动公平。分配公平是人们比较付出与分配结果后做出的判断；程序公平最初描述被诉讼者对司法审判程序和审判结果的公平感知；互动公平描绘了人们对交互过程中所受对待质量的感知。

一线员工的公平感主要表现为互动公平感和程序公平感。

徐虹等（2018）采用 Colquitt（2001）的组织公平量表测量一线员工的公平感，一线员工公平感包括互动公平和程序公平两个维度。共进行了两次调查：第一次调查收到问卷 521 份，在剔除无效问卷后得到有效问卷 455 份。第二次调查发放现场问卷 356 份，回收有效问卷 193 份。两次调查总计回收有效问卷 648 份。

信度与效度

互动公平的 Cronbach's Alpha 为 0.946，CR 为 0.942，AVE 为 0.645；程序公平的 Cronbach's Alpha 为 0.810，CR 为 0.811，AVE 为 0.589，量表的信效度指数都达到了良好水平。

量表

请您根据自己的实际感受和体会，通过下面 12 项描述对您服务的顾客进行评价和判断，并在最符合的数字上划○。评价和判断的标准如下：1＝从来没有，2＝几乎没有，3＝很少这样，4＝有时这样，5＝经常这样，6＝几乎一直这样，7＝总是这样。

1	我受到顾客礼貌地对待。	1	2	3	4	5	6	7
2	我受到顾客有尊严地对待。	1	2	3	4	5	6	7
3	我受到顾客尊重。	1	2	3	4	5	6	7
4	顾客言语合理，没有对我做出不恰当评论。	1	2	3	4	5	6	7
5	顾客坦诚地与我交流。	1	2	3	4	5	6	7
6	顾客清晰地向我表达需求。	1	2	3	4	5	6	7
7	顾客合理地提出自己的需求。	1	2	3	4	5	6	7
8	顾客及时与我沟通服务存在的问题。	1	2	3	4	5	6	7
9	为了满足自己的特殊需要，顾客与我进行了沟通。	1	2	3	4	5	6	7
10	在遭遇顾客不当对待的服务过程中，我能够真实地表达自己的观点与感受。	1	2	3	4	5	6	7
11	在遭遇顾客不当对待后，我能够参与后续服务规章与制度的制定与改进过程，以应对此问题。	1	2	3	4	5	6	7
12	组织中对顾客服务的规章制度与要求符合伦理和道德标准。	1	2	3	4	5	6	7

计分方法

一线员工公平感量表包括两个维度，共12道题，可以计算每个维度所包括题目的总分或平均分。每个维度包括的题目如下：

1. 互动公平：共9道题，具体包括第1～第9题。
2. 程序公平：共3道题，具体包括第10～第12题。

量表出处

徐虹，梁佳，李惠璠，刘宇青．顾客不当对待对旅游业一线员工公平感的差异化影响：权力的调节作用．南开管理评论，2018，21（5）：95-106.

参考文献

Colquitt，J. A. On the dimensionality of organizational justice：a construct validation of a measure. Journal of Applied Psychology，2001，86（3）：386-400.

第 12 章 人力资源管理

人力资本专用性（Lepak et al.，2003）

(Specific Human Capital)

简介

程德俊和赵曙明（2006）对人力资本专用性的测量参考了 Lepak 等（2003）开发的测量人力资源独特性的问卷，他们将问卷翻译成中文，问卷共 8 道题。人力资本专用性问卷的内部一致性系数为 0.82。

程德俊和赵曙明（2006）共发放问卷 300 份，实际回收问卷 134 份，回收率为 44.7%。在所有回收的问卷中，剔除回答极不完整问卷 6 份，得到有效问卷 128 份。

量表

请您根据自己的实际感受和体会，用下面 8 项描述对您所在公司的人力资本进行评价和判断，并在最符合的数字上划○。评价和判断的标准如下：1=非常不同意，2=不同意，3=不好确定，4=同意，5=非常同意。

1	难以在劳动力市场上广泛获取。	1	2	3	4	5
2	非常难以替代。	1	2	3	4	5
3	竞争对手难以获得。	1	2	3	4	5
4	被认为是行业中最好的。	1	2	3	4	5
5	对公司而言，具有独特的价值。	1	2	3	4	5
6	对竞争对手而言，难以模仿和复制。	1	2	3	4	5
7	满足公司特定的需要。	1	2	3	4	5
8	构筑起公司与竞争对手的差异。	1	2	3	4	5

计分方法

人力资本专用性量表共 8 道题，可以计算总分或平均分。

量表出处

程德俊，赵曙明．高参与工作系统与企业绩效：人力资本专用性和环境动态性的影响．管理世界，2006（3）：86-93.

参考文献

Lepak，D. P.，Takeuchi，R.，Snell，S. A. Employment flexibility and firm performance：examining the interaction effects of employment mode，environmental dynamism，and technological intensity. Journal of Management，2003，29（5）：681-703.

知识驱动的人力资源管理实践（顾琴轩等，2009）

(Knowledge-driven Human Resource Management Practice)

简介

知识驱动的人力资源管理实践是基于战略人力资源管理理念，通过管理员工的知识共享、创造和应用而获得组织绩效。Minbaeva（2005）认为，被企业用于提高与知识相关的组织绩效的人力资源管理实践，也就是知识驱动的人力资源管理实践。

顾琴轩，傅一士和贺爱民（2009）在 Collins 和 Smith（2006）以及 Minbaeva（2005）的研究的基础上，主要从选拔、激励、培训与开发三个维度对知识驱动的人力资源管理实践进行测量。选拔维度由两个项目构成，包括基于胜任力、学习潜力的选拔；激励维度由四个项目构成，包括基于绩效的报酬和内部晋升等；多样性培训与开发由五个项目构成，既包括通常的技能培训也包括团队工作技能培训，同时强调导师制和轮岗培训形式，还包括绩效评估方法的开发。

问卷发放的对象是企业人力资源经理或主管，涉及制造业、服务业和高新技术行业等，覆盖北京、上海、浙江等地。问卷通过现场、电子邮件和传真形式发放 350 份，共收到有效问卷 203 份，代表 203 家企业。

信度与效度

探索性因素分析得到了知识驱动的人力资源管理实践的三维结构。选拔维度的方差解释率为 30.889%，信度为 0.740；激励维度的方差解释率为 24.260%，信度为 0.873；培训与开发维度的方差解释率为 18.190%，信度为 0.888。三个因子的累计方差解释率为 73.339%，量表的总体信度为 0.915。

顾琴轩，傅一士和贺爱民（2009）采用验证性因素分析来检验 KHRM 因子结构。结果显示，$\chi^2/df=1.237$，RMSEA＝0.041，GFI＝0.938，CFI＝0.988，IFI＝0.989，TLI＝0.985，NFI＝0.945。各项拟合指标均在较好的范围内，表明三维的 KHRM 结构得到了较好的支持。

量表

请您根据自己的实际感受和体会，用下面 11 项描述对您所在企业的实际情况进行评价和判断，并在最符合的数字上划○。评价和判断的标准如下：1＝很少，2＝少，3＝一般，4＝多，5＝很多。

1	选拔人员时，重视考察候选人是否符合组织要求的胜任力。	1	2	3	4	5
2	组织的选拔制度强调候选人的学习潜力。	1	2	3	4	5
3	组织对工作绩效优秀的员工给予更多报酬。	1	2	3	4	5
4	在晋升决策中，组织根据员工绩效来评定。	1	2	3	4	5
5	组织在决定给员工调薪时，重视员工的绩效。	1	2	3	4	5

6	员工的奖励计划主要基于组织绩效来确定。	1	2	3	4	5
7	组织提供轮岗，提升员工的技能或能力。	1	2	3	4	5
8	组织向员工提供绩效反馈与指导。	1	2	3	4	5
9	组织采用导师制，帮助员工成长。	1	2	3	4	5
10	组织应用绩效评估信息规划员工的技能发展与培训。	1	2	3	4	5
11	组织提供团队建设与团队工作技能的培训。	1	2	3	4	5

计分方法

知识驱动的人力资源管理实践量表包括三个维度，共11道题，可以计算每个维度所包括题目的总分或平均分。每个维度包括的题目如下：

1. 选拔：共2道题，具体包括第1、第2题。
2. 激励：共4道题，具体包括第3～第6题。
3. 培训与开发：共5道题，具体包括第7～第11题。

量表出处

顾琴轩，傅一士，贺爱民．知识共享与组织绩效：知识驱动的人力资源管理实践作用研究．南开管理评论，2009，12（2）：59-66.

参考文献

Minbaeva，D. HRM practices and MNC knowledge transfer. Personnel Review，2005，34（34）：125-144.

Collins，C. J.，Smith，K. G. Knowledge exchange and combination：the role of human resource practices in the performance of high-technology firms. Academy of Management Journal，2006，49（3）：544-560.

合作型人力资源管理（王红椿等，2015）

（Collaboration Human Resource Management）

简介

王红椿等（2015）基于文献研究提出，人力资源管理需要管理组织内社会资本，通过建立员工之间的互动模式和社会关系网络，促进组织内资源和信息的流动与利用，使之成为组织获取竞争优势的资源基础。鉴于此，王红椿等（2015）基于社会资本的理论视角构建合作型人力资源管理的内容结构维度，编制合作型人力资源管理量表。

王红椿等（2015）从社会资本的认知、情感和关系三个维度入手，开发出合作型人力资源管理量表。通过收集能够促进员工互动和合作的实践举措，同时对 14 家企业的高层管理人员以及人力资源管理者进行开放式访谈，最终形成了 34 道题的初始问卷。对初始问卷进行探索性因素分析、验证性因素分析和信度效度分析，最终形成 20 道题的正式问卷。

研究的调查样本取自广州、深圳、上海等地的 500 家企业，问卷填答对象为上述企业的中层或高层管理人员。共回收有效问卷 413 份，有效回收率为 82.6%。

信度与效度

合作型人力资源管理量表的三个因子（即提高合作能力、激发合作动机、提供合作机会）的信度分别是 0.880、0.845 和 0.893，累计方差解释率为 60.14%。

合作型人力资源管理量表的三因子模型拟合较好，RMSEA＝0.069，TLI＝0.905，CFI＝0.901。该模型的拟合优度显著优于其他模型，说明该量表具有较好的效度。

量表

请您根据自己的实际感受和体会，用下面 20 项描述对您所在企业的实际情况进行评价和判断，并在最符合的数字上划○。评价和判断的标准如下：1＝非常不同意，2＝比较不同意，3＝不确定，4＝比较同意，5＝非常同意。

1	招募侧重于与组织价值观、企业文化的匹配。	1	2	3	4	5
2	培训内容包括如何保持良好的人际关系。	1	2	3	4	5
3	招募标准侧重于合作能力和团队工作能力。	1	2	3	4	5
4	开展跨职能培训或工作轮换。	1	2	3	4	5
5	培训内容包括团队建设和团队合作。	1	2	3	4	5
6	为新员工提供多部门轮岗的机会。	1	2	3	4	5
7	以师傅带徒弟的方式帮助员工成长。	1	2	3	4	5
8	薪酬的浮动部分与组织绩效相关。	1	2	3	4	5
9	由多个评价者考核员工的整体绩效。	1	2	3	4	5
10	考核标准包括员工在团队中的合作态度和行为。	1	2	3	4	5

11	提供较多的晋升机会。	1	2	3	4	5
12	薪酬的浮动部分与所在项目团队的绩效相关。	1	2	3	4	5
13	晋升标准包括员工在团队中的合作态度和行为。	1	2	3	4	5
14	团队合作意识强的人更容易得到加薪机会。	1	2	3	4	5
15	让员工参与到自我管理团队或项目团队中。	1	2	3	4	5
16	使用团队方式解决问题。	1	2	3	4	5
17	让员工自主安排工作。	1	2	3	4	5
18	与团队外成员（如技术专家、会计师等）沟通非常顺畅。	1	2	3	4	5
19	团队成员之间沟通非常顺畅。	1	2	3	4	5
20	举办各种活动促进员工之间相互接触和建立关系。	1	2	3	4	5

计分方法

合作型人力资源管理量表包括三个维度，共20道题，可以计算每个维度所包括题目的总分或平均分。每个维度包括的题目如下：

1. 提高合作能力：即组织帮助员工提高识别、理解和交换知识的能力，建立共享的心智模型。共7道题，具体包括第1～第7题。

2. 激发合作动机：即组织通过帮助员工建立广泛的互惠关系，使个体由追求自利、缺乏责任与义务感的人转变成为共享利益、具有高承诺感的社会成员，自主分享信息和知识。共7道题，具体包括第8～第14题。

3. 提供合作机会：即组织通过基于员工关系的工作设计和沟通渠道的建设，帮助员工打破组织内部门和层级界限，扩展组织内外社会网络，增加识别和接触异质性知识的机会。共6道题，具体包括第15～第20题。

量表出处

王红椿，刘学，刘善仕．合作型人力资源管理的构念及其影响效应研究．管理学报，2015，12（11）：1614-1622.

创新导向的人力资源管理实践（张瑞娟等，2014）

(Innovation-oriented HRM Practice)

简介

张瑞娟和孙健敏（2014）采用人力资源管理的系统观以及 Poole 和 Whitfield（1997）对人力资源管理实践的定义，提出：人力资源管理实践包括对工作的管理实践与对员工的管理实践，这些实践是由提升能力的实践、激发动机的实践和提供机会的实践三个部分组成的系统。因此，创新导向的人力资源管理实践系统是指与组织的目标保持一致，有助于提升创新能力、激发创新动机和提供创新机会，从而实现组织创新的人力资源管理实践活动所组成的系统。

张瑞娟和孙健敏（2014）主要通过访谈来获得员工认为能够激发个体创新、团队创新和组织创新的人力资源管理实践活动，在北京市选取了 4 家高新技术企业的中层及以上管理者和员工作为访谈对象。收集访谈信息后，对内涵相同的信息进行了合并和归类，最终获取有助于组织创新的人力资源管理实践活动项目共 83 项。对这 83 道题进行审核，最后保留了 61 道题，归为 9 项职能、3 个维度。在删除了关于组织文化的 15 道题后，保留 46 道题，将其按照 AOM 理论初步归为 3 个维度，对这 46 道题进行审核和文字修改。

张瑞娟和孙健敏（2014）选择 14 家企业发放初始问卷 440 份，回收 388 份，得到有效问卷 366 份并进行探索性因素分析。之后又以北京、新疆的 3 家企业的员工为样本，发放调查问卷 300 份，实际回收问卷 290 份，对 245 份有效问卷进行验证性因素分析。最终获得了 19 道题的四因子结构，并把这四个因子分别命名为培训开发、奖励晋升、沟通参与、工作设计，问卷的信度与效度均较好。

信度与效度

366 份有效问卷的探索性因素分析获得了 19 道题的四因子结构，累计方差解释率为 64.1%。问卷整体的内部一致性系数为 0.94，各维度的内部一致性系数在 0.7～0.87 之间，且删去任何一道题都不会引起信度的提高。

为了验证问卷的结构效度，张瑞娟和孙健敏（2014）以北京、新疆的 3 家企业的员工为样本进行调查，245 份有效问卷的验证性因素分析结果表明，二阶单因子模型结构的 χ^2/df 为 2.93，标准化的 RMSEA、SRMR、CFI、GFI、IFI 分别为 0.06、0.05、0.97、0.85、0.97，拟合较好，说明问卷具有较好的结构效度。

量表

请您根据自己的实际感受和体会，用下面 19 项描述对您所在组织的情况进行评价和判断，并在最符合的数字上划○。评价和判断的标准如下：1＝非常不同意，2＝不同意，3＝不好确定，4＝同意，5＝非常同意。

1	员工拥有在公司内部不同岗位上流动的机会。	1	2	3	4	5
2	为员工提供知识和技能的培训。	1	2	3	4	5
3	采用经验交流会/研讨会等内训方式提升员工能力。	1	2	3	4	5
4	为员工设计了多元化的职业发展路径。	1	2	3	4	5
5	在进行绩效反馈时，主管领导给予员工工作改进方面的建议。	1	2	3	4	5
6	奖励小发明、小创造、小革新。	1	2	3	4	5
7	对创新的工作团队进行奖励。	1	2	3	4	5
8	员工个人的奖金和团队的绩效结果挂钩。	1	2	3	4	5
9	为员工设置具有挑战性的绩效目标。	1	2	3	4	5
10	对员工的创新能力和创新行为进行考核。	1	2	3	4	5
11	以工作业绩作为员工晋升的依据。	1	2	3	4	5
12	对核心员工进行股票期权/利润分享等激励。	1	2	3	4	5
13	为员工提供沟通的渠道，以利于员工之间分享信息。	1	2	3	4	5
14	工作中，员工有机会提出合理改进工作的建议。	1	2	3	4	5
15	员工代表能够参与公司涉及员工个人利益的重大决策。	1	2	3	4	5
16	员工的建议通常会被采纳。	1	2	3	4	5
17	员工具有较为宽泛的工作职责。	1	2	3	4	5
18	为员工提供需要多样化技能的工作任务。	1	2	3	4	5
19	员工具有工作的自主性特征值。	1	2	3	4	5

计分方法

创新导向的人力资源管理实践量表包括四个维度，共 19 道题，可以计算每个维度所包括题目的总分或平均分。每个维度包括的题目如下：

1. 培训开发：共 5 道题，具体包括第 1～第 5 题。
2. 奖励晋升：共 7 道题，具体包括第 6～第 12 题。
3. 沟通参与：共 4 道题，具体包括第 13～第 16 题。
4. 工作设计：共 3 道题，具体包括第 17～第 19 题。

量表出处

张瑞娟，孙健敏．创新导向人力资源管理实践：结构和测量．中国人力资源开发，2014（23）：55-66.

参考文献

Poole，M.，Whitfield，K. Organizing employment for high performance：theories，evidence and policy. Organization Studies，1997，18（5）：745-764.

内控导向的人力资源管理实践（罗海滨等，2015）

(Internal-control Oriented Human Resource Management Practice)

简介

郑伯埙（1995）认为，西方的经营活动以契约关系与市场规范为基础，华人企业则以儒家伦理与泛家族化为基础。罗海滨等（2015）的内控导向的人力资源管理实践借鉴西方科层式组织的理性元素，基于儒家伦理的中国式基础管理模式，既有“内部化”的资源观点，又包括控制观点的一些积极元素。

罗海滨等（2015）在文献研究的基础上，按照 Strauss（1987）等提出的扎根理论研究步骤，通过深度访谈 31 家企业的高层管理人员及人力资源管理人员，收集资料并运用质性分析软件编码分析，最终归纳出内控导向的人力资源管理实践的典型实践内容：规范的人力资源管理制度、严格的招聘及测试流程、存在内部劳动力市场及广泛的内部职业机会、专业化及标准化培训、致力于发展的绩效评估等。对预测试结果进行探索性因素分析，最终得到包含 18 道题的正式问卷，具有良好的信效度。内控导向的人力资源管理实践问卷的信度为 0.817，包括三个因子：内部化、标准化、绩效化，信度分别是 0.837、0.851、0.763，三因子的累计方差解释率达到 55.18%。

研究的调查样本均位于珠江三角洲地区，选定员工数量在 100 人以上的企业作为研究对象。问卷发放与填答对象均为企业高层管理人员，对 1 000 家企业采用滚雪球方式发放问卷，共回收有效问卷 551 份。

量表

请您根据自己的实际感受和体会，用下面 18 项描述对您所在单位的人力资源管理实践进行评价和判断，并在最符合的数字上划○。评价和判断的标准如下：1＝非常不同意，2＝比较不同意，3＝不确定，4＝比较同意，5＝非常同意。

1	绩效使用长期标准。	1	2	3	4	5
2	绩效重视发展。	1	2	3	4	5
3	绩效重视过程。	1	2	3	4	5
4	实施职业发展规划。	1	2	3	4	5
5	提供多样化晋升阶梯。	1	2	3	4	5
6	实施接班人计划。	1	2	3	4	5
7	提供内部晋升机会。	1	2	3	4	5
8	薪酬实现内部公平。	1	2	3	4	5
9	实施标准化测试。	1	2	3	4	5
10	实施正式的招聘程序。	1	2	3	4	5
11	实施人力资源规划。	1	2	3	4	5
12	开展正式培训。	1	2	3	4	5
13	实施标准的岗位技能培训。	1	2	3	4	5

14	奖励工资与绩效挂钩。	1	2	3	4	5
15	奖励工资与公司财务指标挂钩。	1	2	3	4	5
16	绩效结果对员工晋升的影响大。	1	2	3	4	5
17	晋升的标准侧重绩效和能力。	1	2	3	4	5
18	实施正式绩效考核。	1	2	3	4	5

计分方法

内控导向的人力资源管理实践量表包括三个维度，共 18 道题，可以计算每个维度所包括题目的总分或平均分。每个维度包括的题目如下：

1. 内部化：共 8 道题，包括第 1～第 8 题。
2. 标准化：共 5 道题，包括第 9～第 13 题。
3. 绩效化：共 5 道题，包括第 14～第 18 题。

量表出处

罗海滨，刘善仕，王红椿，吴坤津．内控导向人力资源管理实践与组织绩效研究．管理学报，2015，12（8）：1124-1134.

参考文献

Strauss，A. L. Qualitative analysis for social scientists. Cambridge：Cambridge University Press，1987.
郑伯埙．差序格局与华人组织行为．本土心理学研究，1995（3）：142-219.

高绩效人力资源管理（张一弛等，2008）

(High Performance Human Resources Management)

简介

高绩效人力资源管理指的是一系列逐项可加的有助于企业经营绩效提高的人力资源管理措施（Pfeffer，1994）。

鉴于高绩效人力资源管理政策措施的非独立性，张一弛和李书玲（2008）选用了包括“全面的培训、员工参与、工作分析、按照客观量化标准进行业绩考核、内部晋升、利润分享和提供就业安全”在内，人力资源管理研究中获得普遍认可的高绩效人力资源管理的“7 种最佳实践”（Delery et al.，1996）来测量高绩效人力资源管理的水平。

张一弛和李书玲（2008）选择 650 家专门从事医药产品生产和销售的企业进行问卷调查，共回收 134 套填答完整的问卷。通过探索性因素分析，删去了就业安全因子的题目。高绩效人力资源管理问卷的内部一致性系数为 0.87，单一因子解释了总方差的 55.52%。

量表

请您根据自己的实际感受和体会，用下面 19 项描述对您所在企业的人力资源管理进行评价和判断，并在最符合的数字上划○。评价和判断的标准如下：1=非常不同意，2=不同意，3=有点不同意，4=不好确定，5=有点同意，6=同意，7=非常同意。

1	公司的员工通常每隔一段时间就接受一次培训。	1	2	3	4	5	6	7
2	公司为员工提供正式的培训项目来为他们在公司内部的晋升创造条件。	1	2	3	4	5	6	7
3	公司为员工提供全面的培训。	1	2	3	4	5	6	7
4	公司有正式的培训项目来向新员工传授工作中所需要的技能。	1	2	3	4	5	6	7
5	经理人员与员工不断进行坦诚的沟通。	1	2	3	4	5	6	7
6	公司员工有机会提出改进工作方式的建议。	1	2	3	4	5	6	7
7	经理人员在决策过程中经常参考员工的意见。	1	2	3	4	5	6	7
8	公司员工在许多情况下都可以自己决定工作方式。	1	2	3	4	5	6	7
9	员工的工作职责有清晰的定义。	1	2	3	4	5	6	7
10	员工的岗位职责说明书包括需要员工履行的所有职责。	1	2	3	4	5	6	7
11	员工在实际工作中严格遵守岗位职责说明书的规定。	1	2	3	4	5	6	7
12	必要时公司会及时修订员工的岗位职责说明书。	1	2	3	4	5	6	7
13	在公司中业绩通常是用客观的、量化的结果来衡量的。	1	2	3	4	5	6	7
14	员工的绩效考核以客观的、量化的结果为基础。	1	2	3	4	5	6	7
15	员工在公司内部有清晰的职业发展路径。	1	2	3	4	5	6	7
16	员工的直接上级了解员工在公司内的职业发展意愿。	1	2	3	4	5	6	7
17	员工在晋升中可以有不止一个适合的职位。	1	2	3	4	5	6	7

18	员工在公司工作没有什么发展前途。	1	2	3	4	5	6	7
19	员工根据公司的利润状况得到奖金。	1	2	3	4	5	6	7

计分方法

高绩效人力资源管理量表包括六个维度，共19道题，可以计算每个维度所包括题目的总分或平均分。每个维度包括的题目如下：

1. 培训：共4道题，具体包括第1～第4题。
2. 员工参与：共4道题，具体包括第5～第8题。
3. 工作分析：共4道题，具体包括第9～第12题。
4. 业绩考核：共2道题，具体包括第13、第14题。
5. 内部晋升：共4道题，具体包括第15～第18题，其中第18题需反向计分。
6. 利润分享：共1道题，具体包括第19题。

量表出处

张一弛，李书玲．高绩效人力资源管理与企业绩效：战略实施能力的中介作用．管理世界，2008（4）：107-114.

参考文献

Pfeffer，J. Competitive advantage through people. California Management Review，1994，36（2）：9-28.

Delery，J. E.，Doty，D. H. Modes of theorizing in strategic human resource management：tests of universalistic，contingency，and configurational performance predictions. Academy of Management Journal，1996，39（4）：802-835.

高绩效人力资源管理实践（乔坤等，2009）

(High Performance Human Resource Management Practice)

简介

高绩效人力资源管理实践是旨在实现组织影响员工行为、态度及绩效的各种政策、手段、制度的总称。乔坤，栾晓琳和王晓云（2009）使用的问卷题目部分来源于 Guthrie（2001）和 Datta 等（2005），三位研究者对从西方文献中得到的问题进行翻译和回译，并通过对样本企业高层管理者的访谈，对题目进行少许调整以保证量表的内容效度。

乔坤，栾晓琳和王晓云（2009）以中国民营中小企业员工为研究对象，面向大连的 8 家民营中小企业，共发放问卷 400 份，回收 308 份，回收率为 77%，将未填写问题项过半数问卷剔除后得到有效问卷 277 份，有效率为 89.94%。探索性因素分析的结果表明，高绩效人力资源管理实践包括四个维度共 19 道题，四个因子被命名为：程序公平、全面薪酬体系、信息分享和招聘。

为了进一步验证构想效度，考察问卷的信度与效度，乔坤，栾晓琳和王晓云（2009）选取大连、抚顺、沈阳的 20 家民营中小企业进行问卷发放，得到有效问卷 401 份，验证性因素分析证实了高绩效人力资源管理实践问卷的构想效度，内部一致性分析与相关分析的结果也表明该问卷具有较好的信度与效度。

信度与效度

探索性因素分析的结果表明，程序公平、全面薪酬体系、信息分享和招聘四个因子解释了总变异的 59.5%，内部一致性系数分别为 0.81、0.83、0.84、0.60，结果可以接受。

验证性因素分析结果显示，19 道题载荷在相应的四个因子上，因子载荷从 0.44 到 0.87 不等，χ^2/df 的值小于 5，RMSEA 的值为 0.09，NNFI、CFI、IFI 的值均大于 0.9，模型拟合良好。程序公平、全面薪酬体系、信息分享和招聘四个因子的内部一致性系数分别为 0.70、0.78、0.86、0.61，信度分析结果可以接受。

量表

请您根据自己的实际感受和体会，用下面 19 项描述对您所在企业的实际情况进行评价和判断，并在最符合的数字上划○。评价和判断的标准如下：1=根本没有实施，2=极少实施，3=不好确定，4=大部分实施，5=完全实施。

1	在进行人员雇用时采用深入/广泛的招聘方式。	1	2	3	4	5
2	积极实施听取员工意见的项目。	1	2	3	4	5
3	进行经常性的员工态度调查以了解和调整员工的士气状况。	1	2	3	4	5
4	正式的员工绩效反馈意见来自多种渠道。	1	2	3	4	5
5	提拔员工时主要基于员工的业绩表现而非资历。	1	2	3	4	5

6	报酬取决于技能或知识而不是职位高低。	1	2	3	4	5
7	报酬部分取决于小组的整体表现。	1	2	3	4	5
8	进行深入的企业专门技能培训。	1	2	3	4	5
9	进行多种岗位或技能的交叉培训，或者经常参加多种工作。	1	2	3	4	5
10	进行广泛的一般技能培训。	1	2	3	4	5
11	在完成工作任务的主要部分时组成自我领导小组。	1	2	3	4	5
12	为员工提供有关企业财务状况的信息。	1	2	3	4	5
13	为员工提供有关企业运行状况的信息。	1	2	3	4	5
14	为员工提供有关企业战略决策的信息。	1	2	3	4	5
15	经常性地为员工提供其工作表现的评估。	1	2	3	4	5
16	经常性地为员工提供其工作表现的反馈。	1	2	3	4	5
17	员工有投诉或抱怨的渠道。	1	2	3	4	5
18	对非一线的职位采用内部招聘。	1	2	3	4	5
19	进行一次或多次的招聘测试。	1	2	3	4	5

计分方法

高绩效人力资源管理实践量表包括程序公平、全面薪酬体系、信息分享和招聘四个维度，共19道题，可以计算每个维度所包括题目的总分或平均分。每个维度包括的题目如下：

1. 程序公平：共5道题，具体包括第1～第5题。
2. 全面薪酬体系：共6道题，具体包括第6～第11题。
3. 信息分享：共6道题，具体包括第12～第17题。
4. 招聘：共2道题，具体包括第18、第19题。

量表出处

乔坤，栾晓琳，王晓云．高绩效HRM实践与组织承诺：关于民营中小企业员工的研究．管理评论，2009，21（5）：77-85.

参考文献

Datta，D. K.，Wright，P. M. Human resource management and labor productivity：does industry matter?．Academy of Management Journal，2005，48（1）：135-145.

Guthrie，J. P. High-involvement work practices，turnover，and productivity：evidence fromnew zealand. Academy of Management Journal，2001，44（1）：180-190.

高绩效人力资源管理实践（苏中兴，2010）

(High Performance Human Resource Management Practice)

简介

苏中兴（2010）认为，在不同的经济社会发展阶段，面对不同的管理情境，高绩效人力资源管理实践从内涵到表现形式都应有所不同。为此，他分析中国企业面临的管理情境，探索开发适合中国企业的高绩效人力资源管理系统量表。

为有效测量中国企业的高绩效人力资源管理系统，苏中兴（2010）首先访谈了 36 位本土企业的人力资源经理。同时，作为对访谈的补充，苏中兴（2010）收集了 2002 年以后发表在财经类报纸和管理类杂志上的 86 个人力资源管理案例，涉及 45 家国内知名企业。接着，对案例资料进行分析，对案例中的人力资源管理最佳实践进行编码和归纳。

苏中兴（2010）对北京和上海两地企业的人力资源经理进行问卷调查，共发放问卷 300 份，回收 186 份，回收率为 62%，其中 149 份问卷的填写基本完整。样本企业中，66 家来自北京，83 家来自上海。对高绩效人力资源管理实践进行探索性因素分析，得出比较清晰的八因子结构，累计方差解释率为 68.54%。

通过上述过程，苏中兴（2010）确认了 28 项适合中国企业的高绩效人力资源管理实践，既包含了一些以承诺为导向的西方高绩效工作实践，也包含了一些以控制为导向的本土人力资源实践。

信度与效度

高绩效人力资源管理实践量表的信度为 0.846。具体包括八个维度，方差解释率与信度分别是：广泛培训，方差解释率为 9.45%，$\alpha=0.87$；员工竞争流动和纪律管理，方差解释率为 9.44%，$\alpha=0.75$；信息分享，方差解释率为 9.13%，$\alpha=0.80$；严格招聘，方差解释率为 9.06%，$\alpha=0.79$；基于结果的考核，方差解释率为 8.87%，$\alpha=0.77$；薪酬管理，方差解释率为 8.06%，$\alpha=0.68$；内部劳动力市场，方差解释率为 7.49%，$\alpha=0.76$；员工参与管理，方差解释率为 7.03%，$\alpha=0.66$。验证性因素分析表明高绩效人力资源管理实践与其他变量有一定的区分效度。

量表

请您根据自己的实际感受和体会，用下面 28 项描述对您所在单位的管理实践进行评价和判断，并在最符合的数字上划○。评价和判断的标准如下：1=非常不符合，2=不符合，3=不好确定，4=符合，5=非常符合。

1	有系统的培训内容（企业文化/管理技能/专业技能等）。	1	2	3	4	5
2	比竞争对手投入更多的培训时间和资金。	1	2	3	4	5

3	有规范的培训流程。	1	2	3	4	5
4	坚决处罚违纪员工。	1	2	3	4	5
5	实行末位淘汰。	1	2	3	4	5
6	比竞争对手有更严格的纪律。	1	2	3	4	5
7	管理人员根据业绩能上能下。	1	2	3	4	5
8	重要岗位实行竞争上岗。	1	2	3	4	5
9	向员工反馈企业的生产和财务信息。	1	2	3	4	5
10	员工能及时了解部门的工作目标和进度。	1	2	3	4	5
11	经常宣传企业的发展战略。	1	2	3	4	5
12	招聘中注重考察员工对企业价值观的认可。	1	2	3	4	5
13	与技能相比，招聘中更重视员工的基本素质。	1	2	3	4	5
14	有严格的选拔流程（笔试、面试等步骤）。	1	2	3	4	5
15	从大量候选人中选拔优秀员工。	1	2	3	4	5
16	考核以结果为导向。	1	2	3	4	5
17	严格根据考核结果实施奖惩。	1	2	3	4	5
18	收入与考核结果挂钩。	1	2	3	4	5
19	有具体明确的考核指标。	1	2	3	4	5
20	提供短期激励性薪酬，如绩效奖金。	1	2	3	4	5
21	为关键人才提供优厚待遇。	1	2	3	4	5
22	整体薪酬水平有竞争力。	1	2	3	4	5
23	制定员工职业发展规划。	1	2	3	4	5
24	员工有内部晋升机会。	1	2	3	4	5
25	员工有内部工作调动机会。	1	2	3	4	5
26	有员工建议系统。	1	2	3	4	5
27	让员工参与管理小组。	1	2	3	4	5
28	开展员工态度和意见方面的调查。	1	2	3	4	5

计分方法

高绩效人力资源管理实践量表包括八个维度，共28道题，可以计算每个维度所包括题目的总分或平均分。每个维度包括的题目如下：

1. 广泛培训：共3道题，具体包括第1～第3题。
2. 员工竞争流动和纪律管理：共5道题，具体包括第4～第8题。
3. 信息分享：共3道题，具体包括第9～第11题。
4. 严格招聘：共4道题，具体包括第12～第15题。
5. 基于结果的考核：共4道题，具体包括第16～第19题。
6. 薪酬管理：共3道题，具体包括第20～第22题。
7. 内部劳动力市场：共3道题，具体包括第23～第25题。
8. 员工参与管理：共3道题，具体包括第26～第28题。

量表出处

苏中兴．转型期中国企业的高绩效人力资源管理系统：一个本土化的实证研究．南开管理评论，2010，13（4）：99-108.

高绩效要求（Podsakoff et al.，1990）

（High Performance Expectation）

简介

随着市场竞争的加剧，企业为了更好地生存和发展，纷纷制定高于市场平均水平的绩效要求，而这些绩效要求最终会转化为每个工作团队及每位员工需要完成的工作任务（Locke & Latham，2002），这种高出市场平均水平的绩效要求就称为高绩效要求。

陈默和梁建（2017）对来自一家连锁超市公司 35 家门店的 300 名负责不同类别商品的一线员工进行调查。在第一次调查中，员工回答了高绩效要求、道德推脱、道德认同和感知的市场竞争等方面的问题。一个月后，员工回答了亲组织不道德行为方面的问题。在剔除了不合格的问卷后，最终成功匹配两个时间点的问卷数量为 225 份，问卷回收率为 75%。

采用 Podsakoff，MacKenzie，Moorman 和 Fetter（1990）开发的量表，信度分析结果 Cronbach's Alpha=0.81，量表的信度指数达到了良好水平。

量表

请您根据自己的实际感受和体会，通过下面 3 项描述对部门领导的绩效要求进行评价和判断，并在最符合的数字上划○。评价和判断的标准如下：1=完全不同意，2=不同意，3=不好确定，4=同意，5=完全同意。

1	部门领导对我有很高的绩效要求。	1	2	3	4	5
2	部门领导坚持要求我达到最佳工作绩效。	1	2	3	4	5
3	部门领导激励我设定较高水平的绩效目标。	1	2	3	4	5

计分方法

高绩效要求量表共 3 道题，可以计算总分。

量表出处

陈默，梁建．高绩效要求与亲组织不道德行为：基于社会认知理论的视角．心理学报，2017，49（1）：94-105.

参考文献

Locke，E. A.，Latham，G. P. Building a practically useful theory of goal setting and task motivation：a 35-year odyssey. American Psychologist，2002，57：705-717.

Podsakoff，P. M.，MacKenzie，S. B.，Moorman，R. H.，Fetter，R. Transformational leader behaviors and their effects on followers' trust in leader，satisfaction，and organizational citizenship behaviors. Leadership Quarterly，1990，1：107-142.

高承诺工作系统（田立法，2015）

(High-commitment Work System)

简介

高承诺工作系统是一个包含员工选、育、用、留等方面的雇佣决策系统，旨在提升员工的组织承诺。

田立法（2015）在设计高承诺工作系统问卷时主要参考了 Arthur（1994）、Delery 等（1996）和 Collins 等（2006）的研究成果。高承诺工作系统包括三个维度：招聘与选择、激励以及培训与开发。问卷的内部一致性系数为 0.92。

田立法（2015）共调研了 13 家企业，发放调查问卷 364 份，回收 356 份，其中有效问卷 291 份。

量表

请您根据自己的实际感受和体会，用下面 18 项描述对您所在组织的情况进行评价和判断，并在最符合的数字上划○。评价和判断的标准如下：1＝非常不同意，2＝不同意，3＝不好确定，4＝同意，5＝非常同意。

1	当某重要职位有空缺时，企业会从内部而非外部招聘。	1	2	3	4	5
2	企业招聘时，强调新员工能否与企业文化、价值理念等方面保持全面匹配。	1	2	3	4	5
3	企业在招聘员工时，注重新员工在学习和发展方面的潜力。	1	2	3	4	5
4	企业在从内部选拔人才时，会确保所有员工意识到这种晋升机会。	1	2	3	4	5
5	企业基于个人绩效制定奖励或激励措施。	1	2	3	4	5
6	企业基于团队与组织绩效制定奖励或激励措施。	1	2	3	4	5
7	企业具有规范的普通员工参与企业决策制定的流程。	1	2	3	4	5
8	企业的员工薪酬高于同行业其他企业的薪酬水平。	1	2	3	4	5
9	所有核心员工都能够通过员工优先购股计划购买企业的股票。	1	2	3	4	5
10	企业对在工作中提出新技术、新方法、新见解的员工会给予一定奖励。	1	2	3	4	5
11	企业会为员工获得外部的职业培训机会提供大力支持。	1	2	3	4	5
12	企业通过提供职业安全保障和长期雇佣的方式激励员工安心工作。	1	2	3	4	5
13	企业通过工作轮换扩展员工的技术。	1	2	3	4	5
14	企业通过主办社交活动来增强员工彼此间的了解。	1	2	3	4	5
15	企业为员工提供培训项目以增强员工对组织历史和发展过程的了解。	1	2	3	4	5
16	企业为员工提供有助于其在企业中获得长远发展的培训项目。	1	2	3	4	5
17	企业基于绩效评价的结果为员工个人的发展制定目标。	1	2	3	4	5
18	企业基于绩效评价的结果为员工制定有助于其长远发展的技能培训项目。	1	2	3	4	5

计分方法

高承诺工作系统量表包括三个维度，共 18 道题，可以计算每个维度所包括题目的总分或平均分。每个维度包括的题目如下：

1. 招聘与选择：共 4 道题，包括第 1～第 4 题。
2. 激励：共 8 道题，包括第 5～第 12 题。
3. 培训与开发：共 6 道题，包括第 13～第 18 题。

量表出处

田立法．高承诺工作系统驱动知识共享：信任关系的中介作用及性别的调节作用．管理评论，2015，27（6）：148-159.

参考文献

Collins，C. J.，Smith，K. G. Knowledge exchange and combination：the role of human resource practices in the performance of high-technology firms. Academy of Management Journal，2006，49（3）：544-560.

Arthur，J. B. Effects of human resource systems on manufacturing performance and turnover. Academy of Management Journal，1994，37（3）：670-687.

Delery，J. E.，Doty，D. H. Modes of theorizing in strategic human resource management：tests of universalistic，contingency，and configurational performance predictions. Academy of Management Journal，1996，39（4）：802-835.

薪酬满意度（Heneman et al.，2000）

（Pay Satisfaction）

简介

薪酬满意度是个体对其薪酬（涵盖广义薪酬的多个方面）所持有的积极或消极情感态度水平（Judge，1993）。

于海波，李永瑞和郑晓明（2009）采用经翻译的 Heneman 等（2000）的薪酬满意度问卷，包括四个维度，共 18 道题，经过数次英汉互译后确定文字表述。样本来自全国 159 家企业的 2 426 份有效问卷。

信度与效度

薪酬满意度问卷的内部一致性系数较高，验证性因素分析的结果表明，四因素模型的各项拟合指数较好，χ^2/df、NFI、IFI、TLI、CFI、RMSEA 的值分别为 3.92（505.90/129）、0.97、0.98、0.97、0.98、0.08，说明薪酬满意度的四因素结构得到了数据的支持。

量表

请您根据自己的实际感受和体会，用下面 18 项描述对薪酬相关情况进行评价和判断，并在最符合的数字上划○。评价和判断的标准如下：1＝非常不满意，2＝不满意，3＝无所谓，4＝满意，5＝非常满意。

1	我扣税后实际拿到的工资。	1	2	3	4	5
2	我目前的工资。	1	2	3	4	5
3	我全部薪酬的水平。	1	2	3	4	5
4	我目前的工资数量。	1	2	3	4	5
5	我的福利。	1	2	3	4	5
6	单位付给我的福利数量。	1	2	3	4	5
7	我所获得福利的价值大小。	1	2	3	4	5
8	我收到的福利数量。	1	2	3	4	5
9	我最近增加的工资。	1	2	3	4	5
10	我的上级对我收入的影响。	1	2	3	4	5
11	我在过去一年的加薪数量。	1	2	3	4	5
12	我的加薪是如何决定的。	1	2	3	4	5
13	单位的薪酬体系。	1	2	3	4	5
14	单位向我提供的关于薪酬方面的信息。	1	2	3	4	5
15	单位中其他工作岗位的薪酬。	1	2	3	4	5
16	单位薪酬政策的一致性。	1	2	3	4	5

17	单位中不同工作岗位的薪酬差异。	1	2	3	4	5
18	单位如何管理薪酬。	1	2	3	4	5

计分方法

薪酬满意度量表包括四个维度，共 18 道题，可以计算每个维度所包括题目的总分或平均分。每个维度包括的题目如下：

1. 薪酬水平：共 4 道题，具体包括第 1～第 4 题。
2. 福利：共 4 道题，具体包括第 5～第 8 题。
3. 加薪：共 4 道题，具体包括第 9～第 12 题。
4. 薪酬管理：共 6 道题，具体包括第 13～第 18 题。

量表出处

于海波，李永瑞，郑晓明．员工薪酬满意度及其影响实证研究．经济管理，2009，31（9）：93-99.

参考文献

Judge，T. A. Validity of the dimensions of the pay satisfaction questionnaire：evidence of differential prediction. Personnel Psychology，1993，46（2）：331-335.

Heneman，H. G.，Judge，T. A. Compensation attitudes：a review and recommendations for future research. San Francisco：Jossey-Bass，2000：61-103.

整体薪酬感知（杨菊兰等，2015）

（Total Rewards Perception）

简介

整体薪酬也译为全面报酬、全面薪酬。美国薪酬协会（2012）对整体薪酬的定义是：雇主为工作而回报给员工的每一件事物，或者员工在雇佣关系中所获得的每一件事物。

杨菊兰和杨俊青（2015）按照美国薪酬协会提出的整体薪酬模型，从薪酬、福利、工作生活平衡、绩效与认可、发展与职业机会五个维度设计了测量整体薪酬感知的初始题项库，并进行了预调查。同时，与专家讨论之后，结合专家意见对原有题目进行筛选、剔除、合并，形成了包含29道题的初始问卷。

他们在全国范围内对来自东、中、西部地区共30个省（自治区、直辖市）的303家非国有企业的各层次员工进行了调查，共发放问卷3 420份，经过对存在异常值、缺失值、重复填写等情形的问卷的筛选剔除，保留有效问卷1 638份。

信度与效度

分析结果表明，整体薪酬感知问卷具有良好的信度。其中，工作生活平衡感知、发展与职业机会感知、工作条件感知和工资水平感知四个因子的信度系数分别为0.820、0.829、0.792、0.773。验证性因素分析表明，整体薪酬感知和其他变量具有良好的区分效度。

量表

请您根据自己的实际感受和体会，用下面21项描述对您和您公司的实际情况进行评价和判断，并在最符合的数字上划○。评价和判断的标准如下：1＝差，2＝较差，3＝一般，4＝较好，5＝好。

1	保证员工的节假日休息时间。	1	2	3	4	5
2	公司对我家庭的关照。	1	2	3	4	5
3	保证员工的工间休息时间。	1	2	3	4	5
4	工作与家庭兼顾情况。	1	2	3	4	5
5	工作中我的身心健康情况。	1	2	3	4	5
6	公司组织的培训项目或课程。	1	2	3	4	5
7	工作对个人能力提升的帮助。	1	2	3	4	5
8	晋升机会。	1	2	3	4	5
9	公司提供清晰的未来晋升阶梯或路径。	1	2	3	4	5
10	年终绩效奖金与工作绩效挂钩。	1	2	3	4	5
11	公司给予我参与管理或提出建议的机会。	1	2	3	4	5
12	为员工缴纳其他社会保险情况。	1	2	3	4	5

13	及时足额为员工缴纳保险和住房公积金。	1	2	3	4	5
14	公司资助或支持的学习进修培训。	1	2	3	4	5
15	带薪假期的执行情况。	1	2	3	4	5
16	住房福利。	1	2	3	4	5
17	工资水平与本人技能匹配。	1	2	3	4	5
18	工资水平与同行业企业相比。	1	2	3	4	5
19	当月绩效奖金与工作绩效挂钩。	1	2	3	4	5
20	考核标准易于达到。	1	2	3	4	5
21	工作绩效与个人目标的一致性。	1	2	3	4	5

计分方法

整体薪酬感知量表包括四个维度，共 21 道题，可以计算每个维度所包括题目的总分或平均分。每个维度包括的题目如下：

1. 工作生活平衡感知：共 5 道题，具体包括第 1～第 5 题。
2. 发展与职业机会感知：共 6 道题，具体包括第 6～第 11 题。
3. 工作条件感知：共 5 道题，具体包括第 12～第 16 题。
4. 工资水平感知：共 5 道题，具体包括第 17～第 21 题。

量表出处

杨菊兰，杨俊青．员工整体薪酬感知结构化及其对组织认同的影响——来自双因素理论的解释．经济管理，2015，37（11）：63-73.

绩效考核政治性（陈云云等，2008）

(Performance Appraisal Politics)

简介

绩效考核政治性是指评估人在绩效考核过程中的政治性考虑，即评估人在评估过程中根据自己的判断，考虑一些跟下属实际业绩无关的因素，故意歪曲下属的绩效考核结果。

赵书松（2012）对绩效考核政治性的测量题目来自陈云云和张一弛（2008）开发的成熟量表，选出8道涉及绩效考核政治性的题目，分为积极绩效考核政治性和消极绩效考核政治性两个维度，信度分别为0.784和0.899。

赵书松（2012）发放调查问卷1 000份，调查对象主要是武汉、长沙、深圳、杭州、合肥等地技术密集型企业的员工，最终得到有效问卷584份。

量表

请您根据自己的实际感受和体会，用下面8项描述对您所在公司的绩效评估情况进行评价和判断，并在最符合的数字上划○。评价和判断的标准如下：1=非常不同意，2=不同意，3=有点不同意，4=无所谓，5=有点同意，6=同意，7=非常同意。

1	避免引起下属的消极对抗。	1	2	3	4	5	6	7
2	照顾下属的面子。	1	2	3	4	5	6	7
3	考虑部门内部团结。	1	2	3	4	5	6	7
4	给予下属高于实际绩效的评价以激励下属努力工作。	1	2	3	4	5	6	7
5	过低评价下属业绩，以促使下属离职。	1	2	3	4	5	6	7
6	过低评价下属业绩，以避免给下属加薪。	1	2	3	4	5	6	7
7	过低评价下属业绩，以避免下属给自己造成威胁。	1	2	3	4	5	6	7
8	过低评价与自己关系不好的下属的业绩。	1	2	3	4	5	6	7

计分方法

绩效考核政治性量表包括两个维度，共8道题，可以计算每个维度所包括题目的总分或平均分。每个维度包括的题目如下：

1. 积极绩效考核政治性：抬高员工绩效的政治性操作。共4道题，具体包括第1～第4题。

2. 消极绩效考核政治性：贬低员工绩效的政治性操作。共4道题，具体包括第5～第8题。

量表出处

赵书松．绩效考核政治性对个体知识共享行为影响的实证研究．南开管理评论，2012，15（3）：

150-160.

参考文献

陈云云，张一弛．绩效评估中的政治性考虑——基于内容分析的中国情境研究．管理评论，2008，20（9）：39-49.

劳动关系氛围（崔勋等，2012）

(Labor Relations Climate)

简介

劳动关系氛围是员工对企业劳动关系状况的心理感知，劳动关系氛围既包括劳资对立，也包括员工参与和劳资双赢（Kochan & Osterman，1994）。关于劳动关系氛围的测量，Dastmalchian 基于工会情景提出了感知的员工-管理者关系、员工对工会的支持程度和劳资合作的意愿等三个维度，并在 1989 年提出了包含和谐、冷漠、开放、敌对和即时性的五维度量表。Bennett（1998）开发了包括劳资对立、劳资双赢和员工参与三个维度的量表。

崔勋，张义明和瞿皎姣（2012）对员工感知的劳动关系氛围的测量参考了 Bennett（1998）、Dastmalchian（2008）和 Brewster（1989）的成果以及 Tsui 和 Wang（2002）的研究，从劳资对立、劳资双赢和员工参与三个方面展开测量。经过分析，删除了与整体量表相关关系较弱的题目，最终得到的劳动关系氛围量表具有良好的信效度。

在天津、北京等地选择 60 家企业，每家企业随机发放问卷 30 份。共回收问卷 1 670 份，剔除不合格的问卷，最终得到有效问卷 1 607 份。

信度与效度

劳动关系氛围量表包含三个因子：劳资对立、劳资双赢和员工参与，信度分别是 0.820、0.822 和 0.755。三因子解释了原始问卷 53.315%的方差变异。同时效度分析结果表明，劳动关系氛围与其他变量有一定的区分效度。

量表

请您根据自己的实际感受和体会，用下面 17 项描述对您所在的公司进行评价和判断，并在最符合的数字上划○。评价和判断的标准如下：1=非常不同意，2=不同意，3=不好确定，4=同意，5=非常同意。

1	多数时间，我觉得公司的整体气氛相当和谐。	1	2	3	4	5
2	公司管理层与员工的关系十分融洽和睦。	1	2	3	4	5
3	公司管理层和员工大多能彼此信赖。	1	2	3	4	5
4	为了公司的前途，多加点班也没关系。	1	2	3	4	5
5	公司员工间相处得十分融洽。	1	2	3	4	5
6	公司员工的流动率很低。	1	2	3	4	5
7	公司会经常设身处地为员工着想。	1	2	3	4	5
8	公司员工大多竭尽心力，设法协助公司获得成功。	1	2	3	4	5
9	公司管理层与员工间有相当明显的对立现象。	1	2	3	4	5
10	员工常常会因为与管理层沟通不畅而发生冲突。	1	2	3	4	5

11	公司员工会采用激烈的方式来争取利益。	1	2	3	4	5
12	公司经常有员工与管理层发生口角或摩擦的情形。	1	2	3	4	5
13	在公司内，有不少人只顾个人利益，不管公司的长期发展。	1	2	3	4	5
14	公司员工经常抱怨公司的措施。	1	2	3	4	5
15	公司有不同的委员会或工会可以向管理层传达员工的意见。	1	2	3	4	5
16	公司员工可通过提案制度等参与公司管理。	1	2	3	4	5
17	公司有畅通的沟通或申诉渠道。	1	2	3	4	5

计分方法

劳动关系氛围量表包括三个维度，共 17 道题，可以计算每个维度所包括题目的总分或平均分。每个维度包括的题目如下：

1. 劳资双赢：共 8 道题，具体包括第 1～第 8 题。
2. 劳资对立：共 6 道题，具体包括第 9～第 14 题。
3. 员工参与：共 3 道题，具体包括第 15～第 17 题。

量表出处

崔勋，张义明，瞿皎姣．劳动关系氛围和员工工作满意度：组织承诺的调节作用．南开管理评论，2012，15（2）：19-30.

参考文献

Kochan，T. A.，Osterman，P. The mutual gains enterprise. Boston，MA：Harvard Business School Press，1994.

Dastmalchian，A. Industrial relations climate. In Blyton，P.，Bacon，N.，Fiorito，J.，Heery，E.（Eds.）. Sage Handbook of Industrial Relations，Chapter 29：548-571. London：Sage，2008.

Bennett，R. Employee relations. Pearson Education Limited，1998.

Brewster，C. Employee relations. London：Palgrave Macmillan，1989.

Tsui，A. S.，Wang，D. Employment relationships from the employers perspective：current research and future directions. In Cooper，C. L.，Robertson，I. T.（Eds.）. International Review of Industrial and Organizational Psychology，Chichester：Wiley，2002：77-114.

组织社会化内容（赵国祥等，2007）

(Organizational Socialization)

简介

美国管理学家 Schein（1968）率先将“社会化”这一概念引入组织，提出了“组织社会化”（organizational socialization）的概念，以解释员工如何从“组织外部人”发展为“组织内部人”，了解员工适应组织的机制。

赵国祥，王明辉和凌文辁（2007）认为，组织社会化是指个体为了适应所在组织的价值体系、组织目标和行为规范而调整自己态度和行为的学习过程。基于组织社会化的过程，他们探讨了员工刚进入组织时为了适应组织所需学习的内容。

赵国祥，王明辉和凌文辁（2007）在已有文献的基础上，基于中国文化背景和企业实际，从员工适应组织需要而学习的视角出发，经过访谈、开放式问卷调查、归类和汇总、问卷评定等程序，编制了组织社会化内容初始问卷，共 53 道题。对广东某乳业有限公司等 8 家企业的员工进行预测试，发放问卷 410 份，对 252 份有效问卷进行因素分析，删除了 30 道不合适的题目，保留 23 道题用于正式测试。

正式测试包括两个样本，样本 1 涉及全国 8 个城市 10 家企业的员工，发放问卷 1 000份，回收有效问卷 472 份。样本 1 的结果用于组织社会化内容结构的探索性因素分析。样本 2 涉及全国 8 个城市 12 家企业的员工，发放问卷 1 000 份，回收有效问卷 382 份。样本 2 的结果用于组织社会化内容结构的验证。

探索性因素分析删除 5 道具有显著的双重载荷的题目，得到了比较清晰的四因素结构。为使问卷更简洁，根据因素载荷和项目含义对 18 道题进行压缩，每个因素均保留 4 道题，共计 16 道题。将四个因素分别命名为组织文化社会化、工作胜任社会化、人际关系社会化和组织政治社会化。分析结果表明，组织社会化内容问卷具有较好的信度、结构效度、内容效度、效标效度，四因素结构模型比较理想。

信度与效度

472 份有效问卷的探索性因素分析结果显示，组织社会化内容各维度中，除组织政治社会化维度的内部一致性系数为 0.687（在可接受的范围 0.600～0.700 内）外，其他三个维度的内部一致性系数均高于 0.700，总问卷的内部一致性系数为 0.833。

在结构效度上，探索性因素分析的结果显示，问卷结构清晰，各题目意义明确且解释力强，累计解释率为 55.998%，问卷具有较好的结构效度。在内容效度上，在组织社会化内容问卷编制过程中，分别征询了企业人力资源管理者和人力资源管理专业研究生的意见，请他们对问卷内容进行了审定。同时以企业员工为被试进行了预测试和数据处理分析，最终形成初步问卷。测量结果表明，问卷内容能较好地反映企业员工组织社会化的状况，具有较好的内容效度。在效标效度上，问卷的效标变量包括 4 个员工行为绩效变量，通过两次正式的样本施测，结果显示组织社会化内容和工作绩效、工作满意度、组织认同均有显著的正相关关系，与离职意愿存在负相关关系，进一步验证了组织社会化内容问卷的有效性。

382 份有效问卷的验证性因素分析的结果表明，四因素模型的 χ^2/df、GFI、NNFI、PNFI、CFI、RMSEA 值分别为 2.281（223.55/98）、0.929、0.881、0.685、0.901、0.059，四因素模型的各项拟合指数均达到理想水平，说明组织社会化内容的四因素结构得到了数据的支持。

量表

请您根据自己的实际感受和体会，用下面 16 项描述对您工作中的实际情况进行评价和判断，并在最符合的数字上划○。评价和判断的标准如下：1＝完全不同意，2＝不同意，3＝有点不同意，4＝有点同意，5＝同意，6＝非常同意。

1	了解单位创建和发展的历史。	1	2	3	4	5	6
2	清楚所在单位的价值观。	1	2	3	4	5	6
3	了解单位的性质、业务及发展前景。	1	2	3	4	5	6
4	了解单位以往的重大事件。	1	2	3	4	5	6
5	知道如何有效率地完成自己的工作。	1	2	3	4	5	6
6	掌握完成工作所需的技能技巧。	1	2	3	4	5	6
7	理解自己所在部门的工作职责。	1	2	3	4	5	6
8	了解有关自己的工作职责。	1	2	3	4	5	6
9	与单位同事关系融洽。	1	2	3	4	5	6
10	在单位比较受欢迎。	1	2	3	4	5	6
11	单位同事愿意提出建设性意见。	1	2	3	4	5	6
12	把同事当成自己的朋友。	1	2	3	4	5	6
13	了解单位各领导所代表的利益。	1	2	3	4	5	6
14	了解单位中的某些“潜规则”。	1	2	3	4	5	6
15	了解谁是单位中最有影响力的人。	1	2	3	4	5	6
16	了解单位中其他同事的行为动机。	1	2	3	4	5	6

计分方法

组织社会化内容量表包括四个维度，共 16 道题，可以计算每个维度所包括题目的总分或平均分。每个维度包括的题目如下：

1. 组织文化社会化：主要包括了解单位发展历史、所在单位的价值观等。共 4 道题，具体包括第 1～第 4 题。

2. 工作胜任社会化：主要包括了解自己的工作职责、掌握工作所需的技能等。共 4 道题，具体包括第 5～第 8 题。

3. 人际关系社会化：主要包括在单位中比较受欢迎、与单位同事关系融洽等。共 4 道题，具体包括第 9～第 12 题。

4. 组织政治社会化：主要包括了解单位中的某些“潜规则”、知道谁是单位中最有影响力的人等。共 4 道题，具体包括第 13～第 16 题。

量表出处

赵国祥，王明辉，凌文辁．企业员工组织社会化内容的结构维度．心理学报，2007，39（6）：1102-1110.

参考文献

Schein，E. H. Organizational socialization and the profession of management. Industrial Management Review，1968（9）：1-15.

入职期望（李强等，2006）

(Pre-entering Expectations)

简介

李强，姚琦和乐国安（2006）通过文献研究与访谈的方式确定问卷题目，编制入职期望量表。使用编制的初始问卷进行小范围的初测，对初测结果运用区分度法、决断值法以及因素分析法进行项目分析和题目筛选。最终，修改后的量表由 36 道题构成，其中，对工作的期望包括 18 道题，对团队的期望包括 8 道题，对企业的期望包括 10 道题。对工作的期望、对团队的期望和对企业的期望三个层次的内部一致性系数分别为 0.73、0.82、0.68，表明内部一致性信度较好；内容效度的评定由人力资源管理领域的专家学者和富有经验的实际工作者完成，结果表明内容效度符合心理测量学的指标要求。

对每一层次进行探索性因素分析，结果表明：对工作的期望由四个因素（内容激励、工作条件、薪酬、外部激励）组成，方差解释率为 50.413%；对团队的期望由两个因素（上级关系、同事关系）组成，方差解释率为 53.918%；对企业的期望由三个因素（管理、制度与结构、公平与激励）组成，方差解释率为 56.295%。

李强，姚琦和乐国安（2006）采取分层抽取的方式抽取 TCL 集团股份有限公司和万科企业股份有限公司的新员工。从 TCL 公司回收有效问卷 319 份，回收率为 94.9%；从万科公司回收有效问卷 84 份，回收率为 93.3%。

量表

请您根据自己的实际感受和体会，用下面 36 项描述对您的入职期望进行评价和判断，并在最符合的数字上划○。评价和判断的标准如下：1＝非常不重要，2＝不重要，3＝不好确定，4＝重要，5＝非常重要。

1	能得到锻炼。	1	2	3	4	5
2	能学到很多东西。	1	2	3	4	5
3	个人成长、发展空间大。	1	2	3	4	5
4	工作的竞争性强。	1	2	3	4	5
5	工作符合自己的兴趣、爱好。	1	2	3	4	5
6	完成工作时有成就感。	1	2	3	4	5
7	工作加班少。	1	2	3	4	5
8	工作时间固定。	1	2	3	4	5
9	工作强度适中。	1	2	3	4	5
10	福利待遇好。	1	2	3	4	5
11	工作环境好。	1	2	3	4	5
12	年终奖金和分红高。	1	2	3	4	5
13	薪水每年都有增加。	1	2	3	4	5
14	薪水增加比较困难。	1	2	3	4	5

15	薪水较高。	1	2	3	4	5
16	能为社会做贡献。	1	2	3	4	5
17	对他人有用。	1	2	3	4	5
18	社会地位高。	1	2	3	4	5
19	上级能给我较多关注。	1	2	3	4	5
20	我的直接上级公平待人。	1	2	3	4	5
21	我能获得直接上级的赏识。	1	2	3	4	5
22	我的直接上级能体谅下属。	1	2	3	4	5
23	工作团队中人际关系较为简单。	1	2	3	4	5
24	工作团队中同事的接触较多。	1	2	3	4	5
25	同事间能相互合作。	1	2	3	4	5
26	工作团队中同事相处和睦。	1	2	3	4	5
27	公司有人情味。	1	2	3	4	5
28	管理先进。	1	2	3	4	5
29	注重员工的长期发展。	1	2	3	4	5
30	有系统的职业生涯指导。	1	2	3	4	5
31	制度化程度低。	1	2	3	4	5
32	公司工作标准严格。	1	2	3	4	5
33	公司组织结构严密。	1	2	3	4	5
34	激励与绩效密切相关。	1	2	3	4	5
35	机会均等、公平竞争。	1	2	3	4	5
36	年节送礼物给员工。	1	2	3	4	5

计分方法

入职期望量表由三个层次构成，分别是对工作的期望、对团队的期望和对企业的期望。共36道题，每个层次包括的题目如下：

1. 新员工对工作的期望：共18道题，由四个维度组成，分别是内部激励（第1～第6题）、工作条件（第7～第11题）、薪酬（第12～第15题）和外部激励（第16～第18题）。其中第14题需要反向计分。

2. 新员工对团队的期望：共8道题，由两个维度组成，分别是上级关系（第19～第23题）和同事关系（第24～第26题）。

3. 新员工对企业的期望：共10道题，由三个维度组成，分别是管理（第27～第30题）、制度与结构（第31～第33题）和公平与激励（第34～第36题）。

量表出处

李强，姚琦，乐国安．新员工组织社会化与入职期望研究．南开管理评论，2006，9（3）：38-43.

指导关系（宋培林等，2008）

(Mentoring Relationship)

简介

宋培林和黄夏青（2008）认为，指导关系是一种发展性的人际互动关系，是组织中经验丰富者对资历较浅者就职业发展和社会心理等方面提供支持的过程。宋培林和黄夏青（2008）参考杨英（2006）的研究结果，结合国外的相关研究（Kram，1983；Kram et al.，1985；Noe，1988），设计了一份指导关系问卷。

宋培林和黄夏青（2008）向厦门大学管理学院企业管理研究生课程班和 MBA 班学员发放指导关系问卷 90 份，回收 54 份，回收率 60%，其中有效问卷 40 份。对初测数据进行探索性因素分析和信度分析，提出了一个基于中国背景的包括职业发展指导和社会心理指导两方面的指导关系问卷。

为了进一步验证指导关系问卷的构想效度，考察问卷的信度与效度，宋培林和黄夏青（2008）通过网络问卷调查和纸质问卷调查相结合的方式，发放问卷 419 份，其中纸质问卷 214 份（在企业管理研究生课程班、MBA 班发放），网络问卷 205 份，共回收有效问卷 255 份。验证性因素分析证实了指导关系问卷的构想效度，内部一致性分析表明该问卷具有较好的信度与效度。

量表

请您根据自己的实际感受和体会，用下面 10 项描述对您在工作中提供指导的实际情况进行评价和判断，并在最符合的数字上划○。评价和判断的标准如下：1＝非常不同意，2＝不同意，3＝不好确定，4＝同意，5＝非常同意。

1	给予职业方向的引导，支持被指导者在事业上的发展和晋升。	1	2	3	4	5
2	给予经验及知识的传承，给予被指导者相关的正面及负面回馈。	1	2	3	4	5
3	在不同的情况下提供支持，对被指导者不能控制的错误负责，必要时作为缓冲机制。	1	2	3	4	5
4	分派挑战性的任务以拓展被指导者的知识与技能，促进其成长，并为晋升做准备。	1	2	3	4	5
5	创造及提供机会让被指导者展现实力，在重要场合提高其曝光率。	1	2	3	4	5
6	提供持续的支持、尊重、赞许，使被指导者增强自信及自我印象，相信自己对组织能有所贡献。	1	2	3	4	5
7	提供帮助，使被指导者能够探测自我及专业上的困境，建立有效的倾听、信任及亲密融洽的关系。	1	2	3	4	5
8	互相关怀与亲近，有超越工作任务的沟通，共享工作中及工作外的经验。	1	2	3	4	5
9	角色模范展现可作为表率的行为、态度、技巧以协助被指导者获得信心，获得被指导者更多的尊重和崇尚。	1	2	3	4	5
10	传授为人处世哲学，帮助被指导者扩展人际网络、解决人际矛盾。	1	2	3	4	5

计分方法

指导关系量表包括两个维度，共10道题，可以计算每个维度所包括题目的总分或平均分。每个维度包括的题目如下：

1. 职业发展指导：包括赞助、教导、维护、挑战性任务、展露，分别对应第1、2、3、4、5题。

2. 社会心理指导：包括接受与认可、咨询、友谊、角色模范、人际支持，分别对应第6、7、8、9、10题。

量表出处

宋培林，黄夏青．员工指导关系对工作满意、组织承诺和离职倾向的影响——基于中国背景的实证分析．经济管理，2008，30（Z2）：62-70.

参考文献

Kram，K. E. Phases of the mentor relationship. Academy of Management Journal，1983，26（4）：608-625.

Kram，K. E，Isabella，L. A. Mentoring alternatives：the role of peer relationships in career development. Academy of Management Journal，1985，28（1）：110-132.

Noe，R. A. Women and mentoring：a review and research agenda. Academy of Management Review，1988，13（1）：65-78.

杨英．中国知识员工的师徒关系对徒弟工作绩效、组织承诺的影响．武汉：华中师范大学，2006.

第 13 章
知识分享

活性知识（于米，2011）

(Affectual Knowledge)

简介

在知识管理的过程中，知识属性的不同会对知识创造和分享产生影响，从而直接影响组织外部激励的方式，促进知识分享。对于知识属性的一般分类是按照可编码的程度分为显性知识与隐性知识。杨百寅（2003，2009）等提出了显性知识、隐性知识、活性知识三种知识分类的理论框架，其中活性知识代表了情感层面的知识，即同个人文化与价值导向相关的知识。

于米（2011）开发了活性知识量表，深入长春一汽集团下属公司与员工进行了大量深度访谈，咨询了人力资源管理专业和心理学专业的 5 名专家，形成了包括 6 道题的初测问卷，对吉林大学的师生和部分企业员工进行预测试。经过探索性因素分析后删除了 2 道题，至此形成了正式量表，共包括 4 道题。

为了进一步验证构想效度，考察量表的信度与效度，于米（2011）对长春一汽集团下属 5 家分公司的一线员工进行测试，共发放问卷 400 份，回收问卷 357 份，回收率是 89.25%，其中有效问卷 338 份，有效率为 94.68%。验证性因素分析证实了活性知识量表的构想效度，内部一致性分析与相关分析的结果也表明该量表具有较好的信度与效度。

信度与效度

内部一致性检验的结果表明，量表各个题项的内部一致性系数均在 0.7 以上，总量表的信度为 0.89，所有变量均能有效区分，各个题项的因子载荷均不小于 0.67。

338 份有效问卷的验证性因素分析结果表明，$\chi^2/df=2.01$，$p<0.001$，CFI=0.94，NNFI=0.91，GFI=0.90，AGFI=0.92，RMSEA=0.024，说明量表具有较高的稳定性和准确性。

研究中的访谈、开放式问卷调查、人力资源管理专业和心理学专业专家进行的合适度评价，保证了所编制量表的内容效度。探索性因素分析和验证性因素分析为所编制量表的信度和结构效度提供了良好的证据。

量表

请您根据自己的实际感受和体会，用下面4项描述对您在工作中用到的知识进行评价和判断，并在最符合的数字上划○。评价和判断的标准如下：1=非常不同意，2=不同意，3=不好确定，4=同意，5=非常同意。

1	我在工作中用到的知识可以通过情感认知获得。	1	2	3	4	5
2	我在工作中用到的知识表现在一系列态度、动机或伦理中。	1	2	3	4	5
3	我在工作中用到的知识可以用价值观、责任或信仰等描述。	1	2	3	4	5
4	我在工作中用到的知识需要通过心理体验、移情共鸣或批判反思等方式实现共享。	1	2	3	4	5

计分方法

活性知识量表共4道题，可以计算总分或平均分。

量表出处

于米．个人/集体主义倾向与知识分享意愿之间的关系研究：知识活性的调节作用．南开管理评论，2011，14（6）：149-157.

参考文献

Yang，B. Toward a holistic theory of knowledge and adult learning. Human Resource Development Review，2003，2（2）：106-129.

Yang，B.，Zheng，W.，Viere，C. Holistic views of knowledge management models. Advances in Developing Human Resources，2009，11（11）：273-289.

员工知识共享动机（赵书松，2013）

(Employee's Motivation for Knowledge Sharing)

简介

Hendriks（1999）依据双因素理论，认为知识员工共享知识的动机主要是成就感、工作责任、获得认可、工作自主权、晋升机会和工作挑战性等激励因素，而非其他保健因素。Lin（2007）基于社会交换理论分别研究了外部动机和内部动机对知识共享态度与意愿的作用，其中，外部动机包括预期组织报酬和互惠利益，内部动机包括知识自我效能感和助人为乐。

基于东西方文化的差异，赵书松（2013）编制了中国文化背景下的员工共享动机量表。在分析有关研究文献的基础上，制定访谈提纲和计划，分别采用电话访谈、网上访谈和面谈三种形式对 36 名知识员工进行了深度访谈。赵书松编制了开放式问卷，对华中科技大学 MBA 班的部分学员及武汉一家技术密集型企业的部分员工进行了开放式问卷调查，共发放问卷 100 份，回收有效问卷 75 份。此外，还借鉴国内外一些测量知识共享动机的研究量表，收集了 56 道题。赵书松（2013）对员工知识共享动机量表进行了初测，在具有三年以上工作经验的 MBA 学员和普通研究生中共发放问卷 200 份，回收有效问卷 133 份，根据均值分析和项目总体相关两种项目净化方法以及探索性因素分析的结果，共删除 38 道题，最后确定的 18 道题载荷在五个因子上，累计方差解释率为 67.091%，这五个因子分别命名为成就感知、集体情感与责任、关系建构、个人兴趣和规则服从。

信度与效度

赵书松（2013）在武汉、深圳、杭州等地发放调查问卷 1 000 份，回收有效问卷 584 份。探索性因素分析的结果表明，总量表的信度为 0.923，成就感知维度的信度为 0.898，集体情感与责任维度的信度为 0.842，关系建构维度的信度为 0.906，个人兴趣维度的信度为 0.913，规则服从维度的信度为 0.774，多数接近或大于 0.90，因此可以认为该量表的信度较好。

584 份有效问卷的验证性因素分析结果表明，因子载荷与相关因子的相关系数均达到了显著性水平（$p<0.001$），拟合指数说明模型拟合情况较好，其中 CFI、RFI、TLI 均达到 0.90 以上，RMSEA 为 0.079，$\chi^2/df=3.720$。这说明员工知识共享动机的五因素结构得到了数据的支持。

量表

请您根据自己的实际感受和体会，用下面 18 项描述对您所在单位的实际情况进行评价和判断，并在最符合的数字上划○。评价和判断的标准如下：1＝非常不同意，2＝不同意，3＝有点不同意，4＝不确定，5＝有点同意，6＝同意，7＝非常同意。

1	我认为向同事贡献知识有助于获得别人的认同。	1	2	3	4	5	6	7
2	我认为向同事贡献知识有助于获得别人的赞许。	1	2	3	4	5	6	7
3	我认为向同事贡献知识可以获得别人的尊重。	1	2	3	4	5	6	7
4	我觉得贡献自己的知识和经验体现了自身的成就和价值。	1	2	3	4	5	6	7
5	我之所以向集体贡献自己的知识和经验，是因为我热爱这个集体。	1	2	3	4	5	6	7
6	我之所以参加组织的知识共享活动，是因为我热爱这个组织。	1	2	3	4	5	6	7
7	向组织或同事贡献自己的知识和经验是我的责任。	1	2	3	4	5	6	7
8	向集体贡献知识和经验可以增强集体成员对我的认同感。	1	2	3	4	5	6	7
9	与他人分享自己的知识和经验扩大了我在组织内的交往范围。	1	2	3	4	5	6	7
10	与他人分享自己的知识和经验可以让我结识更多的组织成员。	1	2	3	4	5	6	7
11	与他人分享自己的知识和经验可以增进我们之间的友谊和感情。	1	2	3	4	5	6	7
12	与他人分享知识和经验可以强化自己和这些人之间的联系。	1	2	3	4	5	6	7
13	我觉得与同事分享自己的知识和经验是一件有趣的事。	1	2	3	4	5	6	7
14	我觉得与同事分享自己的知识是一件快乐的事。	1	2	3	4	5	6	7
15	我很喜欢与同事分享自己的工作经验和技巧。	1	2	3	4	5	6	7
16	如果贡献知识是集体的规则或惯例，那么所有成员都应该遵守。	1	2	3	4	5	6	7
17	违背集体知识共享规则或惯例是不道德的。	1	2	3	4	5	6	7
18	当知识贡献成为我所在集体的一项规则时，我会努力遵守。	1	2	3	4	5	6	7

计分方法

员工知识共享动机量表包括五个分量表，共18道题，可以计算每个分量表所包括题目的总分或平均分。每个分量表包括的题目如下：

1. 成就感知：指通过知识共享活动所体会到的成就感。共4道题，具体包括第1～第4题。

2. 集体情感与责任：指出于对集体的热爱和责任感而共享知识。共3道题，具体包括第5～第7题。

3. 关系建构：指试图通过知识共享建构更为广泛、深入的社会关系。共5道题，具体包括第8～第12题。

4. 个人兴趣：指对知识共享活动本身的兴趣与感受。共3道题，具体包括第13～第15题。

5. 规则服从：指对集体的知识共享规则的尊重和服从。共3道题，具体包括第16～第18题。

量表出处

赵书松．中国文化背景下员工知识共享的动机模型研究．南开管理评论，2013，16（5）：26-37.

参考文献

Hendriks，P. Why sharing knowledge? The influence of ICT on the motivation for knowledge sharing. Knowledge and Process Management，1999，6（2）：91-100.

Lin，H. F. Effects of extrinsic and intrinsic motivation on employee knowledge sharing intentions. Journal of Information Science，2007，3（2）：135-149.

知识共享意愿 (Bock et al.，2002)

(Knowledge Sharing Intention)

简介

知识共享就是员工相互交流彼此的知识，使知识由个人的经验扩散到企业层面，产生一种知识放大效应，并在不断整合与利用中提高企业的工作效率，从根本上推动企业竞争能力的提升。然而，知识共享行为并不会自发产生，知识共享意愿在其中起着决定性作用。

于米（2011）对测量知识共享意愿的量表进行比较，选取 Bock 和 Kim（2002）开发的量表进行翻译，该量表主要测量员工将自身的知识、技能和经验以各种方式与他人进行共享的倾向程度。

于米（2011）选取的研究对象为长春一汽集团下属 5 家分公司的一线员工，并在发放问卷之前进行了大量的深度访谈，据此修改了测量所用的量表。共发放问卷 400 份，回收问卷 357 份，回收率为 89.25%；其中有效问卷为 338 份，有效率为 94.68%。

信度与效度

信度分析的结果表明，知识共享意愿量表的内部一致性系数为 0.87，7 道题的因子载荷分别是 0.79、0.86、0.75、0.69、0.67、0.88、0.86。验证性因素分析的结果表明，因子载荷与相关因子的相关系数均达到了显著性水平（$p<0.001$），测量模型表现出了较高水平的拟合度。

量表

请您根据自己的实际感受和体会，对下面 7 项描述进行评价和判断，并在最符合的数字上划○。评价和判断的标准如下：1=非常不同意，2=不同意，3=不好确定，4=同意，5=非常同意。

1	我愿意经常与同事分享学习资料。	1	2	3	4	5
2	我愿意经常为其他同事提供技能和方法指导。	1	2	3	4	5
3	我愿意经常与同事分享技术经验和窍门。	1	2	3	4	5
4	在其他同事的请求下，我总是愿意提供我所知道的信息。	1	2	3	4	5
5	我愿意尝试和同事分享我从技术培训中获得的专业知识。	1	2	3	4	5
6	我愿意与其他同事分享我从非正式渠道获取的知识。	1	2	3	4	5
7	我愿意与同事分享我从各种渠道获取的有价值的信息。	1	2	3	4	5

计分方法

知识共享意愿量表共 7 道题，可以计算总分或平均分。

量表出处

于米．个人/集体主义倾向与知识分享意愿之间的关系研究：知识活性的调节作用．南开管理评论，2011，14（6）：149-157.

参考文献

Bock，G. W.，Kim，Y. G. Breaking the myths of rewards：an exploratory study of attitudes about knowledge sharing. Information Resources Management Journal，2002，15（2）：14-21.

知识共享行为（王娟茹等，2014）

(Knowledge Sharing Behavior)

简介

王娟茹和杨瑾（2014）借鉴 Nonaka 等（1996）、Bock 和 Kim（2002）的研究成果设计了知识共享行为量表，共 3 道题。

王娟茹和杨瑾（2014）在北京、上海、广州、四川、陕西等地共抽取了 23 家从事复杂产品研发的组织，发放问卷 350 份，回收 243 份。经过筛选，剔除不合格问卷 27 份，最后得到问卷 216 份。

信度与效度

知识共享行为量表的内部一致性系数为 0.816，超过了 0.75，达到了可接受水平，说明量表信度较好。知识共享行为旋转后的因子载荷的绝对值均大于 0.6，累计方差解释率为 80.714%，说明量表具有较好的效度。

量表

请您根据自己的实际感受和体会，对下面 3 项描述进行评价和判断，并在最符合的数字上划○。评价和判断的标准如下：1＝非常不同意，2＝不同意，3＝不好确定，4＝同意，5＝非常同意。

1	我共享自身的知识后，期待未来能获得对方的回馈。	1	2	3	4	5
2	我通过知识共享可以建立更好的形象和声誉。	1	2	3	4	5
3	我以帮助他人为出发点，有热情并愿意共享知识。	1	2	3	4	5

计分方法

知识共享行为量表共 3 道题，可以计算总分或平均分。

量表出处

王娟茹，杨瑾．干系人私人关系、知识共享行为对复杂产品研发绩效的影响．科研管理，2014，35（8）：16-24.

参考文献

Nonaka，I.，Umemoto，K.，Takeuchi，H. A theory of organizational knowledge creation. International Journal of Technology Management，1996，11（7-8）：833-845.

Bock，G. W.，Kim，Y. G. Breaking the myths of rewards：an exploratory study of attitudes about knowledge sharing. Information Resources Management Journal，2002，15（2）：14-21.

知识共享（Collins et al.，2006）

(Knowledge Sharing)

简介

田立法（2015）对员工知识共享的测量选用了 Collins 等（2006）开发的问卷，他将该问卷翻译成中文，问卷包括知识共享意愿和行为两个维度，共 7 道题。田立法（2015）共调研了 13 家企业，发放调查问卷 364 份，回收 356 份，其中有效问卷 291 份。

知识共享意愿和行为的内部一致性系数分别为 0.82 和 0.76。验证性因素分析表明，知识共享与其他变量具有良好的区分效度。

量表

请您根据自己的实际感受和体会，用下面 7 项描述对您的实际情况进行评价和判断，并在最符合的数字上划○。评价和判断的标准如下：1＝非常不同意，2＝不同意，3＝不好确定，4＝同意，5＝非常同意。

1	为了跟上企业新理念、新产品或服务的要求，我愿意与同事共享新想法和知识。	1	2	3	4	5
2	我愿意共享自己的专业知识，帮助企业有效实施新项目或新想法。	1	2	3	4	5
3	我愿意与同事共享知识。	1	2	3	4	5
4	同事间共享知识有助于彼此知识水平的提升。	1	2	3	4	5
5	通过与同事交流和共享知识比自己独立完成工作任务更迅速。	1	2	3	4	5
6	对遇到的工作问题，我们能够熟练地通过交流和共享知识使问题得以解决。	1	2	3	4	5
7	当工作任务完成时，我发觉通过共享知识能够从同事身上学到很多新知识。	1	2	3	4	5

计分方法

知识共享问卷包括两个维度，共 7 道题，可以计算各维度所包括题目的总分或平均分。每个维度包括的题目如下：

1. 知识共享意愿：共 3 道题，具体包括第 1～第 3 题。
2. 知识共享行为：共 4 道题，具体包括第 4～第 7 题。

量表出处

田立法. 高承诺工作系统驱动知识共享：信任关系的中介作用及性别的调节作用. 管理评论，2015，27（6）：148-159.

参考文献

Collins，C. J.，Smith，K. G. Knowledge exchange and combination：the role of human resource practices in the performance of high-technology firms. Academy of Management Journal，2006，49（3）：544-560.

知识分享（王雁飞等，2012）

(Knowledge Sharing)

简介

知识分享是知识分享者与接受者之间的一种沟通过程，分享者外化自己的知识分享给接受者。分享者采用演讲、教授、著作等方式，而接受者采用倾听、模仿、阅读等方式。

知识分享能够帮助组织成员快速理解、掌握对方所拥有的信息、经验和技能，并引发思考，促进组织内部新知识的产生。

张振刚等（2016）共发放问卷 312 份，回收 223 份，按照以下标准筛选废卷：(1) 缺选题项超过 5 题；(2) 连续 5 个及以上题项选择相同；(3) 同一家企业员工的问卷不超过 3 份。最后得到有效问卷 199 份。

信度与效度

采用王雁飞和朱瑜（2012）修订的量表测量知识分享，信度分析的结果为 Cronbach's Alpha＝0.820，验证性因素分析的结果显示，$\chi^2/df=1.164$，GFI＝0.971，CFI＝0.993，TLI＝0.988，NFI＝0.953，RMSEA＝0.029，量表的信效度指数都达到了良好水平。

量表

请您根据自己的实际感受和体会，对下面 10 项描述进行评价和判断，并在最符合的数字上划○。评价和判断的标准如下：1＝非常不同意，2＝不同意，3＝不确定，4＝同意，5＝非常同意。

1	我乐意与他人分享自己的知识与经验。	1	2	3	4	5
2	参与讨论时，我会尽可能提供自己的意见。	1	2	3	4	5
3	对于同事提出的问题，我会尽可能地解答。	1	2	3	4	5
4	同事需要帮助时，我会尽量提供他所需要的资料与文件。	1	2	3	4	5
5	我认为与他人分享知识经验是一件很有成就感的事情。	1	2	3	4	5
6	我能快速地找到开展工作所需要的知识。	1	2	3	4	5
7	我对新观点或新事物会采取接纳的态度。	1	2	3	4	5
8	我会以他人理解的方式表达我的意见。	1	2	3	4	5
9	我有能力分辨对于本工作有价值的知识。	1	2	3	4	5
10	我可以快速地找到开展工作所需要的特殊技巧。	1	2	3	4	5

计分方法

知识分享量表包括两个维度，共 10 道题，可以计算每个维度所包括题目的总分或

平均分。每个维度包括的题目如下：

1. 知识分享意愿：共 5 道题，具体包括第 1～第 5 题。
2. 知识分享能力：共 5 道题，具体包括第 6～第 10 题。

量表出处

张振刚，余传鹏，李云健．主动性人格、知识分享与员工创新行为关系研究．管理评论，2016，28（4）：123-133.

参考文献

王雁飞，朱瑜．组织社会化、信任、知识分享与创新行为：机制与路径研究．研究与发展管理，2012，4（2）：34-46.

员工知识分享行为（杨玉浩等，2008）

（Staff's Knowledge-sharing Behavior）

简介

杨玉浩和龙君伟（2008）认为，知识分享行为是个体或组织将本身所拥有的知识（内隐知识和外显知识），通过恰当的方式有选择地传递给其他的个体或组织，并能够使这些知识以原有或新的形式再现的过程。Chiu 等（2006）将知识分享行为分为分享数量和分享质量两个独立的维度，其中分享数量用每月分享知识次数这 1 道题来测量，分享质量问卷是包括 6 道题的单维结构。

杨玉浩和龙君伟（2008）编制开发了中国背景下员工知识分享行为量表。他们在对有关知识分享行为的研究文献进行分析的基础上，制定了访谈提纲和计划。他们对 40 名普通员工和 12 名中高层管理者进行深度访谈，编制开放式问卷，对广州地区 4 家不同性质企业的 217 名被试进行调查，形成了包括 34 道题的员工知识分享行为预测试问卷。经过初测，418 份有效问卷的探索性因素分析表明，工作-家庭支持是一个三维结构，分别是分享质量、协同精神和躬行表现。为了保持问卷的简洁性，杨玉浩和龙君伟（2008）对之前得到的 19 道题进行缩减，最终在分享质量维度上保留 6 道题，协同精神维度上保留 5 道题，躬行表现维度上保留 4 道题，形成包括 15 道题的员工知识分享行为量表。为了进一步验证构想效度，考察量表的信度与效度，杨玉浩和龙君伟（2008）对 5 个城市的 7 家企业施测，有效问卷为 428 份，验证性因素分析证实了员工知识分享行为量表的构想效度。

信度与效度

探索性因素分析的结果表明，三因素的累计方差解释率为 65.395%，分享质量、协同精神和躬行表现三个维度的信度分别为 0.91、0.87 和 0.80，量表总体内部一致性系数为 0.83，说明员工知识分享行为量表具有较好的信度。

验证性因素分析的结果表明，因子载荷与相关因子的相关系数均达到了显著性水平（$p<0.001$），拟合指数说明模型对参数载荷的估计是精确的，其中 NNFI、CFI、IFI、GFI 均达到 0.90 以上，RMSEA 为 0.058。三因素模型的各项拟合指数均达到或接近先定的标准，说明员工知识分享行为的三因素结构得到了数据的支持。

量表

请您根据自己的实际感受和体会，用下面 15 项描述对您所在单位的实际情况进行评价和判断，并在最符合的数字上划○。评价和判断的标准如下：1＝完全不同意，2＝不同意，3＝有点不同意，4＝不确定，5＝有点同意，6＝同意，7＝完全同意。

1	每当我学到新知识，我乐意教我的同事。	1	2	3	4	5	6	7
2	我的同事学会新知识后，乐意教我。	1	2	3	4	5	6	7
3	在公司，同事之间互相分享自己的知识是正常现象。	1	2	3	4	5	6	7
4	当同事向我咨询信息时，我会尽己所知告诉他们。	1	2	3	4	5	6	7
5	当同事向我请教技术问题时，我会教他们。	1	2	3	4	5	6	7
6	我尽可能地创造同事之间学习交流的机会。	1	2	3	4	5	6	7
7	在学习讨论中，我经常主动发言。	1	2	3	4	5	6	7
8	在学习讨论中遇到棘手问题时，我总是要苦思冥想地去寻找问题的答案。	1	2	3	4	5	6	7
9	通常，同事们交流讨论的所有话题，我都热心参与。	1	2	3	4	5	6	7
10	在公司，同事间通常能及时地分享信息。	1	2	3	4	5	6	7
11	同事间分享的知识通常对工作有用。	1	2	3	4	5	6	7
12	在公司，同事间分享的工作知识通常用简单易懂的方式表达。	1	2	3	4	5	6	7
13	同事间分享的工作知识大多是完整的（不会随意删减或保留）。	1	2	3	4	5	6	7
14	在公司，同事间分享的工作知识大多是可靠的（不无中生有、蓄意欺骗）。	1	2	3	4	5	6	7
15	在公司，同事间分享的工作知识通常是准确的（不模棱两可）。	1	2	3	4	5	6	7

计分方法

员工知识分享行为量表包括三个分量表，共15道题，可以计算每个分量表所包括题目的总分或平均分。每个分量表包括的题目如下：

1. 协同精神：共5道题，具体包括第1～第5题。
2. 躬行表现：共4道题，具体包括第6～第9题。
3. 分享质量：共6道题，具体包括第10～第15题。

量表出处

杨玉浩，龙君伟．企业员工知识分享行为的结构与测量．心理学报，2008，40（3）：350-357.

参考文献

Chiu，C. M.，Hsu，M. H.，Wang，E. T. G. Understanding knowledge sharing in virtual communities：an integration of social capital and social cognitive theories. Decision Support Systems，2006，42（3）：1872-1888.

隐性知识共享 (Bock et al., 2005)

(Tacit Knowledge Sharing)

简介

汤超颖，艾树和龚增良（2011）认为，隐性知识中蕴含了大量的个人洞察与经验，可以带来创造过程所需的异质知识。汤超颖，艾树和龚增良（2011）采用了 Bock 等（2005）编制的隐性知识更新共享量表，将量表翻译成中文，包括 3 道题。参与研究的被试主要来自中国科学院下属 35 家研究单位中从事基础研究或者技术开发应用的 57 个团队，共发放问卷 621 份，回收 570 份，回收率为 91.8%，其中有效问卷 538 份，有效率为 94.4%。隐性知识共享量表的内部一致性系数为 0.768。

量表

请您根据自己的实际感受和体会，用下面 3 项描述对团队成员进行评价和判断，并在最符合的数字上划○。评价和判断的标准如下：1=非常不同意，2=不同意，3=不好确定，4=同意，5=非常同意。

1	团队成员经常分享观点和灵感。	1	2	3	4	5
2	团队成员经常分享彼此的工作经验或诀窍。	1	2	3	4	5
3	其他团队成员如果提出请求，团队成员会提供所了解的知识出处或知情人。	1	2	3	4	5

计分方法

隐性知识共享量表共 3 道题，可以计算总分或平均分。

量表出处

汤超颖，艾树，龚增良．积极情绪的社会功能及其对团队创造力的影响：隐性知识共享的中介作用．南开管理评论，2011，14（4）：129-137.

参考文献

Bock, G. W., Zmud, R. W., Kim, Y. G., Lee, J. N. Behavioral intention formation in knowledge sharing: examining the roles of extrinsic motivators, social-psychological forces, and organizational climate. MIS Quarterly, 2005, 29 (1): 1-26.

非正式知识分享（周飞等，2015）

(Informal Knowledge Sharing)

简介

非正式知识分享一般可以理解为个体间的知识援助与互动交流。基于利益驱动来源的差异，谢荷锋等（2007）将组织内员工的知识分享行为分为：个人利益驱动知识分享行为和集体利益驱动知识分享行为。周飞，林春培和孙锐（2015）认同这种观点，取其狭义概念将其分为：个人利益驱动知识分享行为和组织利益驱动知识分享行为，并将个人利益驱动知识分享行为界定为基于个人需求或目的，组织员工进行的主动分享行为；将组织利益驱动知识分享行为界定为基于组织整体价值和发展考虑，组织员工进行的主动分享行为。

周飞，林春培和孙锐（2015）对个人利益驱动知识分享的测量采用了 Farh 等（2004）、谢荷锋等（2007）的研究成果，共6道题。个人利益驱动知识分享问卷的内部一致性系数为0.90。

周飞，林春培和孙锐（2015）对组织利益驱动知识分享的测量采用了 Farh 等（2004）、谢荷锋等（2007）的研究成果，共4道题。组织利益驱动知识分享问卷的内部一致性系数为0.907。

周飞，林春培和孙锐（2015）以福建泉州、福州、厦门等地的企业为研究对象，共发放问卷1 000份，回收问卷400份，回收率为40%。剔除有半数题目未填或连续8个以上题目选项相同的问卷，同时对来自同一企业的多份问卷随机选取一份。最终得到有效问卷301份，问卷有效率为75.3%。

量表

请您根据自己的实际感受和体会，用下面10项描述对您的实际情况进行评价和判断，并在最符合的数字上划○。评价和判断的标准如下：1=非常不同意，2=不同意，3=不好确定，4=同意，5=非常同意。

1	基于互补学习，我愿意与同事分享个人工作思路。	1	2	3	4	5
2	我向同事提供个人工作笔记及其他相关资料。	1	2	3	4	5
3	为了加快工作进度，我会辅导同事开展工作。	1	2	3	4	5
4	为了提升工作效率，我会愿意为同事提供工作相关的帮助。	1	2	3	4	5
5	为了增强自我学习，我会主动参加团队分享活动。	1	2	3	4	5
6	为了维持好的人际关系，我会遵循组织共享的行为准则。	1	2	3	4	5
7	基于组织效率，我会对团队（部门）成员介绍新的工作方法和思路。	1	2	3	4	5
8	为了提升组织效率，我会发布和传播个人知识或经验。	1	2	3	4	5
9	相较于个人利益，我会考虑有利于公司福利最大化的方式完成工作。	1	2	3	4	5
10	为了提升组织绩效，我会采用资源节约的方式完成工作。	1	2	3	4	5

计分方法

非正式知识分享量表包括两个维度，共 10 道题，可以计算每个维度所包括题目的总分或平均分。每个维度包括的题目如下：

1. 个人利益驱动知识分享：共 6 道题，具体包括第 1～第 6 题。
2. 组织利益驱动知识分享：共 4 道题，具体包括第 7～第 10 题。

量表出处

周飞，林春培，孙锐．道德领导与组织管理创新关系研究：非正式知识共享的中介作用．管理评论，2015，27（5）：169-177.

参考文献

Farh，J. L.，Zhong，C. B.，Organ，D. W. Organizational citizenship behavior in the people's republic of china. Social Science Electronic Publishing，2004，15（2）：241-253.

谢荷锋，马庆国．组织氛围对员工非正式知识分享的影响．科学学研究，2007，25（2）：306-311.

知识整合（柯江林等，2007）

(Knowledge Integration)

简介

知识整合就是创造、转移、分享和维持信息与知识（Yang，2005）。知识整合通过影响和改变原有知识的结构，把个体的知识综合成为整个组织所能共享和利用的知识，从而最大化知识的价值，对组织的发展大有益处。

彭伟，周晗鹭和符正平（2013）使用的知识整合量表来自柯江林等（2008），包括3道题。彭伟，周晗鹭和符正平（2013）以企业研发团队为实证研究样本，在每个团队中选取两名成员开展问卷调查，并对其一致性进行检验。共向168个团队发放问卷，得到102个团队样本，剔除无效问卷后，得到有效团队样本60个。

信度与效度

量表的信度为0.82，验证性因素分析显示测量指标在变量上的标准化因子载荷大于0.5，且在0.01水平上显著，变量的AVE值为0.6，说明量表具有较好的结构效度。

量表

请您根据自己的实际感受和体会，对下面3项关于您所在团队情况的描述进行评价和判断，并在最同意的数字上划○。评价和判断的标准如下：1=根本不符合，2=不符合，3=不好确定，4=符合，5=非常符合。

1	团队能有效地将成员的知识进行重组。	1	2	3	4	5
2	团队能通过协调有效地解决项目问题。	1	2	3	4	5
3	团队能将难以表达的知识弄清楚并相互传播和学习。	1	2	3	4	5

计分方法

知识整合量表共3道题，可以计算总分或平均分。

量表出处

彭伟，周晗鹭，符正平．团队内部社会网络对团队创新绩效的影响机制——以企业R&D团队为样本的实证研究．科研管理，2013，34（12）：135-142.

参考文献

Yang, J. Knowledge integration and innovation: securing new product advantage in high technology industry. Journal of High Technology Management Research, 2005, 16 (1): 121-135.

柯江林，孙健敏，石金涛，顾琴轩．企业R&D团队之社会资本与团队效能关系的实证研究——以知识分享与知识整合为中介变量．管理世界，2007（3）：89-101.

知识转移 (Björkman et al.，2004)

(Knowledge Transfer)

简介

康青松（2015）认为，知识转移是母公司将各种知识、技术和专门技能积极地向海外子公司转移的组织行为。

康青松（2015）参考 Björkman 和 Li（2004）关于社会化机制的研究量表，将其翻译成中文，利用 3 道题测量知识转移。该量表的信度为 0.726，累计方差解释率为 65.734%。

研究样本来自对华投资的韩国制造企业，从韩国贸易投资振兴公社出版的进入海外的韩国企业名录中，利用判断抽样法选择在韩国保有母公司的制造企业。以邮寄、传真和电子邮件的方式共发放问卷 560 份，最终回收 158 份，其中 20 份问卷因无法回访等原因而废弃，有效问卷数为 138 份。

量表

请您根据自己的实际感受和体会，用下面 3 项描述对您所在公司的实际情况进行评价和判断，并在最符合的数字上划○。评价和判断的标准如下：1＝非常不同意，2＝比较不同意，3＝不确定，4＝比较同意，5＝非常同意。

1	母公司经常派专家解决子公司的问题。	1	2	3	4	5
2	母公司经常与子公司沟通。	1	2	3	4	5
3	母公司向子公司积极地提供有关技术、经营的信息和资料。	1	2	3	4	5

计分方法

知识转移量表共 3 道题，可以计算总分或平均分。

量表出处

康青松．组织学习导向、知识转移和吸收能力对国际企业绩效的影响研究．管理学报，2015，12（1）：53-60.

参考文献

Björkman，I.，Li，L. Managing knowledge transfer in MNCs：the impact of headquarters control mechanisms. Journal of International Business Studies，2004，35（5）：443-455.

信息分享数量（Weingart et al.，1990）

（Information Sharing Quantity）

简介

信息分享数量是指在谈判过程中，谈判者之间交换信息的多少或频率。在整合性谈判中，频繁地向对方提供信息并寻求信息有助于谈判者了解彼此的优先考虑事项和偏好，减少判断误差，从而找到双方的整合点。

韩玉兰，张志学和王敏（2010）翻译了 Weingart 等（1990）的问卷，让商学院的 226 名在职工商管理硕士研究生进行模拟谈判，用 5 道题测量谈判者的信息分享数量。信息分享数量问卷的内部一致性系数为 0.77。

量表

请您根据自己的实际感受和体会，用下面 5 项描述对您在谈判时交换信息的情况进行评价和判断，并在最符合的数字上划○。评价和判断的标准如下：1＝一点也不，2＝很少，3＝一些，4＝很多。

1	向对方透露有关自己的优先考虑事项的信息。	1	2	3	4
2	向对方暗示自己的偏好。	1	2	3	4
3	询问对方的优先考虑事项。	1	2	3	4
4	提出与对方进行利益交换的建议。	1	2	3	4
5	交换有关彼此利益的信息。	1	2	3	4

计分方法

信息分享数量量表共 5 道题。韩玉兰，张志学和王敏（2010）将每一个谈判组中买方与卖方在每道题上的得分加总，得到各个谈判组在每道题上的得分。然后将各个谈判组在 5 道题上的得分加总，得到每个谈判组在信息分享数量上的得分。

量表出处

韩玉兰，张志学，王敏．走向双赢：动机倾向和信息分享质量在整合性谈判过程中的作用．心理学报，2010，42（2）：288-303.

参考文献

Weingart，L. R.，Thompson，L. L.，Bazerman，M. H.，Carroll，J. S. Tactical behavior and negotiation outcomes. International Journal of Conflict Management，1990（1）：7-31.

信息分享质量（韩玉兰等，2010）

(Information Sharing Quality)

简介

信息分享质量是对信息分享的动态过程的评价，既有对认知方面的评价又有对行为方面的评价。

韩玉兰、张志学和王敏（2010）根据以往有关沟通效果的概念和研究以及学者对沟通效果的测量（Rubin，Palmgreen，& Sypher，2004），同时考虑到沟通是一个双向的互动过程，即一方的沟通效果既会受到另一方的影响，也会受到一方对对方的知觉的影响，编写了 8 道题来测量信息分享质量，并由 226 名商学院在职工商管理硕士研究生在谈判后填写。信息分享质量问卷的内部一致性系数为 0.87。

量表

请您根据自己的实际感受和体会，用下面 8 项描述对您在谈判过程中的情况进行评价和判断，并在最符合的数字上划○。评价和判断的标准如下：1＝非常不同意，2＝不同意，3＝不好确定，4＝同意，5＝非常同意。

1	我知道对方各个事项的相对重要性。	1	2	3	4	5
2	对方知道我各个事项的相对重要性。	1	2	3	4	5
3	我们共同解决了不少分歧。	1	2	3	4	5
4	对方很乐于倾听。	1	2	3	4	5
5	我很乐于倾听对方。	1	2	3	4	5
6	我的表达很清楚。	1	2	3	4	5
7	对方的表达很清楚。	1	2	3	4	5
8	我和对方的交流顺利。	1	2	3	4	5

计分方法

信息分享质量量表包括两个维度，共 8 道题。每个维度包括的题目如下：信息分享质量的认知方面共 3 道题，具体包括第 1～第 3 题；信息分享质量的行为方面共 5 道题，具体包括第 4～第 8 题。韩玉兰，张志学和王敏（2010）针对每一个谈判组，将买方与卖方在每道题上的得分加总，得到各个谈判组在每道题上的得分。然后将各个谈判组在 8 道题上的得分加总，得到每个谈判组在信息分享质量上的得分。

量表出处

韩玉兰，张志学，王敏．走向双赢：动机倾向和信息分享质量在整合性谈判过程中的作用．心理学报，2010，42（2）：288-303.

参考文献

Rubin，R. B.，Palmgreen，P.，Sypher，H. E. Communication research measures：a Sourcebook. Mahwah，NJ：Lawrence Erlbaum，2004.

第 14 章 组织学习

创业学习 (Atuahene-Gima et al.，2007)

(Entrepreneurial Learning)

简介

创业学习，即不断获取、发起和管理新企业知识的持续过程（Politis & Diamanto，2005)，是促进企业成长的有效手段。根据 March（1991）的研究，创业学习可以分为探索式与利用式两种。探索式创业学习是通过搜索、试验、创新的方式进行的学习行为，利用式创业学习则是通过筛选、精炼、执行的方式进行的学习行为（杨隽萍，唐鲁滨和于晓宇，2013）。

吴岩（2014）对创业学习的测量借鉴 Atuahene-Gima 等（2007）开发的问卷，将其翻译成中文，经过与相关专家的讨论，最终确定了具有良好信度和效度的创业学习问卷。其中，利用式创业学习维度的内部一致性系数为 0.796，探索式创业学习维度的内部一致性系数为 0.804。

吴岩（2014）集中选取珠三角地区创业园内的企业为样本，发放调查问卷 360 份，回收有效问卷 182 份。

量表

请您根据自己的实际感受和体会，用下面 6 项描述对自己进行评价和判断，并在最符合的数字上划○。评价和判断的标准如下：1＝非常不同意，2＝不同意，3＝不好确定，4＝同意，5＝非常同意。

1	更倾向于在目前从事的领域搜寻市场/产品信息。	1	2	3	4	5
2	更重视搜寻当前进入或熟悉领域的信息，以积极有效地解决当前的市场问题。	1	2	3	4	5
3	更倾向于对已有的知识进行精炼和挖掘。	1	2	3	4	5
4	更倾向于不断寻求新领域的市场/产品信息。	1	2	3	4	5
5	更重视寻求有待实验的新领域的信息，寻求使企业进入风险不确定的新领域的方法。	1	2	3	4	5
6	更倾向于对全新知识的学习和掌握。	1	2	3	4	5

计分方法

创业学习量表包括两个维度，共 6 道题，可以计算每个维度所包括题目的总分或平均分。每个维度包括的题目如下：

1. 利用式创业学习：共3道题，具体包括第1～第3题。
2. 探索式创业学习：共3道题，具体包括第4～第6题。

量表出处

吴岩．创业团队的知识异质性对创业绩效的影响研究．科研管理，2014，35（7）．84-90.

参考文献

Politis，Diamanto. The process of entrepreneurial learning：a conceptual framework. Entrepreneurship Theory and Practice，2005，29（4）：399-424.

March，J. G. Exploration and exploitation in organizational learning. Organization Science，1991，2（1）：69-81.

Atuahene-Gima，K.，Murray，J. Y. Exploratory and exploitative learning in new product development：a social capital perspective on new technology ventures in china. Journal of International Marketing，2007，15（2）：1-29.

杨隽萍，唐鲁滨，于晓宇．创业网络、创业学习与新创企业成长．管理评论，2013，25（1）：24-33.

创业学习（陈文婷等，2010）

(Entrepreneurial Learning)

简介

创业学习侧重于强调学习在创业情境中的应用和发展，目的是促使创业者及创业组织通过有效的学习行为，来增强自身识别创业机会、开发创业机会的能力，进一步在持续创业中实现企业的长期可持续成长。创业学习呈现出个体层面和组织层面两个研究大类。

陈文婷和李新春（2010）开发了组织层面的创业学习问卷。他们遵循演绎的方法，利用创业学习的已有文献，通过内容分析来明确其核心内容，根据创业企业学习的特点及每部分核心内容所代表的意义，将之分别命名为创新思考、积极获取外部资源、经验反思、信息共享与战略试验。在此之后，通过半结构访谈，参考已有的学习研究的成果，确定了 28 道题。邀请 EMBA 和 MBA 学员进行先导测试与检验，删除了 4 道不合适的题目，确定 24 道题用来测量创业学习。

陈文婷和李新春（2010）在广东、北京等地共发放 450 份问卷进行初测，对 140 份有效问卷进行探索性因素分析后，删除了部分题目，得到了收敛为 5 个因子且每道题因子载荷均大于 0.5 的 17 道题，形成了最终的问卷。

为了进一步验证构想效度，考察问卷的信度与效度，陈文婷和李新春（2010）在广东、北京等地共发放 600 份问卷，回收有效问卷 155 份。验证性因素分析证实了创业学习问卷的构想效度，表明该问卷具有较好的信度与效度。

信度与效度

对 140 份有效问卷的探索性因素分析结果表明，信息共享、积极获取外部资源、战略试验、创新思考和经验反思的累计方差解释率达到 73.71%。总问卷的信度为 0.85，信息共享的信度为 0.88，积极获取外部资源的信度为 0.80，战略试验的信度为 0.81，创新思考的信度为 0.78，经验反思的信度为 0.84。

对 155 份有效问卷的验证性因素分析结果表明，$\chi^2/df=1.43$（155.72/109），$p=0.00223$，近似误差均方根＝0.05，各类拟合指标表明测量模型具有良好的拟合度。信度检验得到总问卷的信度在 0.5～0.7 之间，创新思考、积极获取外部资源、经验反思、战略试验、信息共享的内部一致性系数分别为 0.76、0.84、0.68、0.60 和 0.85。各维度的内部一致性系数均大于 0.6，说明测量模型信度良好，有可信性。收敛效度检验得到 17 个测量指标标准化因子载荷均显著大于 0.5（仅“通过产品/服务的增加或减少以适应创业环境”为 0.49），因此具有收敛效度。判别效度检验表明，5 个因子中有 4 个因子的 AVE 大于 0.5 或非常接近 0.5，且大于各维度相关系数平方值，只有战略试验维度的 AVE 不尽理想。总体来说，创业学习问卷具有较好的信度和效度。

量表

请您根据自己的实际感受和体会，用下面 17 项描述对您所在组织的实际情况进行评价和判断，并在最符合的数字上划○。评价和判断的标准如下：1＝完全不同意，2＝比较不同意，3＝同意，4＝非常同意，5＝完全同意。

1	对于学习目的具有一致认知。	1	2	3	4	5
2	不同层级、部门认可学习是企业进步的关键。	1	2	3	4	5
3	学习交流时，员工们相互视为伙伴。	1	2	3	4	5
4	员工清楚地认识到进行学习并与他人分享成果的重要性。	1	2	3	4	5
5	鼓励员工通过各种渠道从公司外部获取信息。	1	2	3	4	5
6	借鉴、模仿、学习大企业或国外先进成果。	1	2	3	4	5
7	支持各部门成员开展与客户的交流活动以了解需求。	1	2	3	4	5
8	收集竞争对手相关信息，了解竞争者经营策略。	1	2	3	4	5
9	对管理任务的时间进行调整，以适应创业环境。	1	2	3	4	5
10	采用的主要竞争战略发生变化以适应创业环境。	1	2	3	4	5
11	通过产品/服务的增加或减少以适应创业环境。	1	2	3	4	5
12	与高校、科研机构、政府部门等单位接触和交流。	1	2	3	4	5
13	开展观摩比赛或演示以鼓励员工创新。	1	2	3	4	5
14	鼓励团队或小组间学习并通过各种方式激发新思想。	1	2	3	4	5
15	有特殊机制（或固定氛围）鼓励分享经验教训。	1	2	3	4	5
16	经常检视不成功的原因，并与他人进行分享总结。	1	2	3	4	5
17	有正式的规则用于发现经营中错误的想法与观念。	1	2	3	4	5

计分方法

创业学习量表包括五个维度，共 17 道题，可以计算每个维度所包括题目的总分或平均分。每个维度包括的题目如下：

1. 信息共享：主要指信息在企业内的传播与分享。共 4 道题，具体包括第 1～第 4 题。

2. 积极获取外部资源：主要指创业者在创业活动中积极从外部环境中获取互补性资产和资源。共 4 道题，具体包括第 5～第 8 题。

3. 战略试验：主要指创业企业对不断变化的环境（或者还未被很好认知的环境）进行一系列的适应性调整，将这些战略上的调整作为其学习的一种手段。共 3 道题，具体包括第 9～第 11 题。

4. 创新思考：主要指创业者在提升企业识别或创造机会的能力时，对于机会识别和创造的敏感性。共 3 道题，具体包括第 12～第 14 题。

5. 经验反思：主要指企业对以往的关键事件及成功/失败的经验仔细研究、思考、分析得到知识。共 3 道题，具体包括第 15～第 17 题。

量表出处

陈文婷，李新春．中国企业创业学习：维度与检验．经济管理，2010，32（8）：63-72.

创业行动学习（谢雅萍等，2017）

（Entrepreneurial Action Learning）

简介

行动学习是瑞文斯教授提出的，指由几个人（通常是 6～8 人）组成一个行动学习集，共同解决组织实际存在的问题（Q），获取与该问题相关的知识（P），在针对 Q 的学习过程中会引发新的质疑和反思（R），从而得到更有深度、更多样化的见解，并付诸有效的执行（I），即行动学习可以概念化为“程序性知识＋质疑＋反思＋执行”（AL＝P＋Q＋R＋I）。行动是学习的基础，学习的结果要应用到行动中检验。

创业行动学习是一种特殊的学习行为，是一个“行动—反思—再行动—再反思”的循环学习过程，以实现创业能力的螺旋式上升。

谢雅萍等（2017）发放问卷 600 份，最终得到有效问卷 358 份，有效回收率为 59.7%。调查中参考的是 Haan 和 Ridder（2006）的量表，并利用访谈及专家意见等形成最终问卷，该量表由批判反思、结果互动支持和结果执行应用三个维度构成，包括 9 道题。

信度与效度

经检验，创业行动学习量表的 KMO 值大于 0.8，Bartlett 球形检验的结果显著异于零，符合因子分析的要求，题项的因子载荷均超过 0.5，符合聚合效度的要求；批判反思维度 Cronbach's Alpha＝0.856，结果互动支持维度 Cronbach's Alpha＝0.891，结果执行应用维度 Cronbach's Alpha＝0.783，量表的信效度指数都达到了良好水平。

量表

请您根据自己的实际感受和体会，对下面 9 项描述进行评价和判断，并在最符合的数字上划○。评价和判断的标准如下：1＝完全不同意，2＝比较不同意，3＝不确定，4＝比较同意，5＝完全同意。

1	创业行动学习过程中，会对之前认为的导致失败的旧观点产生质疑，甚至推翻之前的观点。	1	2	3	4	5
2	创业行动学习过程中，会从不同的角度思考决策问题是否有替代性结论。	1	2	3	4	5
3	创业行动学习过程中，经常会结合之前的经验重新思考创业过程中遇到的问题。	1	2	3	4	5
4	在创业的过程中，我经常会与其他人进行交流。	1	2	3	4	5
5	在与他人的交流中，我经常能够获得有价值的信息和反馈。	1	2	3	4	5
6	与他人交流得越多，我学的越多，越有利于创业。	1	2	3	4	5
7	我会根据原来的规则做事。	1	2	3	4	5

8	我会在原来规则的基础上，部分采用新的方式做事。	1	2	3	4	5
9	我会改变原来的规则，以全新的方式做事。	1	2	3	4	5

计分方法

创业行动学习量表包括三个维度，共9道题，可以计算每个维度所包括题目的总分或平均分。每个维度包括的题目如下：

1. 批判反思：共3道题，具体包括第1～第3题。
2. 结果互动支持：共3道题，具体包括第4～第6题。
3. 结果执行应用：共3道题，具体包括第7～第9题。

量表出处

谢雅萍，梁素蓉，陈睿君．失败学习、创业行动学习与创业能力——悲痛恢复取向的调节作用．管理评论，2017，29（4）：47-58.

参考文献

Haan，E. D.，Ridder，I. D. Action learning in practice：how do participants learn? Consulting Psychology Journal：Practice and Research，2006，58（4）：216-231.

失败学习（谢雅萍等，2017）

(Learning from Failure)

简介

失败学习是指个体对过去经历的失败进行反思，探究失败的原因，分析个体行为与失败结果之间的关系及其对工作环境的影响，以获取避免重蹈覆辙的知识和技能。

失败学习包括日常生活失败、职业失败和创业失败三个维度。

谢雅萍等（2017）发放了 600 份问卷，最终得到有效问卷 358 份，有效回收率为 59.7%。调查中参考的是 Carmeli 和 Schaubroeck（2008）的量表，并利用文献归纳演绎、访谈及专家意见等形成最终问卷，该量表由三个维度构成，包括 12 道题。

信度与效度

经检验，失败学习量表的 KMO 值大于 0.8，Bartlett 球形检验的结果显著异于零，符合因子分析的要求，题项的因子载荷均超过 0.5，符合聚合效度的要求；日常生活失败维度 Cronbach's Alpha=0.782，职业失败维度 Cronbach's Alpha=0.769，创业失败维度 Cronbach's Alpha=0.831，量表的信效度指数都达到了良好水平。

量表

请您根据自己的实际感受和体会，对下面 12 项描述进行评价和判断，并在最符合的数字上划○。评价和判断的标准如下：1=完全不同意，2=比较不同意，3=不确定，4=比较同意，5=完全同意。

1	对于生活中遭遇的重大失败，我会重视并探究原因。	1	2	3	4	5
2	对于生活中反复遭遇的失败，我会重视并探究原因。	1	2	3	4	5
3	我觉得采用反事实思维（在心理上对过去已经发生的事件进行否定，进而构建一种可能性假设的思维活动）有助于更好地反思生活中的失败。	1	2	3	4	5
4	我觉得从生活中遭遇的失败中吸取经验教训，会有助于自身的进步。	1	2	3	4	5
5	对于工作中遭遇的失败，无论大小，我都会积极面对并探究原因。	1	2	3	4	5
6	面对工作失败，我会积极地思考有没有更好的方式解决问题。	1	2	3	4	5
7	我觉得采用反事实思维有助于更好地反思工作中的失败。	1	2	3	4	5
8	我觉得从工作中遭遇的失败所吸取的经验教训，会有助于自身的进步。	1	2	3	4	5
9	创业过程中遭遇的所有失败，我都会积极面对并探究原因。	1	2	3	4	5
10	面对创业失败，我会积极地思考有没有更好的方式解决问题。	1	2	3	4	5
11	我觉得采用反事实思维有助于更好地反思创业中的失败。	1	2	3	4	5
12	从创业失败中学习，有利于后续创业。	1	2	3	4	5

计分方法

失败学习量表包括三个维度，共 12 道题，可以计算每个维度所包括题目的总分或

平均分。每个维度包括的题目如下：

1. 日常生活失败：共4道题，具体包括第1～第4题。
2. 职业失败：共4道题，具体包括第5～第8题。
3. 创业失败：共4道题，具体包括第9～第12题。

量表出处

谢雅萍，梁素蓉，陈睿君．失败学习、创业行动学习与创业能力——悲痛恢复取向的调节作用．管理评论，2017，29（4）：47-58.

参考文献

Carmeli，A.，Schaubroeck，J. Organisational crisis-preparedness：the importance of learning from failures. Long Range Planning，2008，41（2）：177-196.

失败学习（Hirak et al.，2012）

（Learning from Failures）

简介

失败学习是指在失败之后采取一系列措施吸取失败教训，通过反思经验、挖掘失败根源、修正组织行为和组织制度，提高企业创新绩效。

唐朝永等（2018）认为，对于管理者而言，如何使衰落组织走向复苏是一个重要的战略管理问题，失败学习理论的提出和应用为组织衰落治理提供了新的视角和路径选择。

唐朝永等（2018）共发放 280 份问卷，实际回收 214 份，回收率为 76.4%。按照问卷填答完整性、内在逻辑一致性和填写认真程度等指标对回收问卷进行筛选，剔除无效问卷 18 份，最终有效样本为 196 份。

唐朝永等（2018）采用 Hirak，Peng，Carmeli 和 Schaubroeck（2012）开发的量表测量失败学习，结果 Cronbach's Alpha＝0.843，CR＝0.884，AVE＝0.561，量表的信效度指数都达到了良好水平。

量表

请您根据自己的实际感受和体会，通过下面 6 项描述对您所在企业进行评价和判断，并在最符合的数字上划○。评价和判断的标准如下：1＝非常不同意，2＝不同意，3＝有点不同意，4＝不确定，5＝有点同意，6＝同意，7＝非常同意。

1	如果缺乏完成任务的某些资源，企业员工不仅可以提供及时的解决方案，还会把这个问题通知管理层和相关部门。	1	2	3	4	5	6	7
2	当员工犯错误时，他的合作者或同事并不责怪，而是从中学习经验。	1	2	3	4	5	6	7
3	当员工犯错误时，他们通知相关经理督促其他成员从中学习。	1	2	3	4	5	6	7
4	企业非常鼓励员工询问“我们为什么这么做”。	1	2	3	4	5	6	7
5	企业非常鼓励员工询问“有没有更好的方式来制造产品或提供服务”。	1	2	3	4	5	6	7
6	企业经常鼓励员工畅所欲言地讨论问题。	1	2	3	4	5	6	7

计分方法

失败学习量表共 6 道题，可以计算总分。

量表出处

唐朝永，陈万明，陈圻，等．组织衰落与组织创新的关系：失败学习与组织惯例更新的影响．管理评论，2018，30（10）：186-197.

参考文献

Hirak，R.，Peng，A. C.，Carmeli，A.，Schaubroeck，J. M. Linking leader inclusiveness to work unit performance：the importance of psychological safety and learning from failures. Leadership Quarterly，2012，23（1）：107-117.

失败学习行为（于晓宇等，2013）

(Failure-based Learning)

简介

于晓宇和蔡莉（2013）将失败定义为创业企业未达成预期结果的阶段性情景或事实，而失败学习行为是指组织双环学习行为，即组织成员面对问题，不但解决问题达成目标，还能发现问题发生的根本原因。

于晓宇和蔡莉（2013）借鉴 Tucke 和 Edmondson（2003）与 Carmeli（2007）的问卷描述创业企业的失败学习行为，向企业 CTO 了解关于员工和公司在被动中止项目中的一般性的行为表现，并借鉴陈文婷和李新春（2010）的问卷对语言表述进行了修正。失败学习行为包括两个维度，分别是个体层面的失败学习行为和组织层面的失败学习行为。个体层面的失败学习行为的信度为 0.779，组织层面的失败学习行为的信度为 0.838，累计方差解释率为 69.21%。

于晓宇和蔡莉（2013）选择上海张江高新技术产业开发区作为抽样区域，从 2 000 家高科技企业数据库中按照等距抽样原则选择 500 家作为调研企业，通过现场访谈的方式回收 223 份问卷，其中有效问卷 177 份。

量表

请您根据自己的实际感受和体会，对下面 7 项描述进行评价和判断，并在最符合的数字上划○。评价和判断的标准如下：1＝非常不同意，2＝不同意，3＝不好确定，4＝同意，5＝非常同意。

1	员工遇到问题时会想办法，并将问题反映给管理层。	1	2	3	4	5
2	员工犯错或失误时，同事并不责备，而是从中学习。	1	2	3	4	5
3	员工犯错或失误后，常会告诉同事，使其从中学习。	1	2	3	4	5
4	公司鼓励员工询问“我们为什么这么做”。	1	2	3	4	5
5	公司鼓励员工询问有没有更好的方式提供产品或服务。	1	2	3	4	5
6	公司会提醒员工停下手中事情，反省当前的工作流程。	1	2	3	4	5
7	公司提醒员工在讨论中考虑得出结论的前提或假设。	1	2	3	4	5

计分方法

失败学习行为量表包括两个维度，共 7 道题，可以计算每个维度所包括题目的总分或平均分。每个维度包括的题目如下：

1. 个体层面的失败学习行为：共 3 道题，具体包括第 1～第 3 题。
2. 组织层面的失败学习行为：共 4 道题，具体包括第 4～第 7 题。

量表出处

于晓宇，蔡莉．失败学习行为、战略决策与创业企业创新绩效．管理科学学报，2013，16（12）：37-56.

参考文献

Carmeli，A. Social capital，psychological safety and learning behaviours from failure inorganizations. Long Range Planning，2007，40（1）：30-44.

Tucker，A. L.，Edmondson，A. C. Why hospitals don't learn from failures：organizational and psychological dynamics that inhibit system change. California Management Review，2003，45（2）：55-72.

陈文婷，李新春．中国企业创业学习：维度与检验．经济管理，2010，32（8）：63-72.

应用性学习（Atuahene-Gima et al.，2007）

(Exploitative Learning)

简介

应用性学习是指旨在提高现有业务的收益，加强现有技术、提高现有能力的学习活动（March，1991）。应用性学习主要是通过局部搜索、经验总结、复制和重新使用既有惯例来学习，是沿着原来的技术轨道发展，能够在不改变企业既有能力基础的前提下，提高生产效率和产品质量（Cao et al.，2009）。

杨曦东（2010）根据 March（1991）对应用性学习的界定，采用经翻译的 Atuahene-Gima 等（2007）的 5 道题的问卷来测量应用性学习。应用性学习问卷的内部一致性系数为 0.865。

杨曦东（2010）以分别代表中西部、东部沿海地区的陕西、山东、浙江、广东四省的企业为发放对象，根据各省名册随机抽取 200 家企业进行问卷调查，回收问卷 143 份，回收率为 71.5%，其中有效问卷 114 份。

量表

请您根据自己的实际感受和体会，用下面 5 项描述对您所在单位的实际情况进行评价和判断，并在最符合的数字上划○。评价和判断的标准如下：1=非常不同意，2=不同意，3=不好确定，4=同意，5=非常同意。

1	增加了与现有产品相关的知识与技能。	1	2	3	4	5
2	将资源投到成熟技术的应用上以提高生产率。	1	2	3	4	5
3	逐步改进现有客户问题的解决方案。	1	2	3	4	5
4	改进了现有产品开发流程。	1	2	3	4	5
5	增加了知识和技能来提高现有创新活动的效率。	1	2	3	4	5

计分方法

应用性学习量表共 5 道题，可以计算总分或平均分。

量表出处

杨曦东．战略导向、组织学习对产品创新的影响研究．管理评论，2010，22（4）：47-55.

参考文献

March，J. G. Exploration and exploitation in organizational learning. Organization Science，1991，2（1）：69-81.

Cao，Q.，Gedajlovic，E.，Zhang，H. Unpacking organizational ambidexterity：dimensions，contingencies, and synergistic effects. Organization Science, 2009, 27 (4): 1-16.

Atuahene-Gima, K., Murray, J. Y. Exploratory and exploitative learning in new product development: a social capital perspective on new technology ventures in China. Journal of International Marketing, 2007, 15 (2): 1-29.

探索性学习（Atuahene-Gima et al.，2007）

（Explorative Learning）

简介

探索性学习是指旨在提高未来收益，寻找新业务、开发新技术和新能力的学习活动（March，1991）。探索性学习主要强调通过大量的试验过程来学习，探索新的技术发展轨道，获取与现有的规则、生产标准、管理惯例等不同的新知识（Gupta，2006）。

杨曦东（2010）根据 March（1991）对探索性学习的界定，采用经翻译的 Atuahene-Gima 等（2007）的5道题的问卷来测量探索性学习。探索性学习问卷的内部一致性系数为0.877。

杨曦东（2010）以分别代表中西部、东部沿海地区的陕西、山东、浙江、广东四省的企业为发放对象，根据各省名册随机抽取200家企业进行问卷调查，回收问卷143份，回收率为71.5%，其中有效问卷114份。

量表

请您根据自己的实际感受和体会，用下面5项描述对您所在单位的实际情况进行评价和判断，并在最符合的数字上划○。评价和判断的标准如下：1=非常不同意，2=不同意，3=不好确定，4=同意，5=非常同意。

1	获取了对公司而言全新的制造技术与技能。	1	2	3	4	5
2	学习了行业内全新的产品开发方法与流程。	1	2	3	4	5
3	获取了全新的管理方法与组织方式来提高创新效率。	1	2	3	4	5
4	率先掌握了某些领域的新技能。	1	2	3	4	5
5	提高了在未知领域中创新的技能。	1	2	3	4	5

计分方法

探索性学习量表共5道题，可以计算总分或平均分。

量表出处

杨曦东．战略导向、组织学习对产品创新的影响研究．管理评论，2010，22（4）：47-55.

参考文献

March，J. G. Exploration and exploitation in organizational learning. Organization Science，1991，2（1）：69-81.

Gupta，A. K.，Shalley，C. E. The interplay between exploration and exploitation. Academy of Management Journal，2006，49（4）：693-706.

Atuahene-Gima，K.，Murray，J. Y. Exploratory and exploitative learning in new product development：a social capital perspective on new technology ventures in China. Journal of International Marketing，2007，15（2）：1-29.

吸收能力（Minbaeva et al.，2003）

(Absorptive Capacity)

简介

组织的吸收能力是跨国公司知识转移的重要影响因素（Gupta et al.，1994）。吸收能力是指将作为竞争优势来源的隐性知识内化的能力（Cohen et al.，1990）。康青松（2015）认为，吸收能力是指把母公司转移的知识和信息以及专有技能等有效地进行内部化的能力。

Minbaeva 等（2003）把吸收能力区分为员工能力和员工动机。张小兵（2011）认为，知识吸收能力可分为员工能力和员工激励。

康青松（2015）参考 Minbaeva 等（2003）的量表，将其翻译成中文，利用 5 道题测量吸收能力。信度分析表明，该量表的信度系数为 0.867。

研究样本来自对华投资的韩国制造企业，从韩国贸易投资振兴公社出版的进入海外的韩国企业名录中，选择在韩国保有母公司的制造企业，以邮寄、传真和电子邮件的方式共发放问卷 560 份，最终回收 158 份，回收率达到 28.2%，其中 20 份问卷因无法回访等原因而废弃，有效问卷数为 138 份。

量表

请您根据自己的实际感受和体会，用下面 5 项描述对您的下属进行评价和判断，并在最符合的数字上划○。评价和判断的标准如下：1＝非常不同意，2＝比较不同意，3＝不确定，4＝比较同意，5＝非常同意。

1	员工为提高绩效付出积极的努力。	1	2	3	4	5
2	员工为提高绩效做出积极的贡献。	1	2	3	4	5
3	员工的业务技能水平很高。	1	2	3	4	5
4	员工的整体能力很强。	1	2	3	4	5
5	员工的受教育水平很高。	1	2	3	4	5

计分方法

吸收能力量表共 5 道题，可以计算总分或平均分。

量表出处

康青松．组织学习导向、知识转移和吸收能力对国际企业绩效的影响研究．管理学报，2015，12（1）：53-60.

参考文献

Gupta，A. K.，Govindarajan，V. Organizing for knowledge flows within MNCs. International Business

Review，1994，3（4）：443-457.

Cohen，W. M.，Levinthal，D. A. Absorptive capacity：a new perspective on learning and innovation. Administrative Science Quarterly，1990，35（1）：128-152.

Minbaeva，D. Pedersen，T.，Bjorkman，I. MNC knowledge transfer，subsidiary absorptive capacity and HRM. Journal of International Business Studies，2003，34（6）：586-599.

张小兵．知识吸收能力与组织绩效关系：组织学习视角的实证研究．管理学报，2011，8（6）：844-851.

学习型组织的组织系统（陈国权，2008）

(Learning Organization-Organizational System)

简介

组织系统是指组织中对人进行领导与管理的一整套体系，它包括组织领导者对员工的领导方式，组织确立的所有员工努力追求的愿景和目标，组织的结构、流程和相关制度，组织中的利益分配方式，以及组织文化等多个方面。陈国权（2008）指出了组织系统应该如何设计，才能促进组织具有发现、发明、选择、执行、推广、反思、获取知识、输出知识和建立知识库九个方面的学习行为（能力）。

陈国权（2008）指出，各种组织为促进学习行为（能力）而应该在组织系统方面具有的五个共性特征为：发展和学习型的领导方式，稳健卓越的愿景目标，全面系统的学习方法和制度，共同和谐的利益关系，以人为本的组织文化。

陈国权（2008）从整体的角度，根据五个维度的定义开发初始问卷，让近20位企业管理者填写，听取他们对问卷题目的语义、表达准确性等方面的意见。探索性因素分析表明学习型组织的组织系统一共包括五个维度，每个维度5道题，共25道题。

为了进一步验证构想效度，考察问卷的信度与效度，陈国权（2008）对各企业的高级管理人员施测，有效问卷为223份，验证性因素分析证实了该问卷具有较好的信度与效度。

信度与效度

陈国权（2007）对清华大学经济管理学院5个高级管理课程班的学员进行调查，他们大多为企业的高级管理人员，共发放问卷350份，回收248份，其中有效问卷223份。因子的信度均大于0.85，说明各因子具有很好的内部一致性。探索性因素分析提取出5个公因子，累计方差解释率为69.05%。验证性因素分析的结果表明，模型拟合指数$\chi^2/df=2.14$，RMSEA=0.072，GFI=0.83，CFI=0.91，IFI=0.92，NNFI=0.90。这说明问卷具有较好的效度。

量表

请您根据自己的实际感受和体会，用下面25项描述对您所在企业的实际情况进行评价和判断，并在最符合的数字上划○。评价和判断的标准如下：1=非常不同意，2=不同意，3=有点不同意，4=不好确定，5=有点同意，6=同意，7=非常同意。

1	企业最高领导者一直致力于将企业发展壮大、做强做大。	1	2	3	4	5	6	7
2	企业最高领导者一直致力于使企业持久健康地发展下去。	1	2	3	4	5	6	7
3	企业最高领导者在不同阶段都会建立相应的目标来推动企业发展。	1	2	3	4	5	6	7
4	企业最高领导者会将企业发展目标告诉全体员工并使他们认同和理解。	1	2	3	4	5	6	7

5	企业最高领导者善于学习新的知识、理念和别人的先进经验。	1	2	3	4	5	6	7
6	企业建立了明确的、不断向前发展的目标。	1	2	3	4	5	6	7
7	企业的发展目标既符合企业外部环境的需要，也符合企业自身情况。	1	2	3	4	5	6	7
8	企业的发展目标经过努力是能够实现的、可行的。	1	2	3	4	5	6	7
9	企业的发展目标有利于企业的生存和发展。	1	2	3	4	5	6	7
10	企业的发展目标是科学的、适宜的。	1	2	3	4	5	6	7
11	企业采用了一定的方法来促进员工的持续学习和创新。	1	2	3	4	5	6	7
12	企业采用了一定的激励制度来促进员工的持续学习和创新。	1	2	3	4	5	6	7
13	企业投入一定的人、财、物资源来促进员工的持续学习和创新。	1	2	3	4	5	6	7
14	企业采用的组织结构有利于员工的持续学习和创新。	1	2	3	4	5	6	7
15	企业采用的管理制度有利于员工的持续学习和创新。	1	2	3	4	5	6	7
16	在企业，全体员工有共同的目标和利益。	1	2	3	4	5	6	7
17	在企业，全体员工都为实现共同的目标而努力。	1	2	3	4	5	6	7
18	在企业，全体员工视彼此为朝同一目标奋斗的工作伙伴。	1	2	3	4	5	6	7
19	在企业，全体员工团结合作、共同努力实现目标。	1	2	3	4	5	6	7
20	在企业，全体员工能做到互惠互利、共赢、共同发展。	1	2	3	4	5	6	7
21	企业尽量根据员工个人特点安排工作，人尽其才。	1	2	3	4	5	6	7
22	企业鼓励员工个人努力追求卓越，成为英雄。	1	2	3	4	5	6	7
23	企业认可和奖励员工个人的贡献。	1	2	3	4	5	6	7
24	企业对员工的工作成果有合理的物质和精神回报。	1	2	3	4	5	6	7
25	企业对员工进行指导，帮助其提高。	1	2	3	4	5	6	7

计分方法

学习型组织的组织系统量表包括发展和学习型的领导方式、稳健卓越的愿景目标、全面系统的学习方法和制度、共同和谐的利益关系以及以人为本的组织文化五个维度，共 25 道题，可以计算每个维度所包括题目的总分或平均分。每个维度包括的题目如下：

1. 发展和学习型的领导方式：组织领导者致力于推动组织持续发展，并在工作中不断学习和创新。共 5 道题，具体包括第 1～第 5 题。

2. 稳健卓越的愿景目标：组织建立了既强调稳健又追求卓越的愿景和目标。共 5 道题，具体包括第 6～第 10 题。

3. 全面系统的学习方法和制度：组织采用全面系统的方法、结构、制度和资源等来促进员工的学习和创新。共 5 道题，具体包括第 11～第 15 题。

4. 共同和谐的利益关系：组织建立了员工间合作和共赢的利益关系。共 5 道题，具体包括第 16～第 20 题。

5. 以人为本的组织文化：组织建立了强调员工个人特点，鼓励、帮助和奖励员工追求卓越的文化。共 5 道题，具体包括第 21～第 25 题。

量表出处

陈国权．学习型组织整体系统的构成及其组织系统与学习能力系统之间的关系．管理学报，2008，5（6）：832-840.

学习型组织（冯静颖等，2012）

（Learning Organization）

简介

Pedler等（1996）和Luthans（1993）认为，学习型组织是一种以顺应生存环境变化为导向，具有学习与分享氛围、学习支持系统、推动型领导，对自身进行能动变革和创新的组织。冯静颖和孙健敏（2012）认为，学习型组织既是一种生存理念和发展形态，更是包含了一系列能为组织带来正向绩效的行动过程，是企业寻求生存和平衡发展的一种方式，是在对企业功能进行重新认识以及对企业竞争力和竞争优势来源进行探索和反思的过程中，逐渐萌生并迅速发展起来的一种管理理念及实践创新。

Pedler等（1996）提出包括战略、学习机会、审视自身、衡量外情和组织结构五个维度55道题的测量问卷。Marsick和Watkins（2003）的DLOQ问卷包括持续学习、对话和询问、团队学习、嵌入式系统、系统关联、授权与战略领导七个维度43道题，被证明有良好的信度和效标关联效度。张德和窦亚丽（2006）对DLOQ修订后得到个体学习、团队学习、学习支持、授权及系统思考五个维度24道题的问卷。陈国权（2008）的OL-OSQ问卷恢复使用稳健卓越、发展和学习型、全面系统、以人为本、共同和谐这五个词。

冯静颖和孙健敏（2012）通过收集已有研究中由双向翻译而来的题目148道，深度访谈被国内文献广为提及的学习型组织标杆，得到62个陈述句。由六位在校管理学博士及企业人力资源专员进行提炼、编码，并对形成的题目进行预测试。经过信度和效度分析，将保留题目编制为正式问卷，请人力资源管理专业在职研究生、MBA及EMBA学员和企业员工填答，得到有效问卷720份。

信度与效度

信度和效度分析表明，五因子结构的学习型组织问卷的信度都在0.50以上，效度都在0.70以上，KMO指数和Bartlett球形检验值的显著性水平都达到了临界值，五因子解释了总方差的63.24%。组织支持、环境关注、知识分享、领导驱动、持续改进五因子的内部一致性系数分别为0.862 1、0.793 4、0.840 2、0.781 2、0.779 3。同时，验证性因素分析表明，$\chi^2/df=2.39$，NNFI＝0.95，CFI＝0.95，IFI＝0.95，GFI＝0.90，AGFI＝0.87，RMSEA＝0.055。因此，学习型组织问卷具有较好的信度与效度。

量表

请您根据自己的实际感受和体会，用下面26项描述对您所在的公司进行评价和判断，并在最符合的数字上划○。评价和判断的标准如下：1＝非常不同意，2＝不同意，3＝有点不同意，4＝有点同意，5＝同意，6＝非常同意。

1	公司针对不同的培训对象建立了不同的培训体系。	1	2	3	4	5	6
2	公司给我提供了学习新知识的机会。	1	2	3	4	5	6
3	公司安排了支持员工学习的资金和其他资源。	1	2	3	4	5	6
4	公司有关于成员技能的最新数据库。	1	2	3	4	5	6
5	公司成立了内部培训中心。	1	2	3	4	5	6
6	我很关注自己所从事的专业的动态。	1	2	3	4	5	6
7	领导经常和员工分享有关竞争对手、行业趋势和公司发展的最新信息。	1	2	3	4	5	6
8	我们随时关注行业发展形势的变化。	1	2	3	4	5	6
9	公司各部门都注意维持与内部客户的良好合作关系。	1	2	3	4	5	6
10	我们主动收集各项有利于提高绩效的知识和信息。	1	2	3	4	5	6
11	公司里下属是不能直接问上司“为什么”的。	1	2	3	4	5	6
12	知识是一种权力，我不愿意和同事分享知识。	1	2	3	4	5	6
13	公司的氛围是严肃、封闭的。	1	2	3	4	5	6
14	公司很少有内部培训及经验交流等活动。	1	2	3	4	5	6
15	学习是我们自己的事情，领导很少直接过问。	1	2	3	4	5	6
16	公司很少为我们提供掌握新技能的机会。	1	2	3	4	5	6
17	管理者经常像老师那样耐心帮助下属学习和工作。	1	2	3	4	5	6
18	公司鼓励员工对自己的学习持续负责。	1	2	3	4	5	6
19	公司领导认为组织的学习能力对建立竞争优势很重要。	1	2	3	4	5	6
20	领导会定期对员工提出工作和学习建议，帮助和督促员工学习。	1	2	3	4	5	6
21	公司各级管理者都在不断学习，更新知识。	1	2	3	4	5	6
22	工作任务紧张时，学习和培训计划就会被疏忽。	1	2	3	4	5	6
23	学习和培训像搞运动，不能系统持续地执行。	1	2	3	4	5	6
24	培训体系是和公司的发展规划紧密结合的。	1	2	3	4	5	6
25	注重学以致用，持续改进工作和绩效。	1	2	3	4	5	6
26	培训制度会根据员工需求的变化持续更新。	1	2	3	4	5	6

计分方法

学习型组织量表包括五个维度，共 26 道题，可以计算每个维度所包括题目的总分或平均分。每个维度包括的题目如下：

1. 组织支持：组织支持是保障，包括硬件（如技能数据库、时间、资金和培训设施）和软件（如提供学习机会）支持。共 5 道题，具体包括第 1～第 5 题。

2. 环境关注：指通过对客户、专业、竞争者及行业发展等一系列有助于提高组织绩效的信息进行主动收集和动态跟踪，保证知识分享的方向性和有效性。共 5 道题，具体包括第 6～第 10 题。

3. 知识分享：这是学习型组织的核心，包括知识分享的意愿、行为，以及激发意愿、促进知识分享的组织氛围。共 6 道题，具体包括第 11～第 16 题，所有题目均需反向计分。

4. 领导驱动：领导驱动是动力，包括领导对学习型组织的认识、对组织成员的指导与督促，以及各级领导的自我提高。共 5 道题，具体包括第 17～第 21 题。

5. 持续改进：体现了学习、分享及组织行为改善，是一种渐进式发展、螺旋式提高的一以贯之的发展轨迹，在发展过程中，知识不断地通过社会化、内化、组合和外化等环节的循环转化为组织隐性知识，隐性知识的积累反过来促进学习速度和效率的提高。共5道题，具体包括第22～第26题，其中第22和第23题需反向计分。

量表出处

冯静颖，孙健敏．中国背景下学习型组织构念的测量模型．中国青年政治学院学报，2012（6）：103-108.

参考文献

Pedler，M.，Burgoyne，J. G.，Boydell，T. The learning company：a strategy for sustainable development. Learning Company A Strategy for Sustainable Development，1996.

Luthans，F.，Sang，M. L. The international journal of organizational analysis. International Journal of Organizational Analysis，1993，11（2）：41-66.

Marsick，V. J.，Watkins，A. E. Demonstrating the value of an organization's learning culture：the dimensions of the learning organization questionnaire. Advances in Developing Human Resources，2003，5（2）：132-151.

张德，窦亚丽．中国背景下的学习型组织结构研究．科学学研究，2006，24（6）：934-938.

陈国权．学习型组织整体系统的构成及其组织系统与学习能力系统之间的关系．管理学报，2008，5（6）：832-840.

组织记忆（王永贵等，2014）

(Organizational Memory)

简介

组织记忆是组织内部一种重要的知识来源和推动组织创新的重要因素（Mol & Birkinshaw，2009）。组织记忆主要是指组织中蕴含于组织文化、行为路线、组织结构、运行规范以及产品中对于当前决策有影响的历史信息存储（Walsh & Ungson，1991）。

王永贵，王娜和赵宏文（2014）根据 Hanvanich 等（2006）、Camisón 和 Villar-López（2011）的研究确定了组织记忆的测量问题，并根据情境进行了微调，一共有 4 道题。

王永贵，王娜和赵宏文（2014）针对选定的服务外包企业的项目经理与战略经理各发放问卷 271 份，共 542 份，最终回收的可配对的有效问卷为 177 份。

信度与效度

组织记忆问卷的内部一致性系数为 0.907，综合信度为 0.915，组织记忆的 AVE 为 0.731，表明测量模型具有较理想的内聚效度和判别效度。

量表

请您根据自己的实际感受和体会，用下面 4 项描述对您所在单位的实际情况进行评价和判断，并在最符合的数字上划○。评价和判断的标准如下：1＝非常不同意，2＝不同意，3＝不好确定，4＝同意，5＝非常同意。

1	公司许多知识和信息都体现在组织结构、系统和流程之中。	1	2	3	4	5
2	公司的许多知识都体现在手册和数据库之中。	1	2	3	4	5
3	公司的文化中蕴含着创意和做事方式。	1	2	3	4	5
4	公司把专利和许可等作为存储知识的有效方式。	1	2	3	4	5

计分方法

组织记忆量表共 4 道题，可以计算总分或平均分。

量表出处

王永贵，王娜，赵宏文．组织记忆、组织学习与供应商创新能力关系研究——基于情境的实证研究．科研管理，2014，35（10）：1-8.

参考文献

Mol，M. J.，Birkinshaw，J. The sources of management innovation：when firms introduce new management practices. Journal of Business Research，2009，62（12）：1269-1280.

Walsh, J. P., Ungson, G. R. Organizational memory. Academy of Management Review, 1991, 16 (1): 57-91.

Hanvanich, S., Sivakumar, K., Hult, G. T. M. The relationship of learning and memory with organizational performance: the moderating role of turbulence. Journal of the Academy of Marketing Science, 2006, 34 (4): 600-612.

Camisón, C., Villar-López, A. Non-technical innovation: organizational memory and learning capabilities as antecedent factors with effects on sustained competitive advantage. Industrial Marketing Management, 2011, 40 (8): 1294-1304.

组织学习（Sinkula et al.，1997）

（Organizational Learning）

简介

组织学习理论认为，组织学习是为了更好地适应外部环境的变化而对组织的文化、规则和系统等进行调整的过程（Cyert et al.，1963）。

康青松（2015）认为，组织学习的概念可以界定为积极地获取国际市场的知识和信息，并在组织内部存储、解释、转移和共享，从而有效利用的动态化的组织行为。组织学习的先行因素是学习导向，学习导向又由对学习的投入、组织的开放性和共享愿景三个维度构成（Baker et al.，1999；Sinkula et al.，1997）。

康青松（2015）翻译了 Sinkula 等（1997）的研究量表，利用 8 道题测量了学习导向的学习投入和组织开放两个维度。学习投入与组织开放的信度分别为 0.901 和 0.869。

研究样本来自对华投资的韩国制造企业，从韩国贸易投资振兴公社出版的进入海外的韩国企业名录中，利用判断抽样法选择在韩国保有母公司的制造企业。以邮寄、传真和电子邮件的方式共发放 560 份问卷，最终回收 158 份，其中 20 份问卷因无法回访等原因而废弃，有效问卷数为 138 份。

量表

请您根据自己的实际感受和体会，用下面 8 项描述对您所在组织的实际情况进行评价和判断，并在最符合的数字上划〇。评价和判断的标准如下：1＝非常不同意，2＝比较不同意，3＝不确定，4＝比较同意，5＝非常同意。

1	积极地接受各种意见和批评。	1	2	3	4	5
2	积极地接受各种新的创意。	1	2	3	4	5
3	积极地追求持续的改善活动。	1	2	3	4	5
4	有浓厚的互助工作氛围。	1	2	3	4	5
5	员工的培训投入是对未来的投资。	1	2	3	4	5
6	学习和培训是竞争优势的核心因素。	1	2	3	4	5
7	员工培训是企业生存必需的要素。	1	2	3	4	5
8	非常重视学习能力的培养。	1	2	3	4	5

计分方法

组织学习量表包括两个维度，共 8 道题，可以计算每个维度所包括题目的总分或平均分。每个维度包括的题目如下：

1. 组织开放：共 4 道题，包括第 1～4 题。
2. 学习投入：共 4 道题，包括第 5～8 题。

量表出处

康青松．组织学习导向、知识转移和吸收能力对国际企业绩效的影响研究．管理学报，2015，12（1）：53-60.

参考文献

Cyert，R. M.，March，J. G. A behavioral theory of the firm. Prentice-Hall，1963.

Baker，W. E.，Sinkula，J. M. The synergistic effect of market orientation and learning orientation on organizational performance. Journal of the Academy of Marketing Science，1999，27（4）：411-427.

Sinkula，J. M.，Baker，W. E.，Noordewier，T. A framework for market based organizational learning：linking values，knowledge，and behavior. Journal of the Academy of Marketing Science，1997，25（4）：305-318.

组织学习（Yannopoulos et al.，2012）

(Organizational Learning)

简介

作为组织获取、转移和整合知识的过程，组织学习主要体现在实验、风险承担、与外部环境的交互作用、沟通与参与等机制上（March，1991）。

王永贵，王娜和赵宏文（2014）翻译了 Yannopoulos 等（2012）的问卷，用 4 道题来测量组织学习。

王永贵，王娜和赵宏文（2014）针对选定的服务外包企业的项目经理与战略经理各发放问卷 271 份，共 542 份，最终回收的可配对的有效问卷为 177 份。

信度与效度

组织学习问卷的内部一致性系数为 0.904，综合信度为 0.913，组织学习的 AVE 为 0.725，表明测量模型具有较理想的内聚效度和判别效度。

量表

请您根据自己的实际感受和体会，用下面 4 项描述对您所在单位的实际情况进行评价和判断，并在最符合的数字上划○。评价和判断的标准如下：1＝非常不同意，2＝不同意，3＝不好确定，4＝同意，5＝非常同意。

1	我们采纳那些与现有产品市场体验一致的新创意，如分析目前顾客和竞争对手的产品得到的创意。	1	2	3	4	5
2	我们运用那些经证明有效的创意来解决市场问题。	1	2	3	4	5
3	我们运用那些对现有产品市场有利的市场信息和创意，如分析以前的项目经验、现有竞争对手和技术得到的信息和创意。	1	2	3	4	5
4	我们从事那些有助于充分利用或整合现有市场经验的活动。	1	2	3	4	5

计分方法

组织学习量表共 4 道题，可以计算总分或平均分。

量表出处

王永贵，王娜，赵宏文．组织记忆、组织学习与供应商创新能力关系研究——基于情境的实证研究．科研管理，2014，35（10）：1-8.

参考文献

March，J. G. Exploration and exploitation in organizational learning. Organization Science，1991，2

(1)：69-81.

Yannopoulos，P.，Auh，S.，Menguc，B. Achieving fit between learning and market orientation：implications for new product performance. Journal of Product Innovation Management，2012，29 (29)：531-545.

组织学习（冯海龙，2010）

(Organizational Learning)

简介

组织学习有益于再造企业愿景、改善战略管理者的心智模式、增强团队合作、提升基层员工的战略意识、克服组织惯性、促进组织结构柔性化，进而增强企业的战略共识、战略协同和战略控制的程度，提升企业的战略执行力，促进企业战略的有效实施（芮明杰，胡金星和张良森，2005）。

国内外学者开发了多种组织学习测量问卷，冯海龙（2010）对 Hult 和 Ferrell（1997）、陈国权和马萌（2002）、罗慧（2004）等开发的组织学习测量问卷进行了修正，包括发现、获取、比较、反思、纠错和记忆六个测量维度。组织学习总问卷及各维度的内部一致性系数均在 0.80 以上。

冯海龙（2010）在对中国大连高级经理学院 2007 年第二、第三期学员的调查中得到有效问卷 87 份，在对大连理工大学部分在读 EMBA 学员的调查中得到有效问卷 38 份，在北京、大连、河南三地进行的实地访谈中得到有效问卷 14 份，有效样本总量为 139 份。

量表

请您根据自己的实际感受和体会，用下面 18 项描述对您所在组织的实际情况进行评价和判断，并在最符合的数字上划○。评价和判断的标准如下：1＝非常不同意，2＝不同意，3＝不好确定，4＝同意，5＝非常同意。

1	组织能及时准确地感知和检测组织内外部的各种新动向。	1	2	3	4	5
2	组织能及时准确地感知和检测组织内外部的各种新机会。	1	2	3	4	5
3	组织能及时准确地感知和检测组织内外部的各种潜在问题、挑战和危险。	1	2	3	4	5
4	组织善于辨识、吸收、处理与应用来自组织内外部的各种信息知识与经验。	1	2	3	4	5
5	组织善于听取与接受来自组织内外部的各种咨询建议与批评意见。	1	2	3	4	5
6	组织善于辨识、吸收、处理与应用来自书刊网站等渠道的各种信息知识。	1	2	3	4	5
7	组织善于对不同时段的信息知识进行对比分析。	1	2	3	4	5
8	组织善于对不同时段的行为进行对比分析。	1	2	3	4	5
9	组织善于对不同时段的行为结果进行对比分析。	1	2	3	4	5
10	组织善于对行为进行重新思考。	1	2	3	4	5
11	组织善于从行为中总结出经验与教训。	1	2	3	4	5
12	组织善于从行为中找出规律性的东西。	1	2	3	4	5
13	组织能综合内外部的各种信息知识和变化对以往的行为进行修正。	1	2	3	4	5
14	组织能综合内外部的各种信息知识和变化对既定行动方案进行完善。	1	2	3	4	5
15	组织能综合内外部的各种信息知识和变化对未来的规划做出动态调整。	1	2	3	4	5
16	组织善于对各种信息知识和经验进行积累。	1	2	3	4	5

17	组织善于对各种行为进行制度化。	1	2	3	4	5
18	组织善于对各种行为结果进行冻结。	1	2	3	4	5

计分方法

组织学习量表包括六个维度，共18道题，可以计算每个维度所包括题目的总分或平均分。每个维度包括的题目如下：

1. 发现：共3道题，具体包括第1～第3题。
2. 获取：共3道题，具体包括第4～第6题。
3. 比较：共3道题，具体包括第7～第9题。
4. 反思：共3道题，具体包括第10～第12题。
5. 纠错：共3道题，具体包括第13～第15题。
6. 记忆：共3道题，具体包括第16～第18题。

量表出处

冯海龙．组织学习对战略执行力的影响分析．管理评论，2010，22（9）：75-83.

参考文献

Hult，G. T. M.，Ferrell，O. C. Global organizational learning capacity in purchasing：construct and measurement. Journal of Business Research，1997，40（2）：97-111.

芮明杰，胡金星，张良森．企业战略转型中组织学习的效用分析．研究与发展管理，2005，17（2）：99-104.

陈国权，马萌．组织学习评价方法和学习工具的研究及在30家民营企业的应用．管理工程学报，2002，16（1）：25-29.

罗慧，万迪昉，赵海峰．网络环境下组织学习测度的实证研究．系统工程理论与实践，2004，24（7）：46-52.

组织学习（谢洪明等，2006）

（Organizational Learning）

简介

谢洪明，刘常勇和陈春辉（2006）使用的组织学习问卷来自 Baker 和 Sinkula（1999）根据 Sinkula 等（1997）的组织学习问卷所提出的修正版，原问卷由 19 道题组成，但其中 5 道题在整个问卷中的一致性较差，所以仅使用了其中的 14 道题。组织学习问卷的内部一致性系数为 0.93。

谢洪明，刘常勇和陈春辉（2006）根据珠三角地区的企业黄页电话号码簿随机抽取欲调查的样本企业，然后通过电话与该企业的高层联络，确认可以接受调查后，即派人上门进行调查，或者将问卷邮寄过去。共发放问卷 600 份，回收 156 份。其中填答不全的无效问卷 5 份，有效问卷 151 份。

量表

请您根据自己的实际感受和体会，用下面 14 项描述对您所在单位的实际情况进行评价和判断，并在最符合的数字上划○。评价和判断的标准如下：1＝非常不同意，2＝不同意，3＝有点不同意，4＝有点同意，5＝同意，6＝非常同意。

1	主管们认为公司的学习能力对建立我们的竞争优势非常重要。	1	2	3	4	5	6
2	将学习视为改进的主要方法是公司的基本价值观之一。	1	2	3	4	5	6
3	公司将员工的学习视为一项投资而不是成本费用。	1	2	3	4	5	6
4	公司认为学习是公司生存的必要保障。	1	2	3	4	5	6
5	“一旦停止学习，我们的未来就会有危险”是公司员工的共识。	1	2	3	4	5	6
6	我们对于公司定位及未来发展的概念有清楚的界定和表述。	1	2	3	4	5	6
7	公司中每一个层级和部门都有一个共同的组织愿景。	1	2	3	4	5	6
8	公司所有的员工都承诺：要为公司的目标而努力工作。	1	2	3	4	5	6
9	公司的每个员工都觉得他们对公司未来的发展负有责任。	1	2	3	4	5	6
10	公司的高层管理者会与下属分享自己的愿景。	1	2	3	4	5	6
11	我们不怕质疑公司对于运营方式的各种假设。	1	2	3	4	5	6
12	公司认为包容接纳各种不同的声音是很重要的。	1	2	3	4	5	6
13	公司的主管鼓励员工能超越常规去创意思考。	1	2	3	4	5	6
14	公司非常重视并高度评价原创性的观念/意见。	1	2	3	4	5	6

计分方法

组织学习量表共 14 道题，可以计算总分或平均分。

量表出处

谢洪明，刘常勇，陈春辉．市场导向与组织绩效的关系：组织学习与创新的影响——珠三角地区企业的实证研究．管理世界，2006（2）：80-94.

参考文献

Sinkula，J. M.，Baker，W. E.，Noordewier，T. A framework for market based organizational learning：linking values，knowledge，and behavior. Journal of the Academy of Marketing Science，1997，25（4）：305-318.

Baker，W. E.，Sinkula，J. M. The synergistic effect of market orientation and learning orientation on organizational performance. Journal of the Academy of Marketing Science，1999，27（4）：411-427.

组织学习（邹国平等，2017）

(Organizational Learning)

简介

组织学习是企业通过知识的积累来改变自身行动的过程（Jiménez-Jiménez，2011）。企业通过组织学习了解外部环境，降低环境复杂性，帮助企业的决策者或学习者对环境进行规划，从而提高企业竞争力或组织绩效。

信度与效度

邹国平等（2017）参考的是 Dawes 和 Lee（2007）及 Lin，Lee 和 Kang（2005）的研究，该量表由三个维度构成，共包括 10 道题。采用发放电子邮件或纸质版问卷相结合的方式进行数据收集，共发放问卷 700 份，最终得到有效问卷 436 份。

结果表明：信息获取维度 Cronbach's Alpha＝0.872，信息分发维度 Cronbach's Alpha＝0.874，信息解释维度 Cronbach's Alpha＝0.829；在效度检验方面，使用个别题项的信度、组合信度和平均抽取方差对效度进行检定。其中，个别题项的信度以因素负荷量是否超过 0.5 检定，组合信度需要超过 0.7，平均抽取方差则需大于 0.5。信息获取、信息分发、信息解释的个别题项信度、组合信度和平均抽取方差均达到要求，表明各变量具有良好的效度。量表的信效度指数都达到了良好水平。

量表

请您根据自己的实际感受和体会，通过下面 10 项描述对企业进行评价和判断，并在最符合的数字上划○。评价和判断的标准如下：1＝完全不同意，2＝比较不同意，3＝有点不同意，4＝不确定，5＝有点同意，6＝比较同意，7＝完全同意。

1	企业鼓励员工利用各种渠道获取信息。	1	2	3	4	5	6	7
2	企业鼓励并支持员工与顾客开展交流活动。	1	2	3	4	5	6	7
3	企业从财力和其他资源上鼓励研发活动。	1	2	3	4	5	6	7
4	企业经常强调内部信息交流与共享的重要性。	1	2	3	4	5	6	7
5	企业内部同级部门之间经常进行信息交流与共享。	1	2	3	4	5	6	7
6	企业内部上下级部门之间经常进行信息交流与共享。	1	2	3	4	5	6	7
7	企业内部交流媒介（企业内部网、电子公告板等）非常丰富。	1	2	3	4	5	6	7
8	员工对企业愿景和战略目标有比较一致的认同。	1	2	3	4	5	6	7
9	企业鼓励不同部门和员工对新信息或新知识达成一致理解。	1	2	3	4	5	6	7
10	企业各部门具有足够的能力理解和处理新信息和新知识。	1	2	3	4	5	6	7

计分方法

组织学习量表包括三个维度，共10道题，可以计算每个维度所包括题目的总分或平均分。每个维度包括的题目如下：

1. 信息获取：共3道题，具体包括第1～第3题。
2. 信息分发：共4道题，具体包括第4～第7题。
3. 信息解释：共3道题，具体包括第8～第10题。

量表出处

邹国平，郭韬，任雪娇．区域环境因素对科技型企业规模的影响研究——组织学习和智力资本的中介作用．管理评论，2017，29（5）：52-63.

参考文献

Jiménez-Jiménez，D.，Sanz-Valle，R. Innovation，organizational learning，and performance. Journal of Business Research，2011，64（4）：408-417.

Dawes，P. L.，Lee，D. Y.，Midgley，D. Organizational learning in high-technology purchase situations：the antecedents and consequences of the participation of external IT consultants. Industrial Marketing Management，2007，36（3）：285-299.

Lin，K. C.，Lee，S.，Kang，I. W. KMPI：measuring knowledge management performance. Information & Management，2005，42（3）：469-482.

组织学习能力（陈国权，2009）

(Organizational Learning Capacity)

简介

组织学习能力是指组织成员作为一个整体不断地获取知识、改善自身的行为和优化组织的体系，以在不断变化的内外部环境中使组织保持可持续生存与健康和谐发展的能力。

陈国权（2009）根据组织学习能力的操作性定义开发了测量组织学习能力的 27 道题，然后让近 10 位企业管理者填写，并听取其对各题目的语义、表达准确性等方面的意见，最后修改成正式问卷。选取在清华大学经济管理学院学习高级管理课程的 5 个班的学员为样本，他们大多为企业的高级管理人员，共发放问卷 350 份，回收 248 份，最后用于分析的有效问卷共 223 份。

探索性因素分析和验证性因素分析都证实了组织学习能力问卷的构想效度，内部一致性分析与相关分析的结果也表明该问卷具有较好的信度与效度。

信度与效度

对 223 份有效问卷的探索性因素分析提取了 9 个公因子，累计方差解释率为 85.54%。验证性因素分析的结果表明，一阶模型拟合指数 $\chi^2/df=1.97$，RMSEA＝0.066，GFI＝0.84，CFI＝0.94，IFI＝0.94，NFI＝0.90。各题目载荷 T 值均大于 2，$p<0.01$，说明各因子具有良好的收敛效度。二阶验证性因素分析的结果表明，拟合指数 $\chi^2/df=2.12$，RMSEA＝0.071，GFI＝0.82，CFI＝0.92，IFI＝0.93，NFI＝0.88。二阶因子与一阶因子的关系很强，标准化载荷系数在 0.6～0.9 之间，T 值也通过了显著性检验（$T>2$，$p<0.001$），说明二阶因子具有良好的收敛效度。这一结果也说明，组织学习能力的九个分能力均从属于一个更高阶的能力——组织总体学习能力。

量表

请您根据自己的实际感受和体会，用下面 27 项描述对您所在组织的情况进行评价和判断，并在最符合的数字上划○。评价和判断的标准如下：1＝非常不同意，2＝不同意，3＝有点不同意，4＝无所谓，5＝有点同意，6＝同意，7＝非常同意。

1	企业能及早准确地发现内外部各种新变化、新动向。	1	2	3	4	5	6	7
2	企业能及早准确地发现内外部各种新机会。	1	2	3	4	5	6	7
3	企业能及早准确地发现内外部各种潜在的问题、挑战或危险。	1	2	3	4	5	6	7
4	企业能针对内外部各种变化提出新的应对措施。	1	2	3	4	5	6	7
5	企业善于提出新点子。	1	2	3	4	5	6	7
6	企业善于提出有创意的措施。	1	2	3	4	5	6	7
7	企业在面对多个考虑或方案时，能做到正确地比较、取舍和选择。	1	2	3	4	5	6	7

8	企业在面对多个考虑或方案时，能做到高效地比较、取舍和选择。	1	2	3	4	5	6	7
9	企业在面对多个考虑或方案时，能做出合适和有效的决策。	1	2	3	4	5	6	7
10	企业能将经营管理上的想法（目标）转化成具体行动。	1	2	3	4	5	6	7
11	企业能将经营管理上的计划有效地贯彻执行。	1	2	3	4	5	6	7
12	企业能将经营管理上的想法（目标）最终变成现实。	1	2	3	4	5	6	7
13	企业能将自己局部的一些成功的做法在企业内推广并获益。	1	2	3	4	5	6	7
14	企业能用局部的失误教训告诫大家，使类似的失误不再发生。	1	2	3	4	5	6	7
15	企业有效地建立企业范围内分享知识和经验的方法和系统。	1	2	3	4	5	6	7
16	企业具有总结和反思的习惯。	1	2	3	4	5	6	7
17	企业善于对以前的工作进行反思，总结出经验或教训。	1	2	3	4	5	6	7
18	企业善于从以前发生的事情中探索出规律性的东西。	1	2	3	4	5	6	7
19	企业善于从外部获取知识和经验。	1	2	3	4	5	6	7
20	企业善于从外部得到咨询意见和指导。	1	2	3	4	5	6	7
21	企业善于通过各种渠道（如书、刊物、网站等）获取知识。	1	2	3	4	5	6	7
22	企业能通过沟通有效地向外界传播本企业的理念、知识和经验。	1	2	3	4	5	6	7
23	企业能通过文章有效地向外部传播本企业的理念、知识和经验。	1	2	3	4	5	6	7
24	企业能有效地用本企业的理念、知识和经验影响外部。	1	2	3	4	5	6	7
25	企业平时注意记录和积累各种点滴的想法、知识和经验。	1	2	3	4	5	6	7
26	企业将知识和经验采用文档或电子化方法进行管理。	1	2	3	4	5	6	7
27	企业将知识和经验整理得井井有条，保存和使用都方便。	1	2	3	4	5	6	7

计分方法

组织学习能力量表包括九个维度，共27道题，可以计算每个维度所包括题目的总分或平均分。每个维度包括的题目如下：

1. 发现能力：共3道题，具体包括第1～第3题。
2. 发明能力：共3道题，具体包括第4～第6题。
3. 选择能力：共3道题，具体包括第7～第9题。
4. 执行能力：共3道题，具体包括第10～第12题。
5. 推广能力：共3道题，具体包括第13～第15题。
6. 反思能力：共3道题，具体包括第16～第18题。
7. 获取知识能力：共3道题，具体包括第19～第21题。
8. 输出知识能力：共3道题，具体包括第22～第24题。
9. 建立知识库能力：共3道题，具体包括第25～第27题。

量表出处

陈国权．组织学习和学习型组织：概念、能力模型、测量及对绩效的影响．管理评论，2009，21(1)：107-116.

组织学习倾向 (Sinkula et al.，1997)

(Organizational Learning Orientation)

简介

组织学习倾向的中心问题就是组织对待组织学习的基本价值观。该价值观会直接影响组织是否有可能营造学习的氛围，进而形成组织学习的文化。如果一个组织对组织学习价值观的关注很少，或者组织学习价值观尚未形成，那么该组织也就很难形成有效的组织学习，组织学习基本不可能发生（Norman，1985；Sackmann，1991）。

王永伟，马洁，吴湘繁和刘胜春（2012）翻译了 Sinkula 等（1997）的 11 道题的量表来测量组织学习倾向。正式调查的数据主要来源于上海、新疆和山东，研究对象为公司中层及高层管理人员。其中，上海和新疆的数据主要来源于 MBA 和 EMBA 学员，山东省数据主要来源于日照高科技园区企业。在问卷收集过程中，每家企业的中层或者高层管理人员只填写一份问卷，问卷采取集中发放和回收方式。共发放问卷 300 份，实际回收 246 份，剔除填写信息不完整的问卷后，共得到有效问卷 202 份。探索性因素分析和验证性因素分析表明问卷的信度与结构效度均较为理想。

信度与效度

正式调查的样本为上海、新疆和山东三地的企业中层或高层管理人员，共发放问卷 300 份，回收有效问卷 202 份。问卷信度为 0.95，验证性因素分析的结果表明，组织学习倾向与其他变量的模型拟合指数 χ^2、df、χ^2/df、TLI、CFI、RMSEA 分别为 670、321、2.1、0.92、0.92、0.07，表明组织学习倾向与其他变量具有较好的区分效度。因此，组织学习倾向问卷具有较好的信度和效度。

量表

请您根据自己的实际感受和体会，用下面 11 项描述对您所在企业的实际情况进行评价和判断，并在最符合的数字上划○。评价和判断的标准如下：1＝非常不同意，2＝不同意，3＝不太确定，4＝同意，5＝非常同意。

1	主管们认为企业的学习能力对建立我们的竞争优势非常重要。	1	2	3	4	5
2	将学习视为改进的主要方法是企业的基本价值观之一。	1	2	3	4	5
3	企业将员工的学习视为一项投资而不是成本费用。	1	2	3	4	5
4	企业认为学习是企业生存的必要保障。	1	2	3	4	5
5	企业内部有一个共同的奋斗目标。	1	2	3	4	5
6	企业内部各个层级和部门都认同组织的愿景。	1	2	3	4	5
7	企业所有的员工都努力去实现企业的目标。	1	2	3	4	5
8	企业的员工都觉得他们对企业未来的发展负有责任。	1	2	3	4	5

9	企业经常反思对顾客的各种假设。	1	2	3	4	5
10	企业经常反思对市场的各种假设。	1	2	3	4	5
11	企业经常反思对顾客信息的解释。	1	2	3	4	5

计分方法

组织学习倾向量表共11道题，可以计算总分或平均分。

量表出处

王永伟，马洁，吴湘繁，刘胜春．变革型领导行为、组织学习倾向与组织惯例更新的关系研究．管理世界，2012（9）：110-119.

参考文献

Norman，Richard. Developing capabilities for organizational learning，In organizational strategy and change，Ed. Johannes M. Pennings，San Francisco：Jossey-Bass，1985.

Sackmann. Cultural knowledge in organizations：exploring the collective mind. Sage Publications，Inc.，1991.

Sinkula，J. M.，Baker，W. E.，Noordewier，T. A framework for market based organizational learning：linking values，knowledge，and behavior. Journal of the Academy of Marketing Science，1997，25（4）：305-318.

第 15 章

创新与创业

创新动机（Tierney et al.，1999）

（Innovation Motivation）

简介

创造力的构成理论将动机视为创造力不可或缺的成分之一（Amabile，1996），内在动机是指出于工作本身（而非来自工作外部）的原因而受到的激励。

潘静洲，娄雅婷和周文霞（2013）翻译了 Tierney 等（1999）的创新动机量表，该量表包括 5 道题，量表的内部一致性系数为 0.86。共发放问卷 120 份，得到有效问卷 96 份，有效回收率为 80%。

量表

请您根据自己的实际感受和体会，用下面 5 项描述对自己进行评价和判断，并在最符合的数字上划○。评价和判断的标准如下：1＝非常不同意，2＝不同意，3＝有点不同意，4＝不确定，5＝有点同意，6＝同意，7＝非常同意。

1	我喜欢寻求工作中复杂问题的解决方案。	1	2	3	4	5	6	7
2	我喜欢提出工作的新思路。	1	2	3	4	5	6	7
3	我喜欢从事需要分析思考的工作。	1	2	3	4	5	6	7
4	我喜欢创造新的工作程序。	1	2	3	4	5	6	7
5	我喜欢改进现有的产品或流程。	1	2	3	4	5	6	7

计分方法

创新动机量表共 5 道题，可以计算总分或平均分。

量表出处

潘静洲，娄雅婷，周文霞．龙生龙，凤生凤？领导创新性工作表现对下属创造力的影响．心理学报，2013，45（10）：429-433.

参考文献

Amabile，T. M. Creativity in context. Boulder，CO：Westview Press，1996.

Tierney，P.，Farmer，S. M.，Graen，G. B. An examination of leadership and employee creativity：the relevance of traits and relationships. Personnel Psychology，1999（52）：591-620.

大学生创业动机（高日光等，2009）

(University Student Entrepreneurial Motivation)

简介

Olson 等（1984）指出，创业动机是创业行为背后的驱动力，促使具有创业能力和创业条件的个体进行创业，是区分创业者和潜在创业者的重要因素；Baum 等（2001）认为，创业动机是创业者在追求成就的过程中，在头脑中形成的一种内部驱动力，有目标导向和自我效能感两个衡量指标。在已有文献中未见成熟的大学生创业动机测量工具，因而不利于开展大学生创业的选拔、测评和培养。

高日光，孙健敏和周备（2009）采用归纳法构建大学生创业动机的内容维度，并在此基础上编制大学生创业动机测量问卷。经过深度访谈、开放式问卷调查、专家归类和信度检验等一系列工作之后，获得大学生创业动机的 4 个内容维度和 16 种典型行为描述。4 个维度分别是：自我实现（如发挥专业特长），追名求富（如提高自身的社会地位），社会支持（如学校提供创业基金和条件），家庭影响（如家人朋友鼓励创业）。每个维度有 4 道题，探索性因素分析和验证性因素分析显示，大学生创业动机测量问卷具有良好的信度和效度。

正式调查的样本选自华东地区在校大学本科生，主要是三年级、四年级的学生。共发放问卷 1 065 份，回收 1 016 份，回收率为 95.40%。剔除无效问卷，共筛选出有效问卷 949 份。

信度与效度

高日光，孙健敏和周备（2009）选取华东地区的在校大学本科生开展问卷调查，949 份有效问卷的探索性因素分析的结果显示，大学生创业动机呈四因素结构。因素结构清晰，项目分布均衡，每个项目因子载荷值较高。四个因素的累计方差解释率为 52.064%，问卷总体内部一致性系数为 0.722，满足心理测量学的要求，因此大学生创业动机问卷的结构是科学合理的。

量表

请您根据自己的实际感受和体会，用下面 16 项描述对您的创业初衷进行评价和判断，并在最符合的数字上划○。评价和判断的标准如下：1＝非常不同意，2＝不同意，3＝不好确定，4＝同意，5＝非常同意。

1	崇拜创业偶像。	1	2	3	4	5
2	羡慕当老板的权力与地位。	1	2	3	4	5
3	为了发财致富。	1	2	3	4	5
4	提高自身社会地位。	1	2	3	4	5
5	想挑战自我。	1	2	3	4	5

6	锻炼提升能力。	1	2	3	4	5
7	证明自己的能力与才华。	1	2	3	4	5
8	发挥自己的专长。	1	2	3	4	5
9	受亲戚朋友创业的影响。	1	2	3	4	5
10	亲戚朋友创业拉你入股。	1	2	3	4	5
11	家人朋友鼓励创业。	1	2	3	4	5
12	家庭能为创业提供帮助。	1	2	3	4	5
13	受学校良好创业氛围的影响。	1	2	3	4	5
14	政府提供优惠政策。	1	2	3	4	5
15	有创业基金支持。	1	2	3	4	5
16	学校提供创业基金与条件。	1	2	3	4	5

计分方法

大学生创业动机量表包括四个维度，共 16 道题，可以计算每个维度所包括题目的总分或平均分。每个维度包括的题目如下：

1. 追名求富：指为了满足一种内在的心理需求，希望拥有权力、地位和财富，得到别人的尊重和羡慕，属于内在推动因素。共 4 道题，具体包括第 1～第 4 题。

2. 自我实现：指希望最大限度地发挥自己的潜能，不断完善自己，从而实现自己的理想和证明自身的价值，属于内在推动因素。共 4 道题，具体包括第 5～第 8 题。

3. 家庭影响：指家人、亲戚朋友积极鼓励创业，并能提供相应的资源和条件，属于外部拉动因素。共 4 道题，具体包括第 9～第 12 题。

4. 社会支持：指学校及政府积极鼓励创业，并且提供相应的资源和优惠条件，属于外部拉动因素。共 4 道题，具体包括第 13～第 16 题。

量表出处

高日光，孙健敏，周备．中国大学生创业动机的模型建构与测量研究．中国人口科学，2009（1）：68-75.

参考文献

Olson，P. D.，Bosserman，D. A. Attributes of the entrepreneurial type. Business Horizons，1984，27（3）：53-56.

Baum，J. R.，Locke，E. A.，Smith，K. G. A multidimensional model of venture growth. Social Science Electronic Publishing，2001，44（2）：292-303.

创业导向（胡望斌等，2012）

（Entrepreneurial Orientation）

简介

创业导向指企业进入新业务领域所采取的决策、行为和过程，任何企业的行为都介于保守导向与创业导向之间。创业导向强的企业具有强的创新精神，乐于接受和支持新产品（服务）、新技术和新想法，在行动上表现为勇于承担风险并事先采取行动等，以积极应对甚至主动塑造其所在的竞争环境。

胡望斌和张玉利（2012）在文献回顾的基础上指出，理论上可以从以下五个维度来测量企业的创业导向：创新性、风险承担性、先动性、自治性、竞争侵占性。他们选取天津市成立时间在3年内的25家新企业进行实地半结构性访谈，结果表明，创新性、先动性、风险承担性三个维度得到了受访者的强调和肯定，与Miller（1983）、Covin和Slevin（1986）提出的创业导向的三个维度观点基本吻合。

在此基础上，胡望斌和张玉利（2012）编制创业导向量表，请从事创业研究的博士和英语专业的研究者将Covin和Slevin（1986）的创业导向测量量表翻译成中文，经过讨论后得到一份包括11道题的新企业创业导向初始问卷，然后请10位新企业创业者填写初始问卷，根据他们反馈的综合信息，对问卷做了进一步的修正和完善，最终形成9道题的创业导向量表。

胡望斌和张玉利（2012）利用创业导向量表进行问卷调查，按照系统分层抽样的原则，对天津市9家创业中心内成立时间在5年内的企业进行随机抽样，调查对象为企业总经理。调查企业总数590家，最终整理分析后得到有效样本150个。探索性因素分析得到了创新性、风险承担性、先动性3个因子，其中1道题载荷过低，因此删除。检验结果表明量表具有良好的信度和效度，创新性、风险承担性、先动性3个因子的内部一致性系数分别为0.622、0.731、0.710。

量表

请您根据自己的实际感受和体会，对下面8项关于您所在企业的描述进行评价和判断，并在最符合的数字上划○。评价和判断的标准如下：1=非常不同意，2=比较不同意，3=不同意，4=不太确定，5=同意，6=比较同意，7=非常同意。

1	企业自成立以来上马了很多新产品或服务。	1	2	3	4	5	6	7
2	企业自成立以来对产品或服务组合进行了大幅变更。	1	2	3	4	5	6	7
3	企业高度重视研发活动，追求技术或服务领先与创新。	1	2	3	4	5	6	7
4	企业管理团队更偏好可能获得高回报的高风险项目。	1	2	3	4	5	6	7
5	当面对不确定性时，企业倾向于采取积极行动来抓住机会而非守旧。	1	2	3	4	5	6	7
6	为了实现经营目标，企业更倾向于采取大胆迅速的行动。	1	2	3	4	5	6	7
7	企业在业内常率先引入新产品、新服务、新的管理思想和生产技术等。	1	2	3	4	5	6	7

8	总体上，企业创业和管理团队非常强调先于竞争者引入新产品或创意。	1	2	3	4	5	6	7

计分方法

创业导向量表包括三个分量表，共 8 道题，可以计算每个分量表所包括题目的总分或平均分。每个分量表包括的题目如下：

1. 创新性：指企业对新技术（产品）、新观念以及新管理工具与方法等方面的追逐。共 2 道题，具体包括第 1、2 题。

2. 风险承担性：指企业创立者或管理者乐于将资源不断投入到具有不确定性以及风险的事业的倾向性。共 3 道题，具体包括第 4～第 6 题。

3. 先动性：指企业对未来需求变化进行预测以发掘新的机会，因而率先采取行动策略。共 3 道题，具体包括第 3、7、8 题。

量表出处

胡望斌，张玉利．新企业创业导向的测量与功效：基于中国经验的实证研究．管理评论，2012，24（3）：40-48.

参考文献

Miller，D. The correlates of entrepreneurship in three types of firms. Management Science，1983，29（7）：770-791.

Covin，J. G.，Slevin，D. P. The development and testing of an organizational-level entrepreneurship scale. In Ronstadt，R.，Hornady，J. A.，Peterson，R.，Vesper，K. H.（Eds），Frontiers of entrepreneurship research，Wellesley，MA：Center for Entrepreneurial Studies，Babson College，1986.

企业家导向（Covin et al.，1989）

（Entrepreneurial Orientation）

简介

企业家导向是多维变量，Miller等（1983）最早归纳了企业家导向的三个维度：先动性、创新性和冒险性。先动性是指企业根据未来需求和竞争的预期采取行动的程度；创新性是指企业推动新想法、试验和创造的倾向，对新产品、新服务、新流程开发的支持程度；冒险性是指企业进行风险投资和承担风险的意愿（Lumpkin，1996）。

杨曦东（2010）翻译了Covin和Slevin（1989）开发的企业家导向问卷，问卷的内部一致性系数为0.785。杨曦东（2010）从陕西、山东、浙江、广东四省的企业中，随机抽取200家进行问卷调查，回收问卷143份，回收率为71.5%，其中有效问卷114份。

量表

请您根据自己的实际感受和体会，用下面6项描述对您所在的企业进行评价和判断，并在最符合的数字上划○。评价和判断的标准如下：1=非常不同意，2=不同意，3=不好确定，4=同意，5=非常同意。

1	非常努力地去实现技术领先。	1	2	3	4	5
2	非常重视研发、技术领先和创新。	1	2	3	4	5
3	采取大胆积极的行动最大限度地开发潜在机会。	1	2	3	4	5
4	往往先于竞争者发起行动。	1	2	3	4	5
5	面对竞争风险，开展激烈竞争以击败竞争对手而不是息事宁人。	1	2	3	4	5
6	面对风险，为了应对环境变化大胆采取大量行动。	1	2	3	4	5

计分方法

企业家导向量表共6道题，可以计算总分或平均分。

量表出处

杨曦东．战略导向、组织学习对产品创新的影响研究．管理评论，2010，22（4）：47-55.

参考文献

Lumpkin，G. T.，Dess，G. G. Clarifying the entrepreneurial orientation construct and linking it to performance. Academy of Management Review，1996，21（1）：135-172.

Miller，D.，Friesen，P.，Strategy-market and environment：the third link. Strategic Management Journal，1983（4）：221-235.

Covin，J. G.，Slevin，D. P. Strategic management of small firms in hostile and benign environments. Strategic Management Journal，1989，10（1）：75-87.

工作创造力（Zhou et al.，2001）

（Work Creativity）

简介

邀请领导对员工的工作创造力进行评价，这是工作创造力研究中典型的做法（Liu et al.，2011；Tierney et al.，1999）。由于领导经常与下属接触，对他们比较了解，因此由他们来评价是相对客观且恰当的（Zhou，2003）。

潘静洲，娄雅婷和周文霞（2013）采用 Zhou 和 George（2001）所编制的创造力问卷，将其翻译成中文，由领导对下属的创造力进行评价，问卷的内部一致性系数为 0.95。共发放问卷 120 份，回收有效问卷 96 份，有效回收率为 80%。

量表

请您根据自己的实际感受和体会，用下面 13 项描述对您的下属进行评价和判断，并在最符合的数字上划○。评价和判断的标准如下：1＝非常不同意，2＝不同意，3＝有点不同意，4＝不确定，5＝有点同意，6＝同意，7＝非常同意。

1	提出新的方法来实现目标。	1	2	3	4	5	6	7
2	提出新的且具有建设性的想法来提高绩效。	1	2	3	4	5	6	7
3	寻找新技术、新流程、新工艺和产品理念。	1	2	3	4	5	6	7
4	提出新的方法来提高质量。	1	2	3	4	5	6	7
5	有很多创新性的想法。	1	2	3	4	5	6	7
6	不惧怕冒险。	1	2	3	4	5	6	7
7	向别人推销并且说服他人接受自己的想法。	1	2	3	4	5	6	7
8	一有机会就会在工作中展示出创造力。	1	2	3	4	5	6	7
9	制定合理的计划和日程安排来确保新想法的实现。	1	2	3	4	5	6	7
10	经常会有新的、创新性的主意。	1	2	3	4	5	6	7
11	提出有创造性的解决问题的方案。	1	2	3	4	5	6	7
12	经常会找到解决问题的新途径。	1	2	3	4	5	6	7
13	提出新的方法来完成工作任务。	1	2	3	4	5	6	7

计分方法

工作创造力量表共 13 道题，可以计算总分或平均分。

量表出处

潘静洲，娄雅婷，周文霞．龙生龙，凤生凤？领导创新性工作表现对下属创造力的影响．心理学报，2013，45（10）：1147-1162.

参考文献

Liu, D., Chen, X. P., Yao X. From autonomy to creativity: a multilevel investigation of the mediating role of harmonious passion. Journal of Applied Psychology, 2011, 96 (2): 294-309.

Tierney, P., Farmer, S. M., Graen, G. B. An examination of leadership and employee creativity: the relevance of traits and relationships. Personnel Psychology, 1999 (52): 591-620.

Zhou, J. When the presence of creative coworkers is related to creativity: role of supervisor close monitoring, developmental feedback, and creative personality. Journal of Applied Psychology, 2003 (88): 413-422.

Zhou, J., George, J. M. When job dissatisfaction leads to creativity: encouraging the expression of voice. Academy of Management Journal, 2001, 44 (4): 682-696.

创新行为 (Scott et al.，1994)

(Innovative Behavior)

简介

杨付和张丽华（2012）对创新行为的测量采用 Scott 和 Bruce（1994）编制的创新行为量表，将其翻译成中文，共 6 道题。该量表的内部一致性系数为 0.828，满足心理测量学的要求。

量表

请您根据自己的实际感受和体会，用下面 6 项描述对您的个人情况进行评价和判断，并在最符合的数字上划○。评价和判断的标准如下：1＝非常不同意，2＝不同意，3＝不好确定，4＝同意，5＝非常同意。

1	我总是寻求应用新的流程、技术与方法。	1	2	3	4	5
2	我经常提出有创意的点子和想法。	1	2	3	4	5
3	我经常与别人沟通并推销自己的新想法。	1	2	3	4	5
4	为了实现新想法，我应该想办法争取所需资源。	1	2	3	4	5
5	为了实现新想法，我应该制定合适的计划和规划。	1	2	3	4	5
6	总体而言，我是一个具有创新精神的人。	1	2	3	4	5

计分方法

创新行为量表共 6 道题，可以计算总分或平均分。

量表出处

杨付，张丽华．团队成员认知风格对创新行为的影响：团队心理安全感和工作单位结构的调节作用．南开管理评论，2012，15（5）：13-25.

参考文献

Scott，S. G.，Bruce，R. A. Determinants of innovative behavior：a path model of individual innovation in the workplace. Academy of Management Journal，1994，37（3）：580-607.

员工创新行为（Janssen，2000）

（Staff Innovative Behavior）

简介

员工创新行为是指员工在工作过程中产生新构想或形成问题解决方案并努力付诸实践的行为，包括提出创意、推展创意和实施创意三个方面。

刘智强，邓传军，廖建桥和龙立荣（2015）采用了Janssen（2000）开发的共9道题的量表，将其翻译成中文。研究数据取自武汉、杭州、广州和北京等地的近60家企业，发放上级评价的员工创新行为问卷295份（35份流失），剔除填写潦草、关键题项无应答、甄别题项填写矛盾、连续多个项目填写极其有规律的问卷39份，保留有效问卷256份。员工创新行为问卷的信度为0.886。

量表

请您根据自己的实际感受和体会，对下面9项关于您下属的描述进行评价和判断，并在最符合的数字上划○。评价和判断的标准如下：1＝非常不同意，2＝不同意，3＝不好确定，4＝同意，5＝非常同意。

1	该员工经常在工作环境中引入新想法。	1	2	3	4	5
2	该员工经常为改善工作绩效提出新点子。	1	2	3	4	5
3	该员工经常主动搜寻新的工作方法、技术或工具。	1	2	3	4	5
4	该员工经常向他人推广新点子并寻求支持。	1	2	3	4	5
5	该员工总是想方设法让组织成员提供新点子。	1	2	3	4	5
6	该员工常常动员他人支持创新。	1	2	3	4	5
7	该员工经常将新点子转化为有用的实践。	1	2	3	4	5
8	该员工能够针对问题提出有创意的解决办法。	1	2	3	4	5
9	该员工经常跟踪评价新点子的应用效果。	1	2	3	4	5

计分方法

员工创新行为量表共9道题，可以计算总分或平均分。

量表出处

刘智强，邓传军，廖建桥，龙立荣．组织支持、地位认知与员工创新：雇佣多样性视角．管理科学学报，2015，18（10）：80-94.

参考文献

Janssen，O. Job demands，perceptions of effort-reward fairness and innovative work behavior. Journal of Occupational & Organizational Psychology，2000，73（3）：287-302.

员工创新行为（张振刚等，2016）

(Employee Innovation Behavior)

简介

员工创新行为，从个人特质的角度来看表明一种广义上愿意改变个体现状的意愿；从创新过程的角度来看包括个体产生构想、寻求支持、建立模型、实践模型和完成构想等多个阶段。个体可在任何时候参与到创新行为中。

张振刚等（2016）共发放问卷 312 份，回收 223 份，按照以下标准筛选废卷：（1）缺选题项超过 5 道题；（2）连续 5 个及以上题项选择相同；（3）同一家企业员工的问卷不超过 3 份。最后得到有效问卷 199 份，有效率为 89.2%。

信度与效度

采用在 Zhou（2003）及王雁飞和朱瑜（2012）观点的基础上结合中国实际修订的量表，Cronbach's Alpha＝0.844，验证性因素分析结果显示，$\chi^2/df=1.147$，GFI＝0.983，CFI＝0.997，TLI＝0.992，NFI＝0.976，RMSEA＝0.027，量表的信效度指数都达到了良好水平。

量表

请您根据自己的实际感受和体会，对下面 8 项描述进行评价和判断，并在最符合的数字上划○。评价和判断的标准如下：1＝非常不同意，2＝不同意，3＝不确定，4＝同意，5＝非常同意。

1	我经常寻找机会改善工作方法与工作流程。	1	2	3	4	5
2	我经常尝试采用新的方法解决工作中出现的问题。	1	2	3	4	5
3	我经常会从不同的角度来思考问题。	1	2	3	4	5
4	我不放过任何一个了解和发现问题的机会。	1	2	3	4	5
5	我经常建议在公司中推行新的工作方法。	1	2	3	4	5
6	我经常冒险去支持新的想法或创意。	1	2	3	4	5
7	我会经常给同事介绍一些新的工作方法。	1	2	3	4	5
8	我经常检验新工作方法的有效性。	1	2	3	4	5

计分方法

员工创新行为量表共 8 道题，可以计算总分或平均分。

量表出处

张振刚，余传鹏，李云健．主动性人格、知识分享与员工创新行为关系研究．管理评论，2016，28（4）：123-133.

参考文献

王雁飞，朱瑜．组织社会化、信任、知识分享与创新行为：机制与路径研究．研究与发展管理，2012，4（2）：34-46.

Zhou，J. When the presence of creative coworkers related to creativity：role of supervisory close-monitoring，developmental feedback，and creative personality. Journal of Applied Psychology，2003，88（3）：416-422.

领导创新性工作表现（Zhou，2003）

(Leader Innovative Performance)

简介

潘静洲、娄雅婷和周文霞（2013）翻译了 Zhou（2003）的量表，由下属对领导的创新性工作表现进行评价。该量表包括 6 道题，内部一致性系数为 0.86。共发放问卷 120 份，回收有效问卷 96 份。

量表

请您根据自己的实际感受和体会，用下面 6 项描述对您所在团队的领导进行评价和判断，并在最符合的数字上划○。评价和判断的标准如下：1＝非常不同意，2＝不同意，3＝有点不同意，4＝不确定，5＝有点同意，6＝同意，7＝非常同意。

1	我经常看到团队领导在工作中表现出有创造性的行为。	1	2	3	4	5	6	7
2	我经常看到团队领导在工作中提出很有创造性的想法。	1	2	3	4	5	6	7
3	我经常看到团队领导运用新的方法或途径来解决工作中的问题。	1	2	3	4	5	6	7
4	我经常看到团队领导说服别人接受自己的想法。	1	2	3	4	5	6	7
5	我经常看到团队领导提出具有建设性的方案。	1	2	3	4	5	6	7
6	我经常看到团队领导运用新的方法或流程来开展工作。	1	2	3	4	5	6	7

计分方法

领导创新性工作表现量表共 6 道题，可以计算总分或平均分。

量表出处

潘静洲，娄雅婷，周文霞．龙生龙，凤生凤？领导创新性工作表现对下属创造力的影响．心理学报，2013，45（10）：429-433.

参考文献

Zhou，J. When the presence of creative coworkers is related to creativity：role of supervisor close monitoring，developmental feedback，and creative personality. Journal of Applied Psychology，2003，88（3）：413-422.

管理创新（林春培等，2014）

(Management Innovation)

简介

管理创新是指组织实行一种新的实践、过程、技能和结构，并加以整合、修正及实施，以实现更有效地利用资源、持续提升组织效率与绩效。

周飞，林春培和孙锐（2015）对管理创新的测量主要参考林春培等（2014）的量表，测量题目涉及组织对新技术、新系统、新方法、新做法以及新流程的变革情况，共有5道题。量表的内部一致性系数为0.898。

周飞，林春培和孙锐（2015）采用问卷调查的方式收集数据，以福建泉州、福州、厦门等地的企业为研究对象，共发放问卷1 000份，回收问卷400份。剔除有半数题项未填或连续8个以上题项选择相同的问卷，同时对来自同一企业的多份问卷随机选取保留一份，最终得到有效问卷301份。

量表

请您根据自己的实际感受和体会，用下面5项描述对您所在组织的情况进行评价和判断，并在最符合的数字上划○。评价和判断的标准如下：1＝非常不同意，2＝不同意，3＝不好确定，4＝同意，5＝非常同意。

1	公司引入新的信息技术。	1	2	3	4	5
2	公司引入新的管理信息系统。	1	2	3	4	5
3	公司引入制定计划和编制预算的新方法。	1	2	3	4	5
4	公司引入组织改进（如流程再造、质量管理等方面）的新做法。	1	2	3	4	5
5	公司引入新的管理流程（如新的工作手册、新的招聘和考核体系）。	1	2	3	4	5

计分方法

管理创新量表共5道题，可以计算总分或平均分。

量表出处

周飞，林春培，孙锐．道德领导与组织管理创新关系研究：非正式知识共享的中介作用．管理评论，2015，27（5）：169-177.

参考文献

林春培，庄伯超．家长式领导对管理创新的影响：一个整合模型．科学学研究，2014，32（4）：622-630.

知识团队创新（袁国方等，2015）

(Knowledge Team Innovation)

简介

袁国方和张钢（2015）根据团队创新与知识创新的相关研究成果（Gibson et al.，2007；张钢和倪旭东，2007），提出知识团队创新的两个关键维度（创新程度和创新速度），总结出 10 条关于知识团队创新的内涵的描述并形成试测问卷。

袁国方和张钢（2015）选取杭州、上海的 12 家高科技企业发放试测问卷 100 份，回收有效问卷 69 份（有效回收率为 69%），根据试测情况删除和调整部分题项后确定正式问卷，共 6 道题。最后，向杭州、上海等地的 38 家高科技企业的 160 个项目团队发放具有编号信息的正式问卷 722 份，回收有效问卷 428 份，分属 96 个独立项目团队。探索性因素分析得到知识团队创新的两个因子：创新程度和创新速度，针对正式样本所做的验证性因素分析表明该量表的效度较为理想。

信度与效度

袁国方和张钢（2015）以试测样本（$n=69$）为对象进行探索性因素分析，得到了知识团队创新的两个因子：创新程度和创新速度，这两个因子的方差解释率分别为 37.96%和 21.11%，累计方差解释率为 59.07%。两个因子的信度分别为 0.784 和 0.605。

对正式问卷（$n=428$）进行验证性因素分析，结果显示两维模型的拟合优度最为明显，验证性指标支持知识团队创新的构思效度（$\chi^2/df=1.88$，NFI=0.90，RFI=0.86，CFI=0.81，IFI=0.92，RMSEA=0.077）。因此，该量表在中国情境下具有较高的信度和效度。

量表

请您根据自己的实际感受和体会，用下面 6 项描述对您所在团队的情况进行评价和判断，并在最符合的数字上划○。评价和判断的标准如下：1=非常不同意，2=不同意，3=有点不同意，4=不太确定，5=有点同意，6=同意，7=非常同意。

1	团队的任务解决方案具有较强的原创性。	1	2	3	4	5	6	7
2	团队往往能提出较新颖的任务解决方案。	1	2	3	4	5	6	7
3	团队解决问题的思路能够推陈出新。	1	2	3	4	5	6	7
4	团队具有较快的创新速度。	1	2	3	4	5	6	7
5	团队解决问题花的时间较短。	1	2	3	4	5	6	7
6	团队开发创新方案比较费时。	1	2	3	4	5	6	7

计分方法

知识团队创新量表包括两个分量表，共6道题，可以计算每个分量表所包括题目的总分或平均分。每个分量表包括的题目如下：

1. 创新程度：共3道题，具体包括第1～第3题。

2. 创新速度：共3道题，具体包括第4～第6题，其中第6题需反向计分。

量表出处

袁国方，张钢．时间框架效应下时间个性差异对知识团队创新的影响机制研究．南开管理评论，2015，18（3）：102-110.

参考文献

Gibson，C. B.，Waller，M. J.，Carpenter，M. A.，Conte，J. M. Antecedents，consequences，and moderators of time perspective heterogeneity for knowledge management in MNO teams. Journal of Organizational Behavior，2007，28（8）：1005-1034.

张钢，倪旭东．知识冲突管理．北京：科学出版社，2007：37-97.

团队创新绩效 (Prajogo et al.，2006)

(Team Innovation Performance)

简介

面对创新过程中潜在的不确定性，团队因其对外在变化反应灵敏的特点，被越来越多的企业用来开展创新活动（Fara & Yan，2009）。

彭伟，周晗鹭和符正平（2013）所使用的团队创新绩效量表参考 Prajogo 和 Ahmed（2006）的研究经翻译而成，采用主观评价法测量，共 6 道题。彭伟，周晗鹭和符正平（2013）以企业 R&D 团队为实证研究样本，在每个 R&D 团队中选取两名成员开展问卷调查，并对其一致性进行检验。经过近 3 个月的调查，共向 168 个团队发放问卷，回收问卷来自 102 个团队，剔除无效问卷后，最终得到有效团队样本 60 个。

信度与效度

量表的信度为 0.84，验证性因素分析显示测量指标在变量上的标准化因子载荷大于 0.5，且在 0.01 的水平上显著，变量的 AVE 值为 0.46，说明量表具有较好的结构效度。

量表

请您根据自己的实际感受和体会，用下面 6 项描述对您所在团队的实际情况进行评价，并在最符合的数字上划○。评价和判断的标准如下：1＝非常不同意，2＝同意，3＝不好确定，4＝同意，5＝非常同意。

1	团队开发的创新产品的种类更多。	1	2	3	4	5
2	团队开发（或改良）产品的时间更短。	1	2	3	4	5
3	团队经常利用最新技术开发出新产品。	1	2	3	4	5
4	团队经常添购新的工具或设备提高工作效率。	1	2	3	4	5
5	团队经常引进新技术来改善产品的生产流程。	1	2	3	4	5
6	团队对生产流程的设计开发速度更快。	1	2	3	4	5

计分方法

团队创新绩效量表共 6 道题，可以计算总分或平均分。

量表出处

彭伟，周晗鹭，符正平．团队内部社会网络对团队创新绩效的影响机制——以企业 R&D 团队为样本的实证研究．科研管理，2013，34（12）：135-142.

参考文献

Samer, F., Aimin, Y. Boundary work in knowledge teams. Journal of Applied Psychology, 2009, 94 (3): 604-617.

Prajogo, D. I., Ahmed, P. K. Relationships between innovation stimulus, innovation capacity, and innovation performance. R & D Management, 2006, 36 (5): 499-515.

Fara, J. S., Yan, A. Boundary work in knowledge teams. Journal of Applied Psychology, 2009, 94 (3): 604-617.

团队创新（Welbourne et al.，1998）

（Team Innovation）

简介

团队的跨越式发展离不开创新，在团队管理中，对于团队创新的研究备受关注。团队创新是指在团队工作中使用有助于工作的新思想、新流程或新产品。

团队的领导应该尽力促进团队成员的密切合作，提升团队的活力水平，平衡团队矛盾，激发张力之间协同演化的能力。

罗瑾链等（2017）共发放团队领导问卷 120 份，最终得到有效问卷 85 份。

罗瑾链等（2017）使用 Welbourne 和 Johnson（1998）开发的量表测量团队创新，由 4 道题构成，结果 Cronbach's Alpha=0.86，量表的信度指数达到了良好水平。

量表

请您根据自己的实际感受和体会，通过下面 4 项描述对团队成员进行评价和判断，并在最符合的数字上划○。评价和判断的标准如下：1=完全不同意，2=不同意，3=不好确定，4=同意，5=完全同意。

1	团队成员经常会提出新观点或新想法。	1	2	3	4	5
2	团队成员经常会发现改进现有产品或技术的方法。	1	2	3	4	5
3	团队成员能够将创意顺利实施。	1	2	3	4	5
4	团队成员能够对流程和规则进行改进。	1	2	3	4	5

计分方法

团队创新量表共 4 道题，可以计算总分或平均分。

量表出处

罗瑾链，胡文安，钟竞．悖论式领导、团队活力对团队创新的影响机制研究．管理评论，2017，29（7）：122-134.

参考文献

Welbourne，T. M.，Johnson，D. E.，Erez，A. The role-based performance scale：validity analysis of a theory-based measure. Academy of Management Journal，1998，41（5）：540-555.

创新（傅晓等，2012）

（Innovation）

简介

根据创新的幅度和知识基础，创新可分为探索式创新和利用式创新（Benner et al.，2003；Jansen et al.，2006）。March（1991）指出，探索式创新是一种大幅度的、激进的创新活动，其意图是寻求新的可能性。Benner 等（2003）及 Jansen 等（2006）指出，探索式创新强调获取和创造全新的知识，力求脱离和超越企业现有的知识基础；利用式创新是一种小幅度的、渐进的创新活动，其意图是对现状进行改进。

傅晓等（2012）基于 Jansen 等（2006）和李忆等（2008）使用过的量表，在征求相关专家学者意见并邀请 12 位高科技企业的中高层管理人员参与预测试之后，进行适当修改，形成正式的包括 8 道题的量表。

傅晓等（2012）以重庆市的高科技企业为对象，共向 300 家企业发放问卷，最终回收有效问卷 159 份。分析结果表明，探索式创新量表的内部一致性系数为 0.71，4 个题项的因子载荷分别是 0.79、0.59、0.57、0.54，显示了较好的内部一致性；利用式创新量表的内部一致性系数为 0.89，4 个题项的因子载荷分别是 0.86、0.93、0.74、0.77，显示了较好的内部一致性。

量表

请您根据自己的实际感受和体会，对下面 8 项关于您所在企业的描述进行评价和判断，并在最符合的数字上划○。评价和判断的标准如下：1=非常不同意，2=不同意，3=不好确定，4=同意，5=非常同意。

1	经常开拓全新的、尚无相关营销经验的细分市场。	1	2	3	4	5
2	经常采用同行业其他公司没有采用过的经营战略/战术。	1	2	3	4	5
3	经常运用尚不成熟、有一定风险的新技术/技能。	1	2	3	4	5
4	经常开发全新的、根本性变革的产品/服务。	1	2	3	4	5
5	努力提高已有的技术/技能在多个相关业务领域的适用性。	1	2	3	4	5
6	经常利用已有的技术/技能来增加产品/服务的功能和种类。	1	2	3	4	5
7	经常对已有的技术/技能进行改良，以适应当前需要。	1	2	3	4	5
8	经常对公司积累的业务经验进行提炼，并应用于当前业务中。	1	2	3	4	5

计分方法

创新量表包括两个分量表，共 8 道题，可以计算每个分量表所包括题目的总分或平均分。每个分量表包括的题目如下：

1. 探索式创新：共 4 道题，具体包括第 1～第 4 题。
2. 利用式创新：共 4 道题，具体包括第 5～第 8 题。

量表出处

傅晓，李忆，司有和．家长式领导对创新的影响：一个整合模型．南开管理评论，2012，15（2）：121-127.

参考文献

Jansen，J. J. P.，Bosch，F. A. J. V. D.，Volberda，H. W. Exploratory innovation，exploitative innovation，and performance：effects of organizational antecedents and environmental moderators. Erim Report，2006，52（11）：1661-1674.

Benner，M. J.，Tushman，M. L. Exploitation，exploration，and process management：the productivity dilemma revisited. Academy of Management Review，2003，28（2）：238-256.

March，J. G. Exploration and exploitation in organizational learning. Organization Science，1991，2（1）：69-81.

李忆，司有和．探索式创新、利用式创新与绩效：战略和环境的影响．南开管理评论，2008，11（5）：4-12.

协同性技术创新 (Subramaniam et al.，2005)

(Ambidextrous Innovation)

简介

根据技术创新的强度，技术创新可以分为渐进性技术创新与突破性技术创新。渐进性技术创新对现有产品的改变相对较小，能充分发挥已有技术的潜能，并经常能强化现有的成熟型公司的优势，特别是强化企业已有的组织能力；突破性技术创新则建立在一整套不同的科学技术原理之上，常常能开启新的市场和潜在的应用（付玉秀等，2004；刘新民等，2006）。陈建勋（2011）将能够同时实现高水平的渐进性技术创新和突破性技术创新并且兼获两种创新优势的组织所具备的能力称为协同性技术创新能力。

陈建勋（2011）以突破性技术创新和渐进性技术创新的题项之和来代表协同性技术创新，翻译了 Subramaniam 和 Youndt（2005）的突破性技术创新量表和渐进性技术创新量表，共有 6 道题，内部一致性系数分别为 0.715 和 0.705，具有良好的信度。

陈建勋（2011）对北京、内蒙古和山西的多家企业进行了调查，共发放问卷 450 份，回收 245 份，剔除填答不完整和明显不认真作答的无效问卷 52 份，最终有效问卷是 193 份。

量表

请您根据自己的实际感受和体会，用下面 6 项描述对您公司的创新行为进行评价和判断，并在最符合的数字上划○。评价和判断的标准如下：1＝非常不同意，2＝不同意，3＝不好确定，4＝同意，5＝非常同意。

1	公司的创新使原有的产品变得过时。	1	2	3	4	5
2	公司的创新使产品的主要性能指标发生很大变化。	1	2	3	4	5
3	公司的创新使原有的知识技能变得过时。	1	2	3	4	5
4	公司的创新改进了原有的产品线和服务。	1	2	3	4	5
5	公司的创新强化了公司的技术能力。	1	2	3	4	5
6	公司的创新强化了公司的现有竞争力。	1	2	3	4	5

计分方法

协同性技术创新量表包括两个维度，共 6 道题，可以计算每个维度所包括题目的总分或平均分。每个维度包括的题目如下：

1. 突破性技术创新：共 3 道题，具体包括第 1～第 3 题。
2. 渐进性技术创新：共 3 道题，具体包括第 4～第 6 题。

量表出处

陈建勋．组织学习的前因后果研究：基于二元视角．科研管理，2011，32（6）：140-149.

参考文献

Subramaniam，M.，Youndt，M. A. The influence of intellectual capital on the types of innovative capabilities. Academy of Management Journal，2005，48（3）：450-463.

付玉秀，张洪石．突破性创新：概念界定与比较．数量经济技术经济研究，2004，21（3）：73-83.

刘新民，李垣，冯进路．企业内部控制机制对创新模式选择的影响分析．南开管理评论，2006，9（2）：64-38.

组织创新氛围（杨百寅等，2013）

(Organizational Innovative Climate)

简介

创新氛围的概念最早由Payne和Pugh（1976）提出，是指组织成员对其所处的工作环境支持创造力和创新程度的知觉描述，会影响组织成员的态度、信念、动机、价值观和创新行为，进而影响到整个组织的创新能力和创新绩效。

学者对组织创新氛围的结构进行了一系列研究，提炼了一些共同的价值要素，如组织支持、挑战性和信仰、鼓励自由和冒险、信任和开放等，并开发了SSSI、WEI、TCI、CCQ、SOQ、KEYS等组织创新氛围测量量表。

杨百寅等（2013）采用实证研究方法对中国企业组织创新氛围的维度及测量进行研究。采用探索性研究的方法，以深度访谈辅以开放式问卷调查，收集原始数据资料，并运用扎根理论的方法形成研究框架。对所收集的555条描述归类分析表明，中国情境下企业的组织创新氛围包括八个方面，在此基础上形成开放式问卷。283份有效问卷的探索性因素分析表明，组织创新氛围是一个八因素的结构，包括理念倡导、市场引导、评价激励、学习培训、沟通合作、典型示范、资源保障和授权支持。正式调查研究的样本来自全国10个地区的24家企业，发放问卷600份，回收有效问卷493份。493份有效问卷的验证性因素分析验证了组织创新氛围的结构效度，内部一致性分析和回归分析的结果也表明，量表具有较好的信度和效度。

信度与效度

信度分析表明，组织创新氛围问卷的八因子即理念倡导、市场引导、评价激励、学习培训、沟通合作、典型示范、资源保障和授权支持的信度分别是：0.83、0.82、0.87、0.83、0.83、0.92、0.90、0.89。探索性因素分析的结果表明，经过正交旋转后得到的八个因子的累计方差解释率为60.2%。同时，验证性因素分析的结果表明，$\chi^2/df=2.37$，NNFI=0.93，CFI=0.93，GFI=0.90，RMSEA=0.053。

量表

请您根据自己的实际感受和体会，用下面36项描述对您所在公司的实际情况进行评价和判断，并在最符合的数字上划○。评价和判断的标准如下：1=非常不同意，2=不同意，3=不确定，4=基本同意，5=同意，6=非常同意。

1	公司的核心理念体现了创新的思想。	1	2	3	4	5	6
2	公司不断向员工宣传创新的意义和重要性。	1	2	3	4	5	6
3	公司的愿景（理想）明确且富有开拓性，能激发大家的创新动力。	1	2	3	4	5	6
4	公司不断强调一种信念，即勇于超越，力求尽善尽美。	1	2	3	4	5	6
5	公司会适时地提出阶段性的新目标和新思路。	1	2	3	4	5	6

6	公司关注市场需求，客户的难题就是创新的课题。	1	2	3	4	5	6
7	公司具有良好的市场竞争意识，力求在创新上比竞争对手快一步。	1	2	3	4	5	6
8	公司培育员工的市场意识，强调把市场需求与创新活动相结合。	1	2	3	4	5	6
9	公司具有良好的市场危机意识，强调以创新抵御风险，以创新求发展。	1	2	3	4	5	6
10	公司的绩效考核体系中有明确的与创新相关的指标。	1	2	3	4	5	6
11	公司能够对员工的创新成果给予公正的评价。	1	2	3	4	5	6
12	公司能够对员工创新给予奖金、分红等物质奖励。	1	2	3	4	5	6
13	公司能够对员工创新给予荣誉、表彰等精神奖励。	1	2	3	4	5	6
14	在公司，具有创新精神的员工更容易得到重用和提拔。	1	2	3	4	5	6
15	公司为员工提供进修机会，鼓励参与学习活动。	1	2	3	4	5	6
16	公司经常举办专题论坛和技术研讨等活动，推动员工深入学习。	1	2	3	4	5	6
17	公司定期为员工提供有针对性的讲座和培训。	1	2	3	4	5	6
18	公司鼓励员工在实践中学习，并学以致用。	1	2	3	4	5	6
19	在我们公司，直接沟通交流是解决问题的最好方式。	1	2	3	4	5	6
20	公司有畅通的沟通渠道（如内网、论坛），鼓励员工碰撞出思想火花。	1	2	3	4	5	6
21	在公司里，团队的创新活动中能合理分工，真诚合作。	1	2	3	4	5	6
22	在公司里，同事愿意和他人分享自己的经验和技术。	1	2	3	4	5	6
23	我所在的团队支持我的创新活动。	1	2	3	4	5	6
24	公司为我们的创新工作提供资金支持。	1	2	3	4	5	6
25	如果创新工作有需要，公司可以配备相应的人员进行协助。	1	2	3	4	5	6
26	员工可以通过正常程序获得与创新工作相关的信息资料。	1	2	3	4	5	6
27	公司为创新工作提供设备器材、实验场地等支持。	1	2	3	4	5	6
28	公司发现并表彰创新先进个人，并及时传播他们的事迹和经验。	1	2	3	4	5	6
29	公司评选并表彰创新先进团队，宣传他们的成果和经验。	1	2	3	4	5	6
30	公司通过经验介绍、宣传报道等方式扩大创新榜样的影响力。	1	2	3	4	5	6
31	公司树立创新典型（先进个人和团队），鼓励大家向他们学习。	1	2	3	4	5	6
32	我的上级宽容下属因创新失败带来的损失。	1	2	3	4	5	6
33	我的上级允许下属发表不同意见和建议，营造宽松的工作氛围。	1	2	3	4	5	6
34	我的上级允许我有一定的自由度和时间弹性。	1	2	3	4	5	6
35	在我熟悉的领域，我的上级让我放手工作，大胆开拓新局面。	1	2	3	4	5	6
36	即使我的新想法不成熟，上级也不会指责我。	1	2	3	4	5	6

计分方法

组织创新氛围量表包括八个分量表，共 36 道题，可以计算每个分量表所包括题目的总分或平均分。每个分量表包括的题目如下：

1. 理念倡导：共 5 道题，具体包括第 1～第 5 题。
2. 市场引导：共 4 道题，具体包括第 6～第 9 题。
3. 评价激励：共 5 道题，具体包括第 10～第 14 题。
4. 学习培训：共 4 道题，具体包括第 15～第 18 题。
5. 沟通合作：共 5 道题，具体包括第 19～第 23 题。
6. 资源保障：共 4 道题，具体包括第 24～第 27 题。
7. 典型示范：共 4 道题，具体包括第 28～第 31 题。

8. 授权支持：共5道题，具体包括第32～第36题。

量表出处

杨百寅，连欣，马月婷．中国企业组织创新氛围的结构和测量．科学学与科学技术管理，2013（8）：43-55.

参考文献

Payne，R. L.，Pugh，S. S. Organizational structure and organizational climate. Chicago：Rand McNally，1976.

组织创新气氛（郑建君等，2009）

(Organizational Innovation Climate)

简介

组织创新气氛是个体对其创新能力养成、发展和运用产生影响的组织情境的心理认知与体验（金盛华、郑建君和丁洁，2008）。郑建君，金盛华和马国义（2009）认为，组织创新气氛是组织成员对影响其创新行为的组织环境（情境）的整体性知觉与体验。

郑建君，金盛华和马国义（2009）对 46 名在读的 MBA 二年级学生（均为有 3 年以上工作经验的在职人员）进行开放式问卷测查。随后，由两名以工业与组织心理学为研究方向的心理学教授分别对所列条目进行归纳、分析。最后，基于开放性编码、主轴性编码和选择性编码等，对 46 名回答者的质性材料进行归纳、分析，得到由七个维度构成的组织创新气氛结构，其维度表述为组织激励与支持、有效的奖励机制、领导支持、自主工作、充足的资源保障、领导的创新行为和团队的融洽合作。采用 Kappa 系数和编码一致性系数分别对其一致性进行了检验，结果分别为 0.81 和 0.99。

在确定了组织创新气氛基本结构的七个维度的意义后，郑建君，金盛华和马国义（2009）在参考国外已有成熟测量工具的基础上，结合开放式问卷的回答内容，编制了组织创新气氛的原始问卷，由 64 道题组成。在综合考虑问卷题目的内容效度、文字表述准确性与可读性等之后，合并题目 4 道，删除题目 14 道，保留题目 46 道，其中反向计分题 5 道。

为检验问卷编制的初步效果，郑建君，金盛华和马国义（2009）选择了 4 家企业进行测查，发放问卷 400 份，回收 341 份，剔除无效或回答不完整的问卷 9 份，共获得有效问卷 332 份。对有效数据进行分析，最终删除题目 12 道，修订题目 2 道，新增题目 1 道，最终保留了 35 道题目，其中反向计分题 3 道，由此形成了下一步调查所使用的组织创新气氛初始问卷。

信度与效度

郑建君，金盛华和马国义（2009）对组织创新气氛初始问卷的结构进行了探索性因素分析。对 483 份有效问卷进行探索性因素分析，结果发现：因素分析所抽取的包含七个因子的 23 道题能够解释总方差的 79.99%。

为验证组织创新气氛结构的合理性，郑建君，金盛华和马国义（2009）再次发放问卷，得到有效问卷 413 份。对问卷进行项目分析和信度检验，结果发现：由七个维度构成的组织创新气氛问卷，整体的内部一致性系数为 0.92，且各个维度的内部一致性系数均在 0.84～0.88 之间；从题总相关的分析来看，各题目与总分间的相关系数均高于 0.5；同时，删去任何一道题目都不会引起信度的提高。对 413 份有效问卷进行验证性因素分析，检验结果发现七因素模型对数据的拟合是相对最佳的。RMSEA 低于 0.08，GFI、NFI、NNFI、IFI 和 CFI 都达到或高于 0.90，χ^2 与自由度的比值小于 3。从七因素模型各题目和误差的标准化载荷中可以看出，每一道题在相应潜变量上的标准化载荷都比较高（0.74～0.88），说明每一个观测变量对相应潜变量的解释率较大，且误差较小。

量表

请您根据自己的实际感受和体会，用下面23项描述对您所在部门/团队的实际情况进行评价和判断，并在最符合的数字上划○。评价和判断的标准如下：1=非常不同意，2=不同意，3=不好确定，4=同意，5=非常同意。

1	单位的奖励制度使大家富于创新热情。	1	2	3	4	5
2	单位鼓励员工提出有创意的点子。	1	2	3	4	5
3	单位的奖励制度有效地促进了工作创新。	1	2	3	4	5
4	员工有合理的创新想法，单位会给予奖酬。	1	2	3	4	5
5	我的领导经常创造性地开展工作。	1	2	3	4	5
6	领导亲力亲为，以推动创新工作的开展。	1	2	3	4	5
7	工作中领导表现出良好的沟通与协调能力。	1	2	3	4	5
8	同事会主动协助我完成工作。	1	2	3	4	5
9	同事间经常就工作中的问题进行交流与探讨。	1	2	3	4	5
10	我感受到同事的支持与关心。	1	2	3	4	5
11	工作上的创意能够得到领导的支持。	1	2	3	4	5
12	我的领导能够适当地授权。	1	2	3	4	5
13	遇到困难时，我能得到领导的支持。	1	2	3	4	5
14	领导鼓励新的工作思路。	1	2	3	4	5
15	我的工作常因资源不足而停滞。	1	2	3	4	5
16	我的工作因资源受限而束手束脚。	1	2	3	4	5
17	单位无法提供足够的资源来支持我的工作。	1	2	3	4	5
18	单位为员工创造顺畅沟通、交流的氛围。	1	2	3	4	5
19	单位鼓励大家用新方法解决问题。	1	2	3	4	5
20	单位鼓励创新。	1	2	3	4	5
21	我可以自主决定如何实施工作方案。	1	2	3	4	5
22	工作中我有自主发挥的空间。	1	2	3	4	5
23	我可以自主设定工作进度。	1	2	3	4	5

计分方法

组织创新气氛量表包括七个维度，共23道题，可以计算每个维度所包括题目的总分或平均分。每个维度包括的题目如下：

1. 激励机制：共4道题，具体包括第1～第4题。
2. 领导躬行：共3道题，具体包括第5～第7题。
3. 团队协力：共3道题，具体包括第8～第10题。
4. 上级支持：共4道题，具体包括第11～第14题。
5. 资源保障：共3道题，具体包括第15～第17题，均需反向计分。
6. 组织促进：共3道题，具体包括第18～第20题。

7. 自主工作：共 3 道题，具体包括第 21～第 23 题。

量表出处

郑建君，金盛华，马国义．组织创新气氛的测量及其在员工创新能力与创新绩效关系中的调节效应．心理学报，2009，41（12）：1203-1214.

参考文献

金盛华，郑建君，丁洁．组织创新气氛的概念、测量及相关研究热点．心理学探新，2008，28（3）：67-72.

组织创新（谢洪明等，2006）

(Organizational Innovation)

简介

谢洪明，刘常勇和陈春辉（2006）使用的组织创新问卷借鉴了蔡启通（1997）、林义屏（2001）的研究成果。该问卷的特色在于根据组织的五种管理功能（即规划、组织、用人、领导、控制与服务等）来界定组织创新，包括用人与管理创新、组织与规划创新及技术创新三个因素，共22道题，组织创新问卷的内部一致性系数为0.95。

谢洪明，刘常勇和陈春辉（2006）根据珠三角地区的企业黄页电话号码簿随机抽取欲调查的样本企业，然后通过电话与该企业的高层联络，确认可以接受调查后，即派人上门进行调查，或者将问卷邮寄过去。共发放问卷600份，回收156份，其中填答不全的无效问卷5份，得到有效问卷151份。

量表

请您根据自己的实际感受和体会，用下面22项描述对您所在的组织进行评价和判断，并在最符合的数字上划○。评价和判断的标准如下：1＝非常不同意，2＝不同意，3＝有点不同意，4＝有点同意，5＝同意，6＝非常同意。

1	公司采用的薪资制度具有一定的独创性且可以有效地激励员工。	1	2	3	4	5	6
2	公司主管会运用新的领导手段且成功地整合组织成员的力量完成任务。	1	2	3	4	5	6
3	公司设立了新的绩效考核方法，使主管能有效地了解员工完成目标的程度。	1	2	3	4	5	6
4	公司采用的员工福利制度具有一定的独特性且可有效地激励员工。	1	2	3	4	5	6
5	公司主管会采用新的管理方式且有效地达到激励部属及提高员工士气的目的。	1	2	3	4	5	6
6	公司采用新的财务控制系统且能有效地达到激励部属及提高员工士气的目的。	1	2	3	4	5	6
7	公司目前的客户投诉处理方案可以有效解决顾客抱怨。	1	2	3	4	5	6
8	公司采用相当独特的员工甄选制度且有相当好的效果。	1	2	3	4	5	6
9	公司采用新的生产作业制度且能有效地检验实际绩效与目标的差距。	1	2	3	4	5	6
10	公司采用相当独特的绩效评估方案且能正确地评估员工对公司的实际贡献。	1	2	3	4	5	6
11	公司积极实施可以改善组织绩效的新政策。	1	2	3	4	5	6
12	公司会根据环境的变化调整各部门的职权分工。	1	2	3	4	5	6
13	公司会根据顾客的需求改变服务的项目并改进服务方式。	1	2	3	4	5	6
14	公司会尝试采用不同的工作流程来加速实现公司的目标。	1	2	3	4	5	6
15	公司会适时调整同仁的工作以利于更好地实现公司的目标。	1	2	3	4	5	6
16	公司添购的新工具或设备对提高生产或工作效率有很大的帮助。	1	2	3	4	5	6
17	公司同仁经常可以想出许多改善产品工艺或作业流程的不同方法。	1	2	3	4	5	6

18	公司有相当高的利润来自新开发的产品或服务。	1	2	3	4	5	6
19	公司经常引进一些可以改善工艺或作业流程的新技术。	1	2	3	4	5	6
20	公司经常开发一些能被市场接受的新产品或服务。	1	2	3	4	5	6
21	公司同仁经常采用一些新的产品零组件或服务项目以提高公司的运作绩效。	1	2	3	4	5	6
22	与同行相比，公司有更多数量的专利权。	1	2	3	4	5	6

计分方法

组织创新量表包括三个分量表，共 22 道题，可以计算每个分量表所包括题目的总分或平均分。每个分量表包括的题目如下：

1. 用人与管理创新：共 10 道题，具体包括第 1～第 10 题。
2. 组织与规划创新：共 5 道题，具体包括第 11～第 15 题。
3. 技术创新：共 7 道题，具体包括第 16～第 22 题。

量表出处

谢洪明，刘常勇，陈春辉．市场导向与组织绩效的关系：组织学习与创新的影响——珠三角地区企业的实证研究．管理世界，2006（2）：80-94.

参考文献

蔡启通．组织因素、组织成员整体创造性与组织创新之关系．台湾大学商学研究所博士论文，1997.

林义屏．市场导向、组织学习、组织创新与组织绩效间关系之研究——以科学园区信息电子产业为例. 高雄：台湾中山大学，2001.

组织创新（王雁飞等，2009）

(Organizational Innovation)

简介

组织创新是指在企业实践、组织结构和外部关系上采用新的组织方式。从创新对象视角看分为产品创新、服务创新和流程创新等；从管理目标视角看分为管理创新与技术创新；从创新性质视角看分为渐进创新和破坏创新。

唐朝永等（2018）共发放280份问卷，实际回收214份，回收率为76.4%。按照问卷填答完整性、内在逻辑一致性和填写认真程度等指标对回收问卷进行筛选，剔除无效问卷18份，最终有效样本为196份。

信度与效度

唐朝永等（2018）对组织创新的测量采用王雁飞和朱瑜（2009）开发的量表，包括技术创新和管理创新两个维度，技术创新的Cronbach's Alpha、CR、AVE分别为0.917、0936、0.706，管理创新的Cronbach's Alpha、CR、AVE分别为0.852、0.895、0.631，量表的信效度指数都达到了良好水平。

量表

请您根据自己的实际感受和体会，通过下面11项描述对组织进行评价和判断，并在最符合的数字上划○。评价和判断的标准如下：1=非常不同意，2=不同意，3=有点不同意，4=不确定，5=有点同意，6=同意，7=非常同意。

1	积极采取新的措施改进企业绩效。	1	2	3	4	5	6	7
2	改善工作流程或方法来提高工作效率。	1	2	3	4	5	6	7
3	采用新的薪酬制度更好地激励员工。	1	2	3	4	5	6	7
4	对企业未来发展具有独到见解。	1	2	3	4	5	6	7
5	及时根据环境变化制定应急方案。	1	2	3	4	5	6	7
6	根据实际情况及时调整部门和员工绩效。	1	2	3	4	5	6	7
7	根据客户需求更新服务的内容和形式。	1	2	3	4	5	6	7
8	引进新的技术和设备以提高产出效率。	1	2	3	4	5	6	7
9	引进优化工作流程的新技术。	1	2	3	4	5	6	7
10	开发市场需要的新产品。	1	2	3	4	5	6	7
11	及时更新并整合企业的知识资源。	1	2	3	4	5	6	7

计分方法

组织创新量表包括两个维度，共11道题，可以计算每个维度所包括题目的总分或平均分。每个维度包括的题目如下：

1. 管理创新：共 6 道题，具体包括第 1～第 6 题。
2. 技术创新：共 5 道题，具体包括第 7～第 11 题。

量表出处

唐朝永，陈万明，陈圻，牛冲槐．组织衰落与组织创新的关系：失败学习与组织惯例更新的影响．管理评论，2018，30（10）：186-197.

参考文献

王雁飞，朱瑜．组织创新、组织学习与绩效——一个调节效应模型的实证分析．管理学报，2009，6（9）：1257-1265.

创造力角色认同 (Farmer et al.，2003)

(Creative Role Identity)

简介

创造力角色认同是指团队领导“在多大程度上认同创造力价值，并身体力行成为创造力践行者”(Farmer，Tierney，& Kung-McIntyre，2003；杨晶照，陈勇星和马洪旗，2012)。

高创造力角色认同的团队领导会充分利用自身地位，促进团队成员统一关于创造力的看法，并且加深沟通和协作（Collins & Smith，2006)。

刘伟国等（2018）共向 4 家公司的 132 个项目团队发放了 650 份纸质问卷，第一轮回收了来自 130 个团队的 638 份问卷；第二轮回收了来自 116 个团队的 568 份问卷；第三轮成功回收了所有样本团队领导的问卷。最终得到来自 116 个项目团队的 568 份有效问卷。团队规模均值为 4.86（标准差为 2.28)，所有样本团队接受问卷调查的成员覆盖率均达到 90%以上。

刘伟国等（2018）采用 Farmer 等（2003）开发的量表，测量创造力角色认同，信度分析结果 Cronbach's Alpha=0.88，量表的信度指数达到了良好水平。

量表

请您根据自己的实际感受和体会，对下面 3 项描述进行评价和判断，并在最符合的数字上划○。评价和判断的标准如下：1=完全不准确，2=不准确，3=比较不准确，4=不好确定，5=比较准确，6=准确，7=完全准确。

1	我经常想着要有创意。	1	2	3	4	5	6	7
2	时常抱有我是一个“创造性个体”的自我概念。	1	2	3	4	5	6	7
3	成为一个具有创造力的个体是我个人身份的一个重要部分。	1	2	3	4	5	6	7

计分方法

团队领导的创造力角色认同量表共 3 道题，可以计算总分或平均分。

量表出处

刘伟国，房俨然，施俊琦，莫申江．领导创造力期望对团队创造力的影响．心理学报，2018，50（6)：89-99.

参考文献

杨晶照，陈勇星，马洪旗．组织结构对员工创新行为的影响：基于角色认同理论的视角．科技进步与对策，2012，29（9)：129-134.

Collins，C. J.，Smith，K. G. Knowledge exchange and combination：the role of human resource practices in the performance of high-technology firms. Academy of Management Journal, 2006, 49 (3): 544-560.

Farmer, S. M., Tierney, P., Kung-McIntyre, K. Employee creativity in Taiwan: an application of role identity theory. Academy of Management Journal, 2003, 46 (5): 618-630.

创新氛围（刘云等，2009）

(Innovation Climate)

简介

创新氛围是指组织成员通过直接或间接的方式对组织政策、组织流程、管理行为等创新支持要素的主观认知，它是组织成员对客观情境是否鼓励其创新的一种心理知觉。

根据特征激活理论的基本观点，个体对情境的知觉会调节其个体特征对行为的影响效果。

张振刚等（2016）共发放问卷312份，回收223份，按照以下标准筛选废卷：（1）缺选题项超过5道题；（2）连续5个及以上题项选择相同；（3）同一家企业员工的问卷不超过3份。最后得到有效问卷199份，有效率为89.2%。

信度与效度

张振刚等（2016）采用刘云和石金涛（2009）改编的量表测量创新氛围，信度分析结果Cronbach's Alpha＝0.889，验证性因素分析结果$\chi^2/df=1.175$，GFI＝0.960，CFI＝0.994，TLI＝0.990，NFI＝0.959，RMSEA＝0.030，量表的信效度指数都达到了良好水平。

量表

请您根据自己的实际感受和体会，对下面12项描述进行评价和判断，并在最符合的数字上划○。评价和判断的标准如下：1＝非常不同意，2＝不同意，3＝不确定，4＝同意，5＝非常同意。

1	在工作中，我的同事们会相互支持和协助。	1	2	3	4	5
2	在工作中，我的同事们乐意分享彼此的方法和技术。	1	2	3	4	5
3	我的同事们经常就工作中的问题进行交流与探讨。	1	2	3	4	5
4	当我有新创意时，我的同事们积极发表意见和建议。	1	2	3	4	5
5	我的主管尊重和容忍下属提出不同的意见。	1	2	3	4	5
6	我的主管鼓励下属提案以改善生产或服务。	1	2	3	4	5
7	我的主管会支持和协助下属实现工作上的创意。	1	2	3	4	5
8	我的主管是一个很好的创新典范。	1	2	3	4	5
9	公司倡导员工进行新的尝试，从错误中学习。	1	2	3	4	5
10	公司赏识和认可有创新和进取精神的员工。	1	2	3	4	5
11	公司通常为员工的创新构想提供奖励。	1	2	3	4	5
12	公司崇尚自由开放与创新变革。	1	2	3	4	5

计分方法

创新氛围量表包括三个维度，共12道题，可以计算每个维度所包括题目的总分或

平均分。每个维度包括的题目如下：

1. 同事支持：共 4 道题，具体包括第 1～第 4 题。
2. 主管支持：共 4 道题，具体包括第 5～第 8 题。
3. 组织支持：共 4 道题，具体包括第 9～第 12 题。

量表出处

张振刚，余传鹏，李云健．主动性人格、知识分享与员工创新行为关系研究．管理评论，2016，28（4）：123-133.

参考文献

刘云，石金涛．组织创新气氛与激励偏好对员工创新行为的交互效应研究．管理世界，2009（10）：88-101.

创业能力（谢雅萍等，2017）

（Entrepreneurship Competence）

简介

创业能力是创业者所拥有的，有助于取得创业成功的一系列知识、技能和态度的集合（Gressgard，2015）。

创业能力是一个多维度的概念，谢雅萍等（2017）借鉴 Man 等（2002）的研究成果，在深度访谈的基础上将创业能力分成五个维度：一是机会能力，专注于创业机会的识别、挖掘和开发；二是融资能力，资金是创业的“血液”，能否寻找、挖掘融资渠道，吸引、掌握足够的创业资金至关重要；三是承诺能力，创业面对不确定的创业情境，未来无所知悉，这就需要创业者有坚定的信心、能够持之以恒致力于实现利益相关者利益最大化；四是构想能力，用富有远见的、创设性的思维眺望不可预知的未来，往往能为创业者打开未来各种可能性的窗口；五是运营能力，这涉及创业目标如何实现、新创企业如何管理。

谢雅萍等（2017）参考 Man 等（2002）和 Hazlina（2007）的设计，结合访谈形成最终问卷，该量表由五个维度构成，共包括 16 道题。发放问卷 600 份，最终得到有效问卷 358 份。

信度与效度

经检验，创业能力量表的 KMO 值大于 0.8，Bartlett 球形检验的结果显著异于零，符合因子分析的要求，题项的因子载荷均超过 0.5，符合聚合效度的要求；结果表明：机会能力维度 Cronbach's Alpha＝0.796，承诺能力维度 Cronbach's Alpha＝0.861，构想能力维度 Cronbach's Alpha＝0.795，融资能力维度 Cronbach's Alpha＝0.806，运营能力维度 Cronbach's Alpha＝0.779，量表的信效度指数都达到了良好水平。

量表

请您根据自己的实际感受和体会，对下面 16 项描述进行评价和判断，并在最符合的数字上划○。评价和判断的标准如下：1＝完全不同意，2＝比较不同意，3＝不确定，4＝比较同意，5＝完全同意。

1	我可以识别出具有潜力的市场领域。	1	2	3	4	5
2	我能够评估潜在商业机会的优势和劣势。	1	2	3	4	5
3	我能够抓住高质量的商业机会并加以实施。	1	2	3	4	5
4	我可以忍受工作中的各种压力和意想不到的变动。	1	2	3	4	5
5	即使面临逆境我也会坚持下来。	1	2	3	4	5
6	我将遵守诺言，在市场活动和企业管理中做到公平、开明、诚实。	1	2	3	4	5
7	我能将相关想法、问题和从不同资源中观察到的连接在一起。	1	2	3	4	5

8	我会及时调整企业的战略目标和经营思路。	1	2	3	4	5
9	我能准确对企业在市场中的地位进行再定位。	1	2	3	4	5
10	我能够开发有效途径进行融资。	1	2	3	4	5
11	我能够利用各种方式进行融资。	1	2	3	4	5
12	我能够顺利获得政府的政策和财务扶持。	1	2	3	4	5
13	我能有效地领导、监督、激励员工。	1	2	3	4	5
14	我能合理配置企业内部人、财、物等各种资源。	1	2	3	4	5
15	我能与有关键资源的人建立并维持关系。	1	2	3	4	5
16	我能够及时采取补救措施来解决公司运营的问题和困难。	1	2	3	4	5

计分方法

创业能力量表包括五个维度，共 16 道题，可以计算每个维度所包括题目的总分或平均分。每个维度包括的题目如下：

1. 机会能力：共 3 道题，具体包括第 1～第 3 题。
2. 承诺能力：共 3 道题，具体包括第 4～第 6 题。
3. 构想能力：共 3 道题，具体包括第 7～第 9 题。
4. 融资能力：共 3 道题，具体包括第 10～第 12 题。
5. 运营能力：共 4 道题，具体包括第 13～第 16 题。

量表出处

谢雅萍，梁素蓉，陈睿君．失败学习、创业行动学习与创业能力——悲痛恢复取向的调节作用．管理评论，2017，29（4）：47-58.

参考文献

Gressgard，L. J.，Hansen K. Knowledge exchange and learning from failures in distributed environments：the role of contractor relationship management and work characteristics. Reliability Engineering & System Safety，2015，133（133）：167-175.

Hazlina，N. A cross cultural study of entrepreneurial competencies and entrepreneurial success in SMEs in Australia and Malaysia. The University of Adelaide PhD Thesis，2007.

Man，T. W. Y.，Lau，T.，Chan，K. F. The competitiveness of small and medium enterprises：a conceptualization with focus on entrepreneurial competencies. Journal of Business Venturing，2002，17（2）：123-142.

创新资源（曹洪军等，2017）

(Innovation Resources)

简介

资源基础理论认为，企业内部的异质性资源和组织能力是提升企业绩效和获得竞争优势的源泉（Barney，Wright，& Ketchen，2001）。

创新资源是企业拥有的创新上的资金、技术、资产和人力资源等，是企业选择绿色战略的重要前提。

曹洪军和陈泽文（2017）选取山东、江苏、浙江、广东、山西等地污染较为严重的制造业企业为调查对象。问卷调查的渠道有：第一，通过科研机构、企业信息平台发放问卷；第二，依托中国海洋大学、山东大学等高校平台，向校友、EMBA 和 MBA 学员发放问卷；第三，利用作者个人社会网络发放问卷。

曹洪军和陈泽文（2017）共发放问卷 550 份，回收 327 份，回收率为 59.5%。剔除漏项等不完整问卷和内容矛盾问卷，保留有效问卷 216 份。

信度与效度

借鉴 Chan（2005）及毕克新，王禹涵和杨朝均（2014）等的研究量表，调查结果表明 Cronbach's Alpha=0.909，KMO 值大于 0.6，Bartlett 球形检验 p 值均小于 0.001；采用主成分分析法进行因子分析，结果各题项的因子载荷均大于 0.7，表明量表具有良好的构念效度。量表的信效度指数均达到了良好水平。

量表

请您根据自己的实际感受和体会，对下面 4 项描述进行评价和判断，并在最符合的数字上划○。评价和判断的标准如下：1=强烈不同意，2=不同意，3=有点不同意，4=不确定，5=有点同意，6=同意，7=强烈同意。

1	与同行业其他企业相比，本企业拥有的资金处于较高水平。	1	2	3	4	5	6	7
2	与同行业其他企业相比，本企业拥有的技术处于较高水平。	1	2	3	4	5	6	7
3	与同行业其他企业相比，本企业拥有的固定资产、技术设备处于较高水平。	1	2	3	4	5	6	7
4	与同行业其他企业相比，本企业拥有的人力资源具有较高的科研素质，通常能高质量完成创新项目。	1	2	3	4	5	6	7

计分方法

创新资源量表共 4 道题，可以计算总分或平均分。

量表出处

曹洪军，陈泽文．内外环境对企业绿色创新战略的驱动效应——高管环保意识的调节作用．南开管理评论，2017，20（6）：95-103.

参考文献

毕克新，王禹涵，杨朝均．创新资源投入对绿色创新系统绿色创新能力的影响——基于制造业 FDI 流入视角的实证研究．中国软科学，2014（3）：153-166.

Barney，J.，Wright，M.，Ketchen，D. J. The resource-based view of the firm：ten years after 1991. Journal of Management，2001，27（6）：625-641.

Chan，R. Y. K. Does the natural-resource-based view of the firm apply in an emerging economy? A survey of foreign invested enterprises in china. Journal of Management Studies，2005，42（3）：625-672.

创造力（Farmer et al.，2003）

（Creativity）

简介

创造力是指雇员在工作中产生并使用新颖而有用的想法，解决团队中出现的问题。高创造力个体能更有效推进越轨创新的进程并获得成功，更有效躲避组织对越轨创新的外部监管。

黄玮等（2017）选择北京、杭州、广州、成都和武汉5个城市的10家高新技术企业收集数据，涉及生物制药和软件研发两个行业。被调查企业要具有以下特征：（1）成立5年以上；（2）研发人员占企业全部人员一半以上；（3）主营业务收入绝大部分来自新产品或新技术销售；（4）企业有一套规范的研发管理制度。

黄玮等（2017）采用上下级配对调查法，上级问卷主要完成对下属员工绩效、非正式地位两个变量的评价，下属问卷主要完成个体人口统计学特征、正式地位、创造力、内外部动机、团队创新氛围、越轨创新行为、绩效等变量的评价。

黄玮等（2017）共发放配套问卷765套，回收579套（员工579份，上级114份），回收率75.7%。同时剔除绩效上下级报告偏差大、漏填、乱填的问卷123套，最终保留有效配对问卷456套（员工456份，上级78份）。

采用Farmer，Tierney和Kung-Mcintyre（2003）改编自Tierney，Farmer和Graen（1999）的包含4个题项的创造力量表进行测量，结果Cronbach's Alpha=0.86，累计方差解释率为70.422%，量表的信度指数达到了良好水平。

量表

请您根据自己的实际感受和体会，对下面4项描述进行评价和判断，并在最符合的数字上划○。评价和判断的标准如下：1=非常不同意，2=不同意，3=有点不同意，4=不确定，5=有点同意，6=同意，7=非常同意。

1	我会在工作中首先尝试新的想法或方法。	1	2	3	4	5	6	7
2	我会在工作中努力寻求新的方法去解决问题。	1	2	3	4	5	6	7
3	我在工作中经常能产生一些开拓性的想法。	1	2	3	4	5	6	7
4	我是团队中的创新榜样。	1	2	3	4	5	6	7

计分方法

创造力量表共4道题，可以计算总分或平均分。

量表出处

黄玮，项国鹏，杜运周，刘洋．越轨创新与个体创新绩效的关系研究——地位和创造力的联合调节作用．南开管理评论，2017，20（1）：143-154.

参考文献

Farmer，S. M.，Tierney，P.，Kung-Mcintyre，K. Employee creativity in taiwan：an application of role identity theory. Academy of Management Journal，2003，46（5）：618-630.

Tierney，P.，Farmer，S. M.，Graen，G. B. An examination of leadership and employee creativity：the relevance of traits and relationships. Personnel Psychology，1999，52（3）：591-620.

越轨创新（Criscuolo et al.，2014）

（Bootleg Innovation）

简介

越轨创新是指个体自主、秘密开展的预期有利于组织的创新行为。越轨创新由个体自主发起，未获得组织正式支持，通常不为高层管理者所知晓，预期有利于组织绩效提升。个体追求创新自主性和组织对创新过程问责性之间的冲突导致了越轨创新的出现。

黄玮等（2017）选择北京、杭州、广州、成都和武汉5个城市的10家高新技术企业收集数据，涉及生物制药和软件研发两个行业。被调查企业要具有以下特征：（1）成立5年以上；（2）研发人员占企业全部人员一半以上；（3）主营业务收入绝大部分来自新产品或新技术销售；（4）企业有一套规范的研发管理制度。

黄玮等（2017）采用上下级配对调查法，上级问卷主要完成对下属员工绩效、非正式地位两个变量的评价，下属问卷主要完成个体人口统计学特征、正式地位、创造力、内外部动机、团队创新氛围、越轨创新行为、绩效等变量的评价。

黄玮等（2017）共发放配套问卷765套，回收579套（员工579份，上级114份），回收率75.7%。同时剔除绩效上下级报告偏差大、漏填、乱填的问卷123套，最终保留有效配对问卷456套（员工456份，上级78份）。

采用Criscuolo等（2014）开发的越轨创新量表，结果Cronbach's Alpha=0.85，累计方差解释率为63.321%，量表的信度指数达到了良好水平。

量表

请您根据自己的实际感受和体会，对下面5项描述进行评价和判断，并在最符合的数字上划○。评价和判断的标准如下：1=非常不同意，2=不同意，3=有点不同意，4=不确定，5=有点同意，6=同意，7=非常同意。

1	我能基于工作计划灵活地安排工作任务，从而挖掘新的、潜在的、有价值的商业机会。	1	2	3	4	5	6	7
2	除了组织分配的任务外，我的工作计划让我没有更多的时间去做其他的工作。	1	2	3	4	5	6	7
3	我喜欢在所从事的主要工作之外思考一些新的创意。	1	2	3	4	5	6	7
4	我正在开展一些子项目，这使我能够接触一些新的领域。	1	2	3	4	5	6	7
5	我主动花时间去开展一些非官方的项目来丰富未来的官方项目。	1	2	3	4	5	6	7

计分方法

越轨创新量表共5道题，可以计算总分或平均分。

量表出处

黄玮，项国鹏，杜运周，刘洋．越轨创新与个体创新绩效的关系研究——地位和创造力的联合调节作用．南开管理评论，2017，20（1）：143-154.

参考文献

Criscuolo，P.，Salter，A.，TerWal，A. L. J. Going underground：bootlegging and individual innovative performance. Organization Science，2014，25（5）：1287-1305.

图书在版编目（CIP）数据

管理研究量表手册/李超平主编．—2版．—北京：中国人民大学出版社，2020.1
（管理研究方法丛书）
ISBN 978-7-300-27702-8

Ⅰ.①管… Ⅱ.①李… Ⅲ.①管理学-评定量表-手册 Ⅳ.①C93-62

中国版本图书馆CIP数据核字（2019）第275277号

管理研究方法丛书
管理研究量表手册（第2版）
主　编　李超平
副主编　王　桢　胥　彦　毛凯贤
Guanli Yanjiu Liangbiao Shouce

出版发行	中国人民大学出版社		
社　　址	北京中关村大街31号	**邮政编码**	100080
电　　话	010－62511242（总编室）		010－62511770（质管部）
	010－82501766（邮购部）		010－62514148（门市部）
	010－62515195（发行公司）		010－62515275（盗版举报）
网　　址	http：//www.crup.com.cn		
经　　销	新华书店		
印　　刷	固安县铭成印刷有限公司	**版　　次**	2016年7月第1版
开　　本	787 mm×1092 mm　1/16		2020年1月第2版
印　　张	37.75 插页1	**印　　次**	2025年12月第5次印刷
字　　数	784 000	**定　　价**	88.00元

中国人民大学出版社　管理分社

教师教学服务说明

中国人民大学出版社管理分社以出版工商管理和公共管理类精品图书为宗旨。为更好地服务一线教师，我们着力建设了一批数字化、立体化的网络教学资源。教师可以通过以下方式获得免费下载教学资源的权限：

★ 在中国人民大学出版社网站 www.crup.com.cn 进行注册，注册后进入“会员中心”，在左侧点击“我的教师认证”，填写相关信息，提交后等待审核。我们将在一个工作日内为您开通相关资源的下载权限。

★ 如您急需教学资源或需要其他帮助，请加入教师 QQ 群或在工作时间与我们联络。

中国人民大学出版社　管理分社

教师 QQ 群： 648333426（工商管理）　1057207274（财会）　648117133（公共管理）
教师群仅限教师加入，入群请备注（学校＋姓名）

联系电话： 010-62515782，82501868，82501048，62514760

电子邮箱： glcbfs@crup.com.cn

通讯地址： 北京市海淀区中关村大街甲 59 号文化大厦 1501 室（100872）

管理书社　　人大社财会　　公共管理与政治学悦读坊